Thomas Mariacher

3000er in Osttirol

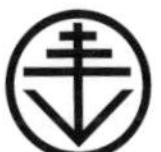

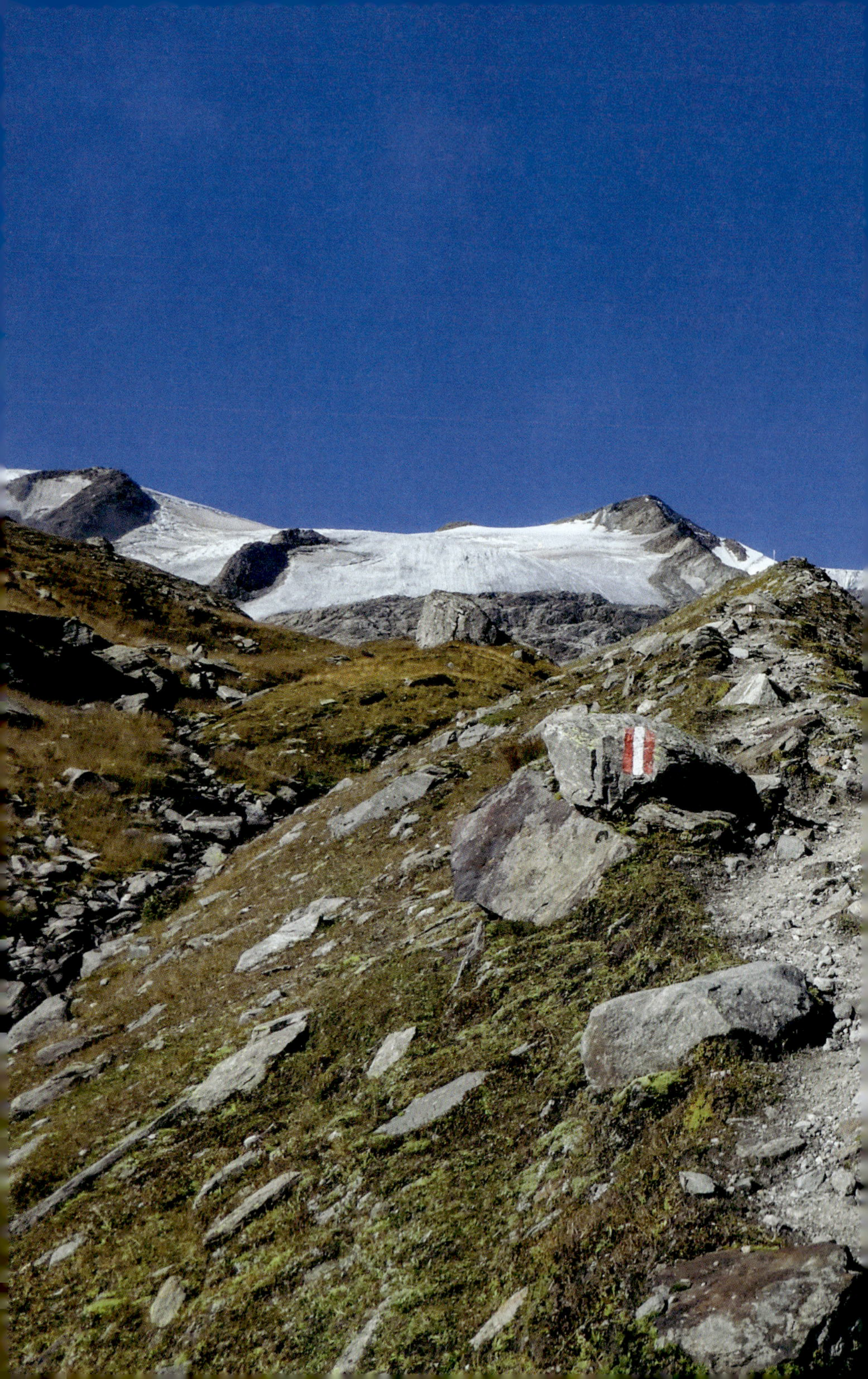

THOMAS MARIACHER

3000er in OSTTIROL

66 x hoch hinaus

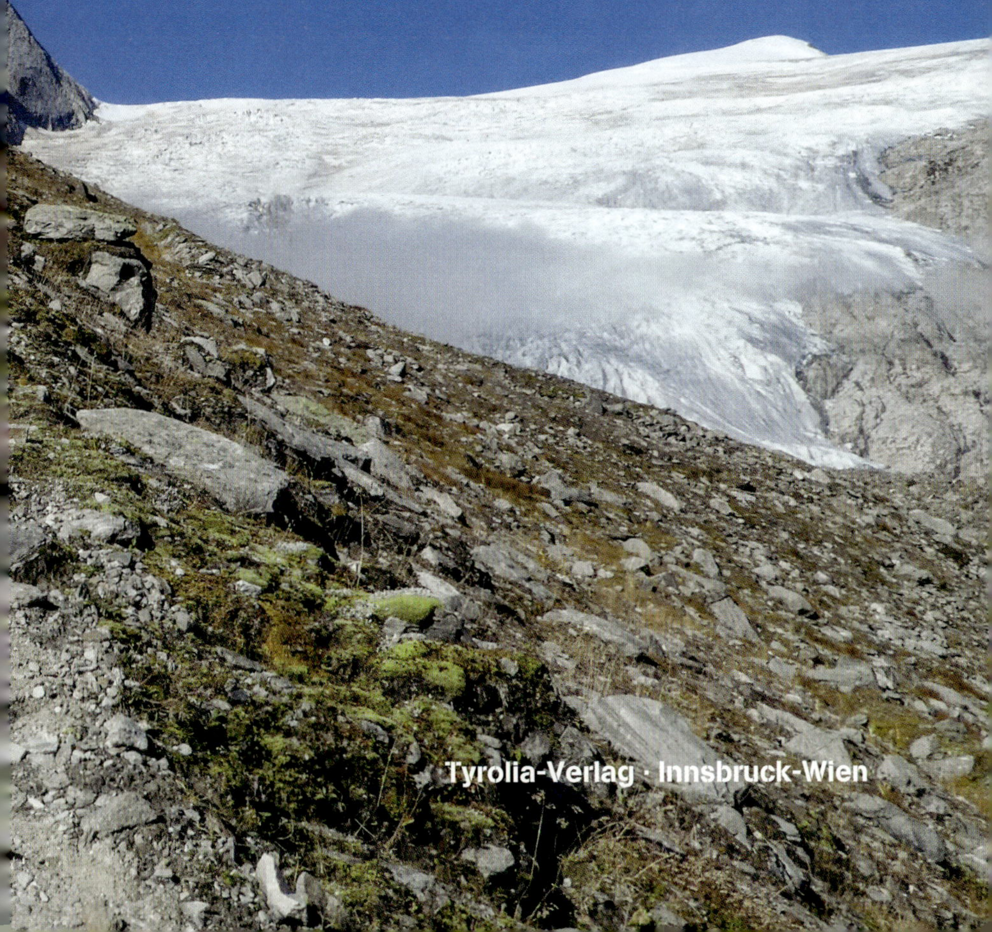

Tyrolia-Verlag · Innsbruck-Wien

Gewidmet meinem Vater Johann Mariacher,
Heeresbergführer und Hochalpinist,
der 1971 zusammen mit Robert Kittl, Klaus Hoi und Hansjörg Farbmacher
die Alpen von Wien nach Nizza überschritt.

Vorwort

Was in den Westalpen die Viertausender sind, sind in den Ostalpen die Dreitausender. In Osttirol gibt es, die Nebengipfel eingerechnet, gleich 270 Berge, die die magische Höhe von 3000 m überschreiten. Sie liegen alle im Nationalpark Hohe Tauern und sie zu besteigen, gestaltet sich in der Regel anspruchsvoll. Meist ist das Gelände weglos, oft vergletschert und viele Grate bestehen aus brüchigem, jäh abbrechendem Gestein. Es gibt allerdings auch Dreitausender, die sich auf markierten Pfaden ersteigen lassen und die obendrein noch mit einem stattlichen Gipfelkreuz versehen sind, was eine Besteigung für viele besonders attraktiv macht. Diese beiden Kriterien – markierte Wege und Pfade sowie ein stolzes Gipfelkreuz – liegen der Auswahl in diesem Tourenführer zugrunde. Natürlich gibt es wie überall im Leben Ausnahmen. In diesem Fall Berge, denen beides fehlt, die aber landschaftlich oder von ihrer Bedeutung her so reizvoll sind, dass sie trotzdem Einzug in dieses Buch finden durften. Sehnsuchtsziele mit klingenden Namen wie Hochgall, Röt- und Dreiherrnspitze, Großvenediger und Großglockner sind in diesem Tourenführer genauso zu finden wie weniger bekannte Gipfelziele. Damit ermöglicht das vorliegende Buch einen Streifzug durch die Osttiroler Dreitausenderwelt (mit manchmal notwendigen Abstechern nach Südtirol) und vermittelt Einblicke in eine archaisch anmutende Bergwelt jenseits von Bergbahnen und Massentourismus.

Thomas Mariacher
im Frühjahr 2023

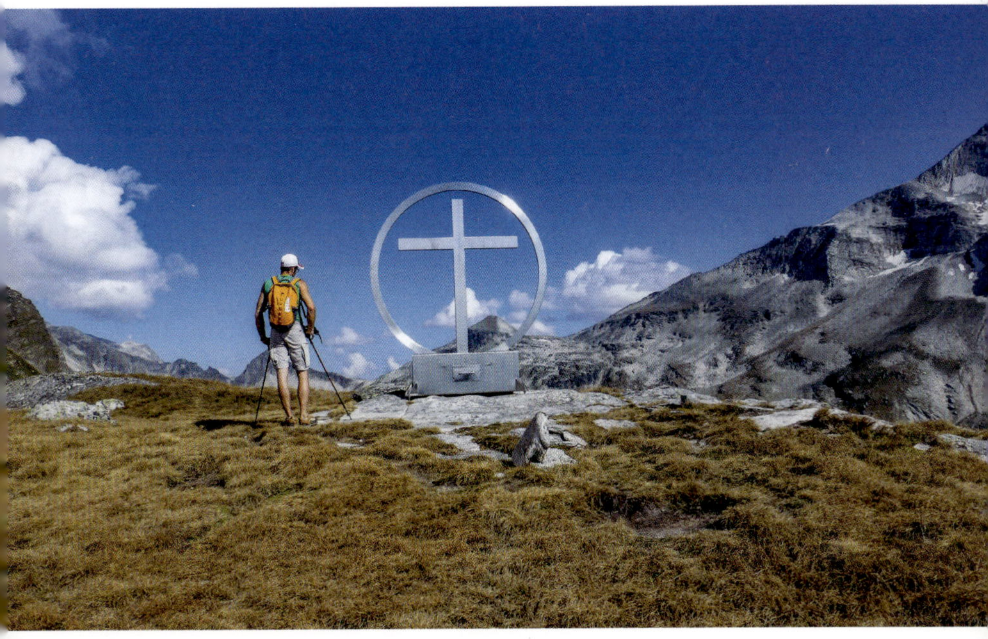

Am Spinevitrolkopf mit Blick zum Kalser Tauern und Kastengrat (rechts).

Nr.	Gipfel	Höhen-unterschied	Aufstiegs-zeit	Schwie-rigkeit	Seite

Rieserfernergruppe

Nr.	Gipfel	Höhenunterschied	Aufstiegszeit	Schwierigkeit	Seite
1	**Große Ohrenspitze** 3091 m				
	über Patscher Tal und Barmer Hütte	910 + 510 Hm	3½ + 2½ Std.	II	16
	über Staller Sattel und Barmer Hütte	850 + 510 Hm	4½ + 2½ Std.	II	17
2	**Hochgall** 3436 m				
	über Barmer Hütte und Nordostgrat	910 + 900 Hm	3½ + 4 Std.	III–	19
	über Hochgallhütte und Nordwestgrat	680 + 1160 Hm	2 + 4½ Std.	II–III	23
3	**Barmer Spitze** 3200 m	910 + 610 Hm	3½ + 2½ Std.	II–III	25
4 5	**Großer Lenkstein** 3236 m **Fennereck** 3123 m	910 + 650 Hm	3½ + 3 Std.	I–II	28
6	**Fleischbachspitze** 3157 m	1400 Hm	6 Std.	II	31
7	**Dreieckspitze** 3030 m				
	über den Klammlsee (mit Rad)	1320 Hm	3½–4 Std.	I	35
	von der Jagdhausalm (zu Fuß)	1260 Hm	5–5½ Std.	I	38
	von Rein	1360 Hm	5½ Std.	I	39

Panargenkamm und Lasörlinggruppe

Nr.	Gipfel	Höhenunterschied	Aufstiegszeit	Schwierigkeit	Seite
8	**Keeseck** 3173 m				
	Südanstieg von Oberhaus	1410 Hm	5½ Std.	I–II	42
	Nordostanstieg über die Reichenberger Hütte	970 + 590 Hm	4 + 2½ Std.	II–III	44
9	**Seespitze** 3021 m	1290 Hm	5 Std.	I–II	47
10	**Finsterkarspitze** 3029 m	970 + 440 Hm	4 + 2 Std.	I	50
11	**Lasörling** 3098 m				
	Mullitztal-Anstieg (Lasörlinghütte)	1910 Hm	7½ Std.	I	52
	Lasnitzentalanstieg (Lasnitzenhütte)	1810 Hm	7 Std.	I–II	55

Venedigergruppe

Nr.	Gipfel	Höhenunterschied	Aufstiegszeit	Schwierigkeit	Seite
12	**Lenkspitze** 3105 m	1340 Hm	5 Std.	I–II	58
13	**Merbspitze** 3090 m	1320 Hm	5½ Std.	II	62
14	**Hohes Kreuz** 3021 m	640 + 1120 Hm	3 + 4 Std.	I–II	65
15 16	**Rötspitze** 3496 m **Untere Rötspitze** 3289 m				
	Nordostgrat über die Kleine-Philipp-Reuter-Hütte	640 + 1460 Hm	2½ + 6 Std.	III–	68
	Theo-Brandstätter-Weg von der Clarahütte	640 + 1460 Hm	2½ + 5½ Std.	II–III	71

Nr.	Gipfel	Höhen-unterschied	Aufstiegs-zeit	Schwie-rigkeit	Seite
17	**Ahrner Kopf** 3051 m	640 + 1020 Hm	2½ + 4 Std.	I	72
18	**Dreiherrnspitze** 3499 m über Vorderes und Hinteres Umbaltörl über das Umbalkees	 640 + 1500 Hm 640 + 1500 Hm	 2½ + 6 Std. 2½ + 6 Std.	 I I–II	 74 77
19	**Hoher Rosshuf** 3199 m	640 + 1170 Hm	2½ + 5 Std.	–	78
20	**Großer Geiger** 3360 m	810 + 1150 Hm	3 + 5 Std.	I	81
21	**Östliche Simonyspitze** 3442 m	810 + 1240 Hm	3 + 4½ Std.	II	84
22	**Großvenediger** 3657 m über Johannishütte und Defreggerhaus über die Neue Prager Hütte	 1480 + 700 Hm 1270 + 880 Hm	 6 + 2½ Std. 5 + 3½ Std.	 – –	 87 90
23 24 25 26	**Hoher Zaun** 3451 m **Schwarze Wand** 3503 m **Rainerhorn** 3559 m **Hohes Aderl** 3506 m	1480 + 880 (1080) Hm	6 + 5 Std.	I	94
27	**Kristallwand** 3310 m über das Löbbentörl über den Wildenkogelweg	 1300 + 700 Hm 1300 + 700 Hm	 6 + 2½ Std. 5½ + 2½ Std.	 I–II I–II	 100 101
28 29 30	**Schernerskopf** 3033 m **Kreuzspitze** 3155 m **Hinterer Sajatkopf** 3098 m über den Katinweg über Wallhorn/Bodenalm	 1125 + 580 Hm 900 + 580 Hm	 3½ + 3 Std. 4 + 3 Std.	 I–II I–II	 105 107
31	**Tulpspitze** 3054 m	1570 Hm	5–6 Std.	I–II	111
32	**Weißspitze** 3300 m	850 + 780 Hm	3½ + 3 Std.	I	113
33 34	**Vorderer Seekopf** 3282 m **Hinterer Seekopf** 3234 m	850 + 800 Hm	3½ + 3½ Std.	I	117
35	**Kleiner Hexenkopf** 3194 m	850 + 670 Hm	3½ + 2½ Std.	I	121
36	**Garaneberkopf** 3022 m	850 + 500 Hm	3½ + 2 Std.	–	123
37	**Hoher Eichham** 3371 m über die Bonn-Matreier Hütte direkter Zugang über das Nillkees	 1290+1150 Hm 1910 Hm	 4½ + 4 Std. 6½ Std.	 II II	 125 130
38	**Säulkopf** 3209 m von der Bonn-Matreier Hütte Talanstieg	 460 Hm 1750 Hm	 1½ Std. 6½ Std.	 I–II I–II	 131 132
39	**Raukopf** 3070 m von der Bonn-Matreier Hütte Talanstieg	 325 Hm 1610 Hm	 1½ Std. 6 Std.	 I I	 133 134
40	**Mittereggspitze** 3044 m	1660 Hm	5½ Std.	II–III	135

Nr.	Gipfel	Höhen-unterschied	Aufstiegs-zeit	Schwie-rigkeit	Seite
41	**Ochsenbug** 3007 m				
	Ostanstieg über Hinteregg	1570 Hm	5–5½ Std.	–	138
	Südanstieg von Virgen	1710 Hm	5½ Std.	I–II	140
42	**Wildenkogel** 3021 m	1550 Hm	5 Std.	I	142
43	**Kratzenberg** 3021 m	1510 Hm	6–6½ Std.	I–II	144

Granatspitzgruppe

Nr.	Gipfel	Höhen-unterschied	Aufstiegs-zeit	Schwie-rigkeit	Seite
44	**Stubacher Sonnblick** 3088 m	1700 Hm	6 Std.	I–II	150
45	**Granatspitze** 3086 m			II–III	
46	**Großer Muntanitz** 3232 m				
47	**Kleiner Muntanitz** 3192 m				
48	**Oberster Wellachkopf** 3110 m				
	Von der Adlerlounge über Sudetendeutschen Höhenweg und Sudetendeutsche Hütte	620 + 650 Hm	3½ + 2½ Std.	I–II	154
	Von Kals/Taurerwirt über den Sudetendeutschen Höhenweg und Sudetendeutsche Hütte	1330 + 650 Hm	5 + 2½ Std.	I–II	156
	Von Matrei/Glanz über die Äußere Steiner Alm	1180 + 650 Hm	4½ + 2½ Std.	I–II	159
	Von Matrei/Weiler Stein und Äußere Steiner Alm	1360 + 650 Hm	5 + 2½ Std.	I–II	159
49	**Gradötzkogel** 3063 m				
	Von der Adlerlounge über Sudetendeutschen Höhenweg	1250 Hm	5 Std.	I	161
	Von Kals//Taurerwirt über den Sudetendeutschen Höhenweg	1760 Hm	6 Std.	I	161
	Von Matrei/Glanz über die Äußere Steiner Alm	1180 + 410 Hm	4½ + 1½ Std.	I	161
	Von Matrei/Weiler Stein über die Äußere Steiner Alm	1360 + 410 Hm	5 + 1½ Std.	I	161
50	**Vordere Kendlspitze** 3085 m				
	Von der Adlerlounge über Sudetendeutschen Höhenweg und Saazer Weg	700 Hm	3½ Std.	I	164
	Von Kals/Taurerwirt über Sudetendeutschen Höhenweg und Saazer Weg	1600 Hm	6 Std.	I	165
	Südwestgrat von der Adlerlounge	700 Hm	3½ Std.	II–III–	166
	Südwestgrat von Kals/Taurerwirt	1600 Hm	6 Std.	II–III–	166

Nr.	Gipfel	Höhen-unterschied	Aufstiegs-zeit	Schwie-rigkeit	Seite
	Glocknergruppe				
51	**Großglockner** 3798 m	880 + 1000 Hm	3½ + 4 Std.	II	170
52	**Luisenkopf** 3207 m	1290 Hm	4½–5 Std.	I	179
53 54	**Zollspitze** 3024 m **Rumesoikopf** 3001 m	1410 bzw. 1540 Hm	5½ Std.	I–II	181
	Schobergruppe				
55	**Böses Weibl** 3119 m	1220 Hm	4½ Std.	I	186
56	**Tschadinhorn** 3017 m von Unterlesach von Oberlesach	 1720 Hm 1600 Hm	 6 Std. 5½ Std.	 I I	 189 190
57	**Roter Knopf** 3281 m vom Debanttal über die Lienzer Hütte von Unterlesach von Oberlesach	 300 + 1780 Hm 1980 Hm 1860 Hm	 1½ + 6 Std. 7½ Std. 7 Std.	 I–II II–III II–III	 192 196 196
58	**Glödis** 3206 m	300 + 1230 Hm	1½ + 4½ Std.	B/C	198
59	**Debantgrat-Südgipfel** 3052 m vom Debanttal über die Lienzer Hütte vom Leibnitztal über die Hochschober-hütte	 300 + 1075 Hm 670 + 730 Hm	 1½ + 4 Std. 2½ + 3 Std.	 I–II I–II	 204 207
60	**Ganot** 3102 m von Unterlesach von Oberlesach	 1800 Hm 1680 Hm	 6½ Std. 6 Std.	 II II	 209 209
61	**Hochschober** 3242 m über die Hochschoberhütte über die Lienzer Hütte	 670 + 920 Hm 300 + 1265 Hm	 2½ + 3½ Std. 1½ + 5 Std.	 I I–II	 211 214
62 63	**Hoher Prijakt** 3064 m **Niederer Prijakt** 3056 m Normalweg Südwestgrat	 670 + 800 Hm 670 + 800 Hm	 2½ + 3 Std. 2½ + 3 Std.	 I II	 215 217
64	**Alkuser Rotspitze** 3053 m von Seichenbrunn über das Trelebitschkar von Alkus über den Alkuser See	 1380 Hm 1770 Hm	 5 Std. 6–6½ Std.	 I I	 218 220
65	**Keeskopf** 3081 m	300 + 1110 Hm	1½ + 3½ Std.	I	222
66	**Hoher Perschitzkopf** 3125 m	870 + 620 Hm	3½ + 2 Std.	I	224

Zum Gebrauch des Führers

Die klettertechnische **Schwierigkeitsbewertung** im vorliegenden Führer unterliegt der UIAA-Skala. Bei Klettersteigen wurde die international gültige Klettersteigskala herangezogen. Die Berechnung der **Aufstiegszeiten** wurde nach der vom Österreichischen Alpenverein empfohlenen Formel 300 Höhenmeter bzw. 4 km Strecke pro Stunde durchgeführt, was sehr defensiv ist. Wundern Sie sich also nicht, wenn teilweise Anstiegszeiten zwischen 6 und 7 Stunden angegeben werden. Versierte, konditionell halbwegs trainierte Berggänger werden die angegebenen Zeiten unterbieten. Die angegebenen Zeiten beziehen sich immer auf den im Text angegebenen Ausgangspunkt der Tour, der mit dem Auto angesteuert werden kann. Wer mit Öffis anreist, muss gegebenenfalls mit längeren Zustiegen rechnen bzw. Hüttenaufenthalte einplanen. Das Gleiche gilt für Biker. Viele Touren ließen sich abkürzen, wenn man auf Forstwegen Rad fahren statt gehen würde, was aber aufgrund von diversen Fahrverbotstafeln, die sich nebenbei noch ständig ändern können, nicht zu empfehlen ist. Beachten Sie, wenn vorhanden, Verbots- und Gefahrentafeln am Weg zu den Dreitausendern.

Alle in diesem Buch angeführten Berge liegen im Nationalpark Hohe Tauern. Bei einigen Touren befindet sich auf halbem Weg eine Schutzhütte, so dass die Besteigung als Zweitagestour geplant werden kann. In diesen Fällen wurden Gehzeit und Wegstrecke entsprechend aufgeschlüsselt. Wo es sinnvoll und nötig ist, werden Hinweise zu besonders zu beachtenden Gefahren und zur benötigten Ausrüstung gegeben.

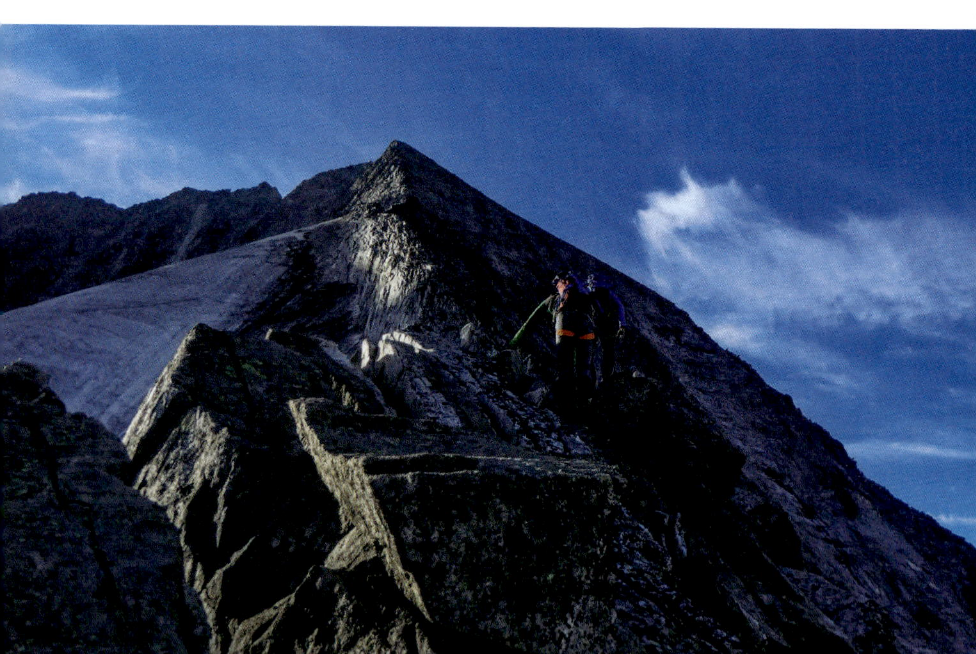

Bergsteiger nach dem Grauen Nöckl am Weg zum Hochgall (Südtiroler Anstieg).

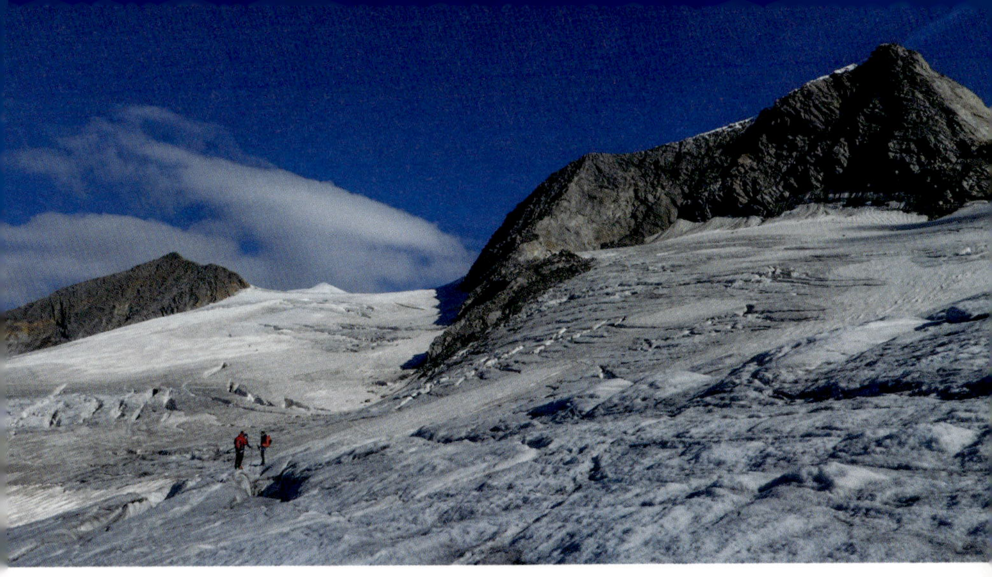

Über das zerrissene Mullwitzkees führt der Anstieg Richtung Großvenediger, rechts das Rainerhorn.

Das Gebirge selbst unterliegt stetigen Veränderungen, was insbesondere auf vergletscherte Bereiche zutrifft. Die in Karten und Fotos eingezeichneten **Routenverläufe** können sich daher je nach Schneelage, Abschmelzprozess der Gletscher, Auftauen des Permafrosts (Steinschlag) grundlegend ändern. Die in die abgebildeten Karten eingezeichneten Linien geben zwar die Richtung vor, sollten aber nicht als einzige Orientierungshilfe hergenommen werden, da dafür die Kartenschraffur zu ungenau und bei Weitem nicht jeder Felsabbruch eingezeichnet ist. Das gilt freilich nur für Routen im weglosen Gelände. Anstiege über markierte Wege und Steige verändern sich kaum und können wie eingezeichnet verfolgt werden. Allerdings kann es durchaus vorkommen, dass der Anstieg, je nach Verhältnissen, gänzlich von der eingezeichneten Route abweicht, wenn beispielsweise eine Brücke fehlt und der Bach nicht gequert werden kann oder wenn der Gletscherschwund gewisse Anstiege nicht (mehr) zulässt. Verwenden Sie Ihren Hausverstand, wenn das Gelände vor Ort aufgrund von dem Klimawandel geschuldeten Veränderungsprozessen und **objektiven Gefahren** wie Steinschlag oder Ähnlichem eine andere Route als die beschriebene erfordert.

An den Tourenausgangspunkten ist grundsätzlich auch die Parkplatzsituation im Auge zu behalten. Meist gibt es ausgewiesene **Wanderparkplätze**, die auch gebührenpflichtig sein können. Bei manchen Touren wird im Bereich von Privatgrund geparkt. Hier sollte man vor dem Start mit dem jeweiligen Besitzer reden und nicht vorschnell das Auto irgendwo abstellen und so möglicherweise Hofzufahrten blockieren.

Wo immer es möglich ist, wird auf Anfahrtsmöglichkeiten mit **öffentlichen Verkehrsmitteln** verwiesen. Seien Sie sich aber bewusst, dass bei Weitem nicht jeder Ausgangspunkt mit Öffis angefahren werden kann. Oftmals sind Höfe oder entlegene Täler nur mit dem Auto bzw. (Hütten-)Taxi zu erreichen. E-Bikes können sich in solchen Fällen ebenfalls als nützlich erweisen. Das alles muss bei einer ausgegorenen Tourenplanung, bei der dieser Führer behilflich sein kann, miteinbezogen werden.

Sicher Bergwandern

10 Empfehlungen des Alpenvereins

Als Natursport bietet Bergwandern große Chancen für Gesundheit, Gemeinschaft und Erlebnis. Die folgenden Empfehlungen der alpinen Vereine dienen dazu, Bergwanderungen möglichst sicher und genussvoll zu gestalten.

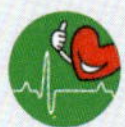

1
Gesund in die Berge

Bergwandern ist Ausdauersport. Die positiven Belastungsreize für Herz und Kreislauf setzen Gesundheit und eine realistische Selbsteinschätzung voraus. Vermeide Zeitdruck und wähle das Tempo so, dass niemand in der Gruppe außer Atem kommt.

2
Sorgfältige Planung

Wanderkarten, Führerliteratur, Internet und Experten informieren über Länge, Höhendifferenz, Schwierigkeit und die aktuellen Verhältnisse. Touren immer auf die Gruppe abstimmen! Achte besonders auf den Wetterbericht, da Regen, Wind und Kälte das Unfallrisiko erhöhen.

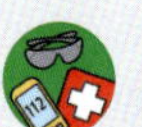

3
Vollständige Ausrüstung

Passe deine Ausrüstung deiner Unternehmung an und achte auf ein geringes Rucksackgewicht. Regen-, Kälte- und Sonnenschutz gehören immer in den Rucksack, ebenso Erste-Hilfe-Paket und Mobiltelefon (Euro-Notruf 112). Karte oder GPS unterstützen die Orientierung.

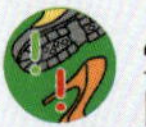

4
Passendes Schuhwerk

Gute Wanderschuhe schützen und entlasten den Fuß und verbessern die Trittsicherheit! Achte bei deiner Wahl auf perfekte Passform, rutschfeste Profilsohle, Wasserdichtigkeit und geringes Gewicht.

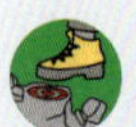

5
Trittsicherheit ist der Schlüssel

Stürze, als Folge von Ausrutschen oder Stolpern, sind die häufigste Unfallursache! Beachte, dass zu hohes Tempo oder Müdigkeit deine Trittsicherheit und Konzentration stark beeinträchtigen. Achtung Steinschlag: Durch achtsames Gehen vermeidest du das Lostreten von Steinen.

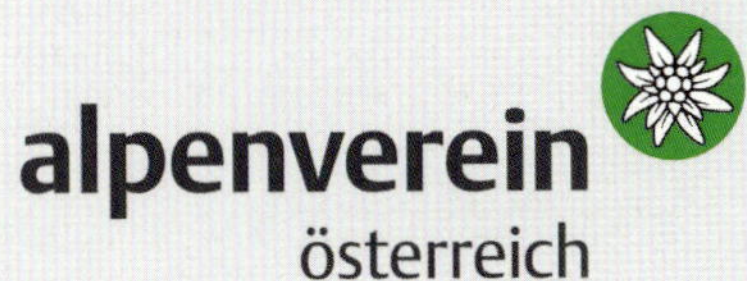

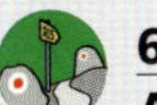

6

Auf markierten Wegen bleiben

Im weglosen Gelände steigt das Risiko für Orientierungsverlust, Absturz und Steinschlag. Vermeide Abkürzungen und kehre zum letzten bekannten Punkt zurück, wenn du einmal vom Weg abgekommen bist. Häufig unterschätzt und sehr gefährlich: steile Altschneefelder!

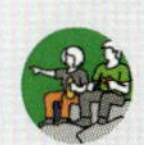

7

Regelmäßige Pausen

Rechtzeitige Rast dient der Erholung, dem Genuss der Landschaft und der Geselligkeit. Essen und trinken sind notwendig, um Leistungsfähigkeit und Konzentration zu erhalten. Isotonische Getränke sind ideale Durstlöscher. Müsliriegel, Trockenobst und Kekse stillen den Hunger unterwegs.

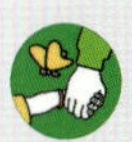

8

Verantwortung für Kinder

Beachte, dass Abwechslung und spielerisches Entdecken für Kinder im Vordergrund stehen! In Passagen mit Absturzrisiko kann ein Erwachsener nur ein Kind betreuen. Sehr ausgesetzte Touren, die lang anhaltende Konzentration erfordern, sind für Kinder nicht geeignet.

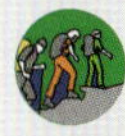

9

Kleine Gruppen

Kleine Gruppen gewährleisten Flexibilität und ermöglichen gegenseitige Hilfe. Vertraute Personen über Ziel, Route und Rückkehr informieren. In der Gruppe zusammenbleiben. Achtung Alleingänger: Bereits kleine Zwischenfälle können zu ernsten Notlagen führen.

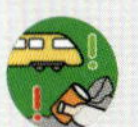

10

Respekt für Natur und Umwelt

Zum Schutz der Bergnatur: Keine Abfälle zurücklassen, Lärm vermeiden, auf den Wegen bleiben, Wild- und Weidetiere nicht beunruhigen, Pflanzen unberührt lassen und Schutzgebiete respektieren. Zur Anreise öffentliche Verkehrsmittel verwenden oder Fahrgemeinschaften bilden.

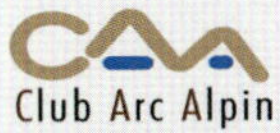

Diese Empfehlungen wurden im CAA international abgestimmt und von der Mitgliederversammlung 2012 beschlossen. Mitglieder des CAA: Alpenverein Südtirol (AVS), Fédération Française des Clubs Alpins et de Montagne (FFCAM), Club Alpino Italiano (CAI), Deutscher Alpenverein (DAV), Liechtensteiner Alpenverein (LAV), Österreichischer Alpenverein (ÖAV), Planinska Zveza Slovenije (PZS), Schweizer Alpen-Club (SAC).

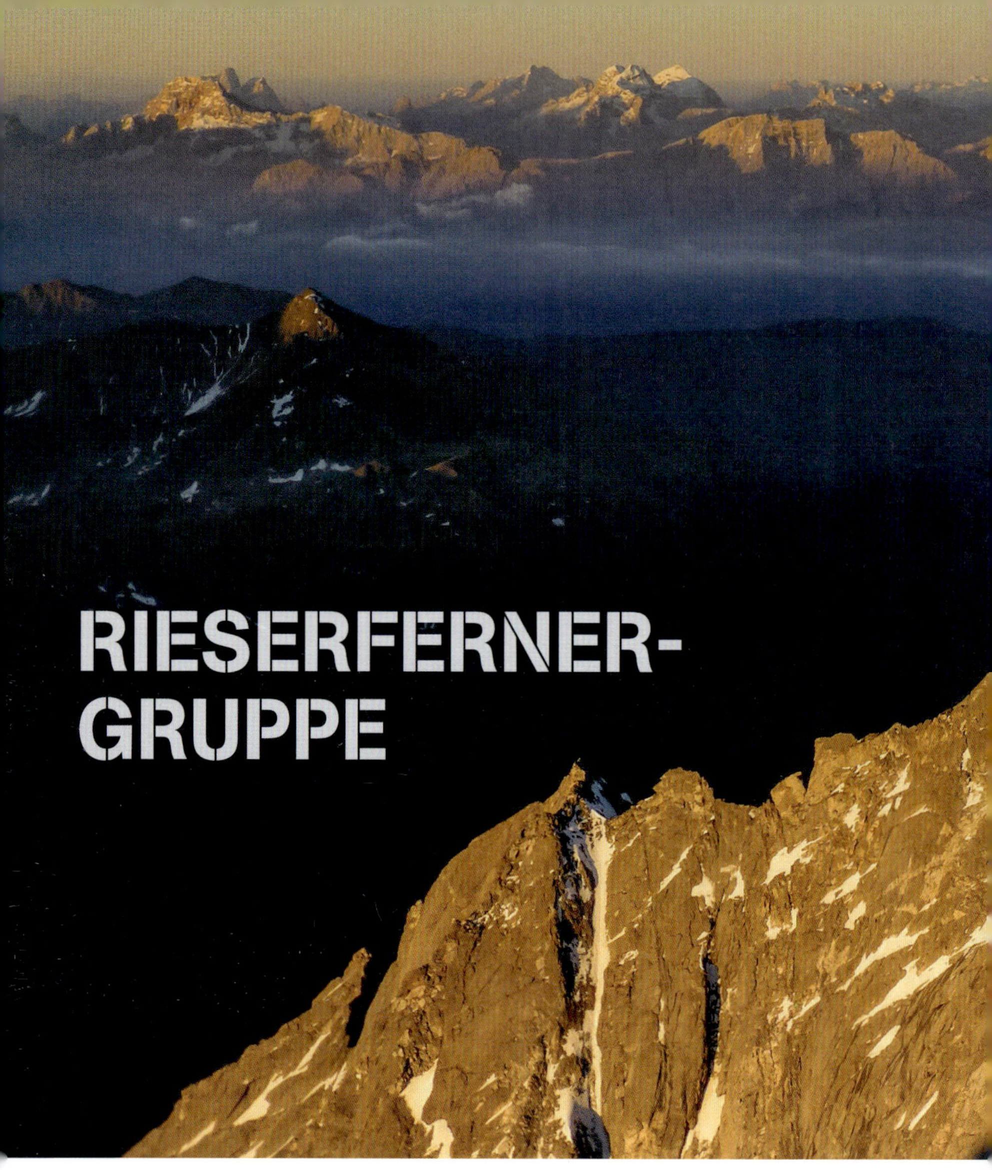

RIESERFERNER-GRUPPE

Der Osttiroler Anteil der Rieserfernergruppe zieht vom Staller Sattel entlang des Grenzverlaufs zu Südtirol über Westen nach Norden und endet am Klammljoch. In diesem wild zerrissenen Gratverlauf aus Rieserferner Pluton verbergen sich einige Dreitausender, die teilweise nur selten bestiegen werden. Der bekannteste und mit Abstand meistbesuchte Gipfel ist der weit über die Grenzen hinaus bekannte Hochgall, ein Sehnsuchtsziel vieler Bergsteiger. Auffallend ist, wie der fortschreitende Klimawandel auch diesem Gebirgszug zusetzt, insbesondere wenn man sich die schwindenden Gletscher rund um den höchsten Gipfel der Gruppe ansieht. So hat die berühmte Hochgallrinne ihren einstigen

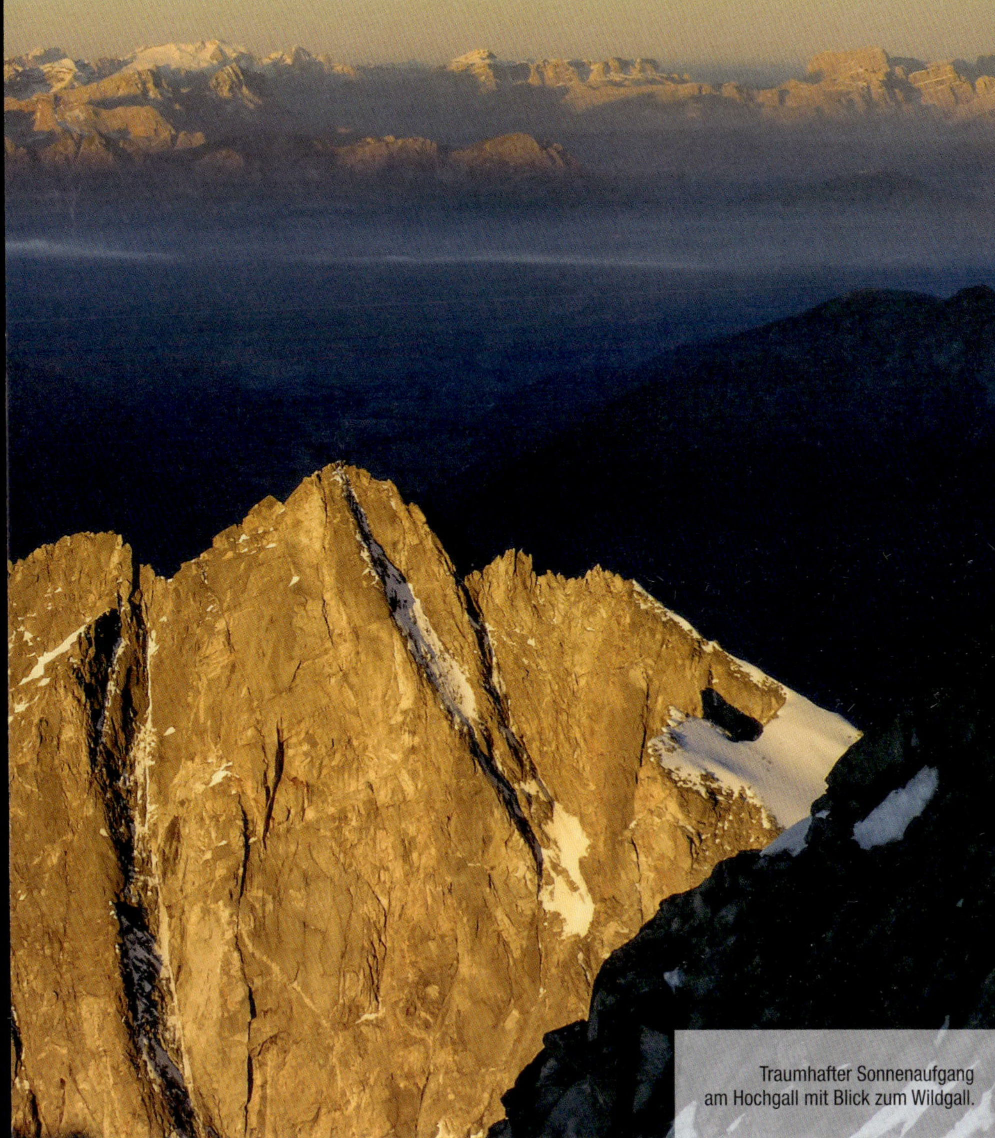

Traumhafter Sonnenaufgang am Hochgall mit Blick zum Wildgall.

Glanz längst verloren, das Eis ist komplett weggeschmolzen und eine Besteigung des Hochgalls durch diese Rinne ist mittlerweile nur mehr im Frühsommer bei ausreichender Schneelage anzuraten. Das Gleiche gilt für die Nordwand. Früher eine reine Eiswand, ist sie mittlerweile zu einer brüchigen Felstafel verkommen, die nur mehr im Winter begangen wird. Durch den Rückgang des Permafrosts gehört Steinschlag rund um den Hochgall mittlerweile zur Tagesordnung. Hier sollte man früh am Weg sein und einen Helm tragen. In Osttirol führt das Defereggental an die Rieserfernergruppe heran. Für eine Besteigung des Hochgalls von Südtirol muss über das Tauferer bzw. Reintal angereist werden.

1 Große Ohrenspitze 3101 m

Weite Schutthalden mit interessanter Plattenstelle am Grat

Die Große Ohrenspitze befindet sich südöstlich der Barmer Hütte und zählt vergleichsweise zu den frequentierten Gipfeln in der Region. Prägend sind die endlosen Schutthalden an der Nordseite, die beim Anstieg in die Remscheidscharte bewältigt werden müssen. Der nicht immer ganz feste Fels am Nordwestgrat weist eine markante, mit einer langen Eisenkette etwas entschärfte Schlüsselstelle auf. Das einstige von der Jägerscharte herabziehende und in vielen Karten noch eingetragene Almerkees verdient seinen Namen leider nicht mehr. Das bedeutet, man bewegt sich in noch mehr Schutt als früher. Ein Berg im Rieserferner Stil: Trittsicherheit, Kondition Orientierungssinn und Klettervermögen im II. Schwierigkeitsgrad sind hier absolute Voraussetzung. Ungeübte sind zu sichern. Zwei Zugänge führen zur Ohrenspitze: entweder durch das Patscher Tal über die Barmer Hütte oder vom Staller Sattel über die Jägerscharte. Eine Übernachtung in der Barmer Hütte ist empfehlenswert, insbesondere wenn man mit Öffis anreist.

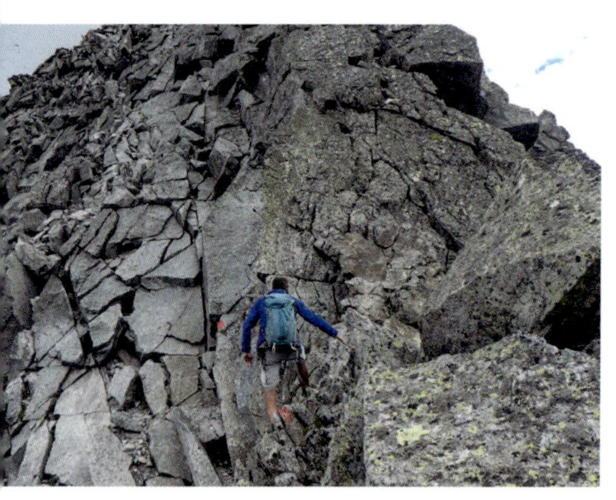

Am Beginn der Schlüsselstelle, die mit einer aalglatten Eisenkette etwas entschärft ist. Armkraft sollte aber trotzdem vorhanden sein.

Anstieg durch das Patscher Tal zur Barmer Hütte (2591 m)

Anfahrt: Von Lienz oder Matrei auf der B 108 (Felbertauernstraße) bis Huben. Dort ins Defereggental (L 25) abbiegen und taleinwärts nach St. Jakob in Defereggen fahren. Weiter Richtung Staller Sattel, bis man nach der Fraktion Erlsbach die Straße bei der Katzleitenbrücke verlässt und nach rechts zu einem unübersehbaren Mautschranken abbiegt. Man folgt dem Sträßchen entlang der Schwarzach bis zum ersten großen Parkplatz am Eingang ins Patscher Tal. (Patscher Alm, 1685 m, Tafeln). Nicht weiter Richtung Oberhaus/Klammljoch fahren!

Öffi-Tipp: Wer mit Öffis anreist, kann bei der Katzleitenbrücke (1550 m) wenige Meter vor dem Mautschranken aussteigen (Infos unter www.vvt.at), was aber 3 km zusätzlichen Marsch zur Patscher Alm bedeutet (Wanderweg links der Schwarzach).

Hüttenzustieg über Patscher Alm (1685 m)

Vom Parkplatz über eine Brücke und rechts am Gasthof Patscher Hütte vorbei zu einer ersten schmucken Almhütte. Man folgt nun dem Güterweg nach Westen bis zu seinem Ende beim Aufzugshüttl der zur Barmer Hütte führenden Seilbahn (1992 m). Weiter über den parallel zum Bach verlaufenden Schuttsteig in weiten Kehren bergwärts. Unterhalb der Reste der Alten Barmer Hütte (2520 m) sind ein paar mit Stahlseilen entschärfte Passagen über eine Art Felsrippe zu

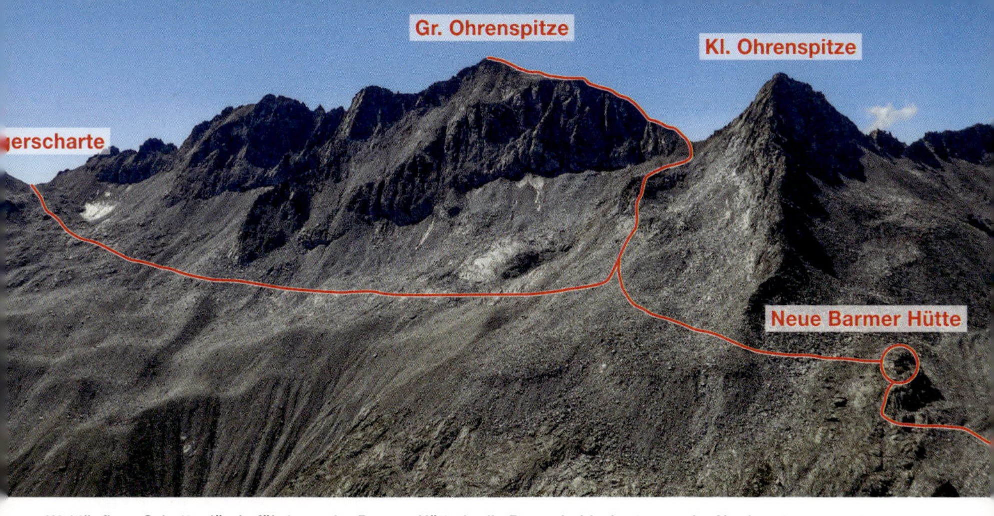

Weitläufiges Schuttgelände führt von der Barmer Hütte in die Remscheidscharte, wo der Nordwestgrat ansetzt. Links der Zugang von der Jägerscharte.

bewältigen. Den Wegtafeln folgend gut markiert zur Barmer Hütte, wo der eigentliche Anstieg beginnt.

Talort/ Ausgangspunkt	St. Jakob im Defereggen/ Patscher Alm (1685 m)
Höhenunterschied	910 Hm
Aufstiegszeit	3½ Stunden
Strecke im Aufstieg	6 km
Einkehrmöglichkeit	Patscher Hütte

Anstieg vom Staller Sattel über die Jägerscharte zur Barmer Hütte (2591 m)

Anfahrt: Von Lienz oder Matrei auf der B 108 (Felbertauernstraße) bis Huben. Dort ins Defereggental (L 25) abbiegen und taleinwärts nach St. Jakob in Defereggen fahren. Weiter über die Fraktion Erlsbach der Straße zum Staller Sattel folgen, wo man bei der Oberseehütte parkt.

Öffi-Tipp: In den Sommermonaten gibt es eine Busverbindung bis auf den Staller Sattel. Infos unter www.vvt.at

Hüttenzustieg: Ausgangspunkt ist die Oberseehütte (2016 m). Man folgt dem gut markierten Bergpfad, anfangs direkt an der Staatsgrenze nach Nordwesten, ehe man in einer nordöstlichen Schleife ein Hochkar über eine steile Schuttflanke gewinnt. Rechts des Großen Mandls erblickt man schließlich einen weiteren, zur Jägerscharte (2870 m) führenden Schutthang. Er wird im linken Bereich auf Steinschlag achtend und mit Trittsicherheit erstiegen. Während das Gros der Wanderer rechts weiter auf das trapezförmige Almerhorn marschiert, hält man sich in einer langgezogenen, fallenden Querung nach Nordwesten zur Barmer Hütte (2591 m). Das einstige Almerkees hat sich nahezu zurückgezogen und gnadenloses Schuttgelände freigegeben, was den Zugang zur Hütte etwas holprig gestaltet.

Talort/ Ausgangspunkt	St. Jakob im Def./Staller Sattel (2016 m)
Höhenunterschied	850 Hm Aufstieg, 290 Hm Abstieg
Aufstiegszeit	4½ Stunden
Strecke im Aufstieg	ca. 5 km
Einkehrmöglichkeit	Oberseehütte

Gipfelanstieg

Von der Barmer Hütte (2591 m) geht es der roten Markierung folgend nur kurz nach Südosten Richtung Jägerscharte, ehe man den Steig ungefähr in der Falllinie der Remscheidscharte (2898 m, Ohrenscharte) bei ca.

2660 m entlang grobblockiger Schutthalden nach Südwesten verlässt und – wenn man richtig ist – entlang von immer wieder mal auftauchenden Steinmännchen in das Trümmerkar zwischen Großer und Kleiner Ohrenspitze vordringt. Die breite Scharte wird über eine Art Felsrippe angepeilt und schlussendlich über losen Schutt betreten. In weiterer Folge am Nordwestgrat entlang von roten Punkten über die oftmals sehr brüchige Gratlinie (Steigspuren am Anfang) zur markanten Schlüsselstelle: Sich aufsteilende Platten und Risse nötigen zum Stehen auf Reibung und sind mit einer langen Kette entschärft, welche zu halten Armkraft erfordert. Danach wird das Terrain leichter und der Grat beginnt sich abzuflachen. Am plötzlich breiten Schuttplateau unterhalb des Gipfels geht es, den günstigsten Weg suchend, zum schon von Weitem erkennbaren Gipfelkreuz.

Wer vom Staller Sattel startet, folgt von der Oberseehütte (2016 m) dem gut markierten Wanderweg nach Nordwesten steil zur Jägerscharte (2870 m), wo im Schartenbereich auf Steinschlag geachtet werden muss. Jenseitig ca. 290 Höhenmeter abwärts, bis man in das Schuttkar zwischen den Ohrenspitzen aufsteigen kann. Es muss also nicht bis zur Barmer Hütte marschiert werden.

Ausgangspunkt	Barmer Hütte (2591 m)
Höhenunterschied	510 Hm
Aufstiegszeit	2–2½ Stunden
Strecke im Aufstieg	ca. 1,8 km
Kletterschwierigkeit	II
Besondere Gefahren	weglos, brüchiges Blockgelände am Grat
Besondere Ausrüstung	ev. Sicherung für die Kettenpassage

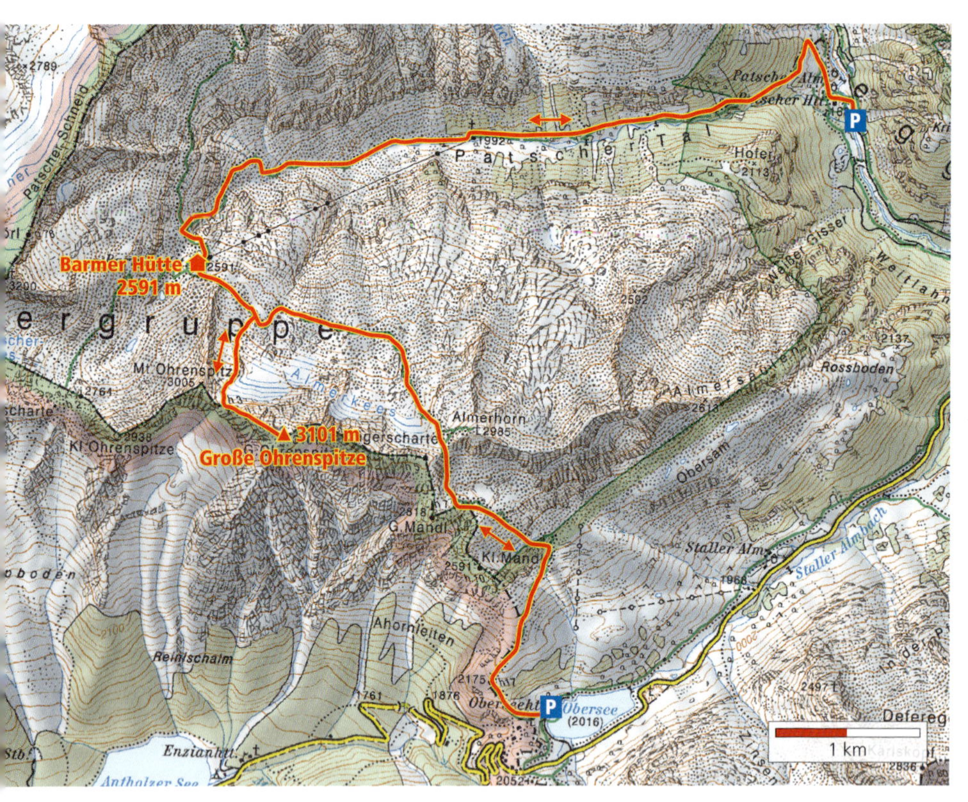

Hochgall 3436 m

2

Traumberg der Ostalpen

Von Nordwesten gesehen zählt der Hochgall sicherlich zu den schönsten Berggestalten im Ostalpenbereich, daher steht er bei vielen Bergsteigern weit oben auf dem Tourenwunschzettel.

Zwei Anstiege führen im Sommer auf den höchsten Berg der Rieserfernergruppe, der mittlerweile auch ein beliebtes Skitourenziel geworden ist, wenngleich im Winter oft nur der Nordostgipfel, sprich der österreichische Gipfel, erstiegen wird. Der Hauptgipfel bleibt in der kalten Jahreszeit meist unberührt.

Kein Berg in Osttirol ist vom Klimawandel dermaßen betroffen wie der Hochgall. So hat der Rückgang der Gletscher und das damit verbundene Abtauen von Eis und Schnee die berühmte Hochgallrinne bis auf den mürben Fels freigelegt und diesen einst klassischen Anstieg in eine gefährliche Steinschlagzone verwandelt. Das gilt übrigens auch für die gesamte Südost- und Nordseite des Berges. Durch die Hochgallrinne verlief in der Regel der Normalweg von Osttiroler Seite, über die Barmer Hütte kommend.

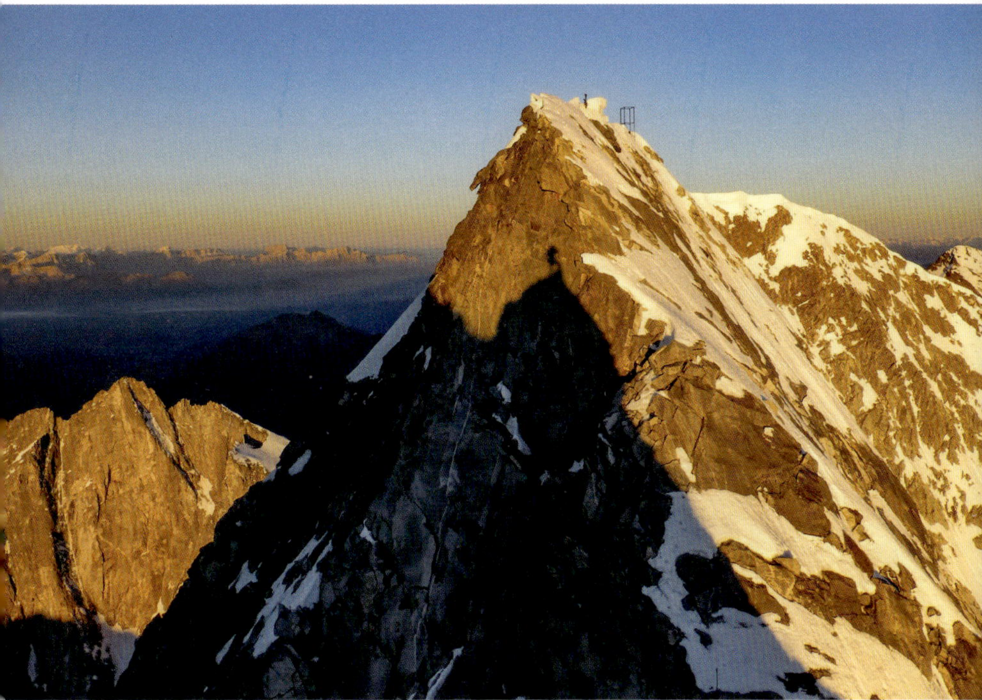

Sonnenaufgang bei einer Hochgallbesteigung Ende Juni, wo die Hochgallrinne noch gut mit Schnee gefüllt war.

Dieser Anstieg wird heute meist nur mehr im Frühsommer unternommen, wenn die Rinne mit Schnee gefüllt ist und die Temperaturen einen sicheren Auf- und Abstieg zulassen. Das kann in Ausnahmefällen natürlich auch an einem kalten Sommer- oder Herbsttag möglich sein. Hier entscheiden die Verhältnisse. Am besten man erkundigt sich beim Hüttenwirt. Sicherer und leichter präsentiert sich der Südtiroler Anstieg über den Nordwestgrat, bei dem auch das Graue Nöckl überschritten wird. Diese Route vermeidet mittlerweile jeglichen Eiskontakt und zählt zu den schönsten Gratanstiegen der gesamten Region. Ausgangspunkt dafür ist die Ortschaft Rein in Taufers an der Nordwestseite des Hochgalls mit der als Stützpunkt dienenden Hochgallhütte.

Welchen Weg man auch immer wählt, die technischen Schwierigkeiten sind an beiden Seiten mehr oder weniger die gleichen. Das bedeutet, es muss sicher im II. Schwierig-

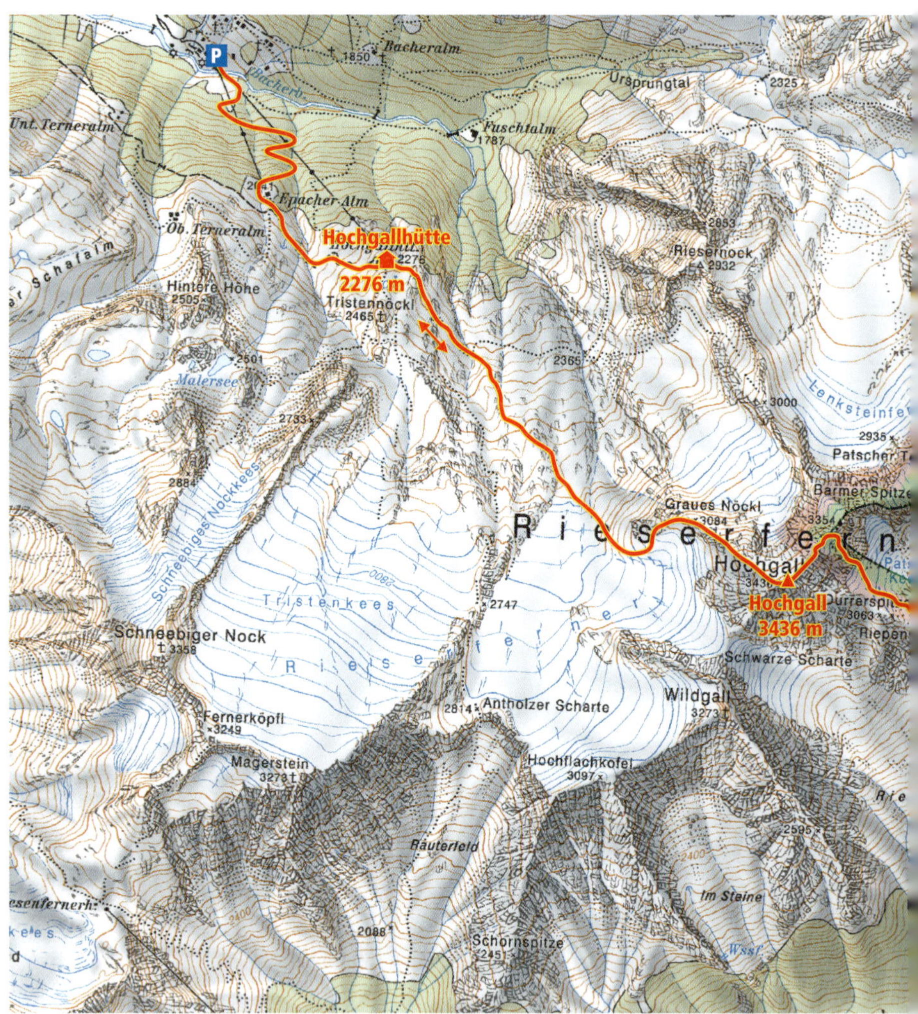

keitsgrad auf- und abgestiegen werden, von Osttiroler Seite kommend, darf's stellenweise auch etwas schwieriger sein (III–). Bei Auf- und Abstieg durch die mittlerweile über 40 Grad steile Hochgallrinne muss zusätzlich das Gehen mit Steigeisen beherrscht werden, das gilt vor allem für den Abstieg. Hier gilt es, der frühe Vogel zu sein, um dem gefürchteten Anstollen und etwaigen Nassschneerutschen zu entgehen. Auch wenn die entscheidenden Stellen meist fest bzw. auf Südtiroler Seite sogar mit Stahlseilen entschärft sind, muss man sich trittsicher auf blockigen, teilweise brüchigen Gratlinien bewegen, bei Vereisung auch mit Steigeisen. Alles in allem ist der Hochgall ein herausfordernder Berg, nicht frei von objektiven Gefahren, der absolut Hochtourenerfahrung und entsprechendes Können benötigt und der zusammen mit Großglockner, Mittereggspitze und Rötspitze zu den anspruchsvollsten Gipfelzielen in diesem Buch zählt.

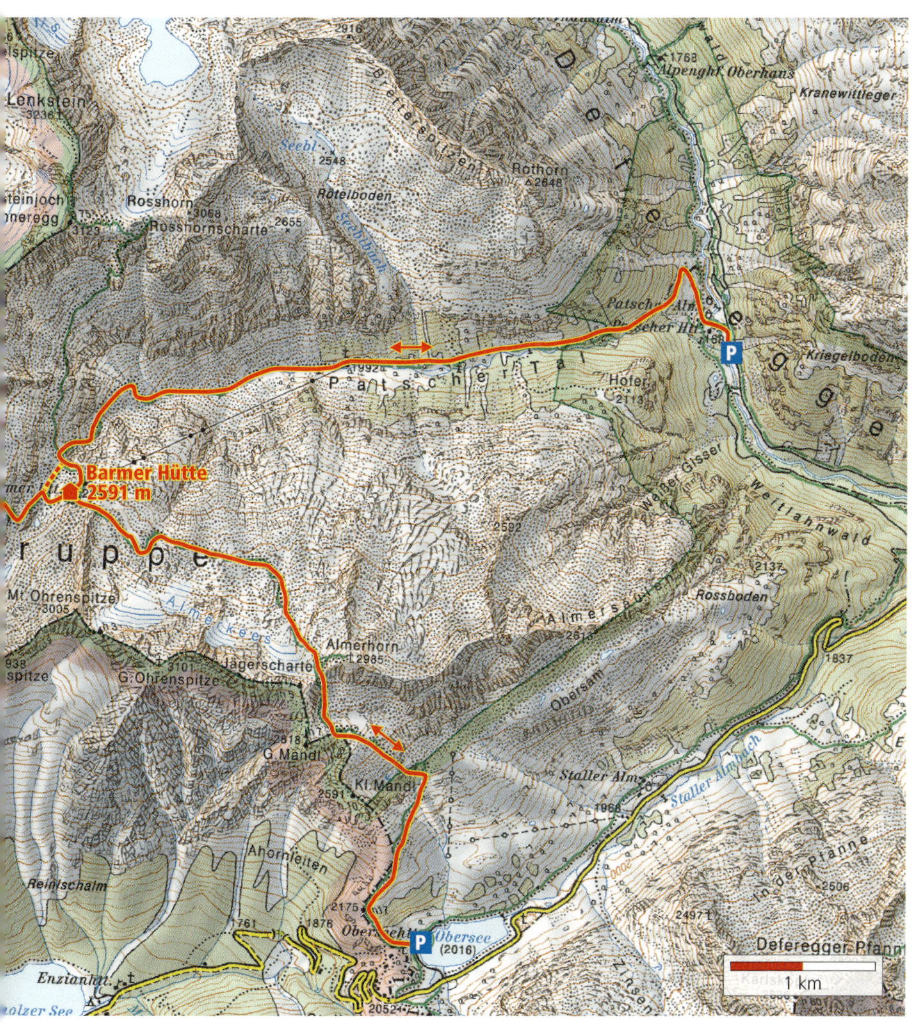

Anstieg von Osttiroler Seite über Barmer Hütte, Hochgallrinne und Nordostgrat

Anfahrt und Hüttenzugänge: siehe Tour 1.

Gipfelanstieg: Von der Hütte (2591 m) geht man am markierten Wanderweg nach Südwesten durch grobe Schutthalden fast bis zur Riepenscharte (2764 m), wo man sich nach Nordwesten wendet und in einem schmalen Bereich zwischen Durrerspitze und den Resten des Patscher Keeses, den günstigsten Weg suchend, aufsteigt. Viel loses Material und Schutt prägt den Aufstieg. Ziel ist der unverkennbare Einstieg in die Hochgallrinne. Ein weiterer Zugang auf das Patscher Kees führt aus dem Boden unterhalb der Riepenscharte in einem gegen die Barmer Spitze ausholenden Linksbogen Richtung Rinne. Dieser wird mittlerweile aber aufgrund des gnadenlosen Schuttgeländes kaum noch durchgeführt.

Durch die Rinne, die mittlerweile auch bei Schneebedeckung steilere Stufen aufweisen kann, ca. 230 Höhenmeter aufwärts zum Nordostgrat. Auf diesem, auf Wechten achtend, unschwierig in südwestlicher Richtung zum Vorgipfel (österreichischer Gipfel), wo die klettertechnischen Hauptschwierigkeiten beginnen. Hier muss ein Felszacken überschritten werden. Diese Stelle ist sehr ausgesetzt und teilweise mit Bohrhaken und Eisenstiften entschärft (II). Bei Schneelage mit Wechtenbildung ist dieser Abschnitt mehr als heikel. Von einem Felszacken geht es schließlich 25 m über Platten und Risse hinab in ein Schartl (Schlüsselstelle, III–, Klamml), ehe jenseitig über schönes, festes Blockgelände direkt an der Gratlinie (Eisenstifte) zum Gipfel geklettert wird.

Ausgangspunkt	Barmer Hütte (2591 m)
Höhenunterschied	900 Hm
Aufstiegszeit	3½–4 Stunden
Strecke im Aufstieg	ca. 3,5 km
Kletterschwierigkeit	III–
Besondere Gefahren	weglos, brüchiges Blockgelände am Grat, steile Firnrinne, Steinschlag, Lawinengefahr
Besondere Ausrüstung	komplette Hochtourenausrüstung, Seil

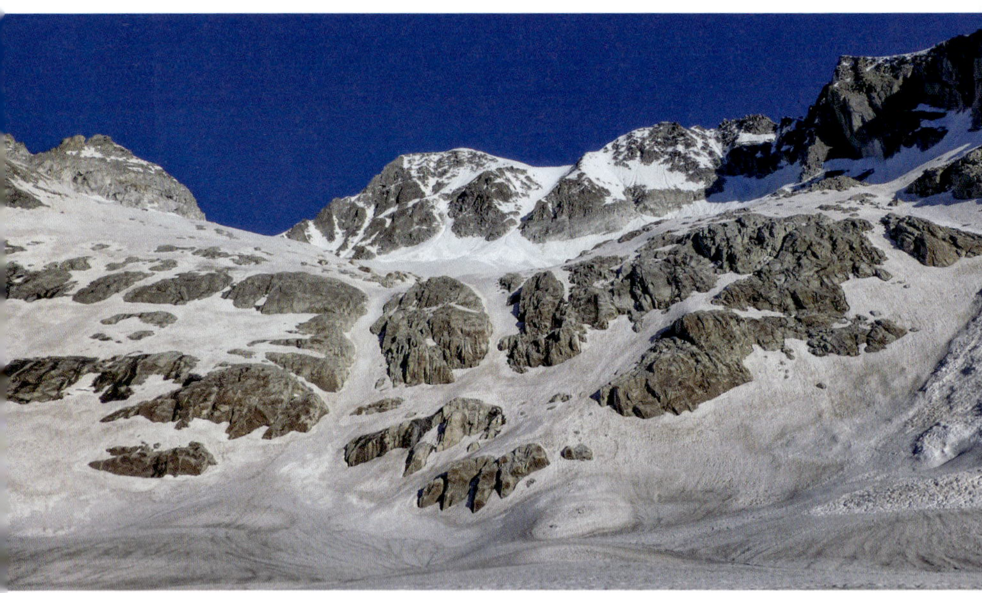

Perfekte Hochtourenverhältnisse Ende Juni für eine Hochgall-Besteigung von der Barmer Hütte.

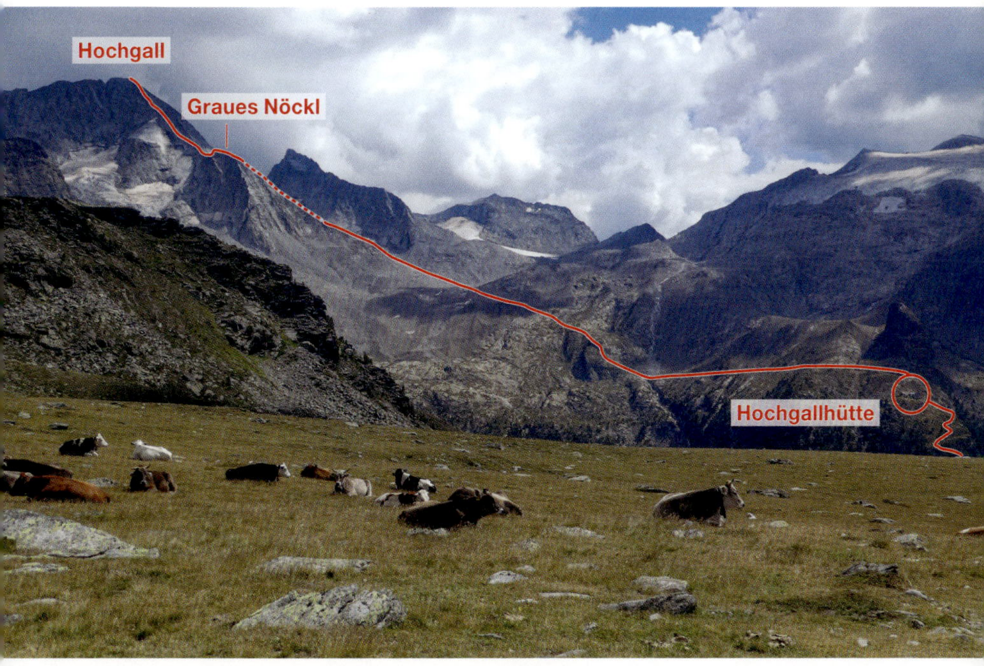

Der Verlauf des Anstiegs auf den Hochgall von der Hochgallhütte aus.

Anstieg von Südtiroler Seite über die Hochgallhütte (2276 m) und den Nordwestgrat

Anfahrt: Von Lienz über die E 66 ins Pustertal und weiter über Sillian nach Bruneck. Bei der östlichen Stadteinfahrt rechts ins Tauferer Tal/Ahrntal abbiegen. Kurz vor Sand in Taufers rechts ins Reintal bis nach Rein in Taufers fahren (1574 m, Straßenschilder). Bevor die Straße ins Knuttental ansteigt, zweigt man im Ort nach rechts ab und fährt weiter flach nach Südosten ins Bachertal, wo beim großen Gasthaus Säge (1600 m) geparkt wird. Nicht zum Epacher Hof auffahren!

Öffi-Tipp: Es ist möglich, von Bruneck mit dem Bus nach Sand in Taufers zu fahren, wo nach Rein umgestiegen werden muss. Infos unter www.vvt.at, www.serbus.it

Hüttenzustieg: Man hält sich nur kurz entlang der Asphaltstraße taleinwärts, ehe Holztafeln rechter Hand über eine Brücke in den Wald leiten. Man folgt nun dem Wanderweg Nr. 8 zuerst entlang einer Schotterstraße, später in mehreren Serpentinen bergwärts, vorbei an der Epacher Alm (2041 m) zur Hochgallhütte (2276 m, 1 Std. 50 Min. lt. Tafeln), welche auch als Kasseler Hütte bezeichnet wird.

Talort/ Ausgangspunkt	Südtirol/Rein in Taufers – Gasthaus Säge, 1600 m
Höhenunterschied	680 Hm
Aufstiegszeit	knapp 2 Stunden
Strecke im Aufstieg	ca. 2,5 km
Einkehrmöglichkeit	Gasthaus Säge

Gipfelanstieg: Man nützt nun den Arthur-Hartdegen-Weg nur kurz nach Osten, bis man in einem Graben auf den Rieserfernerbach trifft und den gemütlichen Wanderweg verlässt. Direkt beim Bach weist eine Felsplatte mit roter Aufschrift „Hochgall" den Weg. Entlang von Steinmännchen gilt es über

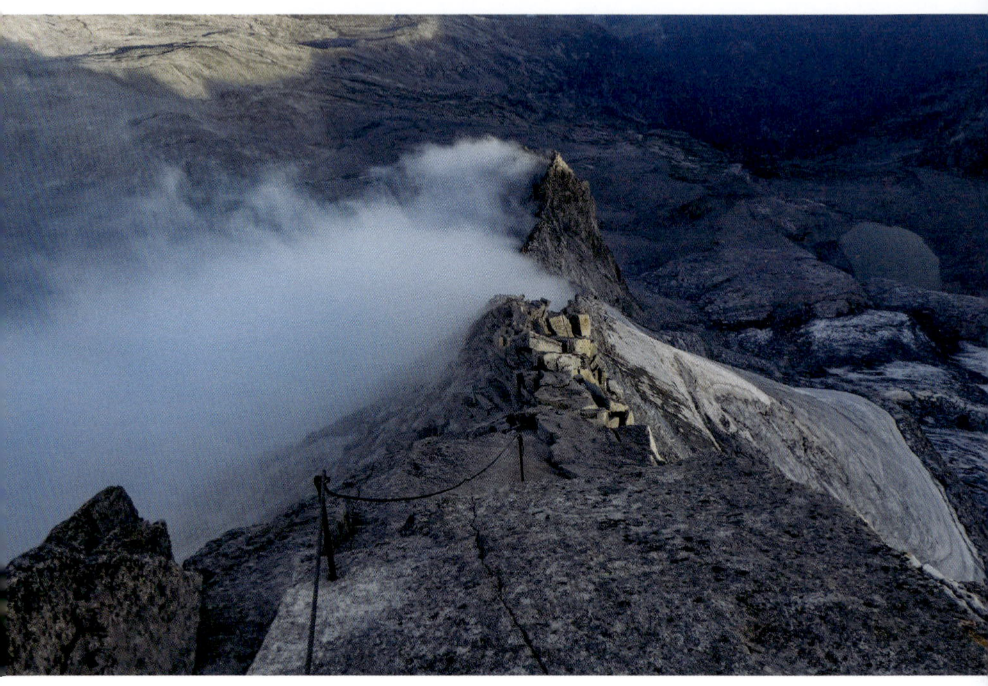

Eine traumhafte Gratlinie zieht vom Grauen Nöckl Richtung Hochgall.

langgezogene Schutthalden im Moränengelände nach Südosten zum Fuß des Nordwestgrats mit dem dreieckigen Gipfel des Grauen Nöckls (3084 m) aufzusteigen. Der als Mittlerer Rieserferner bezeichnete Gletscher hat sich mittlerweile so weit zurückgezogen, dass es beim Aufstieg nirgendwo mehr zu Eiskontakt kommt. Man marschiert im Rechtsbogen in das Kar zwischen Hochgall und Wildgall und peilt so das Graue Nöckl von der Rückseite (Süd) über einen breiten Gratrücken an, der bei ca. 2700 m betreten wird. Über den blockigen Westgrat zum Gipfel. Jenseits muss ausgesetzt in eine klaffende Scharte bis ca. 3000 m abgeklettert werden (II). Über die steilste Stelle hilft ein Stahlseil.

Der sich nun aufbauende Trümmergrat ist leichter, als er aussieht, und lässt das Herz jedes Bergsteigers höherschlagen. Ungefähr auf der Hälfte der Gratlinie erreicht man bei ausreichender Schneelage einen Firnbuckel, wo links eine Flanke in das Nordwandbecken zieht. Weiter am Grat zu den mit fast 100 m Stahlseil entschärften Plattenstellen unterhalb des Gipfels, welche mit leichter Reibungskletterei bewältigt werden.

Nach dieser Stelle geht es ausgesetzt in leichter Kletterei zum Gipfel mit schönem Kreuz. Vorsicht bei Überwechtung bzw. Vereisung.

Ausgangspunkt	Hochgallhütte (2276 m)
Höhenunterschied	1160 Hm
Aufstiegszeit	4½ Stunden
Strecke im Aufstieg	ca. 4 km
Kletterschwierigkeit	II–III
Besondere Gefahren	weglos, brüchiges Blockgelände am Grat
Besondere Ausrüstung	Steigeisen bei Schnee und Vereisung, Helm, Seil

Barmer Spitze 3200 m

3

Origineller, anspruchsvoller Kletterberg am Beginn des Krügergrats

Wer von der Neuen Barmer Hütte Richtung Westen blickt, wird unweigerlich am markanten Felsdreieck der Barmer Spitze hängen bleiben. Sie bildet den Einstieg in den legendären Krügergrat, einen Variantenaufstieg zum Hochgall. Auch ist das stattliche, aufgrund des auftauenden Permafrosts sich mehr und mehr zu neigen beginnende Gipfelkreuz kaum zu übersehen, wirkt es doch fast etwas groß für diesen vergleichsweise „kleinen" Gipfel. Die Besteigung der Barmer Spitze erweist sich für versierte Bergsteiger mit der nötigen Erfahrung im Fels als mäßig schwer, vorausgesetzt man weiß in diesem Gelände zu gehen, achtet auf Steinschlag und hat keine Probleme mit Klettern im II. Schwierigkeitsgrad. Das gilt für Auf- und Abstieg.

Nicht unterschätzt werden sollte der exponierte, brüchige Gipfelgrat. Als Schlüsselstelle kann man sicherlich das Erreichen der zur Patscher Spitze bzw. Patscher Schneid ziehenden Gratlinie bezeichnen. Hier gilt es, eine gutgriffige, originelle Plattenstelle zu bewälti-

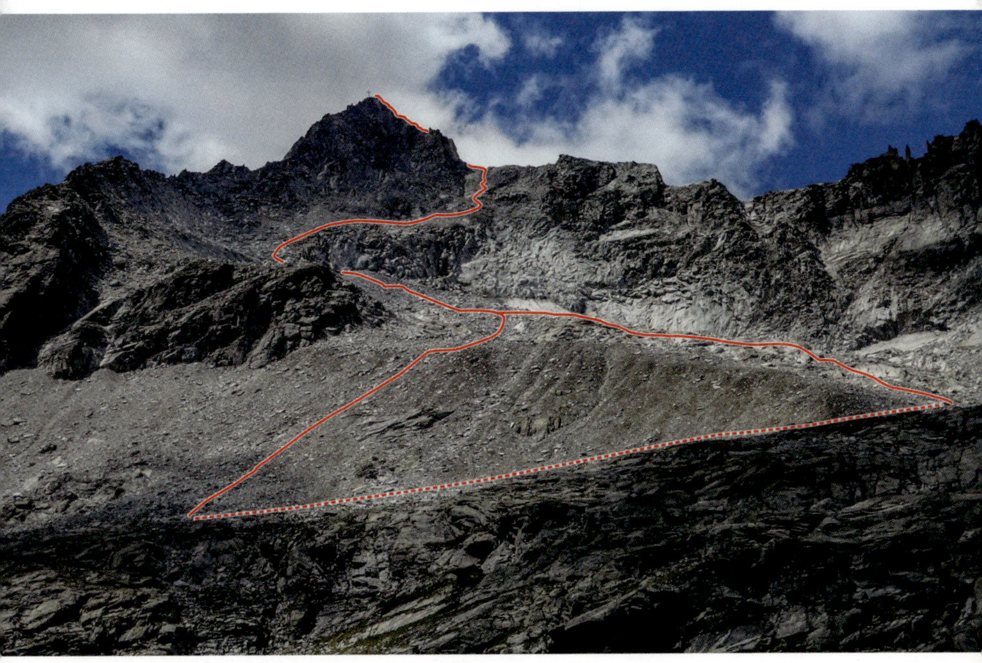

Auf welcher Variante man in das Schuttkar unterhalb der Barmer Spitze kommt, ist schlussendlich egal. Die Schlüsselstelle liegt im Erreichen des kurzen Nordostgrats.

gen, an deren oberem Ende ein Bohrhaken zum Sichern genützt werden kann. Auch wird der begleitende, stark zersplitterte Ostgrat von versierten Gratkletterern immer wieder gerne besucht, um anschließend über die hier beschriebene Aufstiegsvariante abzusteigen. Weniger Geübte sind zu sichern, d. h., der Umgang mit dem Seil muss gelernt sein. Für schwächere Geher ist eine Übernachtung in der Barmer Hütte klar zu empfehlen, insbesondere wenn man mit Öffis anreist.

Anfahrt und Hüttenzugänge: siehe Tour 1.

Route: Von der Barmer Hütte (2591 m) über den zur Riepenscharte einwärts ziehenden Wanderweg kurz absteigend in die breite Mulde unterhalb der Hütte. Wenn man die Barmer Spitze als Tagestour anpeilt, kann dorthin von der Alten Barmer Hütte direkt aufgestiegen werden, indem man in der Talsohle bleibt, bis man wieder auf den zur Riepenscharte einwärts ziehenden Steig trifft. Diesem gilt es schließlich bis auf

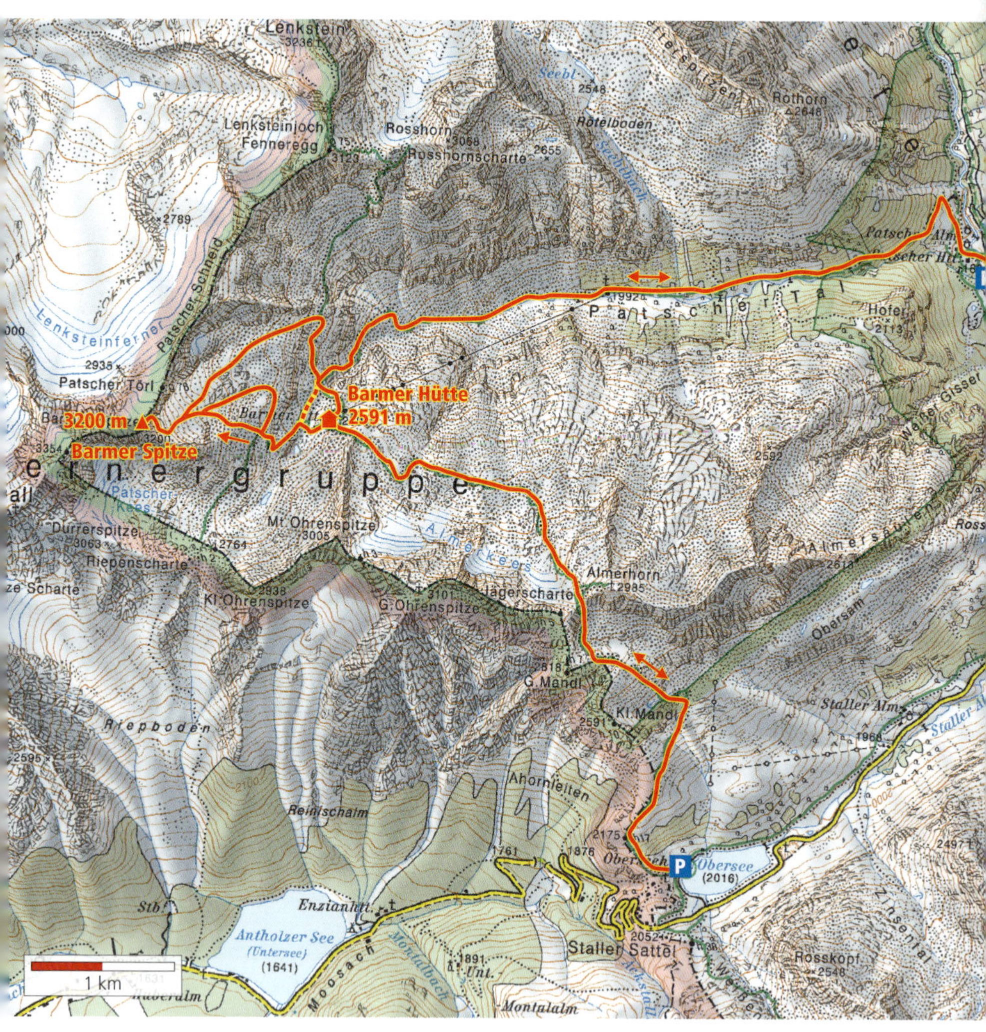

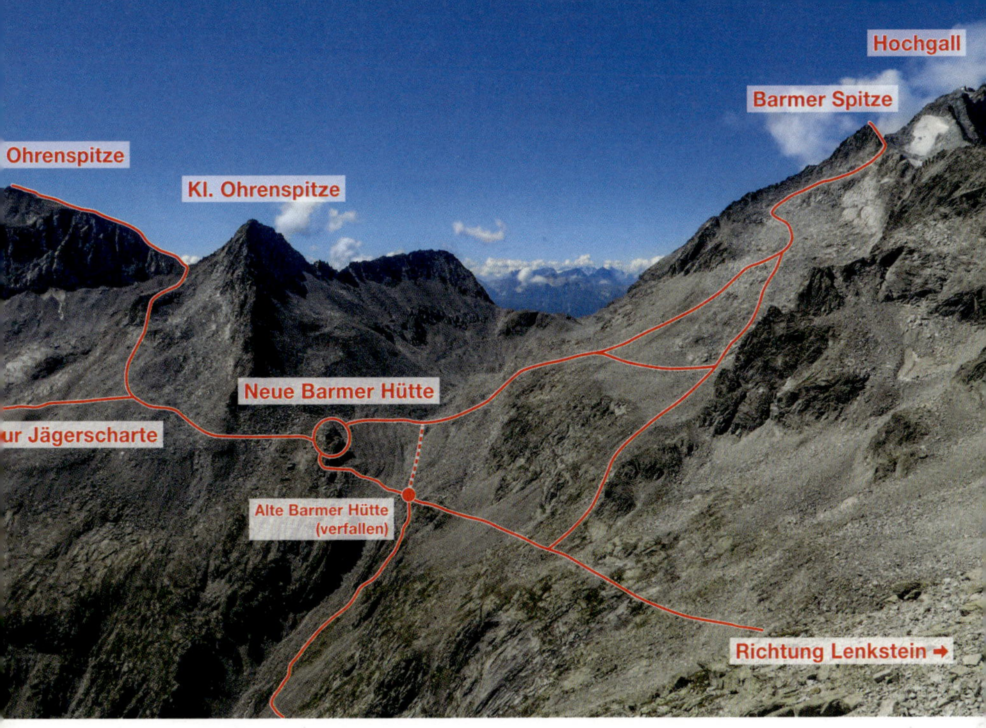

Mehrere gleichberechtigte Zugangsvarianten eröffnen sich von der Barmer Hütte Richtung Barmer Spitze. Links die Zugänge zur Ohrenspitze.

2700 m zu folgen, ehe er in sich aufsteilendes, wegloses Schuttgelände nach Westen verlassen wird. Wer es gemütlicher angehen will, umgeht diesen Aufschwung in einer Rechts-links-Schleife im flacheren Terrain und erreicht so das Hochkar unterhalb der Barmer Spitze mit dem ehemaligen Rampleter Ferner. Durch dieses nun in der Gipfelfalllinie aufwärts, bis eine quer verlaufende, felsige Barriere links in der Nähe des Ostgrats an ihrer Schwachstelle umgangen und so eine kleine Terrasse unterhalb der Gipfelwand erreicht wird. Es folgt anhand von Steigspuren eine Querung nach Norden, bis sich eine rinnenartige Verschneidung rechts des Gipfels auftut. Durch diese, auf Steinschlag achtend, kurz aufwärts, bevor man rechts auf begleitende, gutmütige Platten ausweicht. Weiter großgriffig zum Ausstieg auf einer Gratschulter (II, Bohrhaken). Dahinter befindet sich der Lenksteinferner. Von der Gratschulter geht es abschließend über den kurzen Gipfelgrat, im Idealfall etwas rechts davon, den günstigsten Weg suchend zum mächtigen Kreuz. Der Abstieg verläuft über die gleiche Route. Hier muss beim Abseilen/Abklettern entlang der Bohrhaken auf Steinschlag geachtet werden.
Hinweis: Das Hochkar unterhalb der Barmer Spitze kann auch vom zur Rosshornscharte führenden Wanderweg angepeilt werden, was aber länger dauern dürfte.

Ausgangspunkt	Barmer Hütte (2591 m)
Höhenunterschied	610 Hm
Aufstiegszeit	2½ Stunden
Strecke im Aufstieg	ca. 2 km
Kletterschwierigkeit	II–III
Besondere Gefahren	weglos, brüchiges Blockgelände, Steinschlag
Besondere Ausrüstung	Helm, Seil

4 Großer Lenkstein 3236 m

5 Fennereck 3123 m

Paradegipfel und leichter Mitnahme-Dreitausender im Einzug der Barmer Hütte

Der Große Lenkstein zählt aufgrund seiner mäßigen technischen Schwierigkeiten zu den beliebtesten Dreitausendern im Einzugsgebiet der Barmer Hütte und wird sommers wie winters gerne erstiegen, wenngleich im Winter nur von Südtiroler Seite. Südlich vorgelagert und etwa 100 Höhenmeter tiefer, am nordöstlichen Ende der wild zerrissenen Patscher Schneid, befindet sich das Fennereck, eine Rückfallkuppe, die man als Mitnahme-Dreitausender im Zuge einer Lenksteinbesteigung bezeichnen könnte. Der Anstieg auf das Fennereck bzw. in weiterer Folge auf den Lenkstein ist bis fast auf den Gipfel durchgehend markiert, entscheidende Stellen unterhalb der Rosshornscharte bzw. im Bereich des Lenksteinjochs sind mit dicken Stahlseilen entschärft. Das bedeutet allerdings nicht, dass der Berg leicht zu haben ist. Trittsicherheit im steilen, exponierten

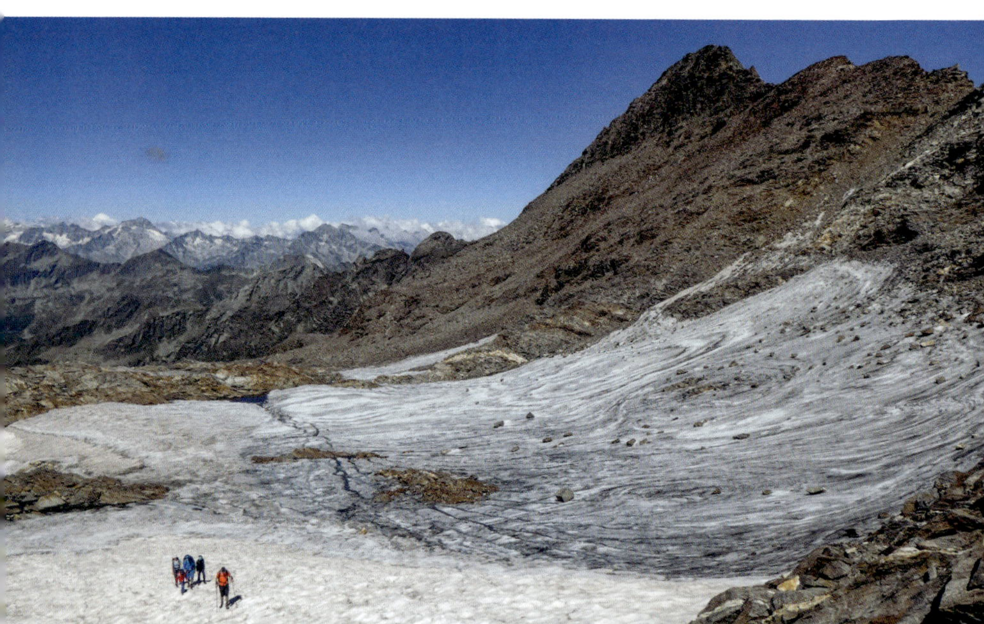

Auf den Eisresten des sterbenden Lenksteinferners mit Blick auf den abschließenden Gipfelgrat, wo ein paar Kletterschritte nötig sind.

Gipfelaufbau, wo der Steig geschickt entlang von Felsbändern durch die fast senkrechte Wand führt, ist absolut vonnöten. Hier gibt es nämlich keine Stahlseile, was beim Abstieg bzw. bei Nässe berücksichtigt werden sollte. Auch die letzten Meter vom kleinen Eisfleck unterhalb des Gipfels über den kurzen Blockgrat sind ausgesetzt und erfordern sauberes Steigen. Alles in allem eine großartige Tour im berühmten Rieserferner-Pluton mit traumhaftem Ausblick auf den Hochgall. Eine Übernachtung in der Barmer Hütte ist überlegenswert, insbesondere wenn man mit Öffis anreist.

Anfahrt und Hüttenzugänge: siehe Tour 1.

Gipfelanstieg: Von der Barmer Hütte 70 Höhenmeter absteigend nach Nordwesten zu den Überresten der Alten Barmer Hütte (2520 m). Dort trifft man auf den Zustiegsweg aus dem Patscher Tal, was für Lenkstein-Tagesaspiranten wichtig ist. Sie müssen nicht zur Barmer Hütte aufsteigen. Man folgt nun dem Arthur-Hartdegen-Weg nordwärts Richtung Rosshornscharte (Tafeln). Sie bildet die erste „Schlüsselstelle" und ist an entscheidenden Passagen im Bereich von Felsrinnen mit Stahlseilen versichert. Die Scharte selbst wird nicht direkt betreten, sie spielt aber für die Besteigung des weglosen Rosshorns oder für den Weitwanderweg „Osttirol 360" eine Rolle. Es folgt eine sich aufsteilende Schutthalde Richtung Lenksteinkamm (Westen), wo mit dem Fennereck der erste Dreitausender wartet, der in wenigen Minuten unschwierig erstiegen werden kann. Es ist auch möglich, diesen auszulassen, indem man ihn in der breiten Mulde unterhalb Richtung Lenksteinjoch umgeht, wo der Gipfelgang zum Lenkstein beginnt. Vom Fennereck führt der Pfad kurz absteigend ins Lenksteinjoch, wo nach einer kurzen Stahlseilpassage an der Westseite (Italien) des Gratverlaufs entlang eines ausgesetzten, aber immer markierten Felsensteigs an der Ostflanke des Lenksteins eine

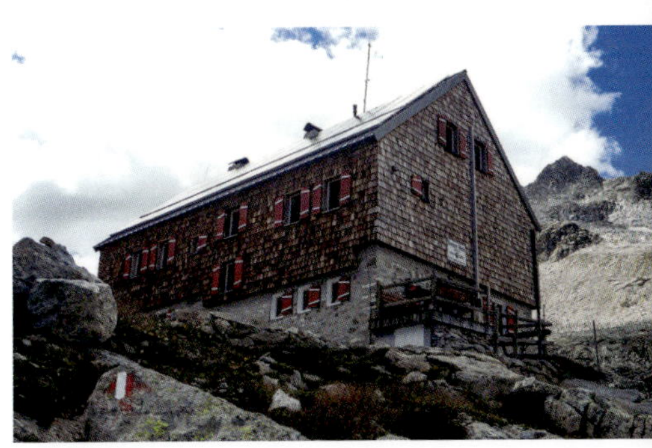

Barmer Hütte.

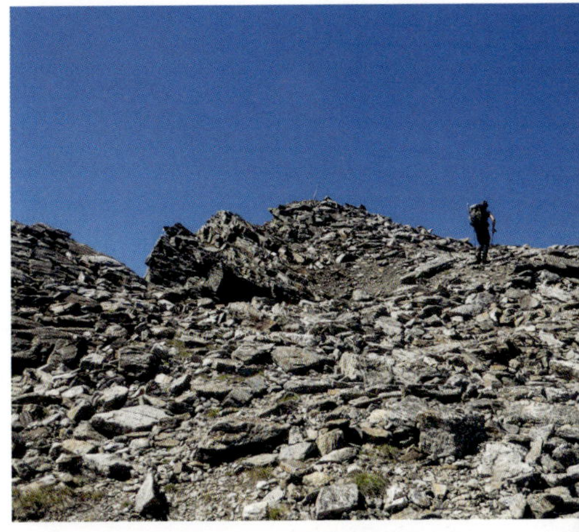

Im Schuttgelände kurz vor dem Gipfel des Fennerecks.

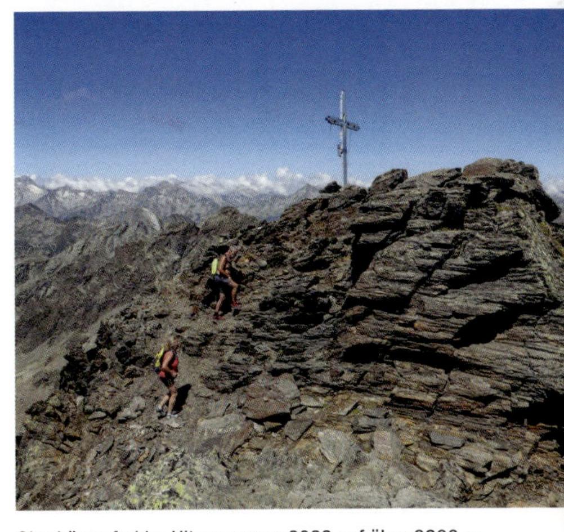

Oberkörperfrei im Hitzesommer 2022 auf über 3200 m.

Scharte am Gipfelgrat erreicht wird. Links befindet sich der Südgipfel. Jenseits der Scharte kurz absteigend hinab auf einen Eisfleck, der so hoch wie möglich gequert wird, ehe man in ein kleines Gratschartl unterhalb des Gipfelaufbaus aufsteigt. Teilweise markiert, grobes Schuttgelände, Steinschlag. Über den Grat mit ein paar leichten Kletterschritten in wenigen Minuten zum höchsten Punkt mit Kreuz. Achtung, Absturzgefahr im gesamten Kammverlauf! Nur bei trockenen Verhältnissen begehen.

Ausgangspunkt	Barmer Hütte (2591 m)
Höhenunterschied	650 Hm
Aufstiegszeit	2½–3 Stunden
Strecke im Aufstieg	3,2 km
Kletterschwierigkeit	I–II
Besondere Gefahren	exponierter Gipfelaufbau, Absturzgefahr

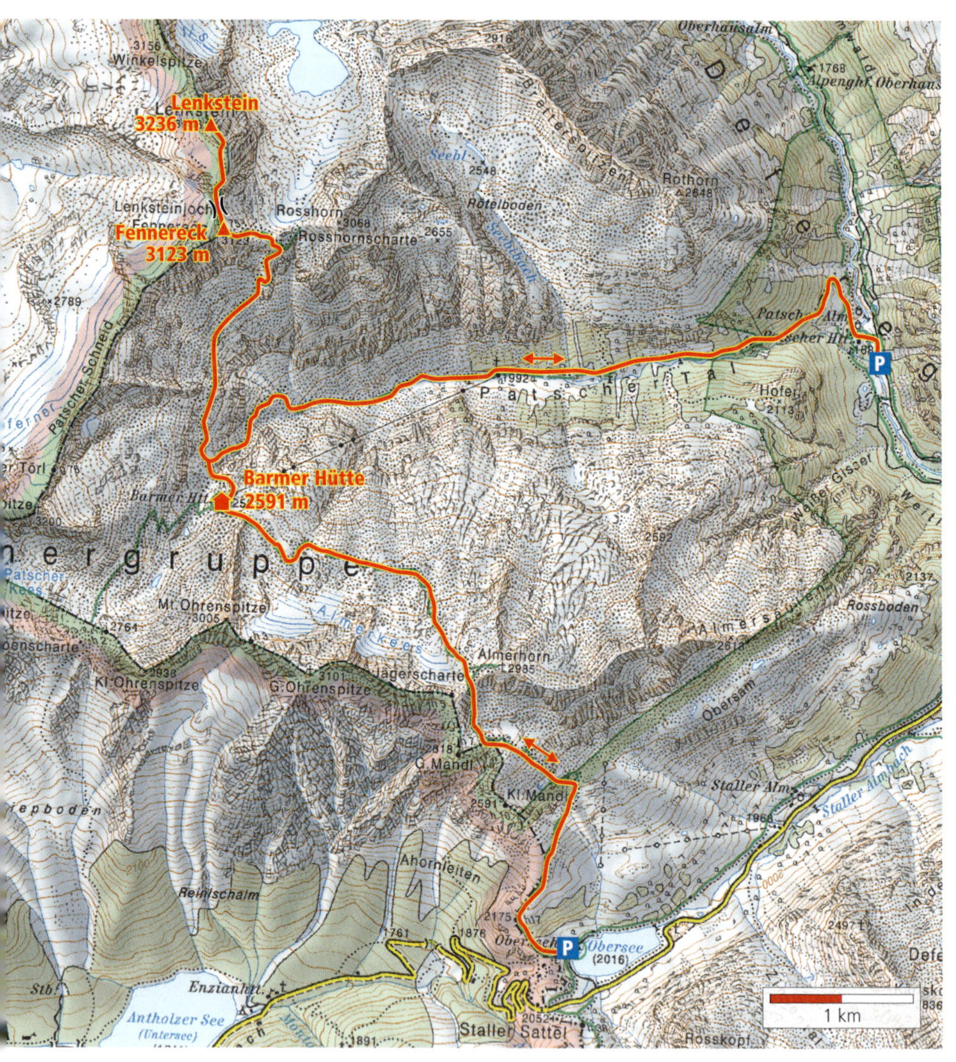

Fleischbachspitze 3157 m

6

Ein geheimnisvoller Berg

Nördlich des Großen Lenksteins und knappe 900 m Luftlinie vom Osttiroler Grenzkamm entfernt befindet sich gut versteckt und von den Tallagen kaum einsehbar die Fleischbachspitze. Sie wird in der Regel über das Fleischbachjoch erstiegen, das noch vor 30 Jahren das begleitende Fleischbachkees in zwei Teile trennte. Mittlerweile ist davon nur mehr der nordwestlich gelegene Gletscher übrig geblieben. Südöstlich des Jochs ist dieser zur Gänze verschwunden. Stattdessen hat sich ein riesiger See gebildet, der vom Toteis unterhalb der Lenkstein-Ostwand bzw. vom letzten Eisrest zu Füßen des Rosshorns genährt wird. Der schnellste Zugang zur Fleischbachspitze führt von der Oberen Seebachalm über einen Abschnitt des neu angelegten Weitwanderwegs „Osttirol 360" in ein verstecktes Hochtal unterhalb des Lenksteinkamms, wo sich der erwähnte Gletschersee verbirgt. Ab dort bewegt man sich in weglosem Gelände, d. h., man benötigt neben der für den blockigen Gipfelgrat notwendigen Trittsicherheit Orientierungssinn. Die technischen Schwierigkeiten am Grat bewegen sich im I.

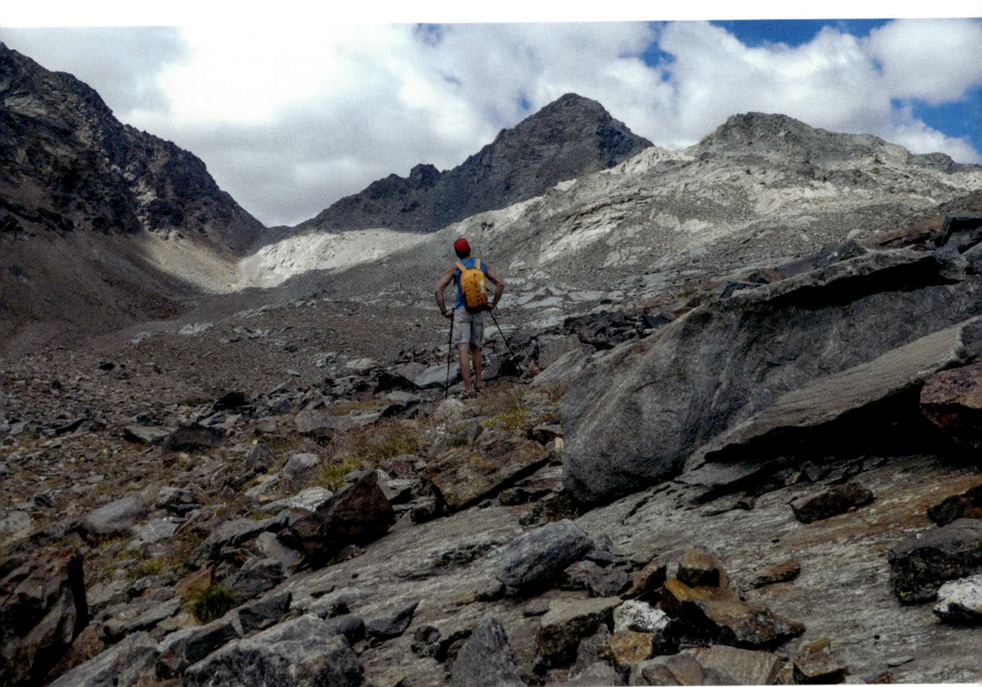

Blick zur Fleischbachspitze mit dem gleichnamigen Joch links.

und II. Schwierigkeitsgrad. Die Tour richtet sich demnach an versierte Dreitausender-Bergsteiger mit der nötigen Erfahrung im Wegfinden und im Begehen von Graten. Klar zu empfehlen ist bei dieser Tour (wie bei allen Touren im Bereich des Klammljochs) das Mountainbike, mit dem sich die Anmarschzeit erheblich verkürzt.

Anfahrt: Von Lienz oder Matrei auf der B 108 (Felbertauernstraße) bis Huben. Dort ins Defereggental (L 25) abbiegen und taleinwärts nach St. Jakob in Defereggen fahren. Immer weiter Richtung Staller Sattel, ehe man nach der Fraktion Erlsbach die Straße bei der Katzleitenbrücke verlässt und nach rechts zu einem unübersehbaren Mautschranken abbiegt. Man folgt dem Sträßchen entlang der Schwarzach bis zu seinem Ende beim Alpengasthaus Oberhaus (1768 m, großer Parkplatz). Der dort ansetzende Schotterweg führt über das Klammljoch nach Südtirol (Rein) und ist für den Individualverkehr gesperrt. Ausgewiesene Mountainbike-Strecke. Es ist auch möglich, das Auto beim Mautschranken stehen zu lassen (gebührenpflichtiger Parkplatz) und von dort mit dem Fahrrad bis zur Seebachalm zu treten.

Öffi-Tipp: Wer mit Öffis anreist, muss bei der Katzleitenbrücke (1550 m) wenige Meter vor dem Mautschranken aussteigen und knapp 5 km zusätzlich bis zum Gasthaus Oberhaus bewältigen, was zu Fuß den zeitlichen Rahmen einer Tagestour wohl sprengen würde. Hier ist das Bike Mittel der Wahl. Infos unter www.vvt.at

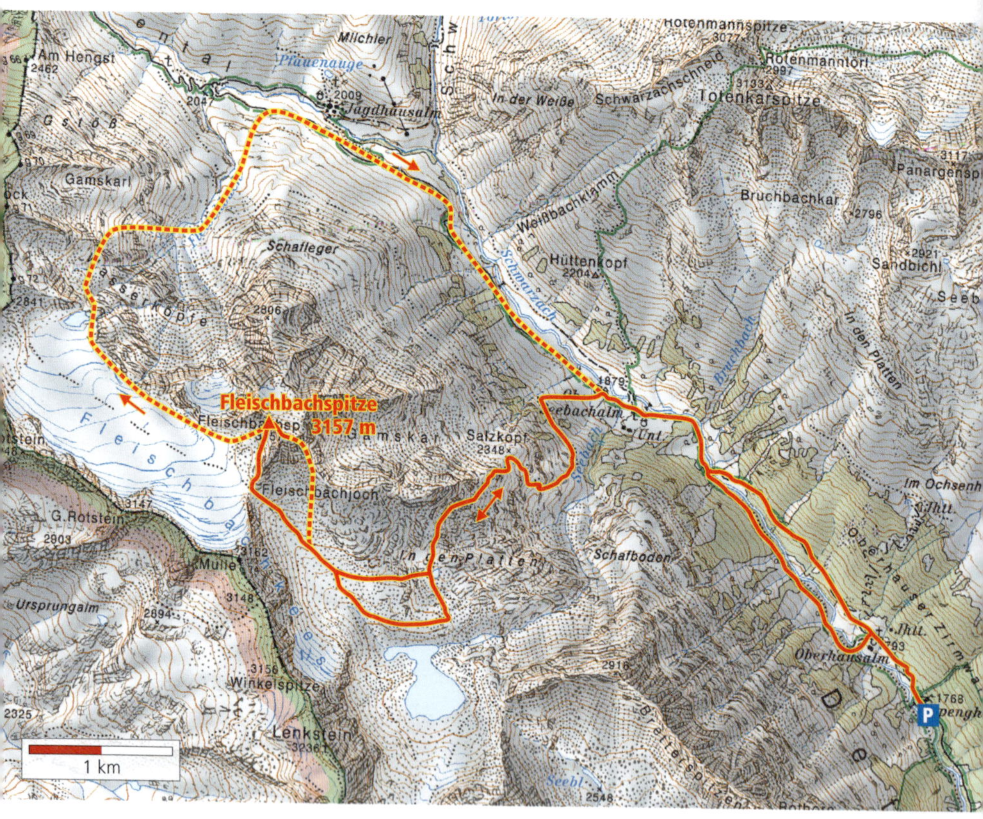

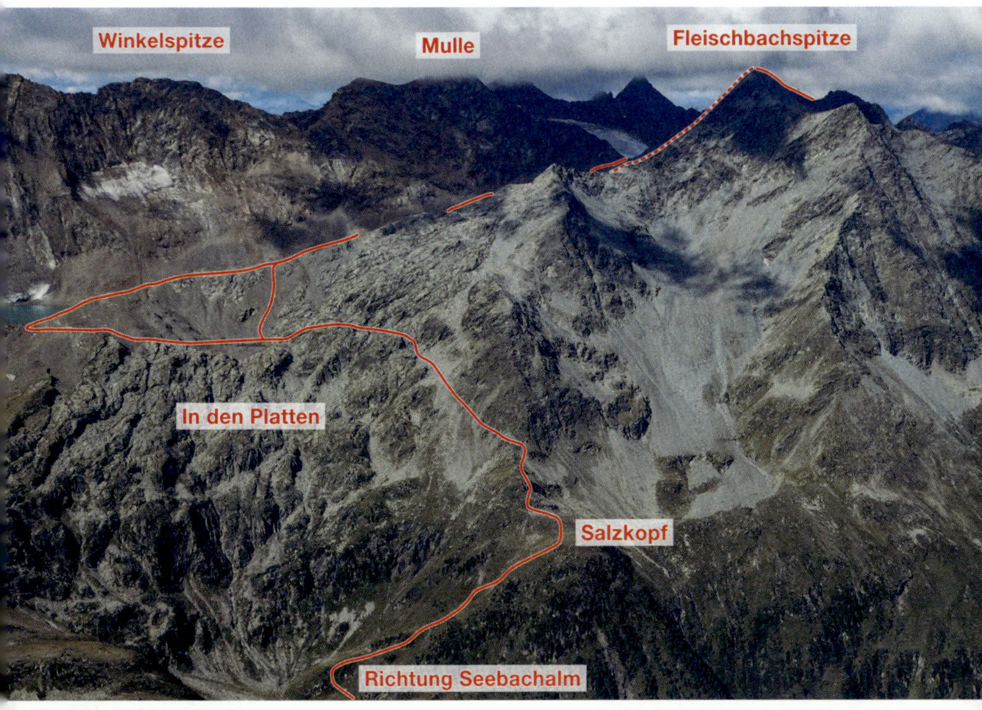

Der Verlauf des Anstiegs Richtung Fleischbachspitze mit dem großen Gletschersee links, der sich aus dem Eis des einstigen südöstlichen Fleischbachkeeses gebildet hat.

Route: Vom Parkplatz beim Alpengasthof Oberhaus (1768 m) hält man sich am Schotterweg entweder zu Fuß oder mit dem Rad zur Alpe Oberhaus, wo man, wenn man auf Schusters Rappen unterwegs ist, auf die linke Bachseite wechseln kann, um dem Trubel auf der Straße zu entgehen. Sonst immer am Güterweg einwärts bis zu den urigen Hütten der Oberen Seebachalm (1879 m), wo die eigentliche Tour beginnt. Eine gelbe Tafel (Barmer Hütte etc.) leitet nun in südwestlicher Richtung in den Zirbenwald, der aber bald überwunden ist. Man erreicht im Zickzack ein kleines Plateau, das in der Karte den Namen Salzkopf (2348 m) trägt. Nun quert man das Gletscherschliffgelände, welches treffend als „In den Platten" bezeichnet wird, in das Hochkar unterhalb des Lenksteinkamms. Kurz absteigend wird anhand der Markierung ein kleiner See (2623 m) erreicht. Westlich davon steigt man, den Wanderweg abkürzend, entlang einer mäßig steilen Schutthalde auf einen breiten Rücken auf, wo man links den Gletschersee erblickt. In nordwestlicher Richtung wird nun das markante Fleischbachjoch (2953 m) angepeilt, das sich links des eigentlichen Tourenziels befindet.

Es ist auch möglich, auf dem Wanderweg vom kleinen See aus weiterzumarschieren, um in einer Rechtsschleife zum Gletschersee vorzudringen, wo man sich im weiteren Verlauf entlang des eisfreien Hochtals zum Fleischbachjoch hält. Von dort nur kurz am Südwestgrat aufwärts, ehe links über wilden Schutt in das begleitende Kar gewechselt wird, wo man, den günstigsten Weg suchend, die Einsattelung zwischen Nordwest-

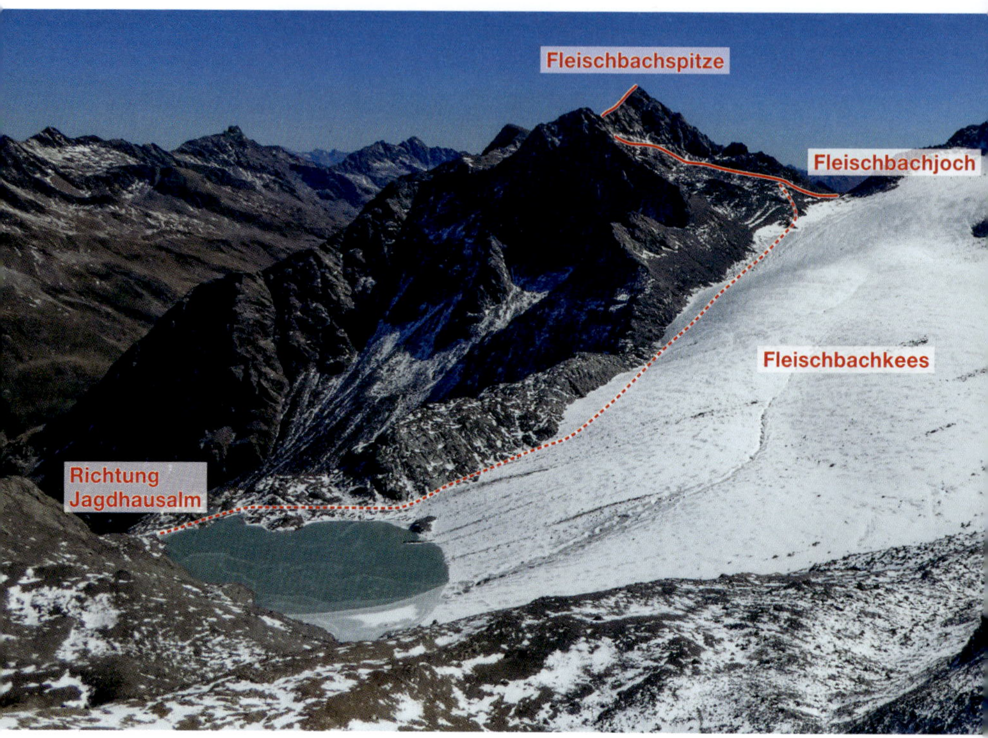

Nordöstliches Fleischbachkees mit dem Fleischbachjoch und der Fleischbachspitze. Punktiert eine Auf- und Abstiegsvariante für Gebietskenner.

und Hauptgipfel anvisiert. Das Terrain verlangt etwas Gespür, sind doch Gletscherschliffplatten und kleine Aufschwünge zu bewältigen. Aus dem Sattel (ca. 3070 m) abschließend über den aufgrund des Eisschwundes mehr und mehr in Bewegung geratenen Blockgrat immer wieder exponiert zum Gipfel (II) mit schönem Holzkreuz.

Hinweise: Versierte Bergsteiger mit Erfahrung und Gefühl für Wegfindung können durchaus den Abstieg entlang der südseitigen Gratlinie anhand von Platten und Blöcken ins darunterliegende Schuttgelände ins Auge fassen (Steinschlag). Das gilt natürlich auch für den Aufstieg. Weiters können Ortskundige auch den Auf- bzw. Abstieg über ein verstecktes Hochtal, das im Bereich Jagdhausalm Richtung Fleischbachkees zieht, in Betracht ziehen. Dies ist insbesondere interessant, wenn man die Tour mit der Dreieckspitze (siehe folgende Tour) verbinden will. Achtung auf Steinschlag auf sämtlichen Varianten!

Talort/Ausgangspunkt	St. Jakob im Def./Alpengasthof Oberhaus (1768 m)
Höhenunterschied	1400 Hm
Aufstiegszeit	6 Stunden
Strecke im Aufstieg	ca. 9 km
Kletterschwierigkeit	II
Besondere Gefahren	weglos, brüchiger Blockgrat
Hütten/Einkehrmöglichkeit	Patscher Hütte, Alpengasthof Oberhaus (nicht immer geöffnet)
Besondere Ausrüstung	Mountainbike für den Zustieg empfohlen

Dreieckspitze 3030 m

7

Einsam und vielbesucht zugleich

Die Dreieckspitze bildet als letzter Dreitausender das nordwestliche Ende des Lenksteinkamms und zählt von Südtiroler Seite aufgrund des einladenden Geländes und der durchgehenden Markierung bis auf den Gipfel wohl zu den beliebtesten Wanderdreitausendern rund um die Ortschaft Rein. Verwegen und ursprünglich erweist sich hingegen der Anstieg von Osttirol, der im Bereich der Jagdhausalm seinen Ausgang findet. Ein Aufstieg für Gebietskenner, versierte Gipfelsammler und Einsamkeitsliebhaber!

Die Dreieckspitze ist also ein Berg mit mehreren Routenvarianten, die aufgrund ihrer Eigenwilligkeit und Schönheit alle erwähnenswert sind. Der hartgesottene Dreitausendersammler, der vielleicht auch noch die Fleischbachspitze oder andere Gipfel am Lenksteinkamm auf der Wunschliste hat, wird sich die Dreieckspitze von der zuvor erwähnten Jagdhausalm einsam über das Fleischbachkees erkämpfen – nicht wundern aber, wenn man am Gipfel nicht mehr allein ist.

Besteigung von Osttiroler Seite

Anfahrt: Von Lienz oder Matrei auf der B 108 (Felbertauernstraße) bis Huben. Dort ins Defereggental (L 25) abbiegen und talein-

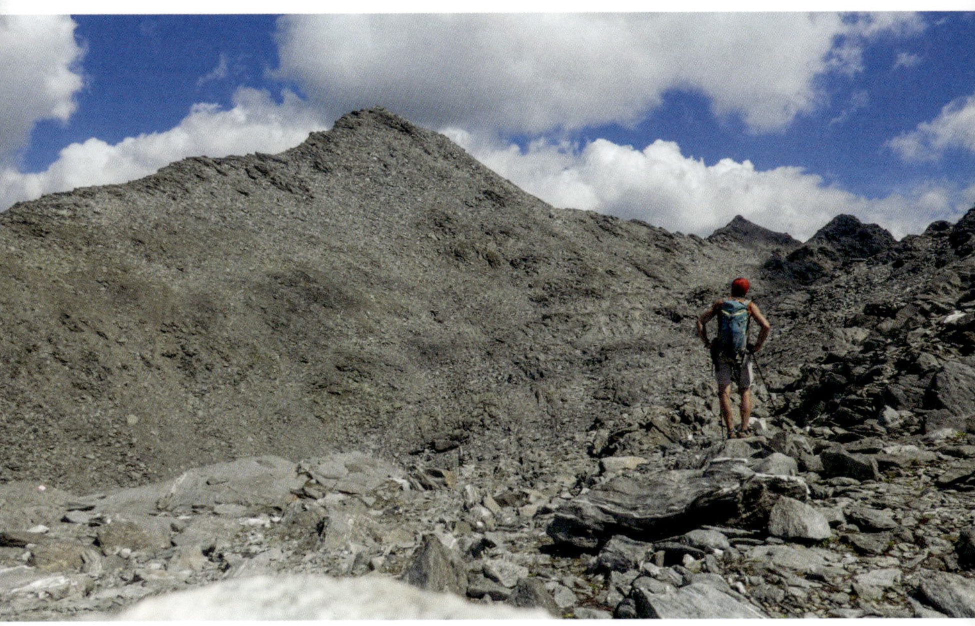

Gipfelaufbau der Dreieckspitze von Süden.

wärts nach St. Jakob in Defereggen fahren. Immer weiter Richtung Staller Sattel, ehe man nach der Fraktion Erlsbach die Straße bei der Katzleitenbrücke verlässt und nach rechts zu einem unübersehbaren Mautschranken abbiegt. Man folgt dem Sträßchen entlang der Schwarzach bis zu seinem Ende beim Alpengasthaus Oberhaus (1768 m, großer Parkplatz). Der dort ansetzende Schotterweg führt über das Klammljoch nach Südtirol (Rein) und ist für den Individualverkehr gesperrt. Ausgewiesene Mountainbike-Strecke. Es ist auch möglich, das Auto beim Mautschranken stehen zu lassen (gebührenpflichtiger Parkplatz) und von dort mit dem Fahrrad bis zum Klammljoch zu treten.

Öffi-Tipp: Wer mit Öffis anreist, muss bei der Katzleitenbrücke (1550 m) wenige Meter vor dem Mautschranken aussteigen. Eine Besteigung im Rahmen einer Tagestour ist von hier aus nicht attraktiv.
Infos unter www.vvt.at

Anstieg über das Klammljoch (nur mit Radunterstützung)

Gemütliche Geher, die auf den Luxus eines E-Bikes zurückgreifen können, sind an der Südseite des Berges am besten aufgehoben. Man fährt die 10 km messende Strecke bis

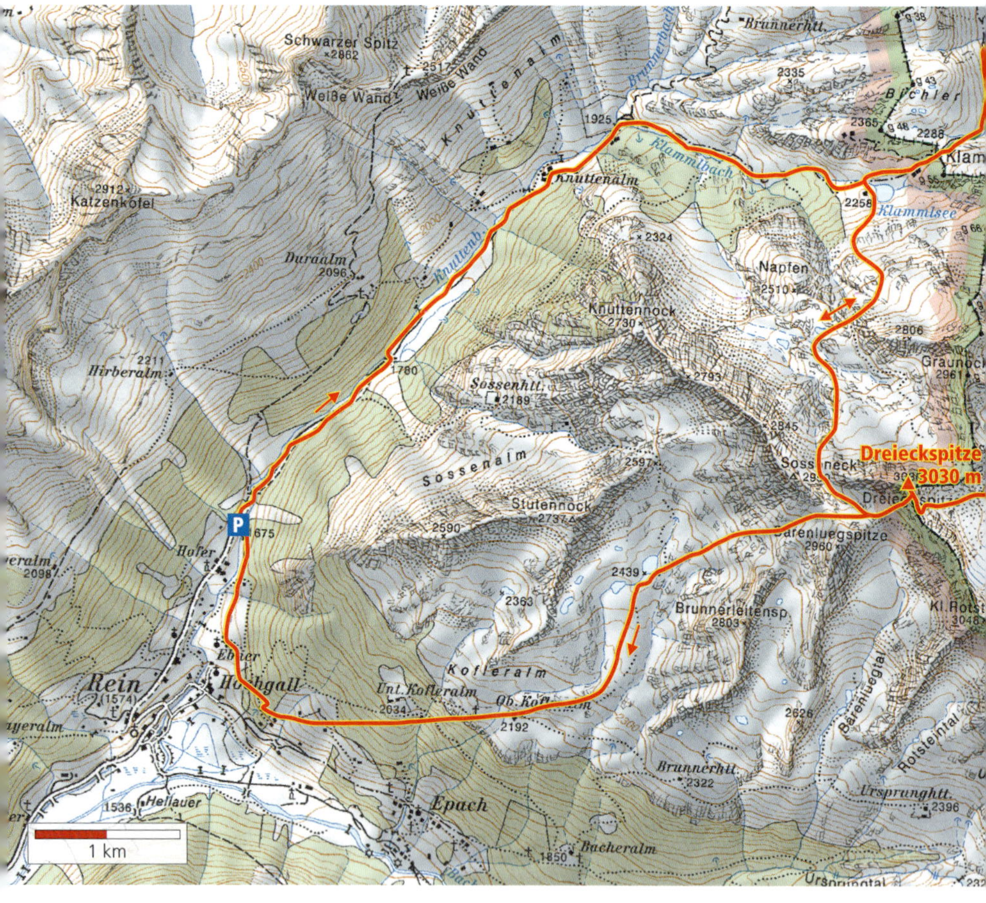

zum Klammljoch (2288 m) mit dem Rad, ehe jenseits kurz fallend nach 500 m der Klammlsee (2258 m) auf Südtiroler Seite erreicht wird. An seinem westlichen Ende weist eine Holztafel nach Süden Richtung Dreieckspitze. Man folgt dem immer gut markierten Steig (9A), vorbei am alten Zollhaus, nach Süden zu den idyllisch gelegenen Napfenseen (2514 m). Von dort weiter nach Süden in ein kleines Hochkar mit einer Lacke, die von Sosseneck, Bärenlueg- und Dreieckspitze umrahmt wird. Hier gilt es, in einer Linksschleife entlang von Blockhalden in einen Gratsattel zwischen Bärenlueg- und Dreieckspitze aufzusteigen, wo über den breiten, nicht scharf profilierten Südwestgrat der Gipfel mit Kreuz angepeilt wird.

Talort/Ausgangspunkt	St. Jakob im Def./Alpengasthof Oberhaus (1768 m)
Höhenunterschied von Oberhaus	1320 Hm (inkl. Gegenanstieg Klammljoch)
Höhenunterschied vom Klammlsee	800 Hm
Aufstiegszeit von Oberhaus	unterschiedlich, je nach Fahrstil
Aufstiegszeit vom Klammlsee	2½ Stunden
Strecke im Aufstieg	14 km, davon 4 km zu Fuß
Hütten/ Einkehrmöglichkeit	Arvental Alm, Alpengasthof Oberhaus (nicht immer geöffnet)
Besondere Ausrüstung	Mountainbike für den Zustieg empfohlen

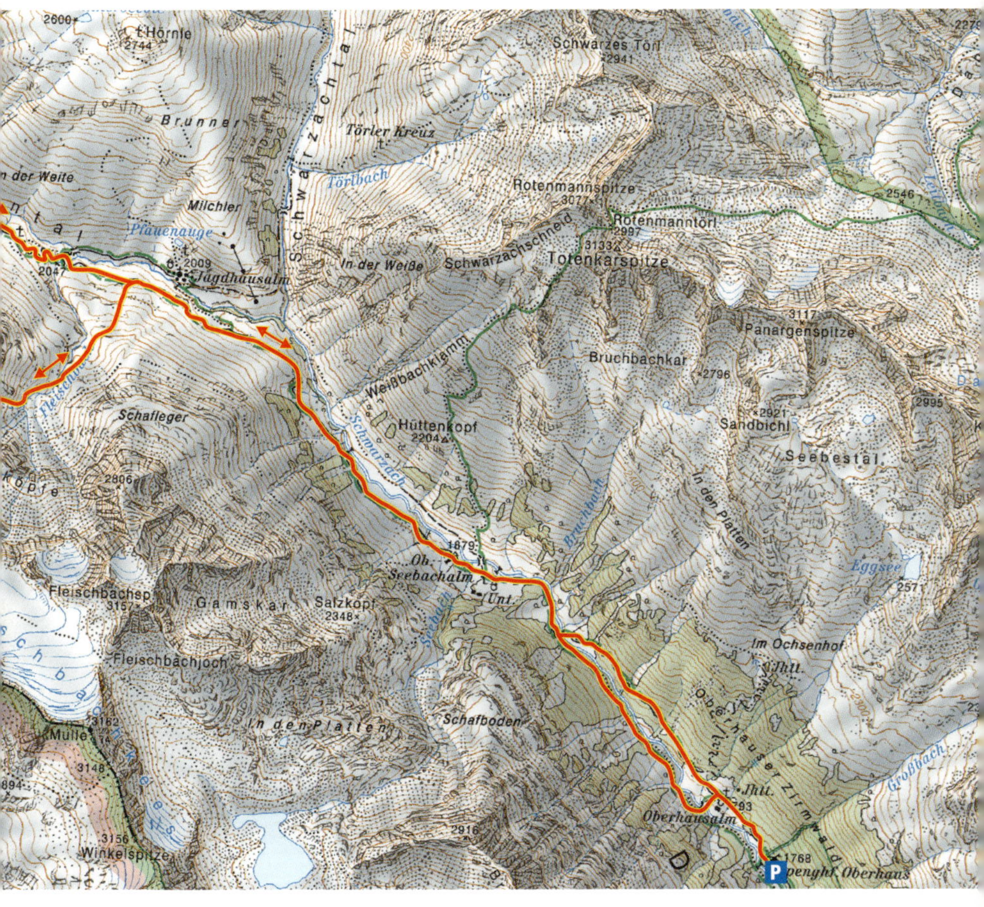

Anstieg von der Jagdhausalm

Den schnellsten Zugang zur Dreieckspitze von Osttiroler Seite bildet der Anstieg südwestlich der Jagdhausalm. Er ist zur Gänze weglos, fordert Orientierungssinn entlang steiler Grashänge und Schrofen und richtet sich an versierte Geher. Man folgt der breiten Schotterstraße vom Parkplatz Oberhaus (1768 m) mit oder ohne Bike zur Jagdhausalm, die oberhalb passiert wird. Noch vor dem Zusammentreffen des zum Klammljoch führenden Schotterwegs mit dem zur Jagdhausalm schwenkenden Stichweg bzw. vor dem markanten Fleischbach gilt es, entlang von steilen Weideflächen nach Südwesten in einen großen Kessel aufzusteigen, in den das Fleischbachkees entwässert. Diesen Kessel gilt es allerdings bald wieder im hinteren, flachen Bereich mit einer Überquerung des Fleischbachs nach Westen in eine steile Grasrinne zu verlassen. Sie weitet sich mit zunehmender Höhe trichterartig, und man trachtet in einer Querung unter Felsen im Bereich von 2600 m zunehmend nach Süden (Wasserköpfe). Hier ist etwas Suchen angesagt. Dann und wann sind ein paar Steinmännchen auszumachen, ehe man zunächst über Moränengelände, im weiteren Verlauf über Gletscherschliffplatten, den günstigsten Weg suchend, zum Beginn des Fleischbachkeeses marschiert. Dort hat sich mittlerweile ebenfalls ein Gletschersee (2740 m) gebildet, der in Schuttflanken umgangen wird, während man die breite Einsattelung links der Fleischbachspitze am Südostgrat der Dreieckspitze anpeilt. Abschließend über steile Blockhalden, auf Steinschlag achtend, in S-Form aufwärts, bis man unschwierig über den breiten Kammverlauf zum Gipfel steigt.

Hinweis: Auch die Fleischbachspitze (Tour 6) lässt sich vom kleinen Gletschersee am Beginn des Fleischbachkeeses in einer langen Querung entlang der Eisfläche Richtung Fleischbachjoch ersteigen.

Talort/Ausgangspunkt	St. Jakob im Def./Alpengasthof Oberhaus (1768 m)
Höhenunterschied	1260 Hm
Aufstiegszeit	5–5½ Stunden, ohne Rad
Strecke im Aufstieg	ca. 10 km, davon mind. 4 km zu Fuß
Kletterschwierigkeit	I
Besondere Gefahren	weglos, Steinschlag
Hütten/Einkehrmöglichkeit	Alpengasthof Oberhaus (nicht immer geöffnet)

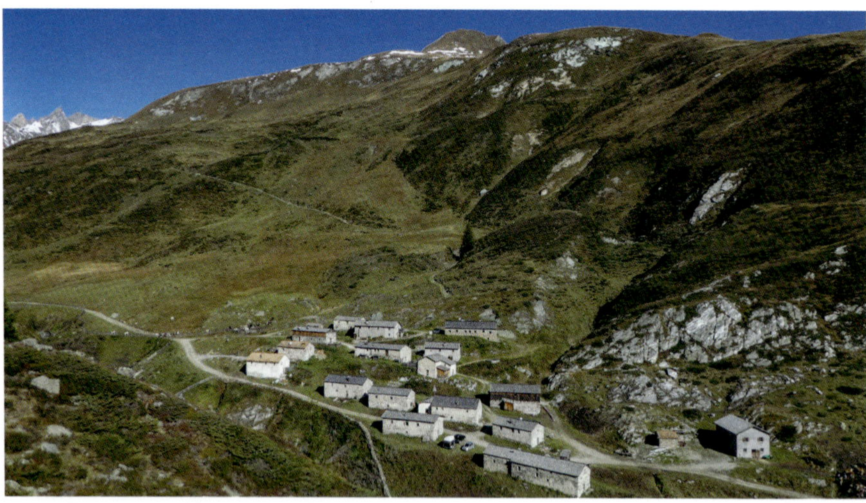

Die Jagdhausalm geht auf das 12. Jahrhundert zurück.

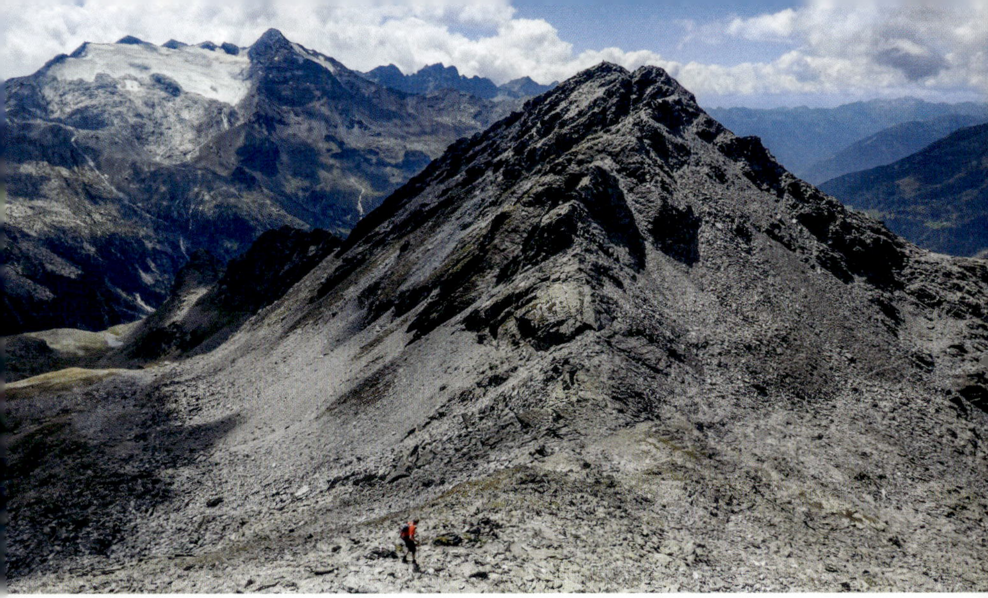

Mit Aufstieg von Klammljoch und Abstieg über die Bärenluegscharte Richtung Koflerseen ergibt sich eine schöne Rundtour.

Besteigung von Südtiroler Seite

Anfahrt: Von Lienz über die E 66 ins Pustertal und weiter über Sillian nach Bruneck. Bei der östlichen Stadteinfahrt rechts ins Tauferer Tal/ Ahrntal abbiegen. Kurz vor Sand in Taufers rechts ins Reintal und bis nach Rein in Taufers fahren (1574 m, Straßenschilder). Weiter geradeaus nach Nordosten durch das Dorf hindurch bis zum ausgewiesenen Wanderparkplatz am Beginn des Knuttentals (1675 m).

Öffi-Tipp: Es ist möglich, von Bruneck mit dem Bus nach Sand i. Taufers zu fahren, wo nach Rein umgestiegen werden muss. Infos unter www.vvt.at, www.serbus.it

Route: Wer gemütlich über den Wanderweg zur Dreieckspitze steigen will, fährt nach Rein in Taufers (Südtirol), wo man über das eindrückliche Knuttental zum Klammljoch vordringt. Mit dem Abstieg über die Koflerseen ergibt sich eine traumhafte Rundtour, für die man das Bike getrost zu Hause lassen kann. Vom Wanderparkplatz folgt man dem breiten Schotterweg zur Knuttenalm, ehe in einer leichten Rechtsschleife (Osten) zum Klammlsee (2258 m) gewandert wird. Beim Zollhaus weist eine Holztafel nach Süden, man folgt den roten Punkten zur Dreieckspitze (siehe Osttiroler Anstieg über Klammljoch). Als willkommene Abstiegsvariante empfiehlt sich aus dem Kar unterhalb der Dreieckspitze der Rückweg über die Koflerseen (2439 m) zum Parkplatz nach Rein. Hierzu folgt man dem markierten Wanderweg unterhalb der Bärenluegspitze nach Südwesten in die gleichnamige Scharte, wo jenseitig über ein sich öffnendes Kar zu den Seen abgestiegen wird. Im weiteren Verlauf mit bestem Blick auf den Hochgall über die Kofler Almen zum Gehöft Ebner, ehe man sich entlang der Asphaltstraße kurz bergwärts zum Parkplatz bewegt, wo die Runde ihren Ausklang findet.

Talort/Ausgangspunkt	Südtirol/Rein – Knuttental (1675 m)
Höhenunterschied	1360
Aufstiegszeit	5½ Stunden
Strecke im Aufstieg	ca. 9 km
Hütten/Einkehrmöglichkeit	Knuttenalm

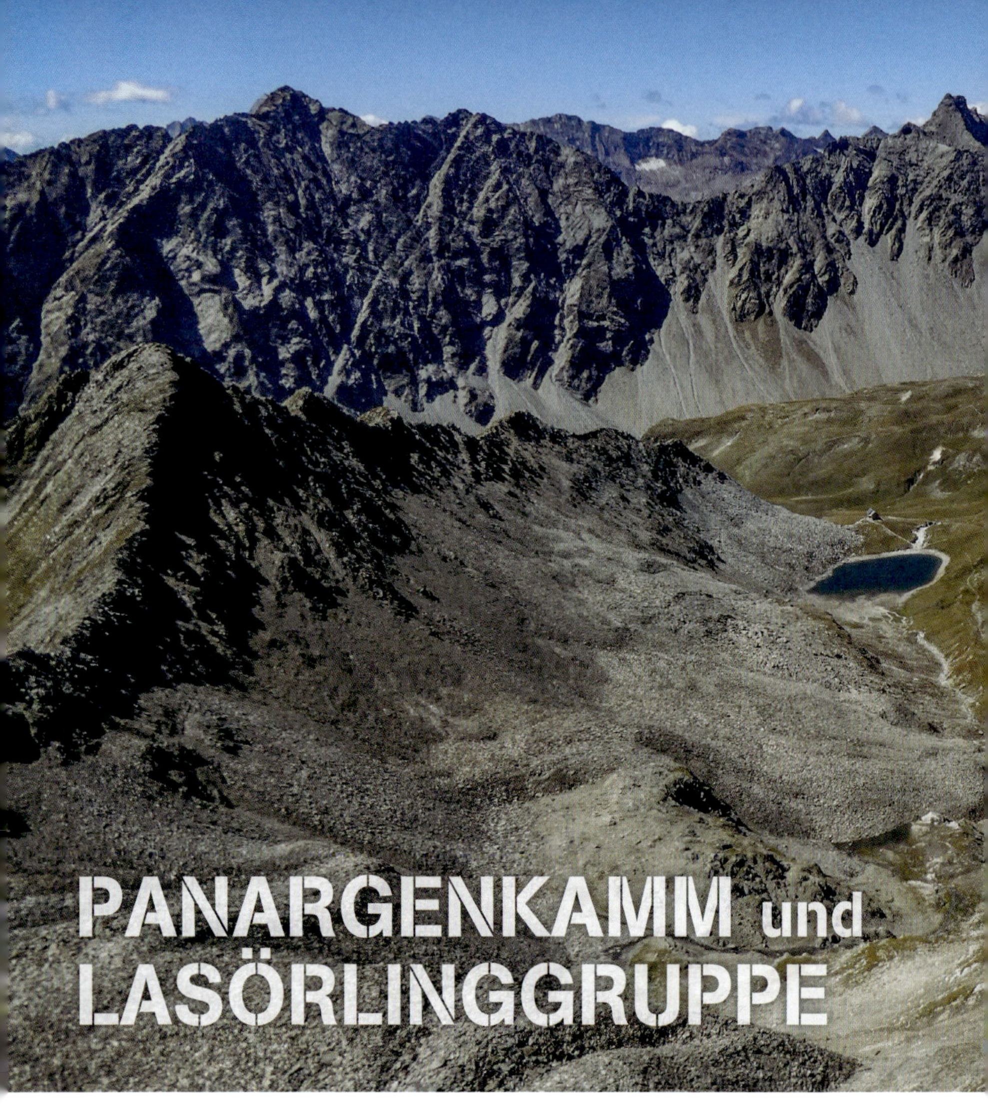

PANARGENKAMM und LASÖRLINGGRUPPE

Der wuchtige Panargenkamm mit einer Längsausdehnung von etwas mehr als elf Kilometern findet nordwestlich von St. Jakob im Defereggental mit dem Weißen Beil seinen Ausgang und endet – stets konsequent nach Nordwesten ziehend – am Rotenmanntörl nördlich der legendären Totenkarspitze. Er zählt als Untergruppe zur Lasörlinggruppe, die wiederum schlussendlich zur Venedigergruppe gerechnet wird. Schwierige Dreitausender mit düsteren Wandfluchten sind in diesem Kammverlauf zu finden, unter anderen die Alplesspitze mit ihrer 600 m hohen Nordwand, die Panargenspitze oder das Keeseck, das den höchsten Gipfel dieses Gebirgszugs darstellt. Der Panargenkamm trennt das zum Klammljoch einwärts führende Defereggental im Westen vom benachbarten Trojer Almtal und dem kurzen Dabertal, einem Nebental des Um-

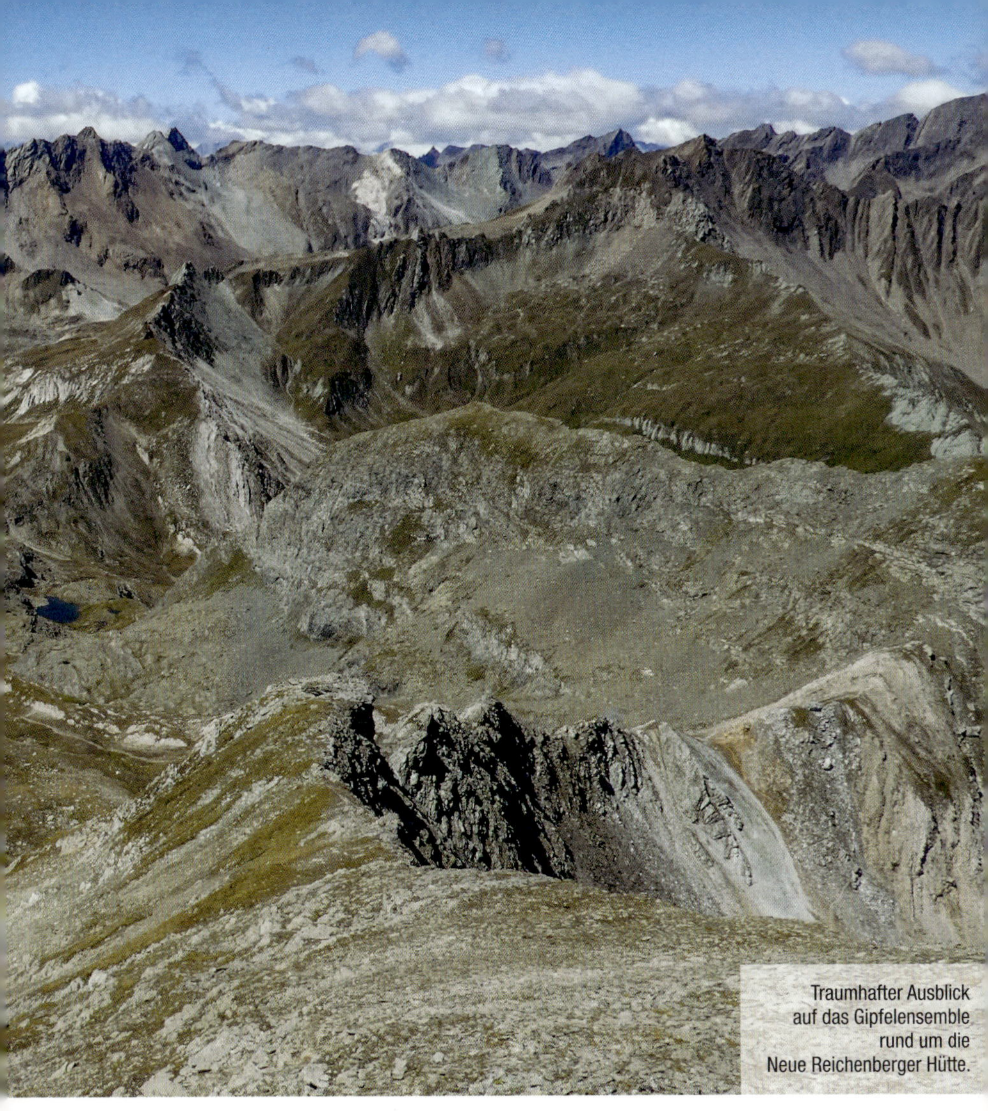

Traumhafter Ausblick auf das Gipfelensemble rund um die Neue Reichenberger Hütte.

baltals, im Osten. Die „Schwachstelle" bildet die Südabdachung. Dort reichen Hochkare bis fast an die Gratlinie heran und lassen Gipfelbesteigungen auf verschiedene Dreitausender zu.

Die Lasörlinggruppe ist ein langgezogener Gebirgszug, der südwestlich von Matrei in Osttirol mit dem Großen Zunig seinen Ausgang nimmt und in einer Ost-West-Ausdehnung von 30 Kilometern bis zum Panargenkamm einwärts zieht. Der höchste Gipfel und Namensgeber dieser Gruppe ist das Felsmassiv des Großen Lasörlings (3098 m), der von der Lasörlinghütte bzw. Lasnitzentalhütte erstiegen werden kann. Der Lasörling-Höhenweg durchmisst diesen Gebirgszug von Ost nach West, passiert einige Hütten und zählt neben Venediger- und Wiener Höhenweg (Schobergruppe) zu den beliebtesten Wanderwegen in Osttirol.

8 Keeseck 3173 m

Wuchtiger Dreitausender am Panargenkamm

Das Keeseck bildet den höchsten Gipfel des Panargenkamms und ist über zwei komplett gegensätzliche Anstiege zu erreichen. Während die Annäherung von Süden, von der Alpe Oberhaus, über herrliches Wiesengelände mit abschließenden Schutthalden und einer kurzen Gratkletterei zum Gipfel erfolgt, führt der Anstieg von Nordosten, aus dem Trojer Almtal, über den einem Stützpfeiler gleichenden Nordgrat zum höchsten Punkt. Dieser Grat windet sich stellenweise im II. Schwierigkeitsgrad gegen die kirchturmartige Spitze und ist deutlich anspruchsvoller als die gegenüberliegende Variante. Orientierungssinn ist indes auf beiden Zugängen vonnöten, ist doch der Großteil der Route weglos bzw. führt über Gratlinien, wo Absturzgefahr herrscht.

Südanstieg von Oberhaus (1768 m)

Anfahrt: Von Lienz oder Matrei auf der B 108 (Felbertauernstraße) bis Huben. Dort ins Defereggental (L 25) abbiegen und taleinwärts nach St. Jakob in Defereggen fahren.

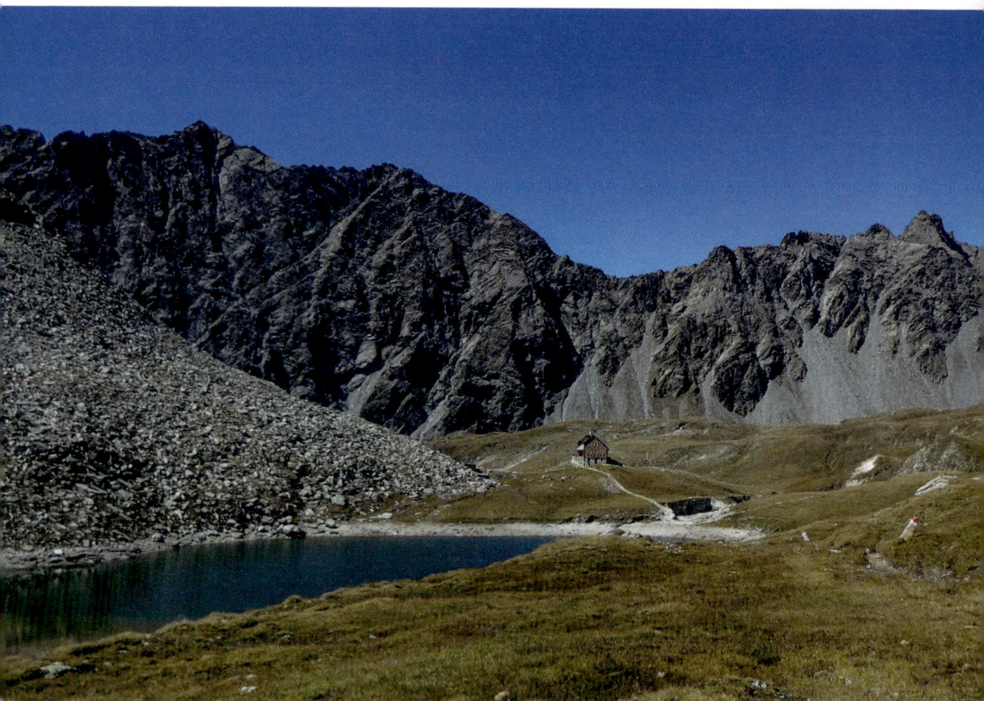

Im Bereich der Reichenberger Hütte. Im Hintergrund Alplesspitze und Keeseck.

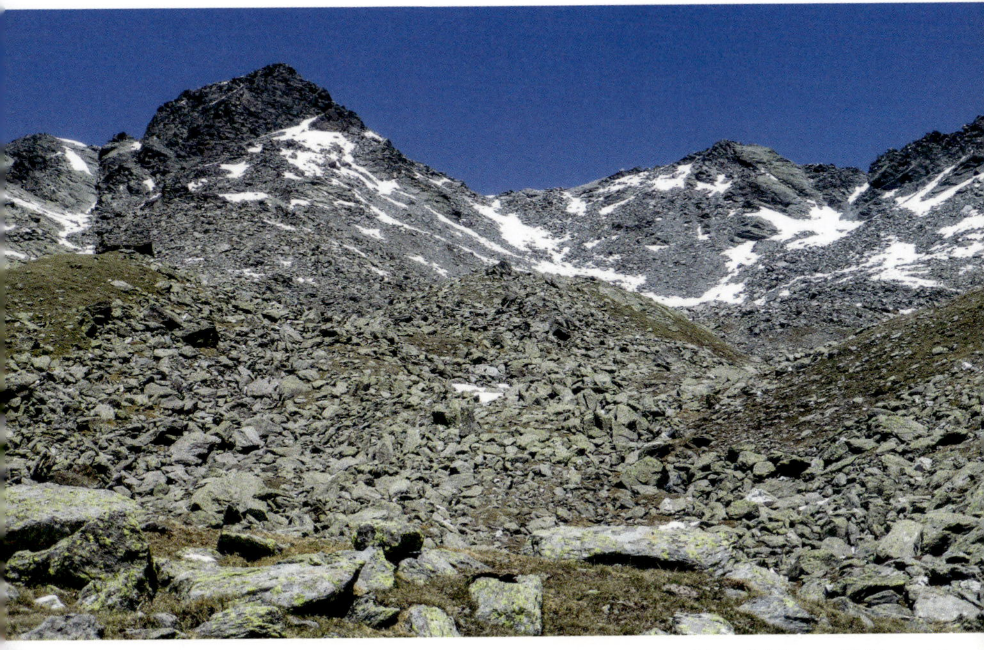

Durch das weitläufige Schuttkar führt der Aufstieg in den Sattel in Bildmitte, wo man sich nach links zum Gipfel wendet.

Immer weiter Richtung Staller Sattel, ehe man nach der Fraktion Erlsbach die Straße bei der Katzleitenbrücke verlässt und nach rechts zu einem unübersehbaren Mautschranken abbiegt. Man folgt dem Sträßchen entlang der Schwarzach bis zu seinem Ende beim Alpengasthaus Oberhaus (1768 m, großer Parkplatz). Der dort ansetzende Schotterweg führt über das Klammljoch nach Südtirol (Rein) und ist für den Individualverkehr gesperrt. Ausgewiesene Mountainbike-Strecke. Es ist auch möglich, das Auto beim Mautschranken stehen zu lassen (gebührenpflichtiger Parkplatz) und von dort mit dem Bike bis in den Bereich der Alpe Oberhaus zu treten.

Öffi-Tipp: Wer mit Öffis anreist, muss bei der Katzleitenbrücke (1550 m) wenige Meter vor dem Mautschranken aussteigen, was eine Besteigung über diese Variante erheblich verlängert.

Infos unter www.vvt.at

Route: Vom großen Parkplatz folgt man, vorbei an der Alpe Oberhaus, dem zum Klammljoch einwärts führenden Güterweg für nur 900 m, bis dieser bei einer gelben Wegtafel mit der Aufschrift „Naturlehrweg, Wildtierbeobachtung" nach rechts verlassen wird. Man nützt einen neu errichteten, nach Norden ziehenden Karrenweg durch den 400 Höhenmeter messenden Zirbenblockwald, der bei einer urigen Jagdhütte (ca. 2180 m) im Bereich des Ochsenhofs endet. Oberhalb der Hütte entlang von Steigspuren in einer langen Querung, den Abfluss des Eggsees überschreitend, nach Südosten in breite, sonnseitige Terrassen unterhalb des Panargenkamms. Das Terrain wird dort flach und man peilt ein breites, sich südöstlich vom Keeseck absenkendes Hochkar an. Durch dieses anhand von über Gras- und Schuttrücken empor führenden Steigspuren in nördlicher Richtung aufwärts. Der Großbachsee wird dabei rechts liegen gelassen. Es gilt, den breiten Sattel rechts vom Haupt- bzw. links des unscheinbaren Ostgipfels anzupeilen. Dieser wird über gnadenloses Blockgelände betreten. Vom Sattel wendet man sich nach links und bewältigt den sich nun aufsteilenden Gipfelaufbau am abschließenden Ostgrat entlang weiterer, steiler Blöcke. Kurz unterhalb des Gipfels (Kreuz) muss eine kurze Felsstufe in leichter Kletterei (I–II) und mit Trittsicherheit bewältigt werden. Diese Felsstufe bildet die Schlüsselstelle. Achtung, Absturzgefahr in diesem Bereich. Vorsicht bei Nässe.

Talort/Ausgangspunkt	St. Jakob im Def./Alpengasthof Oberhaus (1768 m)
Höhenunterschied	1410 Hm
Aufstiegszeit	5½ Stunden
Strecke im Aufstieg	ca. 6 km
Kletterschwierigkeit	I–II
Besondere Gefahren	Absturzgefahr im Gipfelbereich, wegloses Gelände
Hütten/Einkehrmöglichkeit	Patscher Hütte, Alpengasthaus Oberhaus (falls geöffnet)

Nordostanstieg über Reichenberger Hütte (2586 m)

Anfahrt: Von Lienz oder Matrei auf der B 108 (Felbertauernstraße) bis Huben. Dort ins Defereggental (L 25) abbiegen und taleinwärts bis St. Jakob in Defereggen. Gleich nach der östlichen Ortseinfahrt heißt es bei einem Sportgeschäft (Intersport) rechts abbiegen und entlang einer schmalen Bergstraße über Trojen nach Außerberg fahren, wo man bei einer Verzweigung rechts Richtung Trojer Almtal abbiegt (Schilder). Weiter entlang der Asphalt- bzw. Schotterstraße an Gehöften vorbei bis zum ausgewiesenen Wanderparkplatz (1620 m).

Öffi-Tipp: Wer mit Öffis anreist, muss im Dorfkern von St. Jakob in Defereggen aussteigen und über die Asphaltstraße nach Außerberg marschieren, wo man nach der Häuseransammlung in Trojen in einer Linkskurve ins Trojer Almtal abzweigen kann (Tafeln). Das bedeutet einen zusätzlichen, nicht zu unterschätzenden Zeit- und Konditionsaufwand, so dass sich ein Hüttenaufenthalt auf der Reichenberger Hütte auszahlt. Infos unter www.vvt.at

Hüttenzustieg: Zwei Zugänge führen zur Neuen Reichenberger Hütte (2586 m), wenngleich der Anstieg entlang des breiten Güterwegs in der Talsohle über Vordere und Hintere Trojer Alm (2001 m) klar zu empfehlen ist, will man das Keeseck als Tagestour besteigen. Von der Trojer Alm geht es über einen schmalen Bergpfad durch steile Gras- und Wiesenflanken gemütlich zur Hütte. Wer nach der Jausenstation Trojer Alm über den

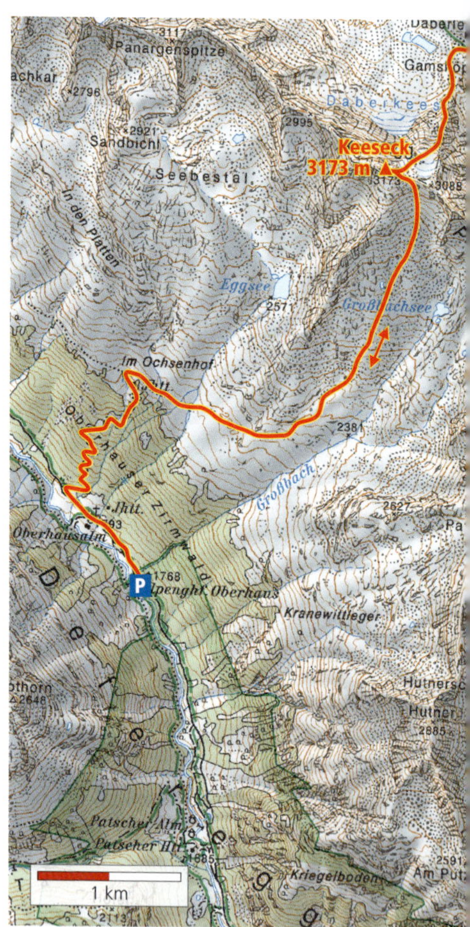

Knappenweg zur Durfeldalm und in weiterer Folge über den Rudolf-Kauschka-Höhenweg zur Reichenberger Hütte wandern will, muss mit mehr Gehzeit rechnen.

Hinweis: Beachten Sie die Fahrverbotstafeln für Biker im Trojer Almtal.

Talort/Ausgangspunkt	St. Jakob im Defereggen/Außerberg – Trojer Almtal (1620 m)
Höhenunterschied	970 Hm
Aufstiegszeit	4 Stunden
Strecke im Aufstieg	ca. 7,5 km
Hütten/Einkehrmöglichkeit	Jausenstation Trojer Alm, Neue Reichenberger Hütte

Gipfelanstieg: Von der Reichenberger Hütte (2586 m) wandert man über den Rudolf-Tham-Weg in westlicher Richtung mit wenig Höhenunterschied aussichtsreich in die Daberlenke (2631 m), wo der eigentliche Gipfelanstieg beginnt und endgültig Schluss mit gemütlich wandern ist. Man hält sich entlang von Schutthalden Richtung Süden zum Nordgratfuß, der sich hinter dem Gamsköpfl befindet, das westseitig entlang von Steigspuren umgangen wird. Vom Sattel hinter dem Gamsköpfl entweder direkt am Grat (Stellen II–III) oder besser mit Orientierungssinn rechts (Westen) über Felsbänder

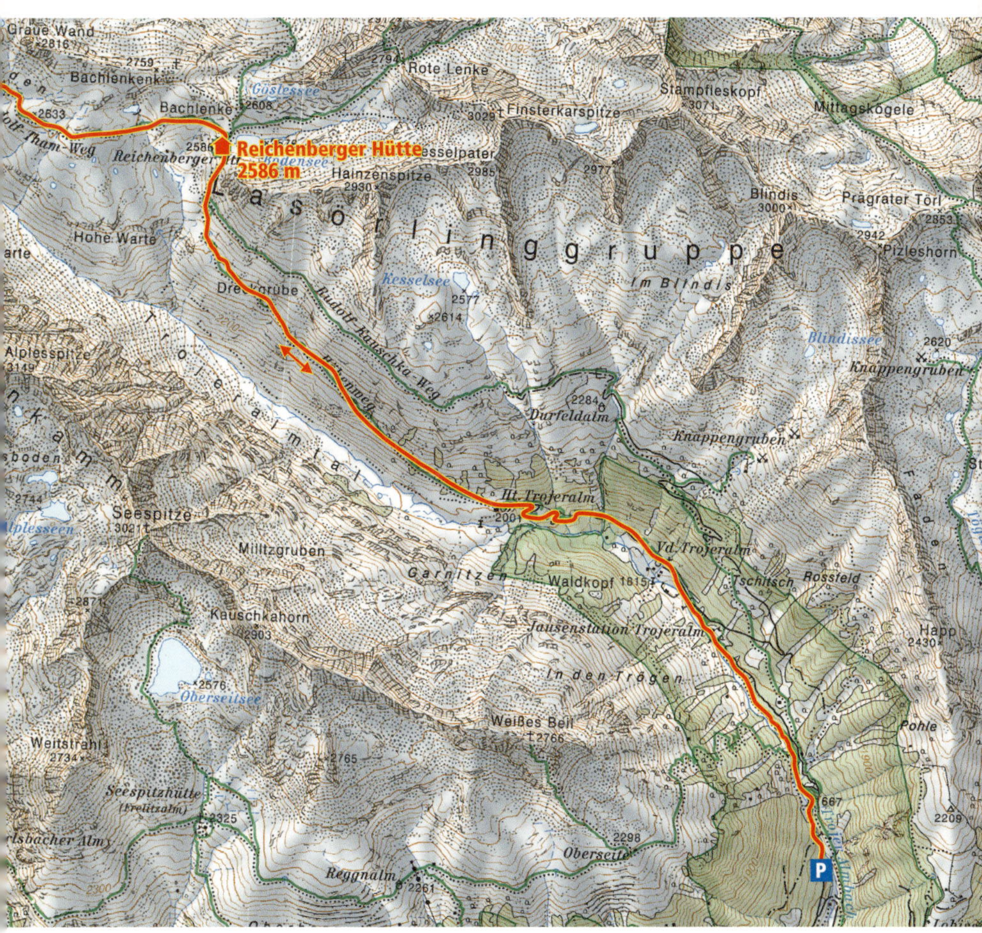

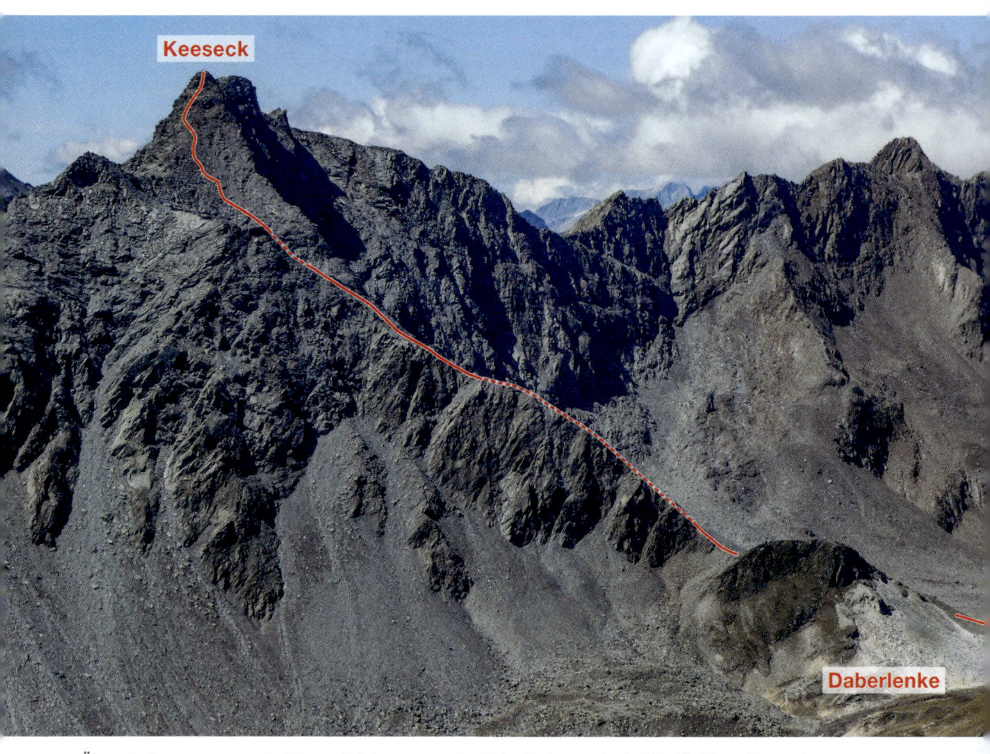

Über die langgezogene Gratrippe steigt man von der Daberlenke nordostseitig Richtung Keeseck.

aufwärts. Nicht zu weit in die Nordflanke queren, sondern nach ein paar Höhenmetern entlang von Steinmännchen in einer rampenartigen Traverse zurück zur Gratlinie (II, Absturzgefahr).

Der Gratverlauf wird nun breit und man nützt diesen bis zum sterbenden Gipfeleisfeld auf knapp 3000 m. Dort hat man die Wahl, entweder abkürzend rechts über die kleine Eisfläche zum blockigen Gipfelaufbau zu steigen oder aber weiter am sich abflachenden Gratrücken den Ostgipfel anzupeilen. Von diesem unschwierig, leicht auf die Südseite ausweichend, in den breiten Blocksattel, wo auch der Südanstieg sein Ende findet. Über den Schlussgrat geht es in westlicher Richtung über eine kurze Blockstufe (II) zum Kreuz. Vorsicht bei feuchten Verhältnissen und Nebel. Dies gilt insbesondere auch im Abstieg.

Ungeübte sind beim Aufstieg von der Daberlenke bzw. im Abstieg dorthin zu sichern. Mit einer Übernachtung auf der schmucken Reichenberger Hütte lässt sich der Anstieg verkürzen.

Ausgangspunkt	Reichenberger Hütte (2586 m)
Höhenunterschied	590 Hm
Aufstiegszeit	2½ Stunden
Strecke im Aufstieg	4 km
Kletterschwierigkeit	II–III, je nach Variante
Besondere Gefahren	Absturzgefahr, Steinschlag, wegloses Gelände
Besondere Ausrüstung	ev. Seil

Seespitze 3021 m

9

Von der Sonne verwöhnt

Nördlich des Oberseitsees, eines der größten Seen in Osttirol, befindet sich der dreieckige Gipfel der Seespitze – ein relativ leicht zu ersteigender Dreitausender am Beginn des wild zerrissenen Panargenkamms, vorausgesetzt man ist trittsicher und hat kein Problem mit kurzen, felsigen Passagen, wo auch mal die Hände zu Hilfe genommen werden müssen.

Am schnellsten zu erreichen ist dieser bergsteigerisch lohnende Gipfel vom nordwestlich von St. Jakob in Defereggen gelegenen Weiler Innerberg und über die romantisch im Blumenweg eingebettete Seespitzhütte (die zum Zeitpunkt der Recherche seit Längerem geschlossen war). Die Seespitze gehört sicherlich zu den beliebtesten Tourenzielen im ganzen Defereggental.

Anfahrt: Von Lienz oder Matrei auf der B 108 (Felbertauernstraße) bis Huben. Dort ins Defereggental (L 25) abbiegen und taleinwärts bis St. Jakob in Defereggen. Gleich nach der östlichen Ortseinfahrt heißt es bei einem Sportgeschäft (Intersport) rechts abbiegen und entlang einer schmalen Bergstraße über Trojen nach Außerberg fahren, wo man nicht rechts ins Trojer Almtal abbiegt, sondern weiter geradeaus fährt bis zum Straßenende in Innerberg beim Gasthaus Jagastube (1735 m, kleiner Parkplatz unterhalb).

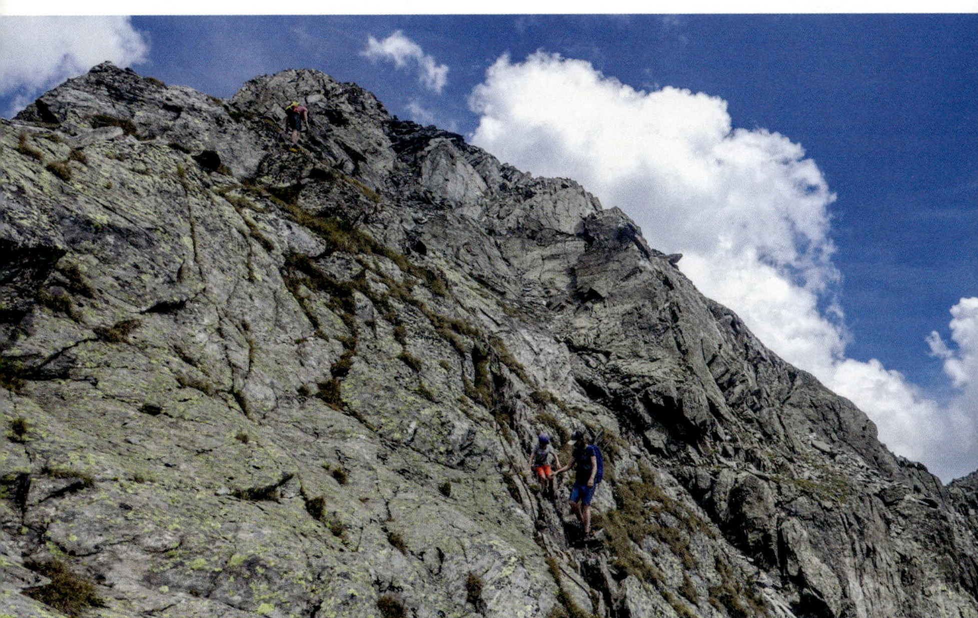

Früh übt sich: Unterwegs am Gipfelgrat der Seespitze.

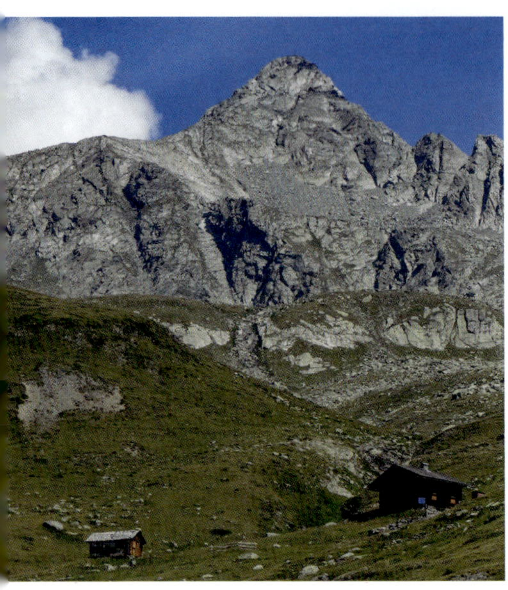

Die Seespitze mit der gleichnamigen Hütte. Der Gipfelanstieg verläuft von der Gratschulter von links nach rechts.

Öffi-Tipp: Wer mit Öffis anreist, muss im Dorfkern von St. Jakob aussteigen und über die Asphaltstraße nach Innerberg marschieren. Weiter bis zum Straßenende beim Gasthaus Jagastube. Ein zusätzlicher, nicht zu unterschätzender Zeit- und Konditionsaufwand. Es empfiehlt sich, mit dem Taxi nach Innerberg aufzufahren. Infos unter www.vvt.at

Route: Zunächst unter einer Stadlbrücke hindurch und kurz entlang einer Forststraße in westlicher Richtung bergwärts, ehe man diese in einer Rechtskurve verlässt und über einen sanft ansteigenden Waldsteig langsam an Höhe gewinnt (Tafeln). Immer Richtung Seespitzhütte haltend, erreicht man bald die Waldgrenze, wo man am Wiesensteig mittlerweile mehrmals eine von der Wildbach- und Lawinenverbauung neu errichtete Schotterstraße (sie führt seit Herbst 2022 bis zur Hütte) queren muss. Nach zwei gemütli-

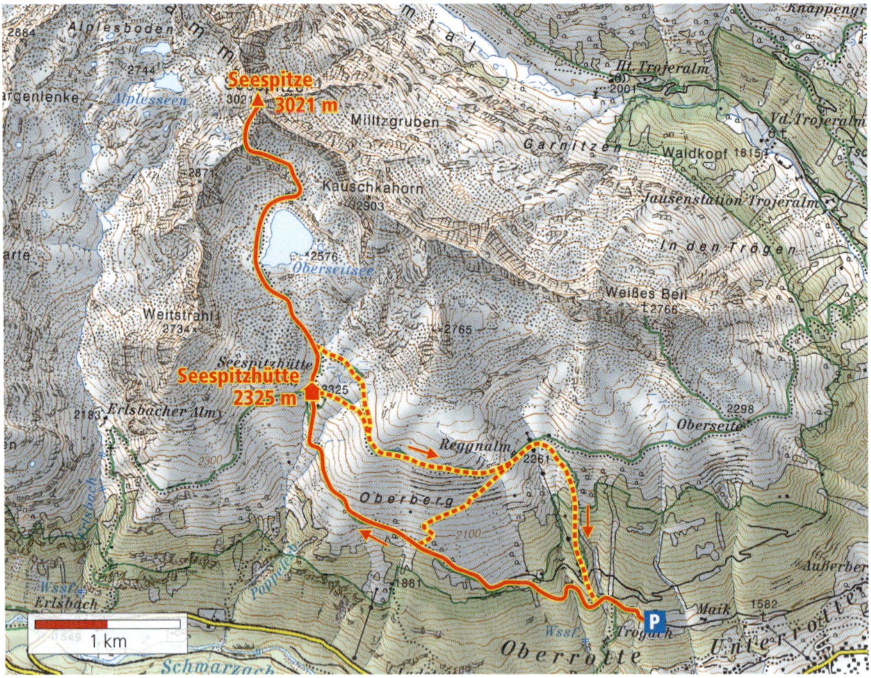

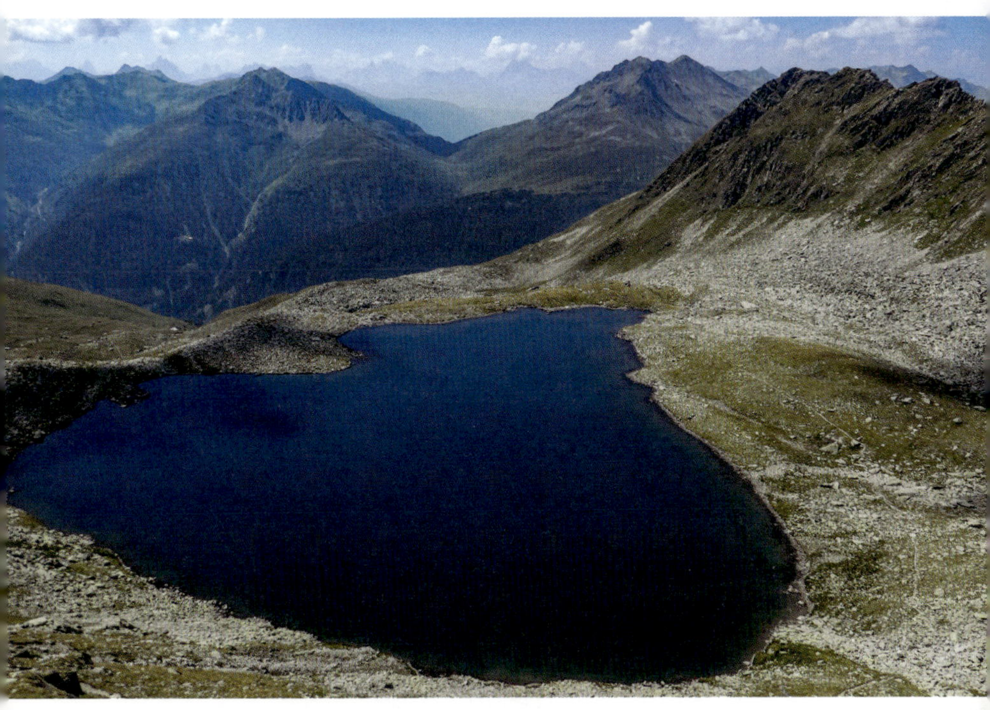

Tiefblau zeigt sich einer der größten Seen Osttirols, der Oberseitsee.

chen, aussichtsreichen Stunden ist die kleine Seespitzhütte (2325 m) am Blumenweg erreicht. 45 Minuten höher verbirgt sich mit dem Oberseitsee (2576 m) ein herrliches Etappenziel, das über ausgedehntes Muldengelände angepeilt wird. Der Weiterweg zur Seespitze führt in gleichbleibender Steigung und gut markiert in einer Schleife oberhalb (nördlich) des Sees bergwärts, wobei er sich einer wuchtigen Geländekante bedient, auf der große Schutthalden am Fuße des Gipfels geschickt umgangen werden. So wird schließlich der Gipfelkamm betreten. Erst die letzten 140 Höhenmeter über den markierten, schwach ausgeprägten Südgrat verlangen absolute Trittsicherheit. Hier entschärft eine massive Eisenkette eine Plattenstelle im Mittelteil des Grats, bevor man in weiterer Folge über einen Schuttsteig mit kurzer Felsrinne (I, Eisenbügel) zum höchsten Punkt vordringt. Achtung auf Steinschlag, insbesondere wenn sich mehrere Personen in diesem Abschnitt aufhalten. Nur bei trockenen Verhältnissen begehen.

Eine schöne Abstiegsvariante bildet der Rückweg über den Blumenweg entweder bis zu den Lawinengalerien oder ein Stück weiter bis zur Reggnalm (2261 m), wo man über Steige wieder zurück nach Innerberg gelangt (Tafeln).

Talort/Ausgangspunkt	St. Jakob im Defereggen/Innerberg – Gasthaus Jagastube (1735 m)
Höhenunterschied	1290 Hm
Aufstiegszeit	5 Stunden
Strecke im Aufstieg	ca. 6,5 km
Kletterschwierigkeit	I–II
Besondere Gefahren	Absturzgefahr, Steinschlag
Hütten/Einkehrmöglichkeit	Gasthaus Jagastube, Seespitzhütte (nicht immer geöffnet)

10 Finsterkarspitze 3029 m

Aussichtsreicher Wanderdreitausender im Einzug der Reichenberger Hütte

Die doppelgipfelige Finsterkarspitze zählt neben der benachbarten Gösleswand zu den beliebten Wanderbergen rund um die hoch im Trojer Almtal malerisch gelegene Neue Reichenberger Hütte. Wobei die Bezeichnung Wanderdreitausender relativ ist. Vom Vorgipfel zum Hauptgipfel ist ein kurzer Blockgrat zu bewältigen, der Trittsicherheit erfordert, bewegt man sich doch, wie bei den meisten Graten, kurz im Absturzbereich. Der Anstieg selbst ist nach der Abzweigung östlich des Bödensees nur dürftig markiert, gut ausgetretene Steigspuren führen zur Gratlinie. Hier ist also etwas Orientierungs-

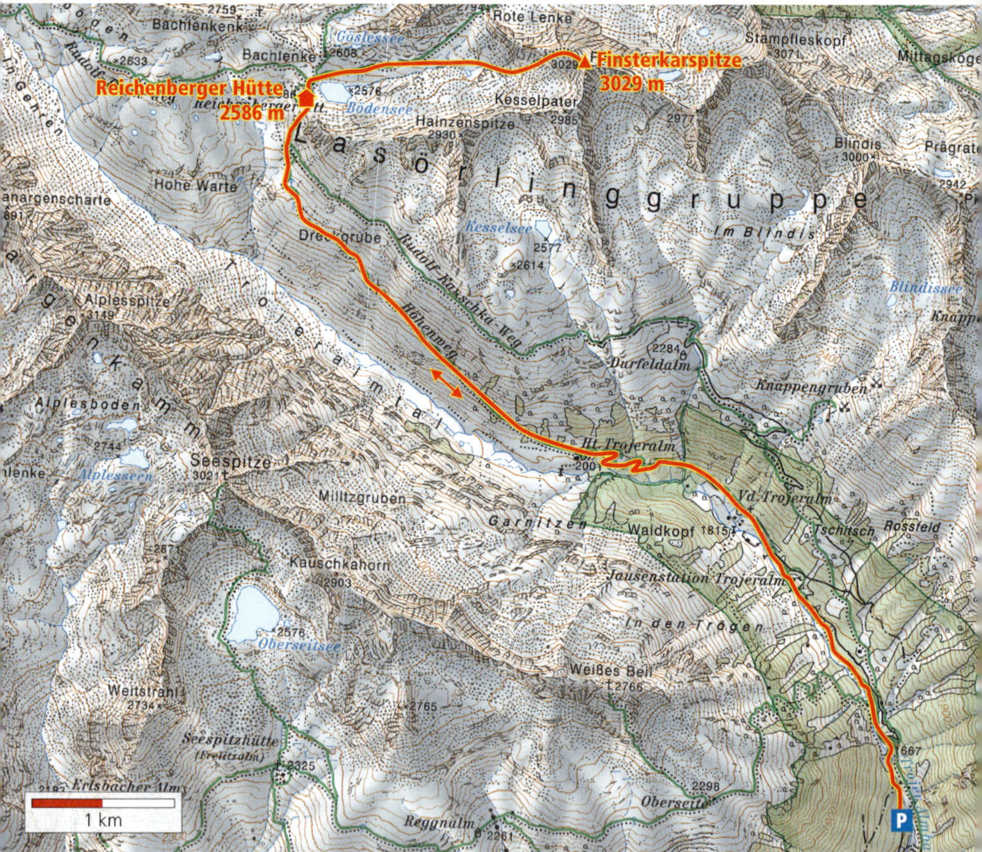

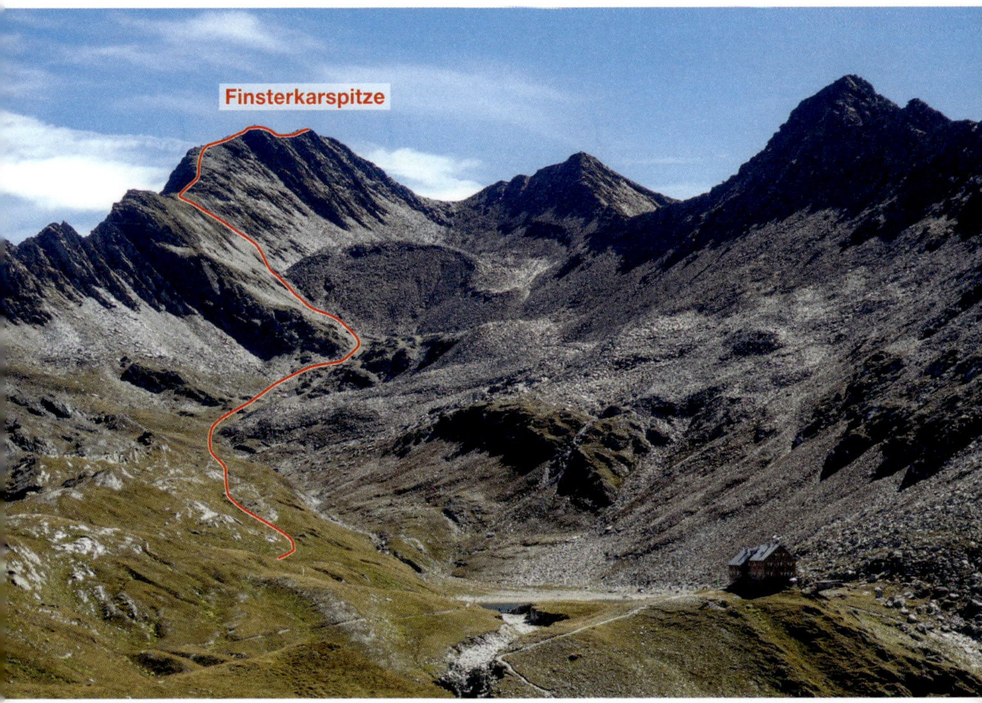

Die Neue Reichenberger Hütte am Bödensee. Dahinter zeigt sich der Anstieg auf den Hütten-Dreitausender Finsterkarspitze.

sinn vonnöten. Alles in allem ein herrlicher Berg mit traumhaftem Panorama auf die Venedigergruppe mit prominenten Gipfeln wie Röt- und Dreiherrnspitze sowie Großvenediger.

Anfahrt und Hüttenzugang: siehe Tour 8, Keeseck-Nordostanstieg.

Route: Von der Neuen Reichenberger Hütte wendet man sich am Wanderweg gen Osten, zieht vorbei am idyllischen Bödensee (2576 m) und folgt dem breiten Pfad Richtung Rote Lenke bzw. Gösleswand. Bei ca. 2630 m wird der Wanderweg nach rechts verlassen.

Anhand einer schwachen Markierung wendet man sich dem kleinen Hochkar (Finsterkar) unterhalb des Tourenziels zu. Über sanfte Böden, garniert mit weißem Schutt, führt der Anstieg in östlicher Richtung in zunehmender Steigung zum Gipfelaufbau. Auffallend ist eine merkwürdig gewölbte Schutthalde unterhalb des Gipfels. Dort verbirgt sich gut geschützt ein Blockgletscher. An diesem links vorbei und im Zickzack auf die Gratlinie, wo man über eine kurze Felsstufe am Westgrat zum Vorgipfel steigt. Jenseits von diesem hinab in eine Scharte und schlussendlich etwas ausgesetzt mit Trittsicherheit über Blöcke und Stufen empor zum Kreuz. Absturzgefahr beachten.

Talort/Ausgangspunkt	Neue Reichenberger Hütte (2586 m)
Höhenunterschied	440 Hm
Aufstiegszeit	1½–2 Stunden
Strecke im Aufstieg	ca. 2,2 km
Kletterschwierigkeit	I
Besondere Gefahren	Absturzgefahr

11 Lasörling 3098 m

Wuchtiges Felsmassiv mit leichtem Südanstieg

Der Lasörling zählt zu den mit Abstand beliebtesten Paradedreitausendern in Osttirol und wird sommers wie winters immer wieder gern bestiegen. Drei Hütten finden sich zu Füßen der von Norden gesehen kirchturmartigen Spitze, wobei nur die Lasörling- und Lasnitzenhütte als Stützpunkt bzw. Etappenziel dienen.

Die Südwestseite des Lasörlings wird von einer breiten Schutthalde durchrissen, sie bildet die Schwachstelle im sonst so steilen Felsaufbau und wird zum Anstieg genutzt. Hauptsächlich wird der Lasörling durch das Mullitztal über die Lasörlinghütte erklommen. Ein markierter Schuttsteig leitet auf dieser Seite bis zum Gipfel. Etwas anspruchsvoller gestaltet sich der Weg über die Lasnitzenhütte im gleichnamigen Tal. Hier führen Stahlseile durch eine von Steinschlag bedrohte Flanke und auf den Südwestgrat, wo man auf den Normalweg trifft. Alles in allem ein großartiger Berg mit traumhaftem Panorama, relativ leichtem Gipfelaufstieg, aber weiten Zugängen. Es empfiehlt sich eine Übernachtung in der originell anmutenden, achteckigen Lasörlinghütte.

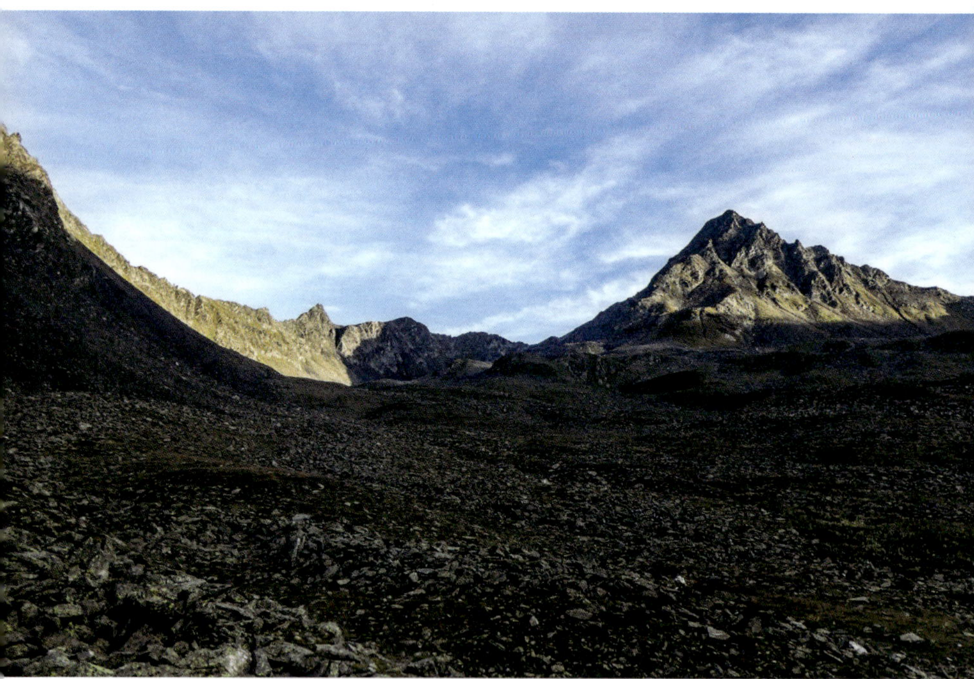

Am Weg durchs Glaurit zur Gipfelpyramide des Lasörlings.

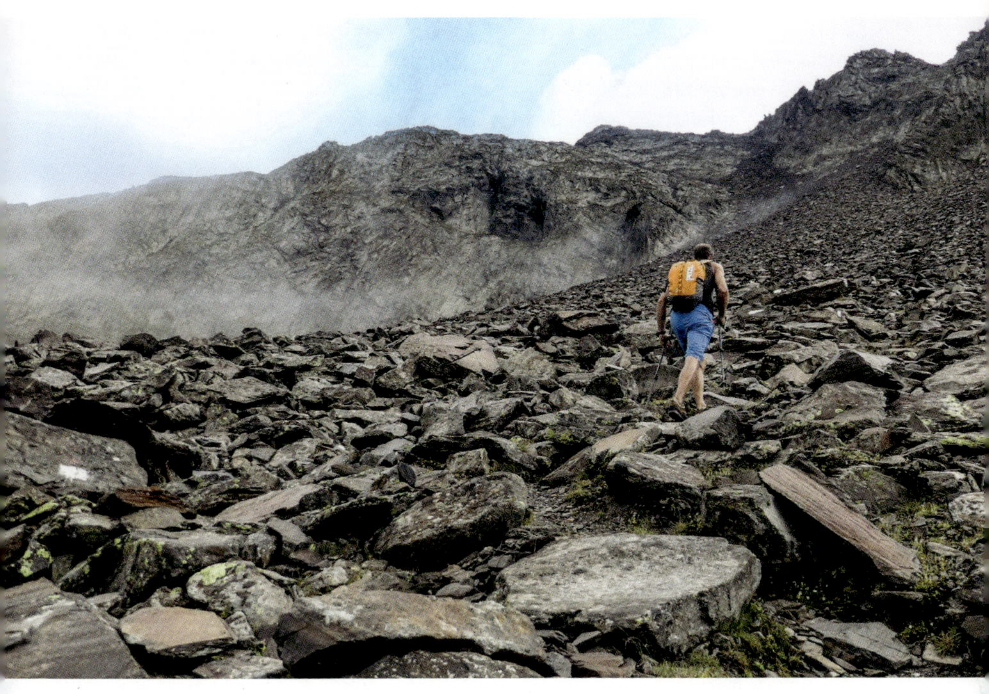

Beim Aufstieg in der Schuttflanke unterhalb des Lasörlings.

Mullitztal-Anstieg (Lasörlinghütte)

Anfahrt: Von Lienz über die B 108 ins Iseltal bis Matrei, wo man die südseitige Umgehungsstraße ins Virgental nimmt und weiter bis in die Ortschaft Virgen fährt. Dort in Ortsmitte vor dem Gasthaus Neuwirt links nach Niedermauern/Rain/Welzelach abbiegen, wo man nach der Fraktion Rain in der großen Rechtskurve am Mullitzbach parkt (1148 m, gelbe Tafeln). Es kann auch 700 m weiter nach Welzelach gefahren werden. Dort gibt es einen kleinen ausgewiesenen Parkplatz vor den Häusern (1189 m, Tafeln).
Öffi-Tipp: Der Postbus fährt in der Sommersaison bis Ströden. Haltestelle nur im Ortskern von Virgen. Infos unter www.vvt.at

Route: Von der großen Rechtskurve nach der Fraktion Rain folgt man gelben Wegtafeln nach Südwesten ins langgezogene Mullitztal. Gleich am Anfang wird ein Gehöft (1250 m) passiert, ehe man über einen Karren- bzw. Güterweg taleinwärts strebt. Wer vom kleinen Parkplatz in Welzelach aufsteigt, folgt der Asphaltstraße durch die Häuseransammlung westwärts bis zu ihrem Ende. Über den als Hüttenzubringer dienenden Güterweg geht es nun entlang von Wiesen nach Süden, bis man sich in einer Rechtskurve auf den Wanderweg begibt (Tafeln). Vorbei an Stadler- und Raineralm (1553 m bzw. 1804 m) gelangt man in südwestlicher Richtung nach ca. 2 Stunden zum Beginn der Materialseilbahn (2030 m). Serpentinen leiten durch nettes Almrosengelände der schon von Weitem erkennbaren Lasörlinghütte am Beginn des als Glaurit bezeichneten Hochtals entgegen. Dieses Hochtal wird entlang des sanft ansteigenden Wanderwegs nach Nordwesten verfolgt, bis der breite Gipfelaufbau des Lasörlings markant ins Blickfeld rückt. Eine breite, sich vom Kammverlauf absenkende Schutthalde vermittelt den Schlussanstieg. Durch diese aufwärts bis in ein seichtes Schartl auf 2970 m am schwach ausgeprägten Südwestgrat, wo man auf den Lasnitzentalanstieg trifft. Weiter gut markiert auf dem Gratverlauf zwischen Haupt- und Südostgipfel (3030 m), bis man unschwierig, aber mit gebotener Trittsicherheit entlang von Blöcken nach Nordwesten zum Gipfel steigt.

Talort/Ausgangspunkt	Virgen/Welzelach (1189 m)
Höhenunterschied	1910 Hm
Aufstiegszeit	7½ Stunden
Strecke im Aufstieg	ca. 10 km
Kletterschwierigkeit	I
Hütten/Einkehrmöglichkeit	Lasörlinghütte

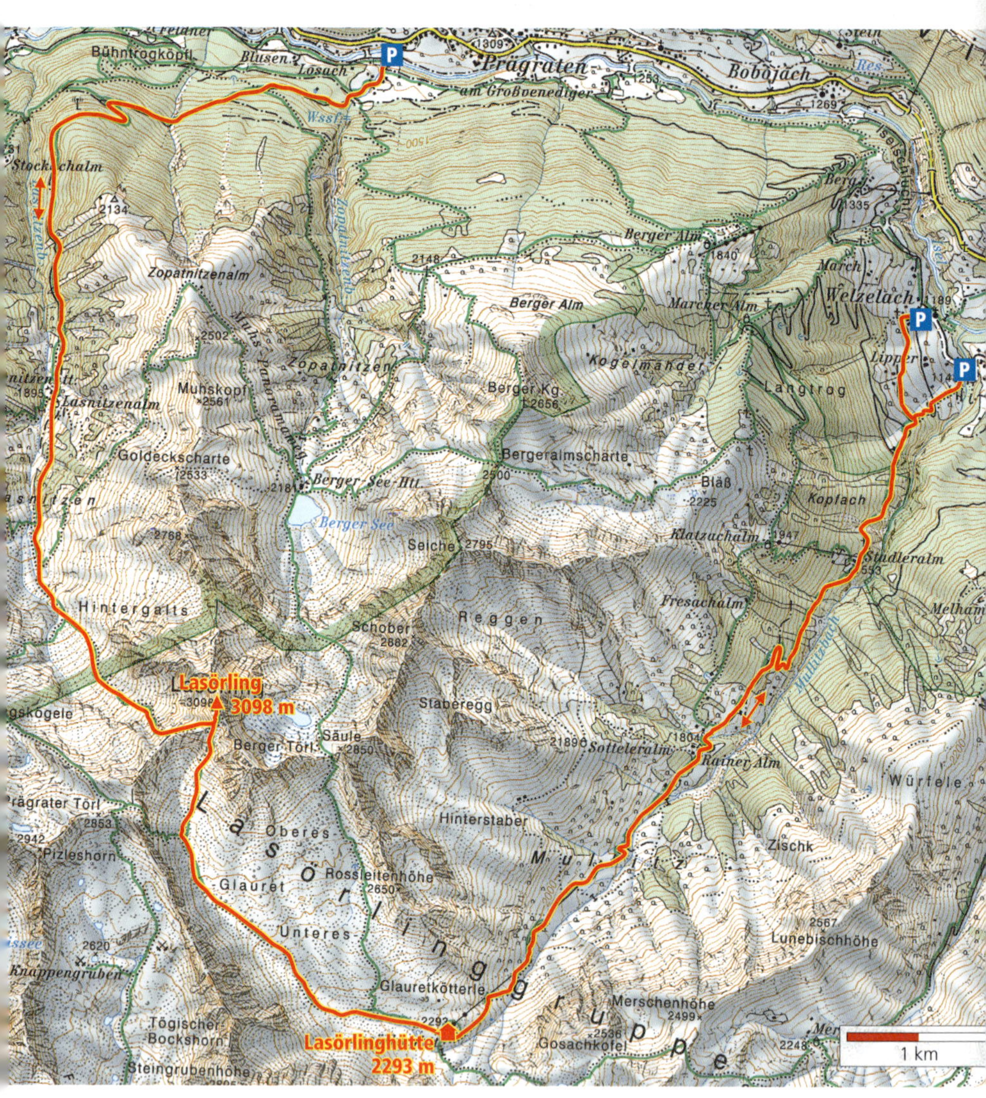

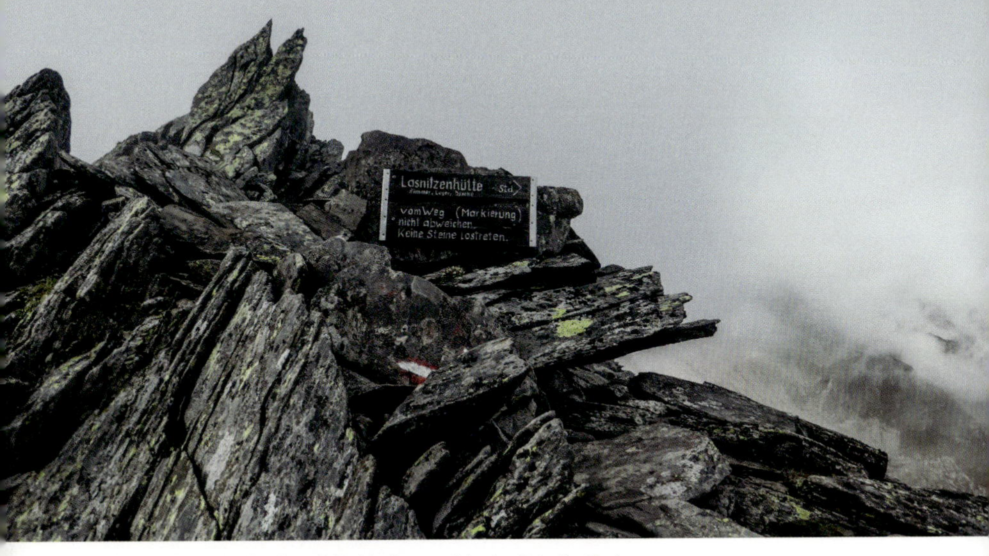

Abstieg über steiles, nur teilweise mit Stahlseilen versichertes Schuttgelände.

Lasnitzentalanstieg (Lasnitzenhütte)

Anfahrt: Von Lienz über die B 108 ins Iseltal bis Matrei, wo man die südseitige Umgehungsstraße ins Virgental nimmt und über Virgen bis in die Ortschaft Prägraten fährt. Dort im Bereich des westlichen Ortsendes links in die Talsohle Richtung Sportplatz abbiegen (Tafeln Lasnitzental). Weiter der Straße nach Süden immer bergwärts folgen, bis diese kurz vor den Häusern in Losach über einen steilen Forstweg verlassen wird. Dieser weist kurz vor einem sperrenden Schranken nur wenige Parkmöglichkeiten auf. Daher ist es besser, wenn man im Bereich der Asphaltstraße bzw. beim Sportplatz parkt.

Öffi-Tipp: Der Postbus fährt in der Sommersaison bis Ströden. Haltestelle im Zentrum von Prägraten. Infos unter www.vvt.at

Route: Je nach Ausgangspunkt folgt man anfangs der Asphaltstraße bzw. im weiteren Verlauf dem ins Lasnitzental führenden Forstweg in mehreren Kehren nach Süden, vorbei an einem markanten Handymasten, zur Lasnitzenhütte (1895 m). Dort geht der Schotterweg in einen Steig über und man marschiert parallel zum Bach bis in den Talschluss, wo sich der Pfad in steile, schuttbedeckte Bergflanken nach Südosten wendet. Durch diese aufwärts, bis man entlang einer nicht immer ganz festen felsigen Rippe (Stahlseile, Steinschlag) den Südwestgrat in einem kleinen Schartl betritt (ca. 2890 m, Tafel). Es folgen plattige Stellen, die mit ein paar dünnen Stahlseilen entschärft sind, jedoch Trittsicherheit und Armkraft erfordern. Das gilt auch für den Anstieg bis zum Schartl. Diese Anstiegsvariante endet in einem weiteren Gratsattel (2970 m), wo man auf den Normalweg trifft. Weiter gut markiert auf dem Gratverlauf zwischen Haupt- und Südostgipfel (3030 m), bis man unschwierig, aber mit gebotener Trittsicherheit entlang von Blöcken nach Nordwesten zum Gipfel mit großem Kreuz steigt.

Talort/Ausgangspunkt	Prägraten/Losach (1290 m)
Höhenunterschied	1810 Hm
Aufstiegszeit	7 Stunden
Strecke im Aufstieg	8 km
Kletterschwierigkeit	I–II
Besondere Gefahren	Absturzgefahr
Hütten/Einkehrmöglichkeit	Lasnitzenhütte

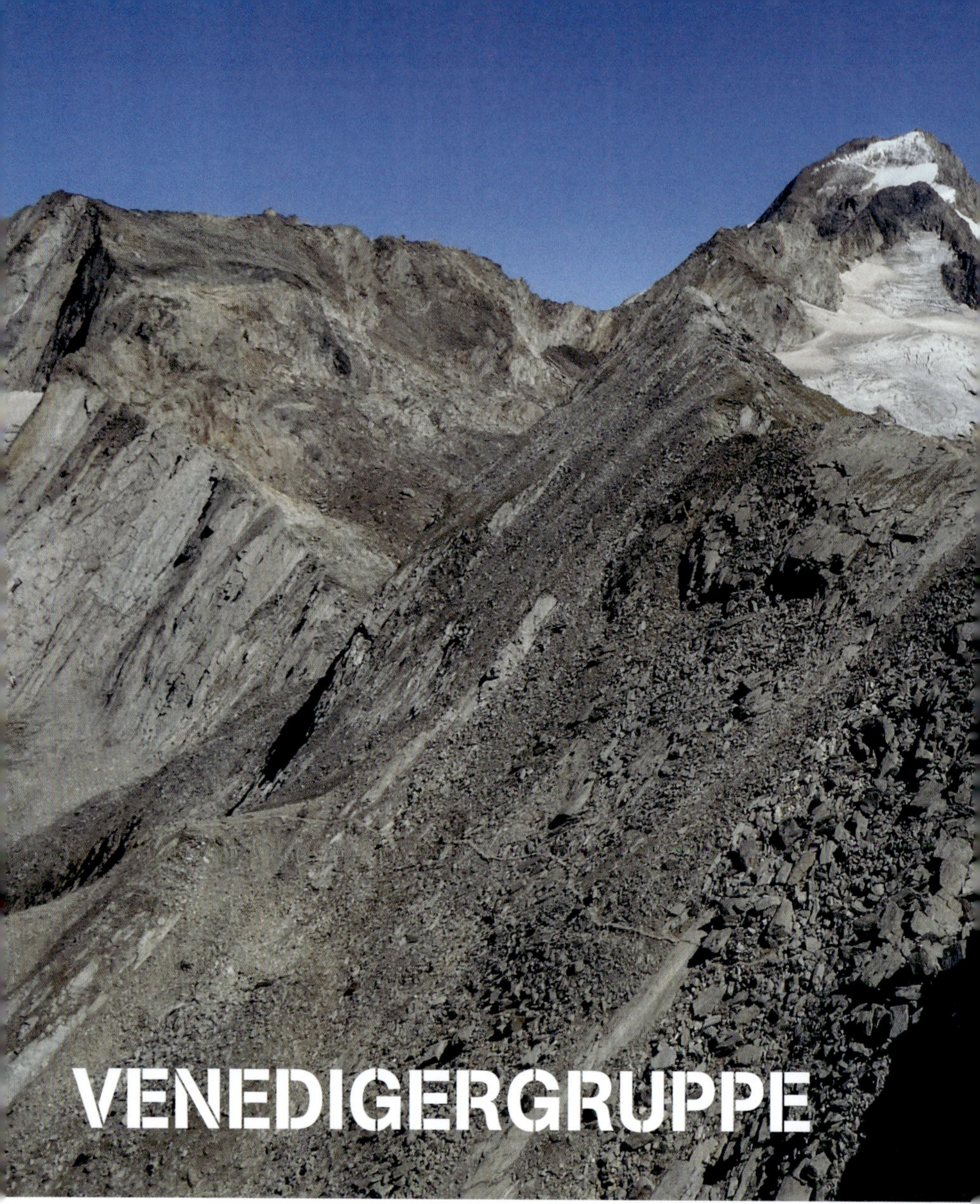

VENEDIGERGRUPPE

Die meisten Dreitausender, die im vorliegenden Buch vorgestellt werden, finden sich im Hauptkamm der Venedigergruppe. Dieser erstreckt sich vom Krimmler Törl im Westen bis hin zum Felber Tauern im Osten, die zwei tief eingeschnittene, eisfreie Übergänge ins Salzburgische bilden. Große Täler führen aus den vergletscherten Bereichen nach Süden. Sie dienen als Zubringer in eine atemberaubende, am Hauptkamm (noch) vergletscherte Bergwelt. Gipfel mit klingenden Namen wie Dreiherrn- und Rötspitze sowie der alles über-

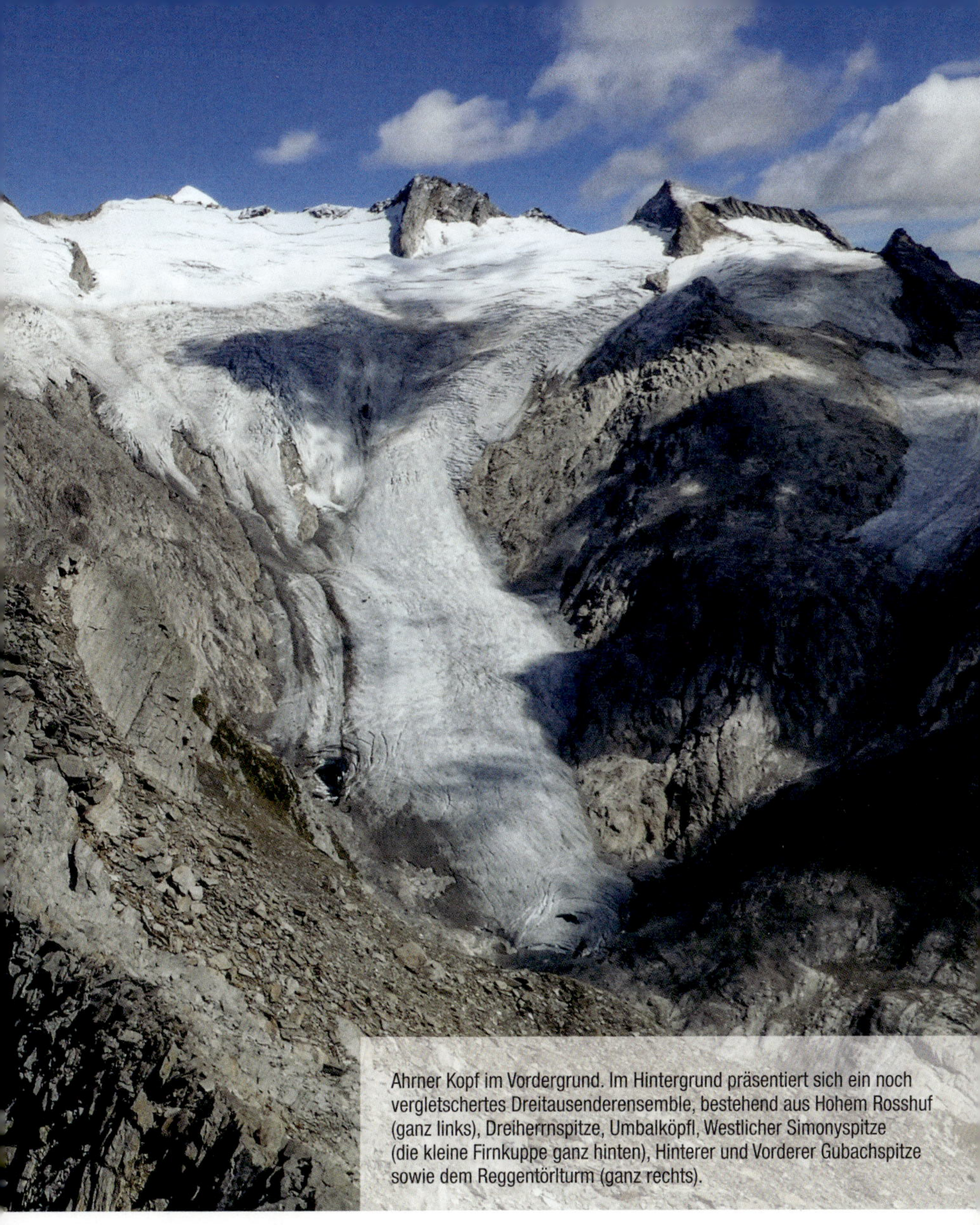

Ahrner Kopf im Vordergrund. Im Hintergrund präsentiert sich ein noch vergletschertes Dreitausenderensemble, bestehend aus Hohem Rosshuf (ganz links), Dreiherrnspitze, Umbalköpfl, Westlicher Simonyspitze (die kleine Firnkuppe ganz hinten), Hinterer und Vorderer Gubachspitze sowie dem Reggentörlturm (ganz rechts).

strahlende Großvenediger sind in diesem Gebirgszug zu finden. Mit der Venedigergruppe ist nicht nur der vergletscherte Hauptkamm gemeint, zu ihr zählen auch Untergruppen wie der mythisch anmutende Prettaukamm oder der Panargenkamm, der mit düsteren Wandfluchten Respekt einflößt. Ebenfalls beeindruckend ist der Venediger Höhenweg, der den Bergraum von West nach Ost, von Hütte zu Hütte, auf abenteuerlicher Strecke durchmisst und für sich allein ein lohnendes, mehrtägiges Tourenziel darstellt.

12 Lenkspitze 3105 m

Im Reich der Sandberge

Mythisch wirken sie allemal, die aus Verwitterungsgestein (Bratschen) bestehenden Dreitausender in der nördlich des Klammljochs einwärts ziehenden, Osttirol von Südtirol trennenden Gratlinie. Sie wird als Prettaukamm bezeichnet und beheimatet schwer zu besteigende Dreitausender, die mit Sand und feinkörnigem Schutt aufwarten und als Draufgabe überaus brüchig sind. In diesem bleichen Gipfelensemble befindet sich die relativ leicht zu ersteigende Lenkspitze. Sie zählt vor allem wegen des bis weit ins Ahrntal sichtbaren Gipfelkreuzes von Südtiroler Seite zu den beliebten Tourenzielen, kann aber natürlich auch von Osttiroler Seite aus dem Arvental erstiegen werden. Eine Tour für versierte Geher mit Orientierungssinn im weglosen Gelände, das hauptsächlich aus Schutt und steilen Grasflanken besteht.

Einziger Wermutstropfen ist der lange Zugang. Bis man den Beginn des Arventals erreicht, hat man bereits fast 10 km Güterweg, vom Parkplatz in Oberhaus gerechnet, in den Knochen. Hier ist die Anfahrt mit dem Fahrrad klar zu empfehlen.

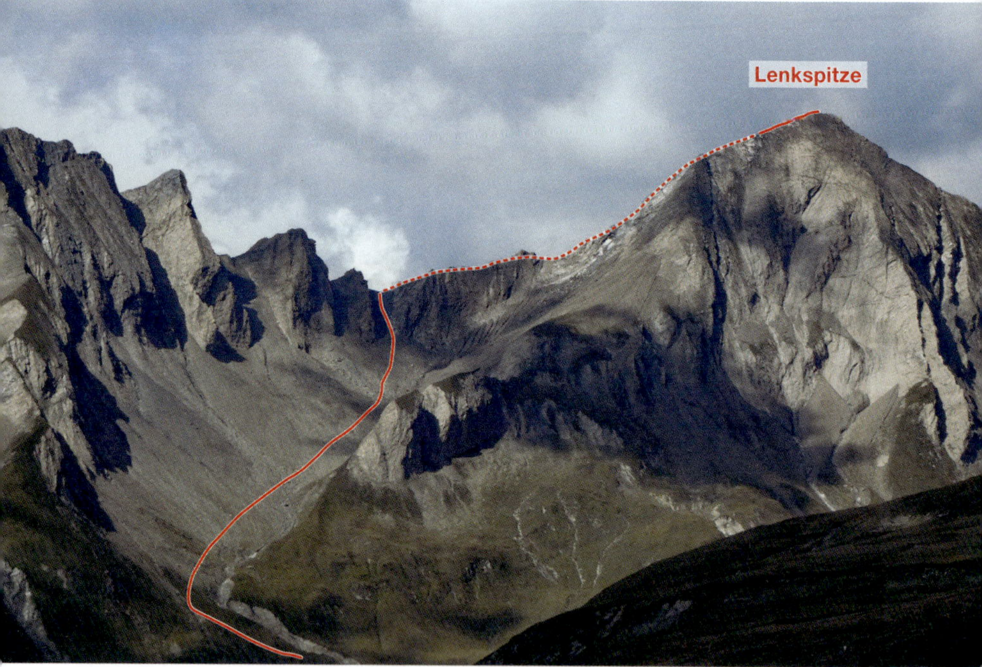

Ein einer Mondlandschaft gleichendes Hochkar bringt Gipfelaspiranten aus dem Arvental zur Gratlinie der Lenkspitze.

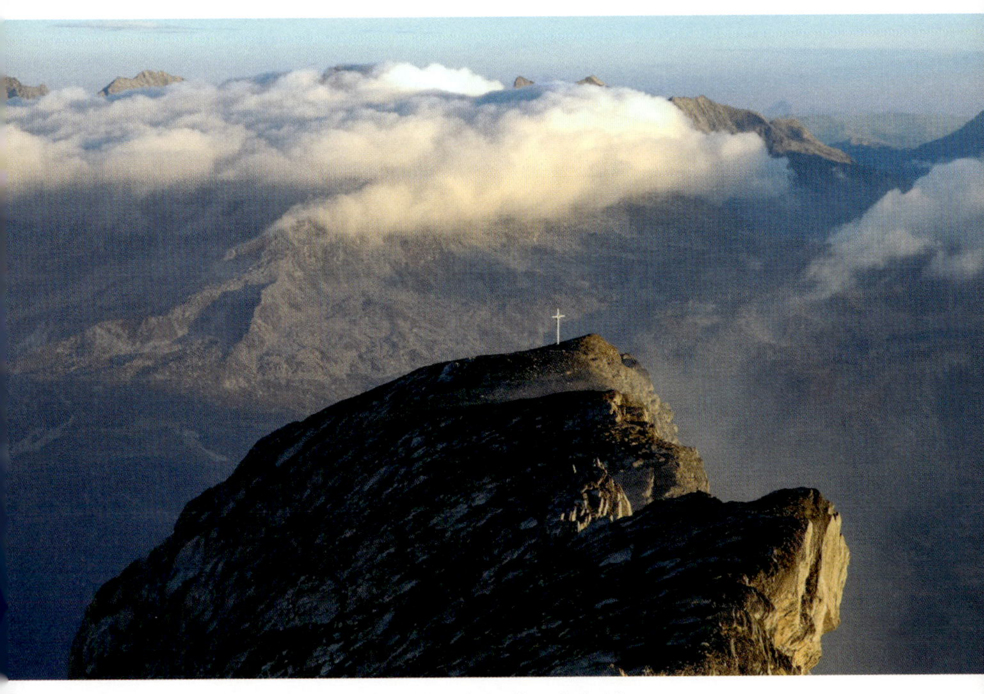

Morgenstimmung am Nordwestgipfel, auf dem sich auch das Kreuz befindet.

Anfahrt: Von Lienz oder Matrei auf der B 108 (Felbertauernstraße) bis Huben. Dort ins Defereggental (L 25) abbiegen und taleinwärts nach St. Jakob in Defereggen fahren. Immer weiter Richtung Staller Sattel, ehe man nach der Fraktion Erlsbach die Straße bei der Katzleitenbrücke verlässt und nach rechts zu einem unübersehbaren Mautschranken abbiegt. Man folgt dem Sträßchen entlang der Schwarzach bis zu seinem Ende beim Alpengasthaus Oberhaus (1768 m, großer Parkplatz). Der dort ansetzende Schotterweg führt über das Klammljoch nach Südtirol (Rein) und ist für den Individualverkehr gesperrt. Ausgewiesene Mountainbike-Strecke. Es ist auch möglich, das Auto beim Mautschranken stehen zu lassen (gebührenpflichtiger Parkplatz) und von dort mit dem Fahrrad bis zur Abzweigung ins Arvental zu treten. Ab dort besteht Radfahrverbot.

Öffi-Tipp: Wer mit Öffis anreist, muss bei der Katzleitenbrücke (1550 m) wenige Meter vor dem Mautschranken aussteigen (Infos unter www.vvt.at), was eine Besteigung zu Fuß von diesem Ausgangspunkt eher unattraktiv macht.

Route: Vom Parkplatz folgt man dem breiten Schotterweg nach Nordwesten zur Alpe Oberhaus, wo man, wenn man zu Fuß unterwegs ist, abkürzend auf die linke Bachseite wechseln kann, um über einen Wanderweg taleinwärts zu marschieren. Im weiteren Verlauf zur Unteren und Oberen Seebachalm (1879 m) mit urigen Steinhütten. Nächstes Ziel ist die in der Talsohle liegende Jagdhausalm, die südlich umgangen wird, ehe man dem Schotterweg nach einer Abwärtspassage bergwärts zur Arventalalm (2189 m) folgt. Sie liegt etwa 900 m vor dem Klammljoch, etwas unterhalb der letzten Linkskehre.

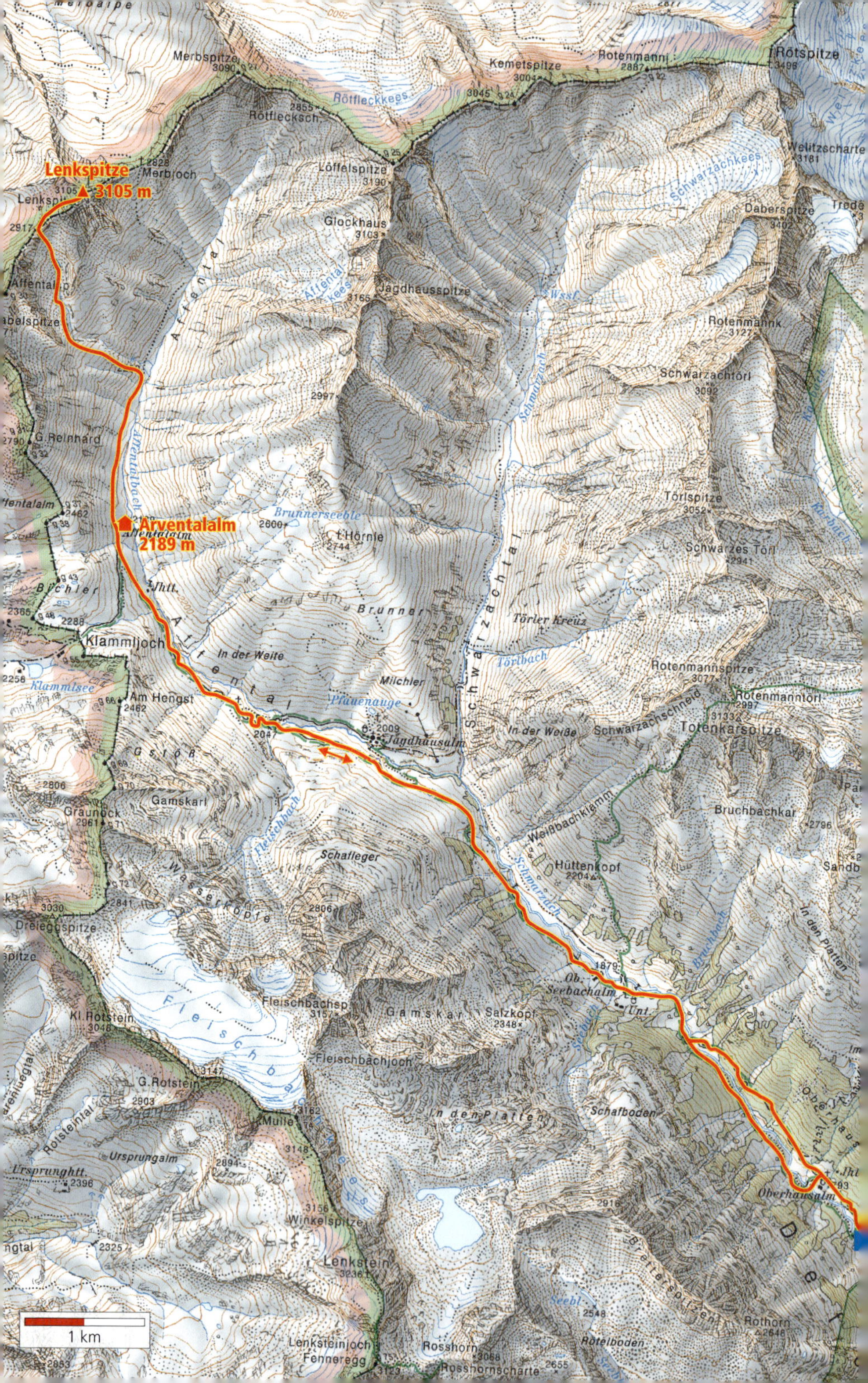
Lenkspitze
3105 m
Arventalalm
2189 m
Merbspitze
Röfleckkees
Kemetspitze
Rotenmannl
Rötspitze
Röfflecksch.
Merbjoch
Löffelspitze
Glockhaus
Jagdhausspitze
Schwarzachkees
Welitzscharte
Daberspitze
Rotenmannl
Schwarzachtörl
Affental
Affentalbach
Brunnerseeble
Hörnle
Törlspitze
Schwarzes Törl
Schwarzachtal
Törler Kreuz
Törlbach
Klammljoch
Klammlsee
In der Weite
Rotenmannspitze
Rotenmanntörl
Pfauenauge
Jagdhausalm
Am Hengst
In der Weiße
Schwarzachschneid
Totenkarspitze
Gamskarl
Bruchbachkar
Weißbachklamm
Hüttenkopf
Schafleger
Fleischbach
Schwarzach
Wasserköpfe
Dreieckspitze
Ob. Seebachalm
Unt.
Salzkopf
Gamskar
Fleischbachsp.
Kl.Rotstein
Fleischbachjoch
G.Rotstein
In den Platten
Schafboden
Oberhausalm
Ursprungalm
Rotsteintal
Winkelspitze
Lenkstein
Lenksteinjoch
Fenneregg
Rosshorn
Rosshornscharte
Rothorn
Rotelboden
1 km

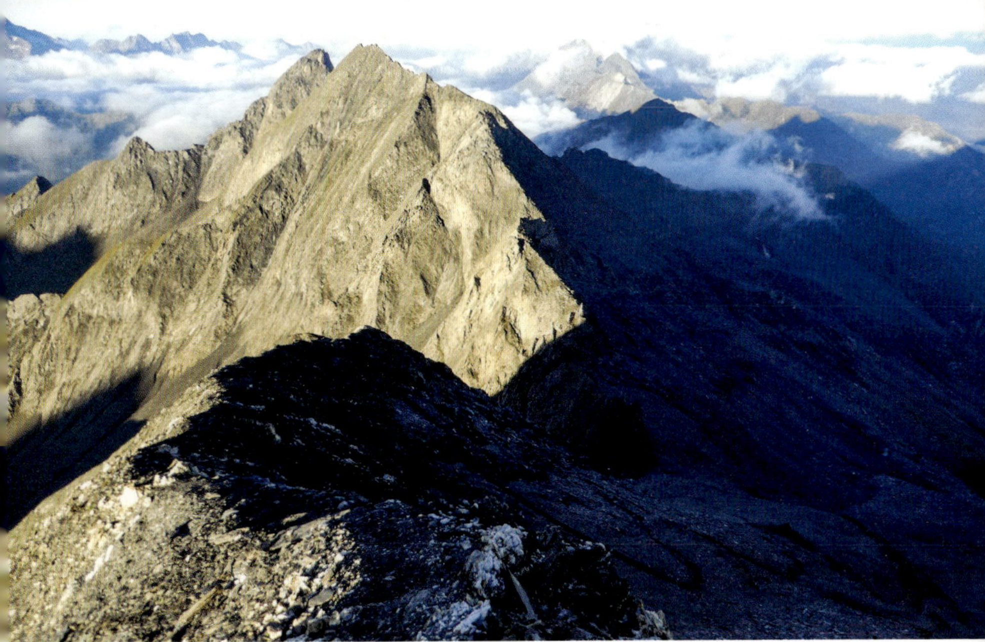

Blick vom Gipfel Richtung Arventalspitze. Rechts im Schatten führt der Schlussanstieg bergwärts.

Von der schmucken Hütte nun links des Arvenbachs über einen Almweg bis zu dessen Ende bei einem Stallgebäude (2250 m) einwärts. Man verlässt nun den gemütlichen Talanstieg und hält sich noch vor dem Lenkbach scharf links in ostseitige, sehr steile Grasflanken. Sie vermitteln den Anstieg in das versteckte Hochkar zwischen Arven- und Lenkspitze. Durch dieses aufwärts, bis man die äußerst rechte Schuttrinne von drei markanten Rinnen anvisiert. Durch diese in eine Scharte zwischen spitzen Gratzacken links und einem waagrechten Gratstück rechts. Die Scharte ist in der Karte mit der Höhenkote 2917 m eingetragen und bildet einen schmalen Durchlass auf die Südtiroler Seite (weißer Grenzstein). Von dort hält man sich abschließend entlang von sandigen Steigspuren unter der westseitigen Gratlinie nach Norden in ein breites Schuttkar. Eine direkte Überschreitung dieser Gratlinie ist nicht möglich, auch wenn es von Weitem den Anschein hat. In Serpentinen gewinnt man in der breiten Flanke schließlich den Südwestgrat etwas unterhalb des Hauptgipfels. Über diesen Grat unschwierig zum höchsten Punkt mit Wetterstation. Das Kreuz steht wegen Sichtbarkeit abgesetzt auf dem niedrigeren Westgipfel, der in wenigen Minuten über eine felsige Steilstufe zu erreichen ist (Eisenstifte, Absturzgefahr). Hier ist absolute Trittsicherheit vonnöten.

Talort/ Ausgangspunkt	St. Jakob im Def./Alpengasthof Oberhaus (1768 m)
Höhenunterschied	1340 Hm
Aufstiegszeit	5 Stunden ohne Bike
Strecke im Aufstieg	13,5 km
Kletterschwierigkeit	I–II, Westgipfel
Besondere Gefahren	Absturzgefahr im Gipfelbereich, weglos
Hütten/Einkehrmöglichkeit	Arventalalm, Alpengasthaus Oberhaus (falls geöffnet), Patscher Hütte
Hinweis	Achtung, im Arven- sowie auch im benachbarten Schwarzachtal herrscht Radfahrverbot (Nationalpark).

13 Merbspitze 3090 m

Glockenförmiger Felsbau am Ende des Arventals

Die glockenförmige Merbspitze mit dem bis weit ins Ahrntal sichtbaren markanten Metallkreuz bildet als nördlicher Nachbar der Lenkspitze den Talschluss des Arventals. Wie der Name schon verrät, ist ihr Gestein ziemlich brüchig und „merbe“ (mürbe), insbesondere wenn man auf die Gratlinien blickt. Ein lohnender Anstieg, der mittlerweile auch von Südtiroler Seite (Rein) dank E-Bike viel frequentiert wird, führt aus dem Arvental entlang einer Felsrampe durch die kurze Südwestflanke fast bis auf den Gipfel. Die begleitenden Bruchgrate, wie der vom Merbjoch einwärts ziehende und oft fälschlicherweise als optimaler Gipfelanstieg vermutete Südwestgrat oder der abenteuerliche Südostgrat, bleiben bei diesem Zugang unberührt. Ein Berg für versierte, trittsichere Geher mit Orientierungssinn im weglosen Terrain und der nötigen Erfahrung im felsigen Absturzgelände. Die Steinschlaggefahr sollte nicht unterschätzt werden, insbesondere wenn sich mehrere Personen in der Felsrampe aufhalten.

Anfahrt: Von Lienz oder Matrei auf der B 108 (Felbertauernstraße) bis Huben. Dort ins Defereggental (L 25) abbiegen und taleinwärts nach St. Jakob in Defereggen fahren. Immer weiter Richtung Staller Sattel, ehe man nach der Fraktion Erlsbach die Straße

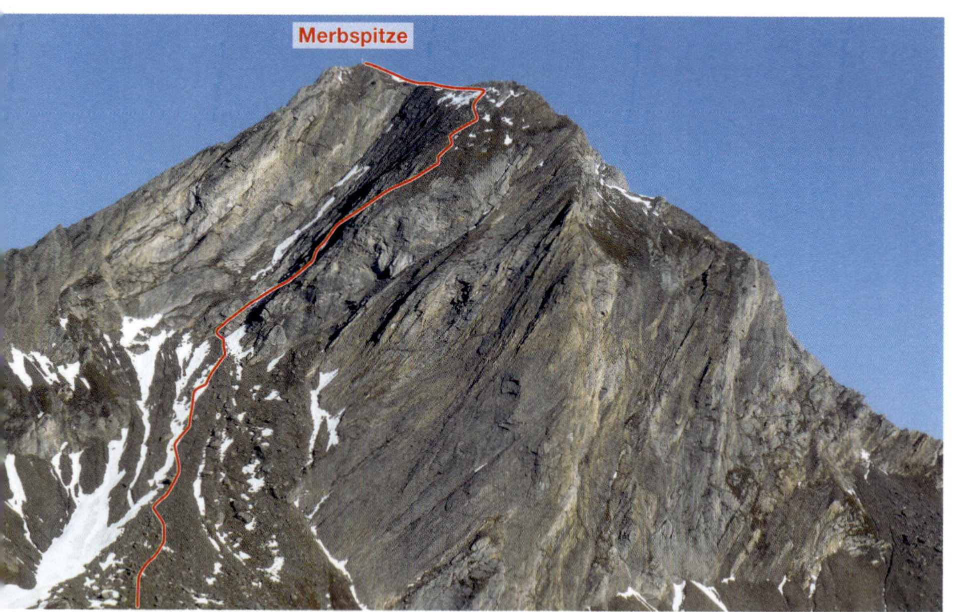

Die steile Südwestflanke der brüchigen Merbspitze weist eine markante Schwachstelle auf, die den Anstieg aus dem Arvental vermittelt.

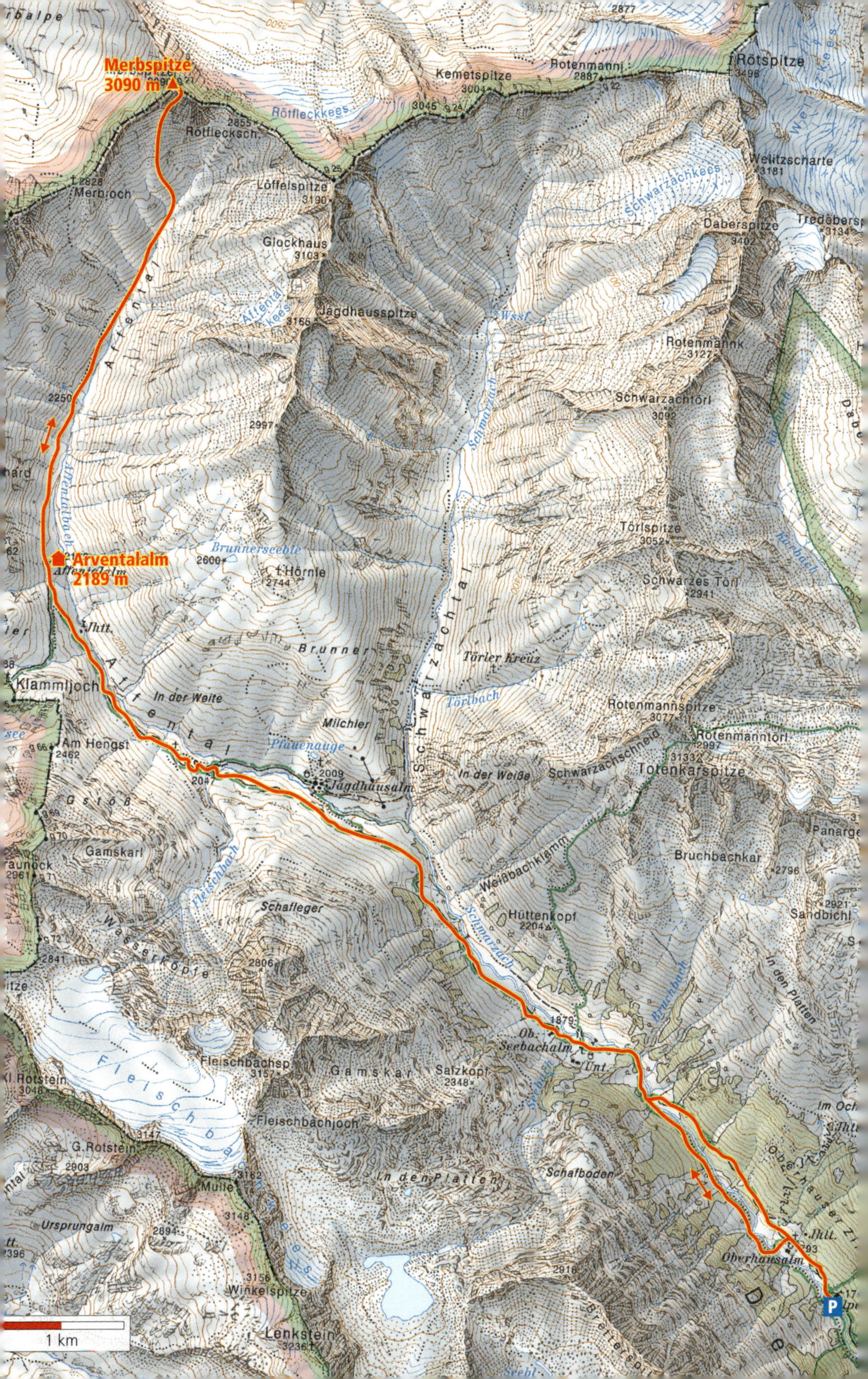
Merbspitze
3090 m
Arventalalm
2189 m
1 km

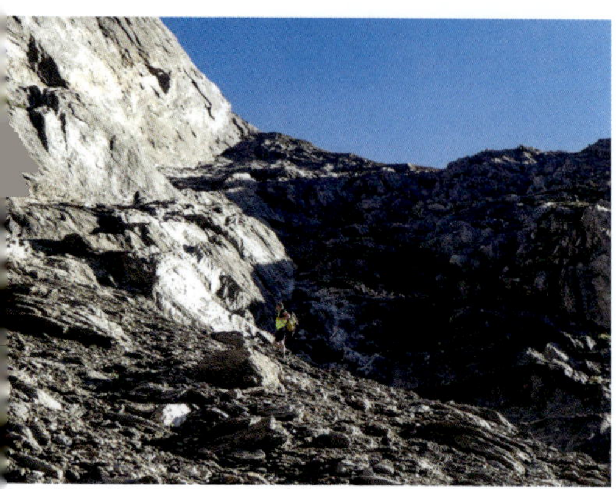

Am Einstieg in die felsige Rippe, die durch die Südwestflanke auf den Gipfelgrat leitet.

bei der Katzleitenbrücke verlässt und nach rechts zu einem unübersehbaren Mautschranken abbiegt. Man folgt dem Sträßchen entlang der Schwarzach bis zu seinem Ende beim Alpengasthaus Oberhaus (1768 m, großer Parkplatz). Der dort ansetzende Schotterweg führt über das Klammljoch nach Südtirol (Rein) und ist für den öffentlichen Verkehr gesperrt. Ausgewiesene Mountainbike-Strecke. Es ist auch möglich, das Auto beim Mautschranken stehen zu lassen (gebührenpflichtiger Parkplatz) und von dort mit dem Fahrrad bis zur Abzweigung ins Arvental zu treten. Ab der Arventalalm herrscht Radfahrverbot.

Öffi-Tipp: Wer mit Öffis anreist, muss bei der Katzleitenbrücke (1550 m) wenige Meter vor dem Mautschranken aussteigen (Infos unter www.vvt.at), was eine Besteigung zu Fuß von diesem Ausgangspunkt eher unattraktiv macht.

Route: Vom Parkplatz folgt man dem breiten Schotterweg nach Nordwesten zur Alpe Oberhaus, wo man, wenn man zu Fuß unterwegs ist, abkürzend auf die linke Bachseite wechseln kann, um über einen Wanderweg einwärts zu marschieren. Im weiteren Verlauf zur Unteren und Oberen Seebachalm (1879 m) mit urigen Steinhütten. Nächstes Ziel ist die in der Talsohle liegende Jagdhausalm, die südlich umgangen wird, ehe man dem Schotterweg nach einer Abwärtspassage bergwärts zur Arventalalm (2189 m) folgt. Sie liegt etwa 900 m vor dem Klammljoch, etwas unterhalb der letzten Linkskehre. Von der schmucken Hütte nun links des Arvenbachs über einen Almweg bis zu dessen Ende bei einem Stallgebäude (2250 m) einwärts. Dort weiter entlang von Pfadspuren in den Talschluss, wo man über südostseitige Grasflanken dem schon von Weitem erkennbaren Gipfelaufbau der Merbspitze entgegenstrebt. Man geht über sandiges Schuttgelände bis unter die Südwand der Merbspitze. Dort tut sich mit zunehmender Höhe eine südwestgerichtete, fast rinnenförmige Felsrampe auf, die unverkennbar bis kurz vor den Gipfel heranreicht und auf den letzten Metern des Südostgrats aussteigt. Einstieg ungefähr bei 2900 m. Die klettertechnische Schlüsselstelle liegt gleich am Anfang, wo kurze felsige Rampen und Plattenstellen zu bewältigen sind. Den günstigsten Weg suchend, geht es über die sich abflachende Rampe, leicht rechts auf die rippenartige Grasflanke ausweichend, zum kurzen Südostgrat (Steigspuren, Steinmännchen). Über diesen abschließend in wenigen Minuten unschwierig, aber exponiert zum Gipfelkreuz. Vorsicht beim Abstieg, Orientierungssinn ist auf der Felsrippe vonnöten, speziell wenn Nebel einfällt.

Talort/ Ausgangspunkt	St. Jakob im Def./Alpengasthof Oberhaus (1768 m)
Höhenunterschied	1320 Hm
Aufstiegszeit	5½ Stunden ohne Bike
Strecke im Aufstieg	14,5 km
Kletterschwierigkeit	II
Besondere Gefahren	Absturzgefahr, weglos
Hütten/Einkehrmöglichkeit	Arventalalm, Alpengasthaus Oberhaus (falls geöffnet), Patscher Hütte
Hinweis	Achtung, im Arven- sowie auch im benachbarten Schwarzachtal herrscht Radfahrverbot (Nationalpark).

Hohes Kreuz 3021 m

14

Großartiger Aussichtsberg südwestlich der Clarahütte im Umbaltal

Das Hohe Kreuz ist ein aus steilen Rasen- und Schuttflanken bestehender Gipfel im Vorfeld der mächtigen Daberspitze. Seit einigen Jahren ziert den höchsten Punkt ein großes Kreuz mit einem kleinen Spiegel, der zu einem bestimmten Tag im Winter ein paar Sonnenstrahlen in die zu dieser Jahreszeit im Schatten liegende Ortschaft Prägraten lenkt. Der Anstieg von der Clarahütte führt durch teilweise sehr steile Gras- und Schuttflanken, ist dürftig markiert und verlangt absolute Trittsicherheit – insbesondere am brüchigen Gipfelgrat. Die Markierung auf den spärlich gesäten Holzstempeln ist mittlerweile am Verblassen, was zusätzlich Orientierungssinn erfordert. Vorsicht bei Nebel und Nässe.

Anfahrt: Von Lienz über die B 108 ins Iseltal bis Matrei, wo man die südseitige Umgehungsstraße ins Virgental nimmt und weiter über Prägraten bis zum Straßenende in Ströden fährt (1400 m). Großer, gebührenpflichtiger Parkplatz.

Öffi-Tipp: In den Sommermonaten gibt es eine Busverbindung bis zum letzten Bauernhof in Ströden. Infos unter www.vvvt. at

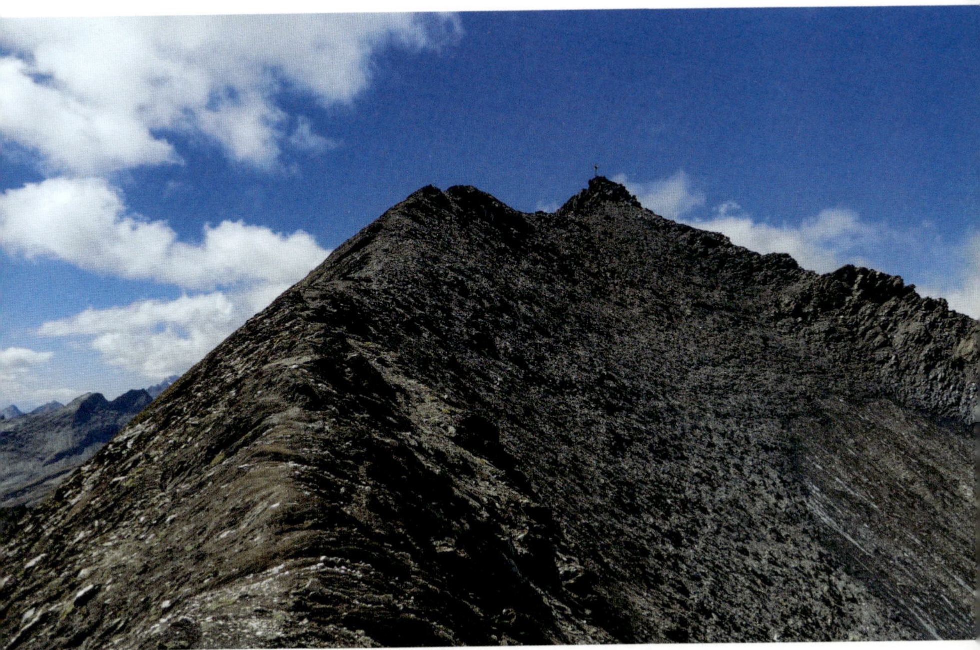

Als Bratschen wird das zum Gipfel führende, ungute Verwitterungsgestein bezeichnet.

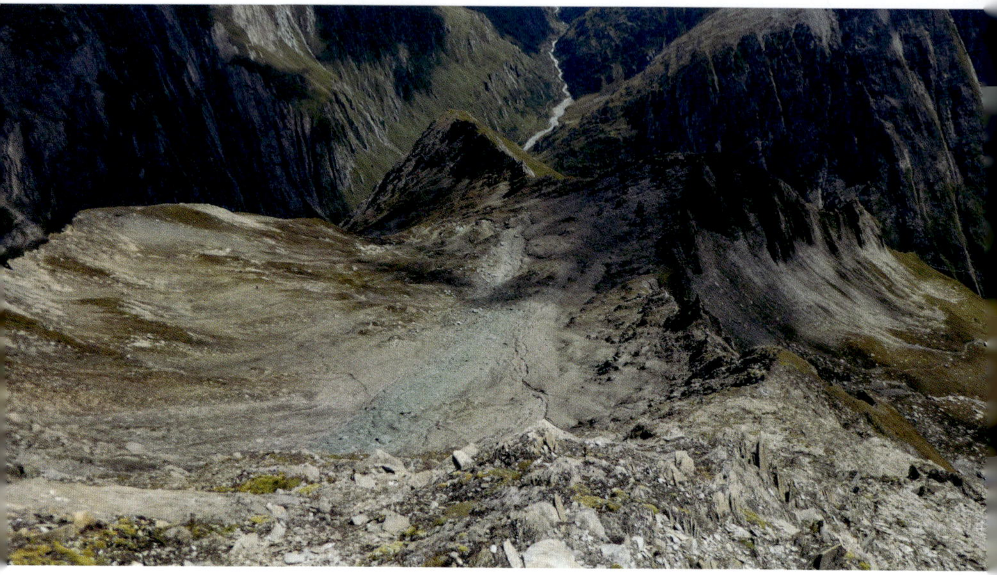

Schutt- und Rasenflanken führen steil ins Umbaltal. Die Schlüsselstelle bildet der bratschige Gipfelgrat.

Hüttenzustieg: Vom Parkplatz (1400 m) folgt man dem bei einem Gehöft ansetzenden Güterweg für wenige Meter, bis dieser sich verzweigt und man den linken Ast ins Umbaltal nimmt, durch das man zur Islitzer und (jenseits der Brücke) zur Pebellalm (1509 m) wandert. Dort auf dem Wasserschaupfad weiter konsequent nach Westen, bis dieser beliebte Themenweg links der Umbalfälle endet und man über einen steilen Karrenweg in Serpentinen weiter bergwärts marschiert. Dieser Karrenweg wird bis zu seinem

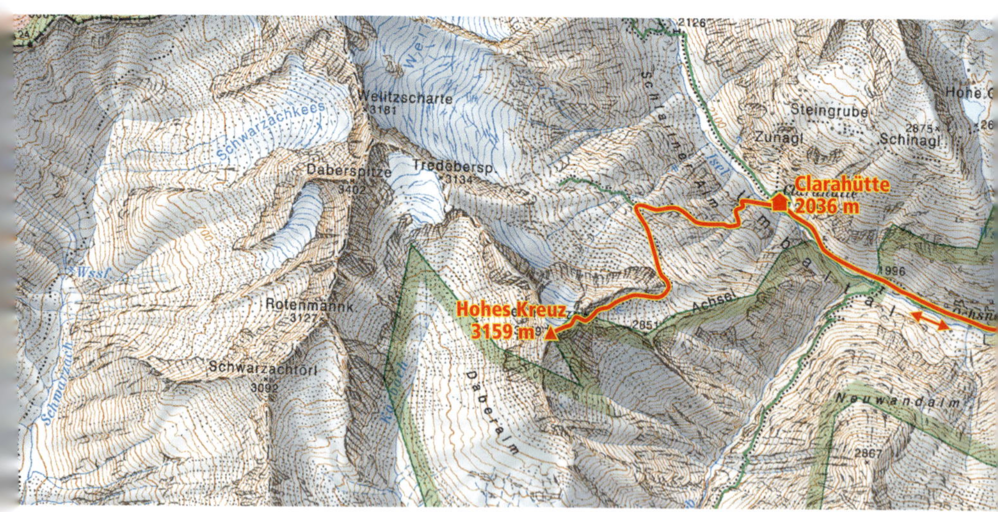

Ende beim Ochsnerhüttl (1936 m) genützt, wo man rechts oberhalb der Isel entlang eines schmalen Steigs in sonnseitigen Grasflanken mit zunehmender Steigung in einem Bogen nach Nordwesten zur Clarahütte (2036 m) ansteigt. Dann und wann entschärft ein Stahlseil felsige Passagen.

Talort/Ausgangspunkt	Prägraten/Ströden (1400 m)
Höhenunterschied	640 Hm
Aufstiegszeit	2½–3 Stunden
Strecke im Aufstieg	ca. 7 km
Einkehrmöglichkeit	Islitzer Alm

Gipfelanstieg: Man beachte bei der Bergunterkunft die gelben Wegtafeln mit der Aufschrift „Hohes Kreuz und Rötspitze über Theo-Brandstätter-Weg". Direkt nach der Hütte (2036 m) gilt es, über eine provisorische Brücke über die Isel auf die gegenüberliegende Talseite überzusetzen. Nach der Iselquerung geht es nur kurz auf der linken Bachseite einwärts, ehe man roten Holzstempeln nach Westen in steile Grasflanken folgt.

Zum Zeitpunkt der Recherche (2022) fehlte eine Wegtafel bei der Abzweigung in der Talsohle. Die Wegtafel kam erst nach ein paar Serpentinen, wenn man sowieso schon am richtigen Weg ist.

Man hält sich entlang des Theo-Brandstätter-Wegs bergwärts, bis dieser sich bei 2510 m im Moränengelände verzweigt und man logischerweise nicht weiter zum Gletscher aufsteigt, sondern den nach Südosten (links) führenden, schwer auszumachenden Wegast nimmt. Dieser leitet in ein verstecktes, sandiges und von unten nicht einsehbares Hochkar, das bis zu seinem Ende unterhalb der Gratlinie des Hochkreuz' als Anstieg dient. Man verlässt es an seinem oberen Ende nach links auf den begleitenden Ostgrat. Der ist zwar nicht schwierig, bildet jedoch die Schlüsselstelle im Anstieg. Entlang von kurzen felsigen Passagen unterbrochen von Schuttgelände geht es auf den abgerundeten Gipfelgrat, wo man nach Südwesten exponiert dem Kreuz entgegenstrebt. Vorsicht, Absturzgefahr im Bereich des Ostgrats.

Ausgangspunkt	Clarahütte (2036 m)
Höhenunterschied	1120 Hm
Aufstiegszeit	3½–4 Stunden
Strecke im Aufstieg	3 km
Kletterschwierigkeit	I–II
Besondere Gefahren	Absturzgefahr

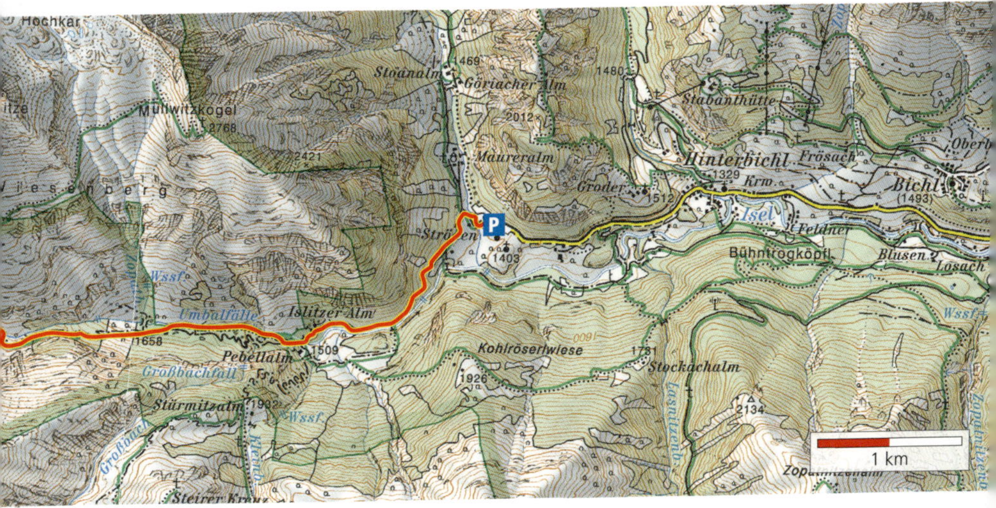

15 Rötspitze 3496 m

16 Untere Rötspitze 3289 m

Erstklassig und beeindruckend

Die Besteigung der westlich der Clarahütte gelegenen, glockenförmigen Rötspitze, die in Prägraten Welitz genannt wird, zählt zu den ganz großen Bergfahrten in Osttirol. Ein markanter, dank seinem Firntrapez bis weit nach Matrei unverkennbarer Berg, der neben Hochgall, Dreiherrnspitze, Großglockner und Großvenediger wohl zu den schönsten Gipfeln Osttirols zählt.

Die Besteigung richtet sich an versierte Bergsteiger mit Erfahrung im Begehen von Felsgraten bzw. Gletschern, die sich auch nicht scheuen, einmal mit Steigeisen klettern zu müssen. Die felstechnischen Schwierigkeiten bewegen sich hauptsächlich im II. Schwierigkeitsgrad. Die Schlüsselstelle bildet ein Kamin im unteren III. Grad, der mit ein paar Eisenstiften entschärft ist. Nicht zu unterschätzen ist die Länge des dem Hauptanstieg dienenden Nordostgrats. Er findet im Vorderen Umbaltörl seinen Ausgang, wobei der erste Gratabschnitt über den Virglkopf bis auf Höhe der Kleinen-Philipp-Reuter-Hütte nicht begangen wird. Je nach Verhältnissen muss er auch wieder abgestiegen werden. Interessant ist auch der breite Gipfel der

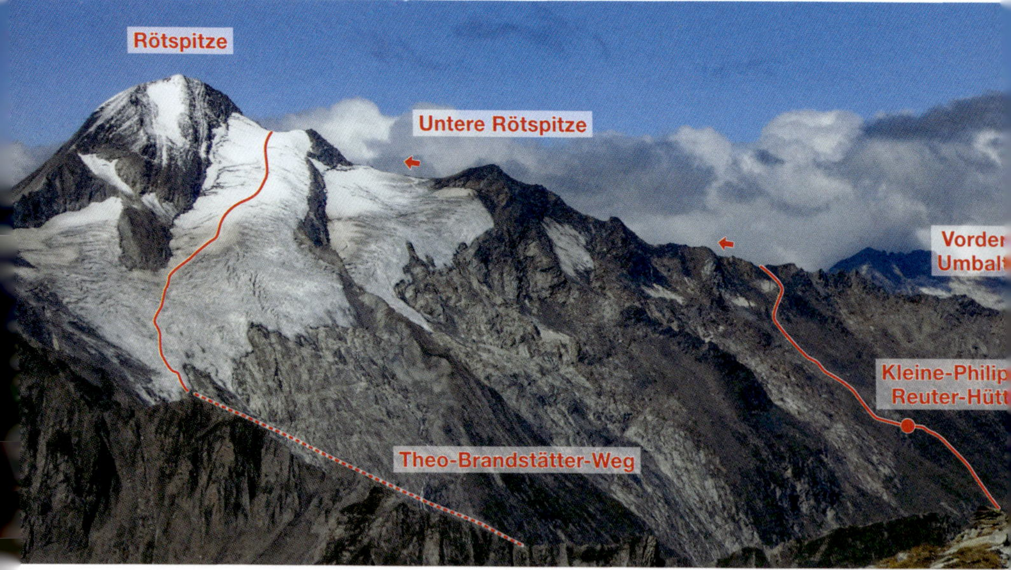

Blick auf die Anstiegsvarianten auf die Rötspitze. Nur zu erahnen ist die Kleine-Philipp-Reuter-Hütte unterhalb des Nordnordostgrats. Spaltenreich das Welitzkees, an das der Theo-Brandstätter-Weg heranführt.

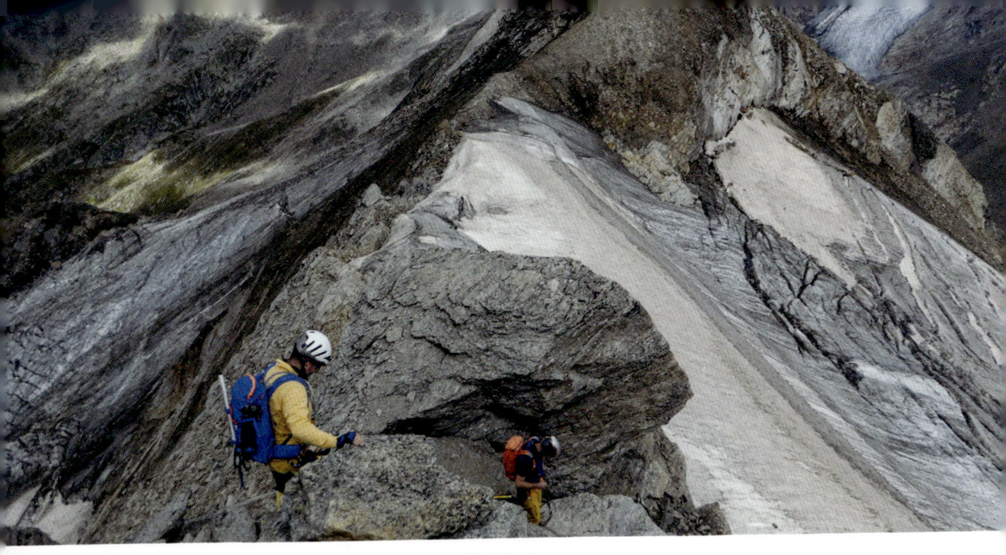

Die Schlüsselstellen am Grat bilden ein Kamin und der Gipfelaufbau.

Unteren Rötspitze, eine Art Rückfallkuppe am Nordostgrat. Sie gilt im Winter, von der Lenkjöchlhütte kommend, als beliebtes Skitourenziel. Über die Lenkjöchlhütte führt auch der Sommerweg von Südtiroler Seite. Also nicht wundern, wenn man plötzlich nicht mehr allein am Grat unterwegs ist.
Nicht gänzlich unbeleuchtet soll der Theo-Brandstätter-Weg bleiben. Er führt von Osten über das steile, spaltige Welitzkees rechts der Rötspitze auf den Nordostgipfel, wo er sich mit der eisfreien Gratvariante vereint – bei entsprechender Schneebedeckung am Gletscher eine echte Alternative zum Nordostgrat, überhaupt in Kombination mit Aufstieg Nordostgrat, Abstieg Welitzkees.

Nordostgrat über Kleine-Philipp-Reuter-Hütte (2677 m):

Anfahrt und Hüttenzustieg: siehe Tour 14, Hohes Kreuz.

Gipfelanstieg: Von der Clarahütte entlang der rechten Talseite nach Nordosten, ehe man bei 2126 m über die Isel setzt und den zum Umbalkees einwärts führenden Iseltrail (Gletscherweg) verlässt. Man folgt der gelben Wegtafel in Serpentinen und einer langen Querung in ostseitige Bergflanken zur Kleinen-Philipp-Reuter-Hütte (2677 m, Biwak). Dort gilt es, nicht weiter zum Vorderen Umbaltörl aufzusteigen, sondern links oberhalb der Hütte entlang von Steigspuren (Steinmännchen) direkt nach Westen über gnadenloses Schuttgelände zum Nordostgrat vorzudringen. Dieser wird in einem seichten Sattel über lose Platten und Schutt unschwierig aus einem kleinen, mittlerweile eisfreien Hochkar zwischen einem schwarzen, plattigen Felskopf (3093 m, links) und einem schwach ausgeprägten Gratzacken (3043 m, rechts) betreten.
Der Virglkopf befindet sich gratabwärts und hat keine Bedeutung. Ab diesem Sattel ist der Weg klar vorgegeben. Immer entlang der Gratlinie geht es teilweise im extremen Gehgelände, teilweise kletternd entlang von Platten und Blöcken auf eine breite Gratschulter, wo rechts der Lenkjöchl-Anstieg einmündet. Weiter über die waagrechte Schneide unschwierig auf die Untere Rötspitze (3289 m), wo man kurz jenseits in einen Gletschersattel absteigt. Der folgende, über ein kurzes, aber steiles Eisfeld zu errei-

chende Grataufschwung beinhaltet die Schlüsselstelle: einen mit Eisenstiften etwas entschärften Kamin (III–), der in ein paar exponierten Spreizschritten überwunden werden muss.

Dieser Grataufschwung des Nordostgipfels kann im Frühsommer bei entsprechender Schneebedeckung sogar gänzlich umgangen werden, was aber mittlerweile durch den enormen Eisverlust kaum noch möglich sein dürfte und nicht zu empfehlen ist. Vom Nordostgipfel (3370 m) wieder leicht abwärts in die nächste Gletschersenke, wo links das spaltenreiche, von oben sehr schwer einsehbare Welitzkees aufstützt, über welches der Theo-Brandstätter-Weg heranführt.

Bei entsprechenden Verhältnissen kann hier abgestiegen werden, was aber Orientierung und Ortskenntnis erfordert. Der steile, ebenfalls über ein Eisfeld zu erreichende Gipfelaufbau (II) ist nochmals sehr exponiert und verlangt Gespür in der Wegfindung. Hier ist es besser, wenn man sich nicht zu weit nach links in die brüchige, sandige Felsflanke treiben lässt, sondern im Bereich der Gratkante bleibt.

Über den abschließenden, waagrechten Gipfelgrat geht es unschwierig zum höchsten Punkt mit Kreuz. Aufgrund der Länge der Tour ist eine Übernachtung in der Clarahütte oder in der Kleinen-Philipp-Reuter-Hütte (Biwak) klar zu empfehlen.

Ausgangspunkt	Clarahütte (2036 m)
Höhenunterschied	1460 Hm
Aufstiegszeit	5½–6 Stunden
Strecke im Aufstieg	ca. 6 km
Kletterschwierigkeit	III–
Besondere Gefahren	weglos, Absturzgefahr, Steinschlag, Eis-/Firnflanke
Besondere Ausrüstung	Steigeisen, Helm, Pickel. Seil, je nach Können und Abstiegsvariante

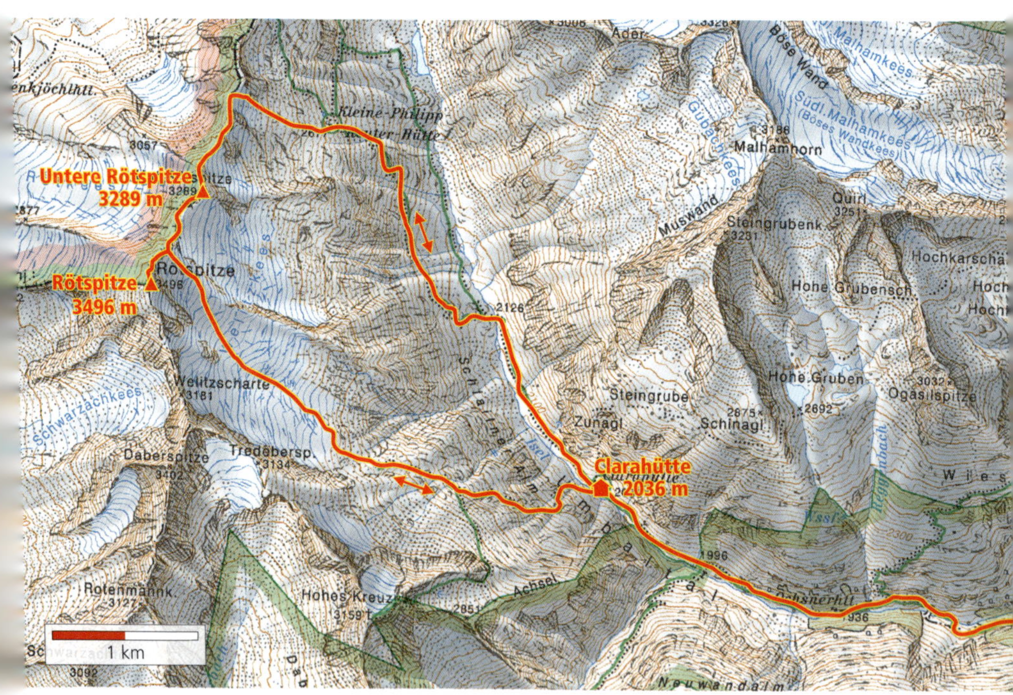

Theo-Brandstätter-Weg von der Clarahütte (2036 m)

Anfahrt und Hüttenzustieg: siehe Tour 14, Hohes Kreuz.

Gipfelanstieg: Von der Clarahütte (2036 m) quert man die Isel auf einem Brückenprovisorium auf die gegenüberliegende Talseite, wo es nur kurz auf der linken Bachseite einwärts geht, ehe man roten Holzstempeln nach Westen in steile Grasflanken folgt. Bei der Abzweigung in der Talsohle fehlte zum Zeitpunkt der Recherche eine Wegtafel. Sie kommt erst nach ein paar Serpentinen, wenn man sowieso schon am richtigen Weg ist. Man hält sich entlang des Theo-Brandstätter-Wegs bergwärts, bis dieser sich bei 2510 m im Moränengelände verzweigt (Hohes Kreuz links) und man über Schuttgelände weiter nach Nordwesten zum sich ständig verändernden Gletscherfeld des Welitzkeeses marschiert. Achtung, Markierung kaum

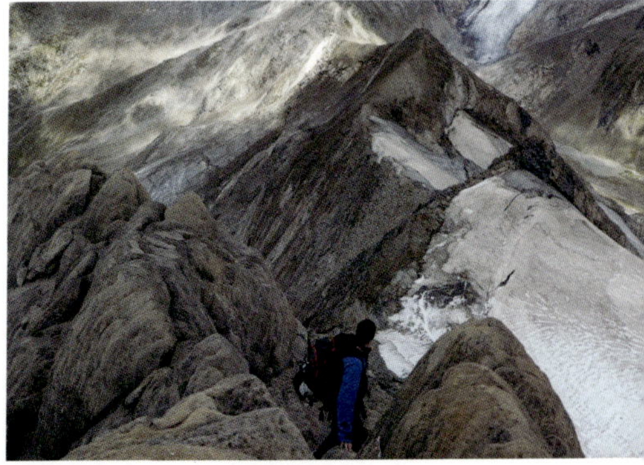

Blick vom Bereich des Gipfelaufbaus auf die Untere Rötspitze.

vorhanden. Nun immer den günstigsten Weg suchend, meist mittig im flachsten Bereich des Gletschers aufwärts, bis dieser zunehmend steiler wird. Eine spaltenreiche Gletscherflanke führt in zunehmender Steigung zum Nordostgipfel der Rötspitze. Diese Gletscherflanke wird meist im rechten Bereich begangen, wo die Spalten nicht so klaffend sein dürften. Die Verhältnisse entscheiden. Der steile, über ein Eisfeld zu erreichende Gipfelaufbau (II) ist nochmals sehr exponiert und verlangt Gespür in der Wegfindung. Hier ist es besser, wenn man sich nicht zu weit nach links in die brüchige, sandige Felsflanke treiben lässt, sondern im Bereich der Gratkante bleibt. Über den abschließenden waagrechten Gipfelgrat geht es unschwierig, aber ausgesetzt zum höchsten Punkt mit Kreuz. Die Untere Rötspitze wird auf dieser Variante nicht betreten.

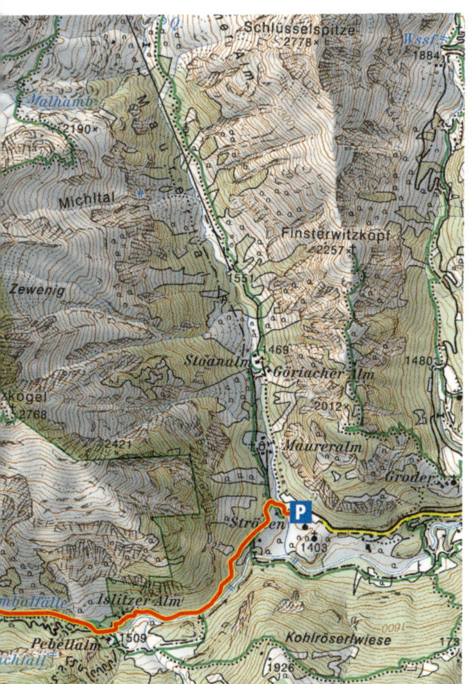

Ausgangspunkt	Clarahütte (2036 m)
Höhenunterschied	1460 Hm
Aufstiegszeit	5½ Stunden
Strecke im Aufstieg	ca. 4 km
Kletterschwierigkeit	II–III
Besondere Gefahren	weglos, Absturzgefahr, Steinschlag, Eis-/Firnflanke, Spalten
Besondere Ausrüstung	Steigeisen, Helm, Pickel. Seil, je nach Können und Abstiegsvariante

17 Ahrner Kopf 3051 m

Einladender Blockgipfel zwischen Vorderem und Hinterem Umbaltörl

Der Ahrner Kopf befindet sich im Gratverlauf zwischen den beiden Umbaltörln und zählt von Südtiroler Seite, über das Windtal kommend, zu den beliebten Tourenzielen. Die Besteigung ist mehr oder weniger leicht, ein breiter Blockgrat leitet vom Vorderen Umbaltörl nach Norden zum Gipfel mit Kreuz. Wer von der Südtiroler Seite aufsteigt, kann entlang einer Schutthalde bis fast zum höchsten Punkt marschieren, ehe die letzten Meter am Südgrat (ident mit dem Umbalanstieg) bestritten werden müssen. Nichtsdestotrotz muss man, wie es auf jedem Grat der Fall ist, trittsicher sein. Insbesondere wenn die flechtigen Blöcke feucht sind, kann es schon mal rutschig werden. Einziger Wermutstropfen ist der lange Zugang von Ströden. Hier ist Kondition vonnöten, überhaupt wenn man den Berg als Tagestour in Angriff nimmt.

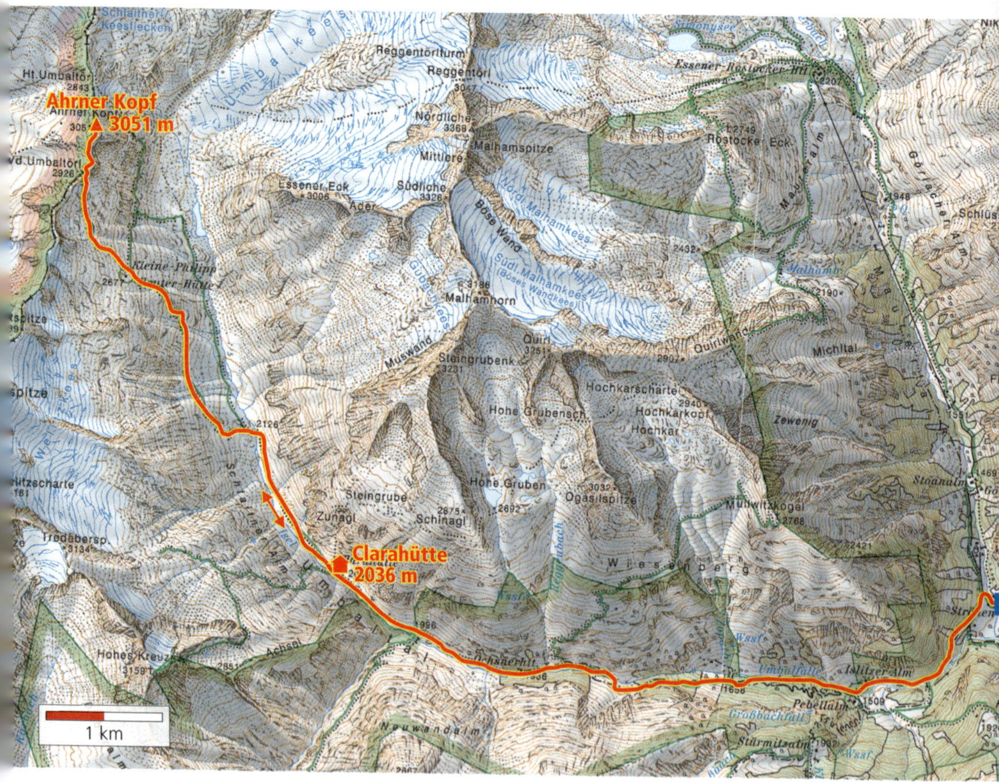

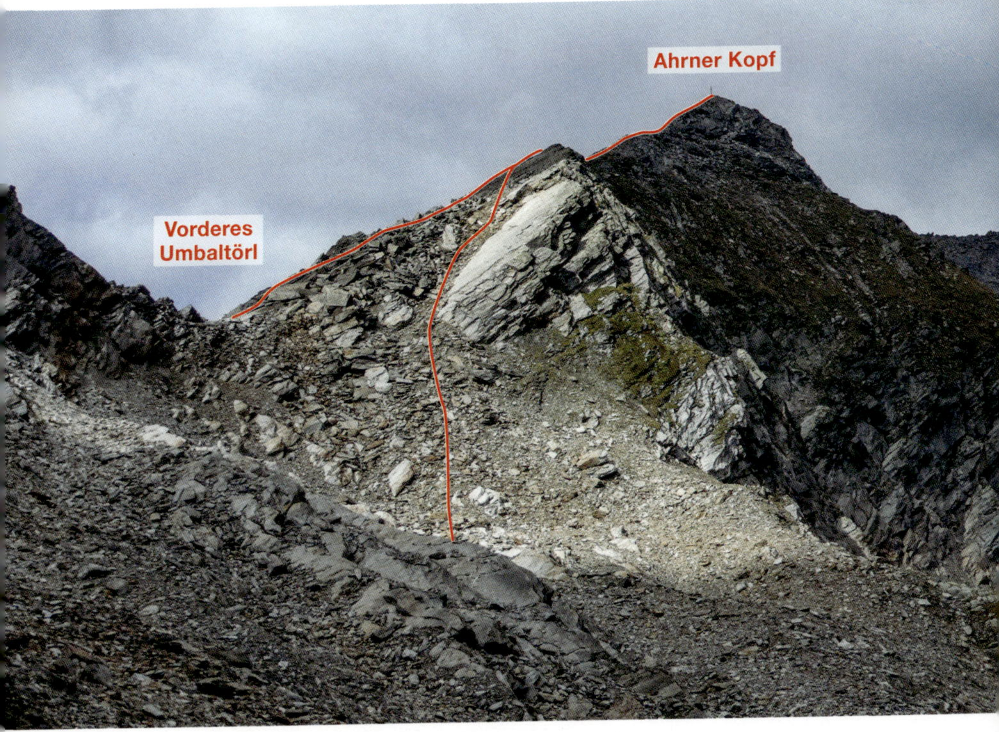

Vom Vorderen Umbaltörl führt der Anstieg über den Südgrat zum Gipfel.

Anfahrt und Hüttenzustieg: siehe Tour 14, Hohes Kreuz.

Gipfelanstieg: Von der Clarahütte (2036 m) entlang der rechten Talseite nach Nordosten, bis man bei 2126 m über die Isel setzt und den zum Umbalkees einwärts führenden Iseltrail (Gletscherweg) verlässt. Man folgt der gelben Wegtafel in Serpentinen und einer langen Querung in ostseitige Bergflanken zur Kleinen-Philipp-Reuter-Hütte (2677 m, Biwak). Von dort hält man sich über einen gut markierten Bergpfad weiter nach Nordwesten in das Vordere Umbaltörl (2926 m), wo man jenseits über das Windtal nach Prettau absteigen kann.
Man folgt nun entweder direkt vom Törl dem anfangs mit riesigen Blöcken versehenen, etwas unübersichtlichen Südgrat Richtung Ahrner Kopf oder man quert noch unterhalb des Törls über eine kurze Schuttrinne zum Südgrat und umgeht so die gröbsten Blöcke (Trittsicherheit, Steinschlag).
Weiter entlang von geneigten Platten, bis der Kamm sich weitet und man auf die Steigspuren des Südtiroler Anstiegs trifft, der von links aus Südtirol zur Gratlinie kommt. Mit ihnen zum aussichtsreichen Gipfel mit großem Kreuz.

Ausgangspunkt	Clarahütte (2036 m)
Höhenunterschied	1020 Hm
Aufstiegszeit	4 Stunden
Strecke im Aufstieg	ca. 5 km
Kletterschwierigkeit	I
Besondere Gefahren	Absturzgefahr

18 Dreiherrnspitze 3499 m

Stolzer Gipfel zwischen Salzburg, Tirol und Südtirol

Die wuchtige Dreiherrnspitze bildet das Dreiländereck Tirol, Salzburg, Südtirol (Italien) und zählt wohl zu den markantesten Ostalpengipfeln überhaupt. Während die Nordwand 400 m senkrecht zum Krimmler Kees ins Salzburgische abbricht, eröffnet die Südabdachung auf Osttiroler Seite dem Bergsteiger beeindruckende Anstiegsmöglichkeiten über Gletscherfelder und lange Täler. Die Dreiherrnspitze ist ein fordernder Berg mit weit entfernten Stützpunkten, der erfahrenen Alpinisten mit den nötigen Fertigkeiten im Begehen von Gletschern, Firnflanken und Graten vorbehalten ist. Von Osttiroler Seite verläuft der Hauptzugang in der warmen Jahreszeit durch das Umbaltal. Dort ist am wenigsten Gletscher zu bewältigen und die felstechnischen Schwierigkeiten sind überschaubar. Im Sommer 2022 hat der fortschreitende Klimawandel auch der Dreiherrnspitze zugesetzt und sie, salopp gesprochen, fast bis zur Unkenntlichkeit verunstaltet. Bei einer Begehung im August 2022 war es auf einer Variante des Normalwegs sogar möglich, den Gipfel „trockenen Fußes" ohne jeglichen Schnee- oder Eiskontakt zu erreichen. Eigentlich ein Unding, wenn man die Dreiherrnspitze kennt.

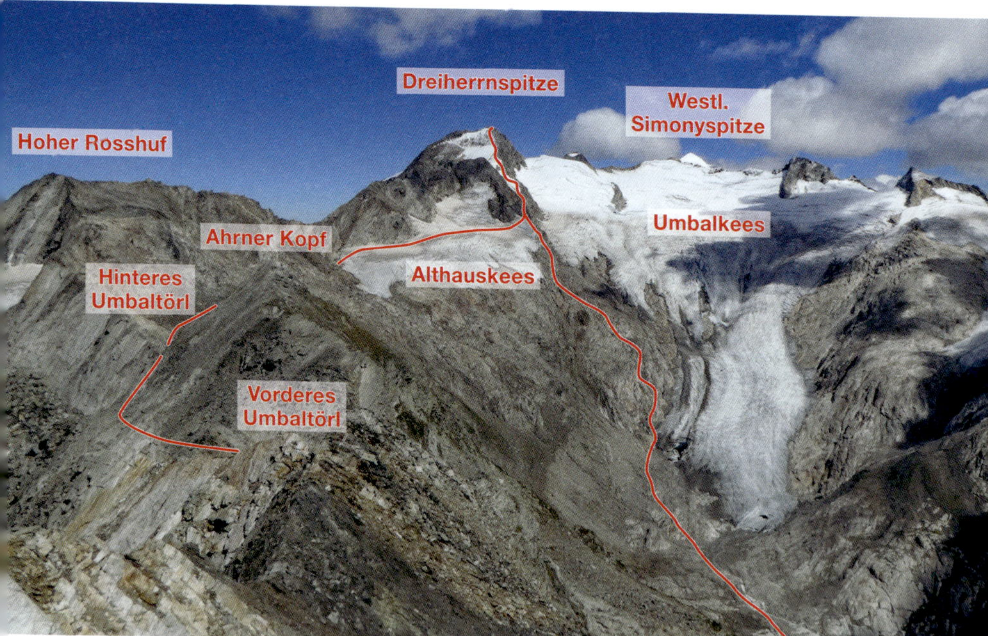

Zwei interessante Aufstiegsmöglichkeiten eröffnen sich aus dem Umbaltal.

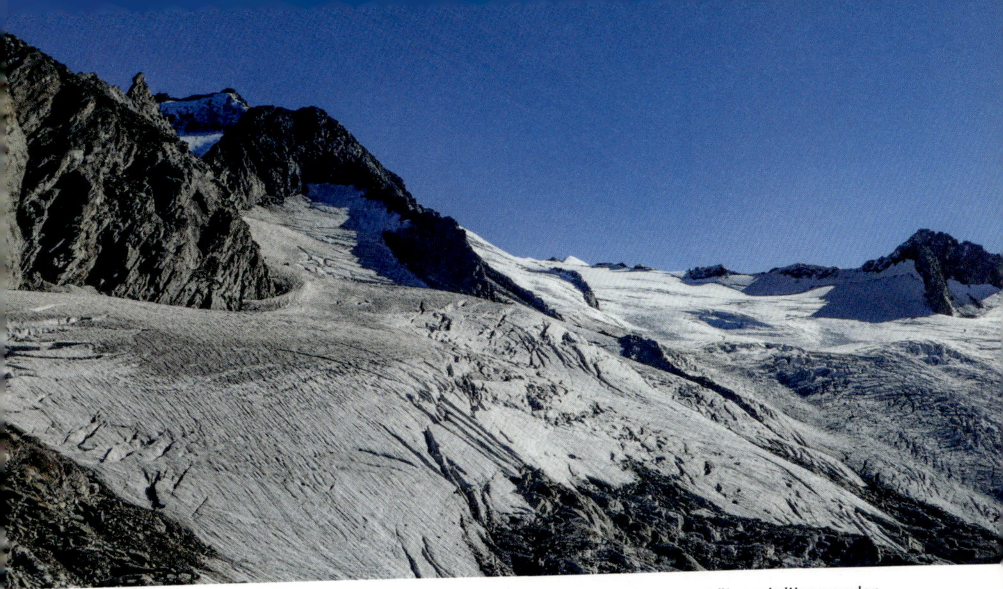

Wild zerrissen präsentiert sich das Althauskees, das vom Hinteren Umbaltörl kommend überschritten werden muss.

Übersicht: Zwei Zugangsmöglichkeiten führen zum Beginn des Firnkorridors, der den südwestseitigen Gipfelaufbau der Dreiherrnspitze durchreißt und durch den der Normalweg führt. Während der Hauptanstieg meist über das Hintere Umbaltörl, wo auch der Zugang von Südtirol/Prettau einmündet, durchgeführt wird, hat sich in den letzten Jahren aufgrund der Ausaperung mehr und mehr eine Anstiegsvariante über einen gletscherschliffartigen Felssporn links der breiten Gletscherzunge des Umbalkeeses etabliert. Eine mehr als logische Linie, die aber Orientierungssinn, Trittsicherheit und Ortskenntnis erfordert.

Über Vorderes und Hinteres Umbaltörl (2832 m)

Anfahrt und Hüttenzustieg: siehe Tour 14, Hohes Kreuz.

Gipfelanstieg: Von der Clarahütte (2036 m) entlang der rechten Talseite nach Nordosten, ehe man bei 2126 m über die Isel setzt und den zum Umbalkees einwärts führenden Iseltrail (Gletscherweg) verlässt. Man folgt der gelben Wegtafel in Serpentinen und einer langen Querung in ostseitige Bergflanken zur Kleinen-Philipp-Reuter-Hütte (2677 m, Biwak). Von dort hält man sich über einen gut markierten Bergpfad weiter nach Nordwesten in das Vordere Umbaltörl (2926 m), wo man auf Südtiroler Seite nur bis auf eine Geländekante auf 2880 m absteigt, um so den Ahrner Kopf an seiner Westseite unterhalb oranger Platten über Schutthalden zu umgehen, was sich zeitlich auszahlt. Achtung, teilweise Toteis unter dem Schutt. Natürlich ist es auch möglich, über den Wanderweg noch weiter abzusteigen, um dann entlang von Markierungen wieder ins Hintere Umbaltörl aufzusteigen. Zeitlicher Mehraufwand!

Vom Hinteren Umbaltörl (2832 m) nun rechts der Kammlinie über Schutt aufwärts, bis sich das Terrain abflacht. Bei richtiger Wegwahl erspäht man sogar Steinmännchen, denen man nach Nordosten durch die Schlaitner Keesflecke Richtung Althauskees folgt. Über eine Art Gletscherterrasse geht man nun mit Respektabstand zur brüchigen Gratlinie unterhalb der Althausschneid zum markanten Felssporn des Südwestgipfels (ca. 3100 m). Nicht in die Scharte zwischen Althausturm und Südwestgrat aufsteigen! Um den Sporn herum in eine sich aufsteilende, mittlerweile zweigeteilte und je nach Jahreszeit mit Schnee oder Firn gefüllte Eisflanke. Sie ist bei Weitem nicht mehr so steil wie früher und bildet den Anstieg auf das Gipfelplateau. Steinschlag- und Lawinengefahr, je nach Jahreszeit und Erwärmung, beachten. Im Frühsommer finden sich meist beeindruckende Wechten im Ausstieg der Flanke, die aber in der Regel rechts gut umgangen werden können. Mit zunehmender Ausape-

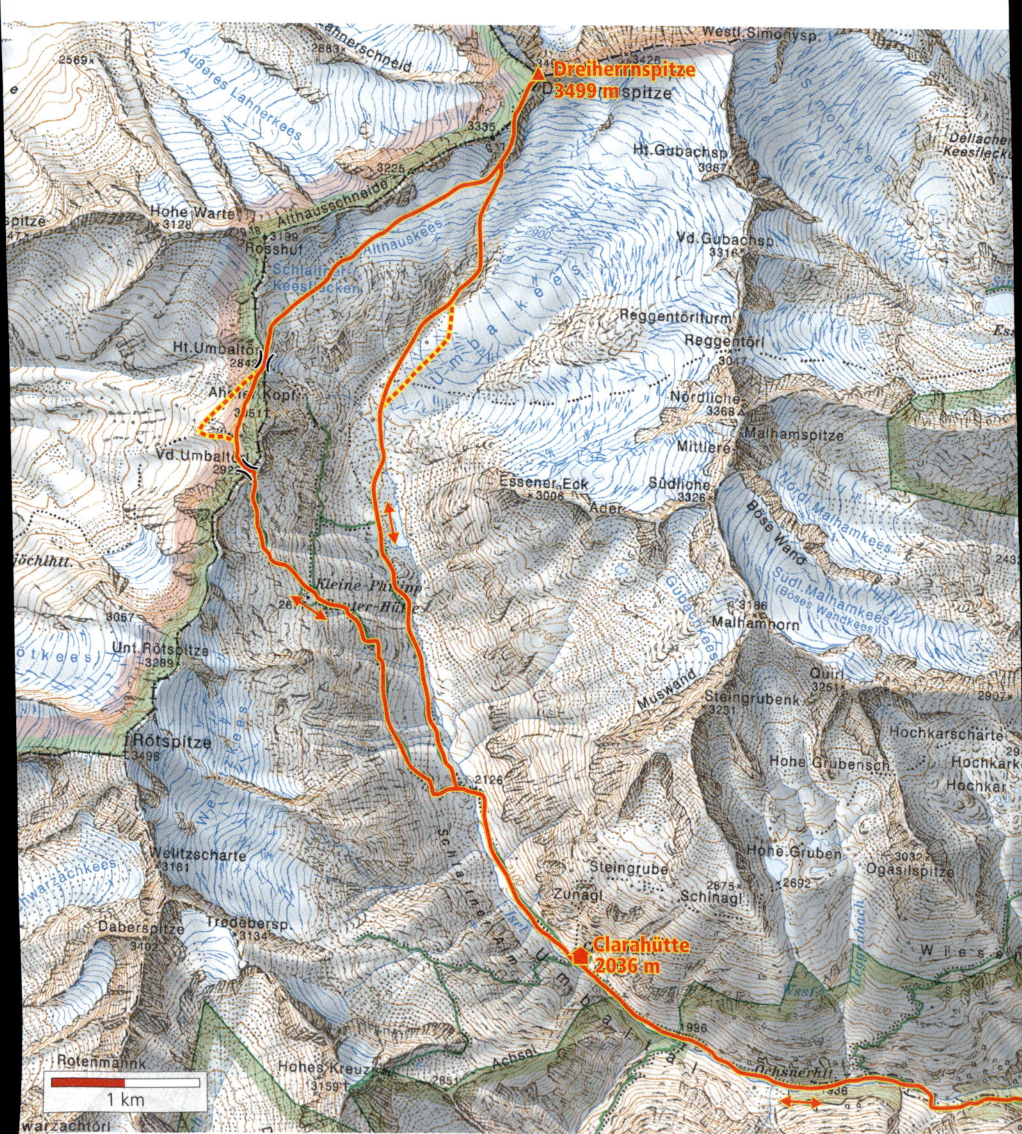

rung sollte man überhaupt am begleitenden Felsgrat rechts des noch verbliebenen Eises ansteigen (I). Am Gipfelplateau folgt man, auf Wechten achtend, der breiten Gratlinie nach Nordosten zum dreieckigen Felsaufbau mit dem schon von Weitem erkennbaren, eindrücklichen Gipfelsignal, bis man unterhalb der steilsten Felsen links hinüber zum Nordwestgrat wechselt. Von dort in wenigen Minuten gut gestuft zum höchsten Punkt. Dieser Bereich ist oft etwas eisig, was spätestens dort zu Steigeisen nötigt.

Ausgangspunkt	Clarahütte (2036 m)
Höhenunterschied	1500 Hm
Aufstiegszeit	6 Stunden
Strecke im Aufstieg	ca. 8 km
Kletterschwierigkeit	I
Besondere Gefahren	Absturzgefahr, Lawinen, Steinschlag
Besondere Ausrüstung	Seil, Steigeisen, Pickel

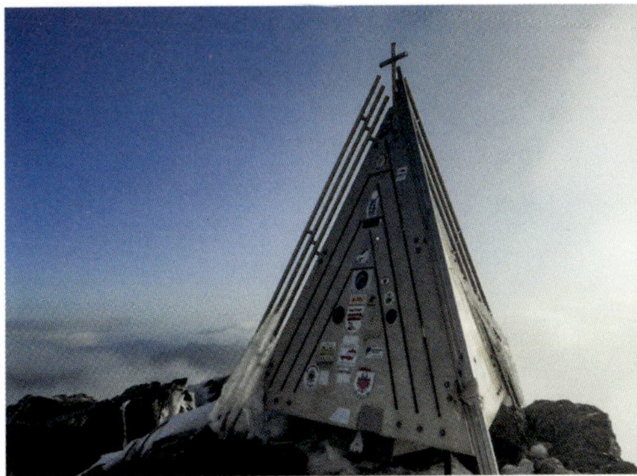

Eindrücklich ist das Gipfelkreuz auf knapp 3500 m.

Über das Umbalkees

Anfahrt und Hüttenzustieg: siehe Tour 14, Hohes Kreuz.

Gipfelanstieg: Von der Clarahütte (2036 m) entlang der rechten Talseite nach Nordosten, ehe man bei 2126 m über die Isel setzt, um über den als Iseltrail bekannten Gletscherweg weiter entlang der Talsohle in das Gletschervorfeld zu streben. Dann und wann helfen Stahlseile über die glattesten Platten. Am Ende des Iseltrails bewegt man sich nun auf der linken Talseite über Schuttgelände weiter nach Nordosten. Hier entscheiden die Verhältnisse, ob man schließlich über die spaltenreiche Gletscherzunge zum Fuß des breiten Felssporns auf 2640 m aufsteigt oder generell links neben der Eisfläche sich einen Weg durch das Schuttgelände bahnt. Vorsicht ist auch beim Übergang von Eis zu Fels geboten, hier ist das Gelände ständig in Bewegung. Am Anfang sind die Platten am Einstieg in den breiten Felsrücken am steilsten und man hält sich immer im rechten Bereich bergwärts (Steinmännchen). Nicht nach links Richtung Bach verleiten lassen! Dann und wann verlangen ein paar Kletterschritte auf geneigten Platten Trittsicherheit (I–II), ehe sich das Terrain zurücklehnt und man im leichten Auf und Ab über Blöcke und Platten höher steigt. Ziel ist der die Südwestseite der Dreiherrnspitze durchreißende Firn- oder Eiskorridor am Ende des sich zu einem leichten Felsgrat verjüngenden Gletscherschliffrückens. Dort trifft man schließlich auf den über das Althauskees heranführenden Normalweg. Weiter wie dort beschrieben.

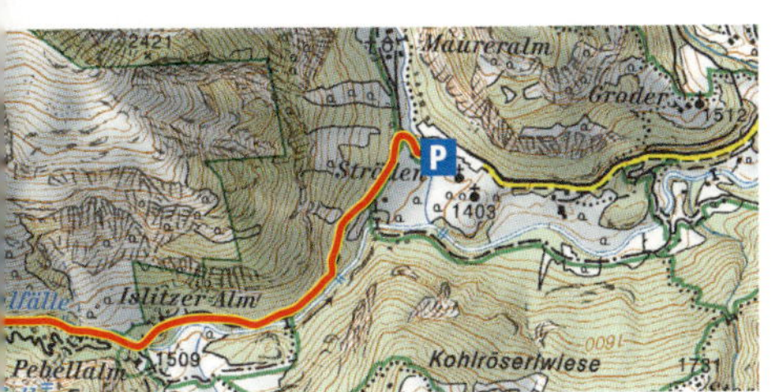

Talort/Ausgangspunkt	Clarahütte (2036 m)
Höhenunterschied	1500 Hm
Aufstiegszeit	5½–6 Stunden
Strecke im Aufstieg	ca. 7 km
Kletterschwierigkeit	I–II
Besondere Gefahren	Absturzgefahr, Lawinen, Steinschlag
Besondere Ausrüstung	Seil, Steigeisen, Pickel

19 Hoher Rosshuf 3199 m

Breiter Schuttberg mit langem Zugang

Dreitausendersammler, die die Dreiherrnspitze anpeilen, sollten am Rückweg den Hohen Rosshuf „mitnehmen", um sich den elendslangen Zugang durch das Umbaltal extra für diesen Berg zu ersparen.

Wer den Weg über das Vordere und Hintere Umbaltörl von Ströden wählt, wird lange und tagesfüllend im grobblockigen und nicht gerade von Attraktivität gekrönten Gelände unterwegs sein, wenn da nicht die einmalige

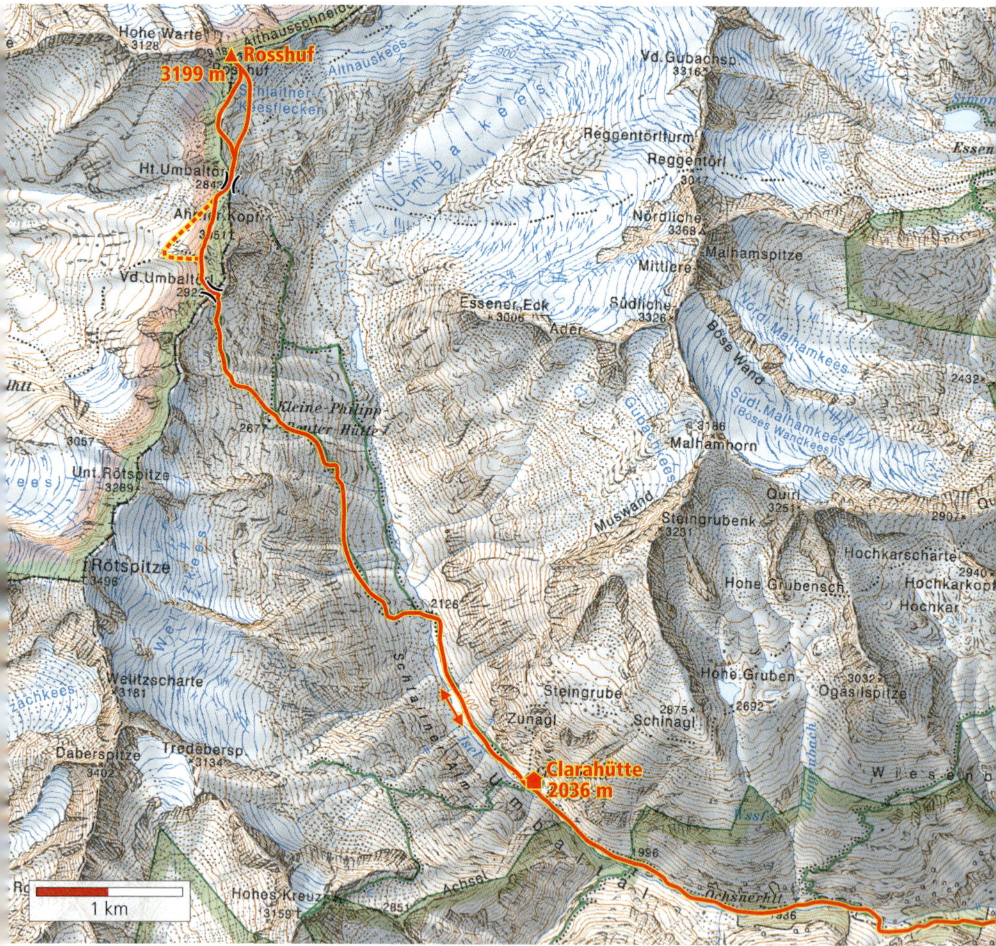

Aussicht auf den gewaltigen Umbalkamm mit der alles dominierenden Dreiherrnspitze wäre. Auffallend ist, dass alle Grenzberge im Gratverlauf zu Südtirol ein Gipfelkreuz tragen, ob sie nun herausragend oder unbedeutend sind. So auch der Hohe Rosshuf, der mit einer etwas skurril anmutenden Gipfelverzierung aufwartet. Ein Berg für Konditionstiger mit Erfahrung im Begehen von und Orientieren in Schutthalden. Wer direkt über die Gratlinie vom Hinteren Umbaltal aufsteigt, kann sich über einen schönen, mit netten Kletterstellen ausgestatteten Blockgrat freuen.

Anfahrt und Hüttenzustieg: siehe Tour 14, Hohes Kreuz.

Gipfelanstieg: Von der Clarahütte entlang der rechten Talseite nach Nordosten, ehe man bei 2126 m über die Isel setzt und den zum Umbalkees einwärts führenden Iseltrail (Gletscherweg) verlässt. Man folgt der gelben Wegtafel in Serpentinen und einer langen Querung in ostseitige Bergflanken zur Kleinen-Philipp-Reuter-Hütte (2677 m, Biwak). Von dort hält man sich über einen gut markierten Bergpfad weiter nach Nordwesten in

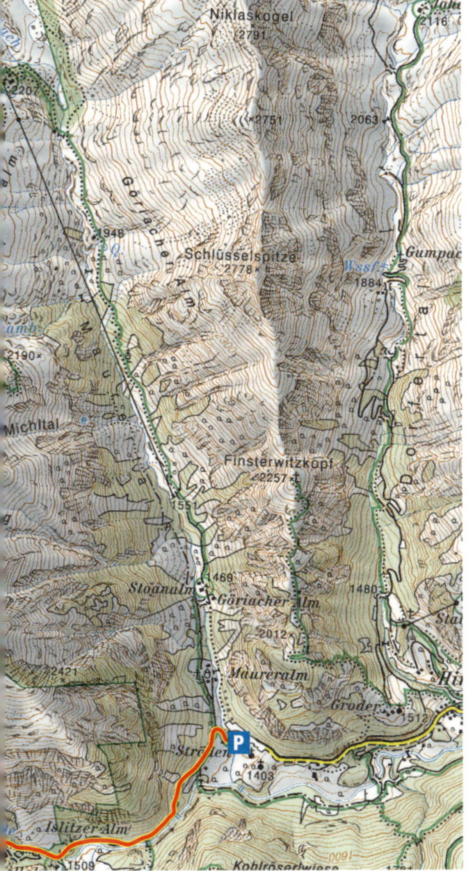

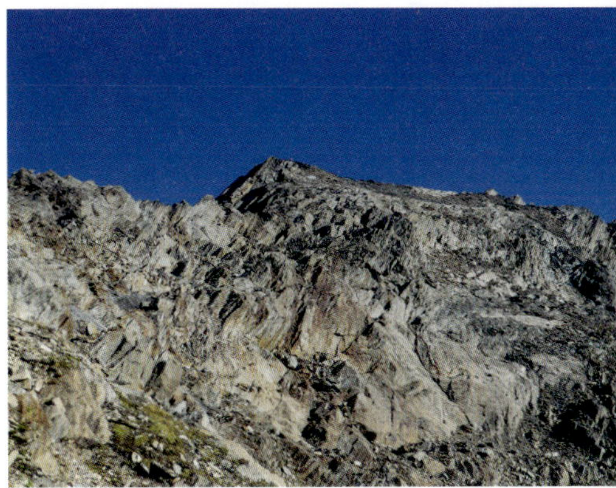

Schlussendlich kann man überall gehen. Steinmännchen sind rar Richtung Gipfel.

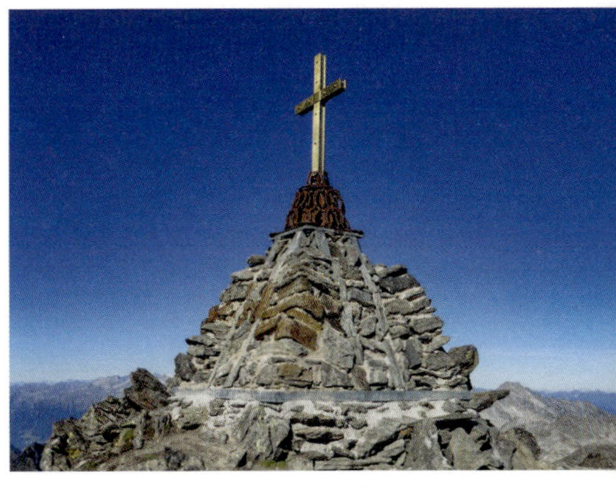

Eigenwillig präsentiert sich das Gipfelkreuz am Hohen Rosshuf.

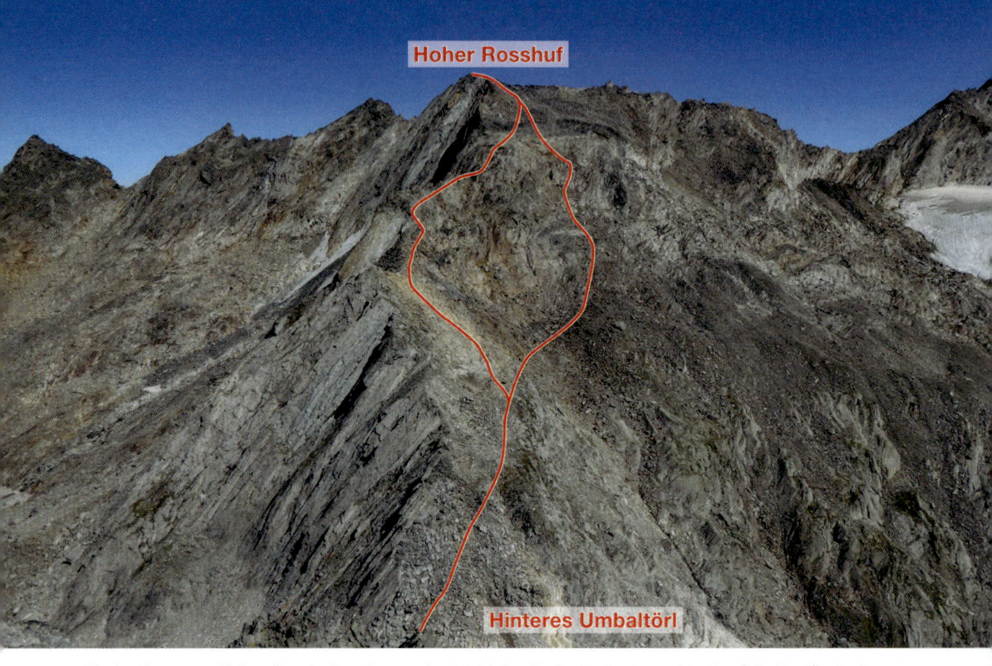

Die Anstiege zum Hohen Rosshuf, grob angedeutet. Links die Gratvariante, rechts das Schuttgelände der Schlaitner Keesflecke.

das Vordere Umbaltörl (2926 m), wo man auf Südtiroler Seite nur bis auf eine Geländekante auf 2880 m absteigt, um so den Ahrner Kopf an seiner Westseite unterhalb oranger Platten über Schutthalden zu umgehen, was sich zeitlich auszahlt. Achtung, teilweise Toteis unter dem Schutt. Natürlich ist es auch möglich, über den Wanderweg noch weiter abzusteigen, um dann entlang von Markierungen wieder ins Hintere Umbaltörl aufzusteigen. Zeitlicher Mehraufwand!

Vom Hinteren Umbaltörl (2832 m) nun rechts der Kammlinie über Schutt aufwärts, bis sich das Terrain abflacht. Bei richtiger Wegwahl erspäht man sogar Steinmännchen, denen man nur kurz nach Nordosten Richtung Dreiherrnspitze folgt. Im Bereich einer breiten Schuttmulde, wo der Weiterweg langsam nach rechts Richtung Althauskees abbiegt, hält man sich schließlich, den günstigsten Weg suchend, über die Dellacher Keesflecke durch südostseitige Schutthalden bergwärts zum Gipfel mit vergoldetem Kreuz. Alternativ ist es auch möglich, über den zuvor erwähnten blockigen Südgrat (I–II, Absturzgefahr) aufzusteigen, der etwas nach dem Umbaltörl an günstiger Stelle betreten werden kann.

Hinweis: Der in diversen Karten noch eingezeichnete Steig von der Kleinen-Philipp-Reuter-Hütte durch die Ostflanke des Ahrner Kopfs ins Hintere Umbaltörl existiert nicht mehr. Auch der Aufstieg vom Ende des Iseltrails in das Hintere Umbaltörl entlang der Skiroute ist nur bedingt möglich, da der Ausstieg in die Scharte aufgrund des sich bewegenden Geländes (Toteis) extrem brüchig und steinschlaggefährdet ist.

Ausgangspunkt	Clarahütte (2036 m)
Höhenunterschied	1170 Hm
Aufstiegszeit	5 Stunden
Strecke im Aufstieg	ca. 7 km
Besondere Gefahren	weglos ab Umbaltörl

Großer Geiger 3360 m

20

Gletscherpanzer und kühne Grate

Der Große Geiger ist eine der schönsten Berggestalten in der Venedigergruppe, insbesondere wenn man von der Kürsinger Hütte blickt. Der markante Dreikant wird sommers wie winters gerne erstiegen und zählt zu den beliebten Tourenzielen rund um die Essener-Rostocker Hütte. In den vergangenen Jahren hat der Klimawandel auch am Großen Geiger voll zugeschlagen, die Gletscher im nördlichen Maurertal mussten einen starken Massenverlust hinnehmen. So ist der Anstieg heute im Vergleich mit dem vor etwa 25 Jahren kaum wiederzuerkennen, hat sich doch das vom Gipfel absenkende Maurerkees bis auf 2800 m zurückgezogen. Auch das einst mächtige, sich vom benachbarten Maurertörl absenkende Eisfeld hat sich nahezu aufgelöst und besteht mittlerweile nur mehr aus zwei Toteisschildern. Die Besteigung des Geigers erweist sich für versierte Bergsteiger mit Erfahrung im Begehen von Gletschern als leicht bis mäßig schwierig. Der Gipfelaufbau besteht aus unschwierigem Schuttgelände mit Steigspuren am Westgrat. Einzig der Zugang über den spaltenreichen Gletscher wird aufgrund des Rückzugs des

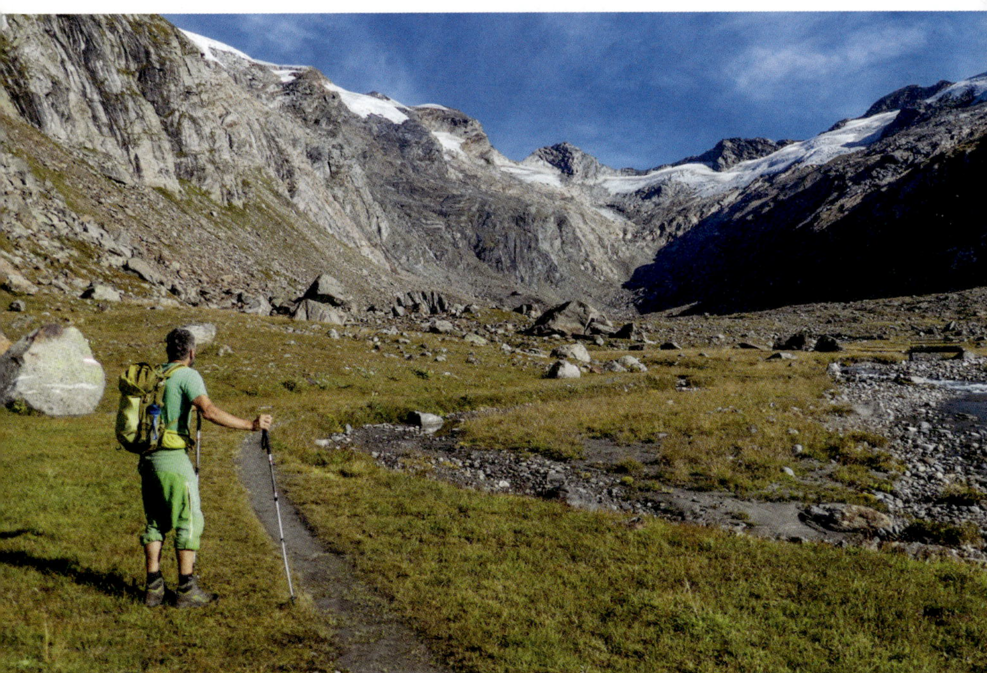

Gipfelensemble im Hinteren Maurertal mit dem Großen Geiger ganz rechts.

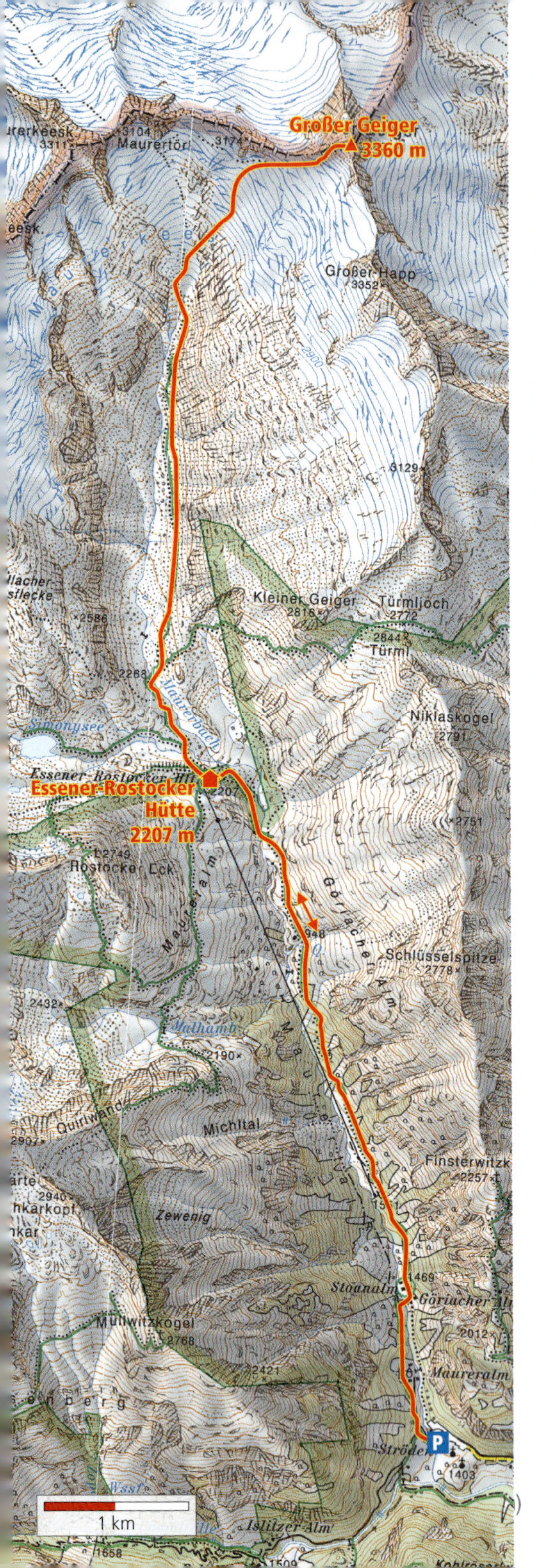

Eises am Beginn immer steiler. Hier sollte man speziell im Sommer bei Blankeis sicher mit den Steigeisen unterwegs sein. Aufgrund der Länge der Tour ist eine Übernachtung auf der Essener-Rostocker Hütte ratsam.

Anfahrt: Von Lienz über die B 108 ins Iseltal bis Matrei, wo man die südseitige Umgehungsstraße ins Virgental nimmt und weiter über Prägraten bis zum Straßenende in Ströden fährt (1400 m). Großer, gebührenpflichtiger Parkplatz.

Öffi-Tipp: In den Sommermonaten gibt es eine Busverbindung bis zum letzten Bauernhof in Ströden. Infos unter www.vvt.at

Hüttenzustieg: Vom Parkplatz (1400 m) folgt man dem bei einem Gehöft ansetzenden Güterweg für wenige Meter, bis dieser sich verzweigt und man den rechten Ast ins Maurertal nimmt. Über die Stoanalm (1469 m) geht es leicht ansteigend konsequent nach Norden zum Aufzugshüttl der zur Essener-Rostocker Hütte führenden Materialseilbahn (1551 m).

Weiter am Karrenweg taleinwärts, bis dieser auf einem schmalen Pfad in westseitige Grasflanken verlassen wird (Tafeln, Steinschlag). Nun im lichten Lärchenwald bergwärts, bis man nach einigen Serpentinen auf eine Verflachung auf ca. 1900 m Höhe trifft. Dort weitet sich das Terrain und man hält sich am Sommerweg nach Norden zu einem schon von Weitem sichtbaren Jagdhüttl (1948 m). Weiter über den Pfad entlang von morastigen Wiesen zu einer Brücke (ca. 2060 m) unterhalb der Essener-Rostocker Hütte. Dort wechselt man auf die gegenüberliegende Bachseite und peilt entlang eines Bodens den auffallenden Moränenrücken an, an dessen Ende die Hütte steht. Über ihn in Serpentinen zur großen Bergunterkunft (2207 m).

Talort/Ausgangspunkt	Prägraten/Ströden (1400 m)
Höhenunterschied	810 Hm
Aufstiegszeit	3 Stunden
Strecke im Aufstieg	ca. 5,5 km

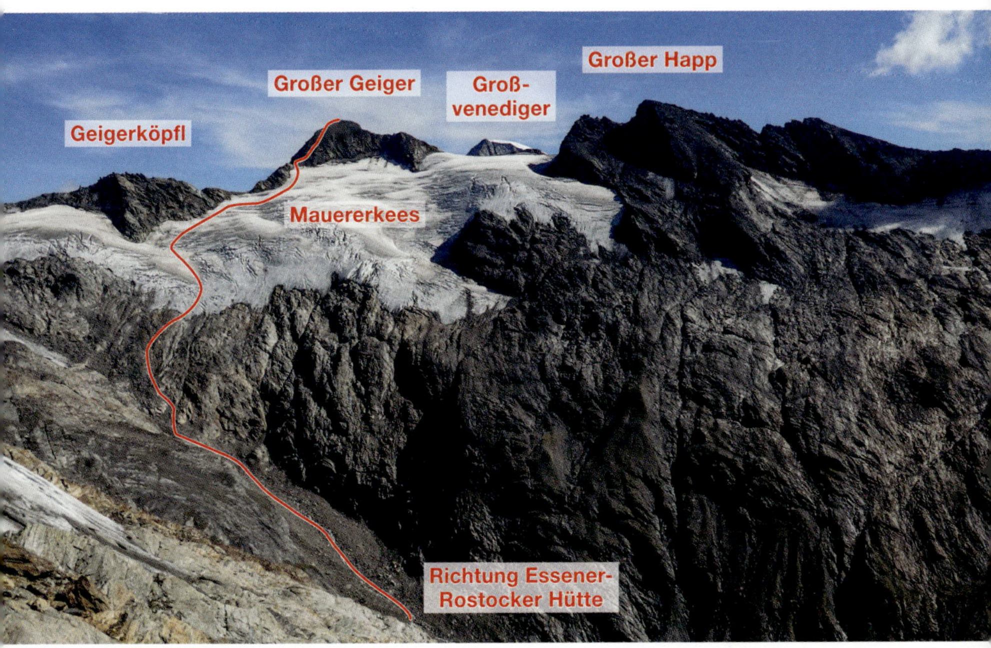

Wo einst noch Eisbedeckung war, muss jetzt im elenden Schuttgelände angestiegen werden, um das weit zurückgezogene Maurerkees unterhalb des Geigers zu erreichen.

Gipfelanstieg: Von der Essener-Rostocker Hütte (2207 m) überschreitet man kurz absteigend den Moränenkamm und hält sich, gelben Wegtafeln folgend, taleinwärts nach Norden. Bei 2268 m setzt man anhand einer Brücke über den Maurerbach und verlässt im Anschluss den zum Türmljoch bzw. zur Johannishütte führenden Steig Richtung Maurertörl.

Über zunehmendes Schuttgelände geht es an der rechten Bachseite einwärts, ehe sich der Steig mit fortschreitender Höhe im Talschluss verliert. Anhand von Steinmännchen hält man zwischen Gletscherschliffplatten hindurch auf eine Verflachung (2670 m) zu. Vor Jahren war dort noch Eis. Mittlerweile heißt es jedoch, über elendes Schuttgelände rechts nach Nordosten zum Eisfeld unterhalb des Geigers aufzusteigen. Links oberhalb erblickt man das Maurertörl. Gletscherschliffplatten und grobe Blöcke wechseln sich ab, bis man am Beginn der sich ständig verändernden Eiszunge steht. Je nach Verhältnissen den günstigsten Weg suchend, aber meist im linken Bereich, wo die wenigsten Spalten sind, über diese aufwärts unter den begleitenden, zum Geiger Köpfl ziehenden Westgrat. Dieser wird am Beginn des Gipfelaufbaus bei 3200 m betreten. Die letzten 160 Höhenmeter zum schönen Kreuz werden unschwierig entlang von Steigspuren (Steinmännchen) über die Gratlinie, später am Schuttrücken bestritten.

Ausgangspunkt	Essener-Rostocker Hütte (2207 m)
Höhenunterschied	1150 Hm
Aufstiegszeit	4½–5 Stunden
Strecke im Aufstieg	ca. 5,5 km
Kletterschwierigkeit	I
Besondere Gefahren	weglos, Gletscher, Steinschlag
Besondere Ausrüstung	Gletscherausrüstung, Steigeisen, Pickel

21 Östliche Simonyspitze 3442 m über Dellacher Keesflecke

Fast eisfrei auf den Tauernhauptkamm

Die Simonyspitzen dominieren den nordwestlichen Talabschluss des Maurertals und sind von wild zerklüfteten Gletschern umgeben. Während die Westliche Simonyspitze am Normalweg nur über große Gletscher zu erreichen ist, kann ihre östliche Nachbarin über einen langgezogenen, in den Dellacher Keesflecken fußenden Gratrücken nahezu eisfrei, aber nicht frei von Kletterstellen erstiegen werden. Es sind nämlich felsige, etwas ausgesetzte Aufschwünge zu bewältigen, die den II. Schwierigkeitsgrad erreichen. Insgesamt ist die hochalpine Unternehmung eine gewaltige Tour inmitten der vergletscherten Venedigergruppe, die ihresgleichen sucht und Erfahrung im Begehen von felsigen Graten (Trittsicherheit, Wegfindung) erfordert.

Anfahrt und Hüttenzustieg: siehe Tour 20, Großer Geiger

Gipfelanstieg: Von der Essener-Rostocker Hütte (2207 m) überschreitet man kurz absteigend den Moränenkamm und hält sich,

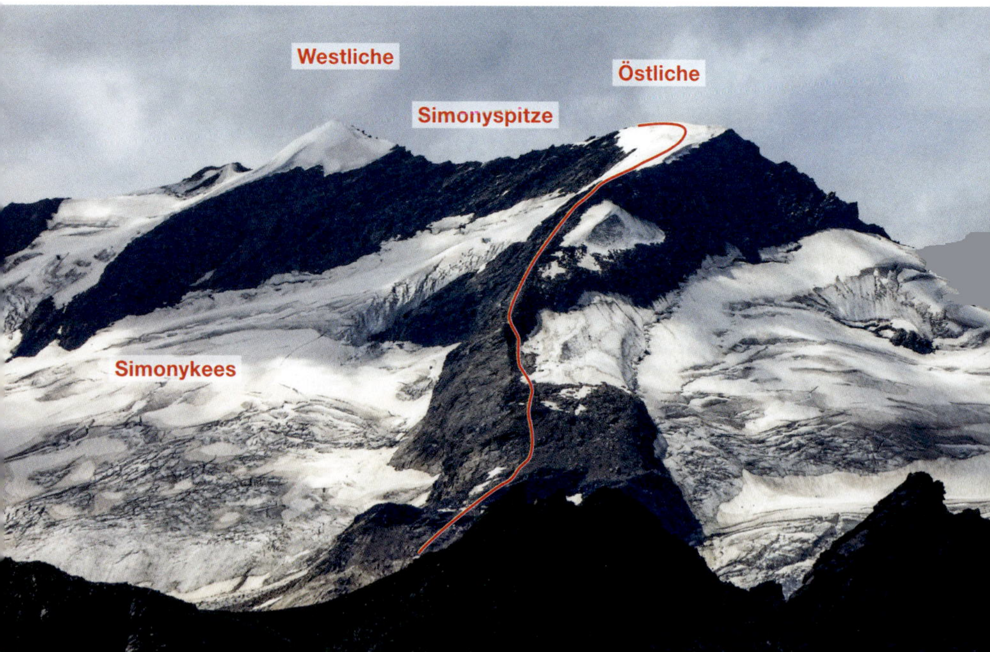

Die Östliche Simonyspitze mit dem Anstiegsverlauf über den Südostrücken.

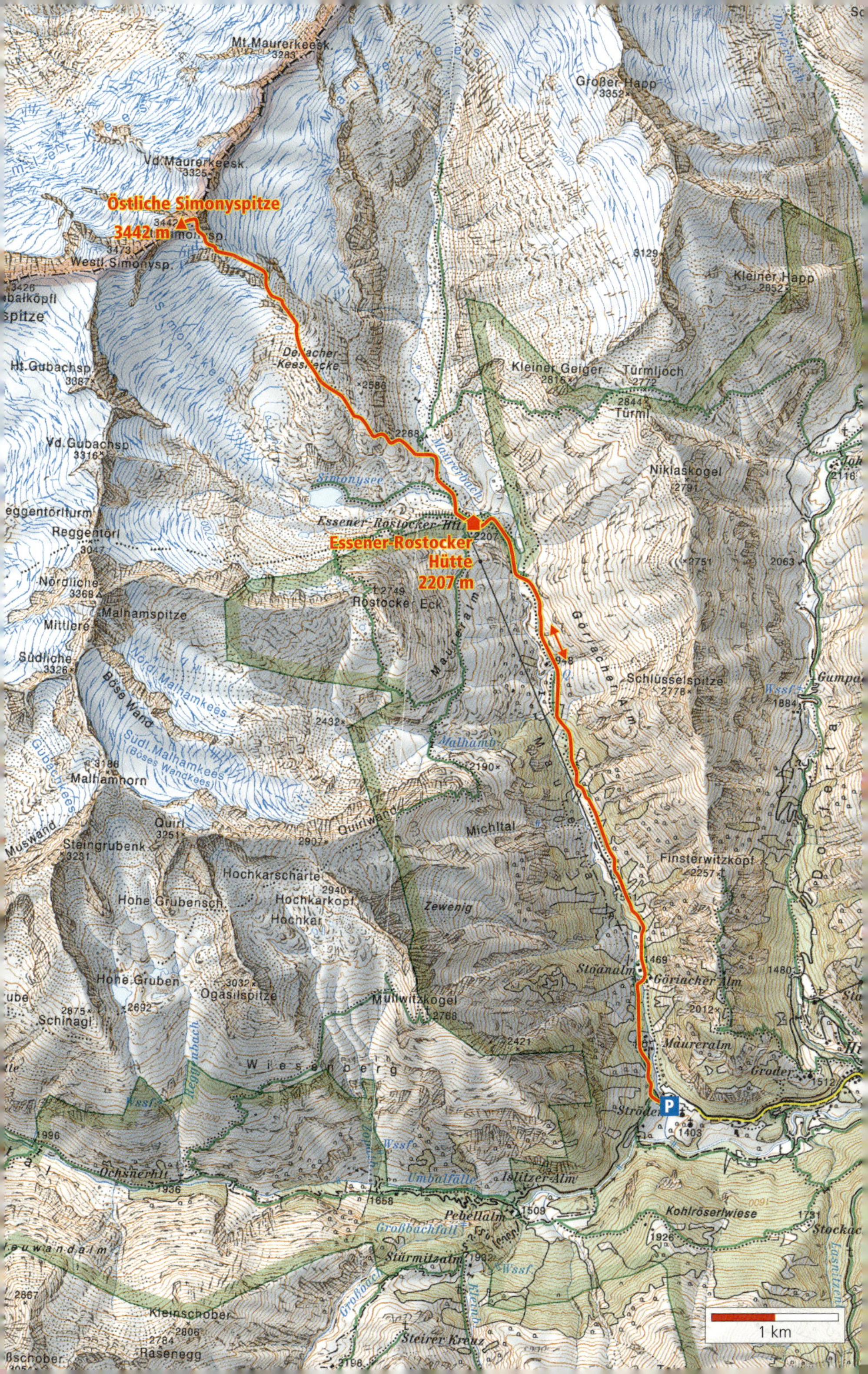
Östliche Simonyspitze
3442 m
Essener-Rostocker
Hütte
2207 m
Mt. Maurerkeesk.
3283
Großer Happ
3352
Vd. Maurerkeesk
3325
Westl. Simonysp.
3473
Kleiner Happ
2852
Defacher
Keesflecke
Ht. Gubachsp.
3387
Kleiner Geiger
2816
Türmljoch
Türml
2844
Vd. Gubachsp.
3316
Simonysee
Maurerbach
Niklaskogel
2791
Essener-Rostocker Ht.
Reggentörl
3047
2751
2063
Nördliche
3368
Rostocker Eck
2749
Malhamspitze
Mittlere
Südliche
3326
Schlüsselspitze
2778
Nord. Malhamkees
Böse Wand
Südl. Malhamkees
(Böses Wandkees)
Malhamhorn
3186
Malhamb
2190
2432
Michltal
Quirl
3251
Quirlwand
Steingrubenk.
3231
Musswand
2907
Finsterwitzköpfl
2257
Hochkarscharte
Hochkarkopf
2940
Hohe Grubensch.
Hochkar
Zewenig
Stoanalm
1469
Göriacher Alm
Hohe Gruben
Ogasilspitze
3032
Müllwitzkogel
2768
1480
Schinagl
2875
2692
2012
2421
Maureralm
Groder
Wiesenberg
Ströden
1403
1512
1996
Ochsnerhtt.
1936
Umbalfälle
Islitzer Alm
1658
1508
Pebellalm
Kohlröserlwiese
Großbachfall
Stürmitzalm
1932
1926
1731
2867
Kleinschober
2806
2784
Rasenegg
Steirer Kreuz
1 km

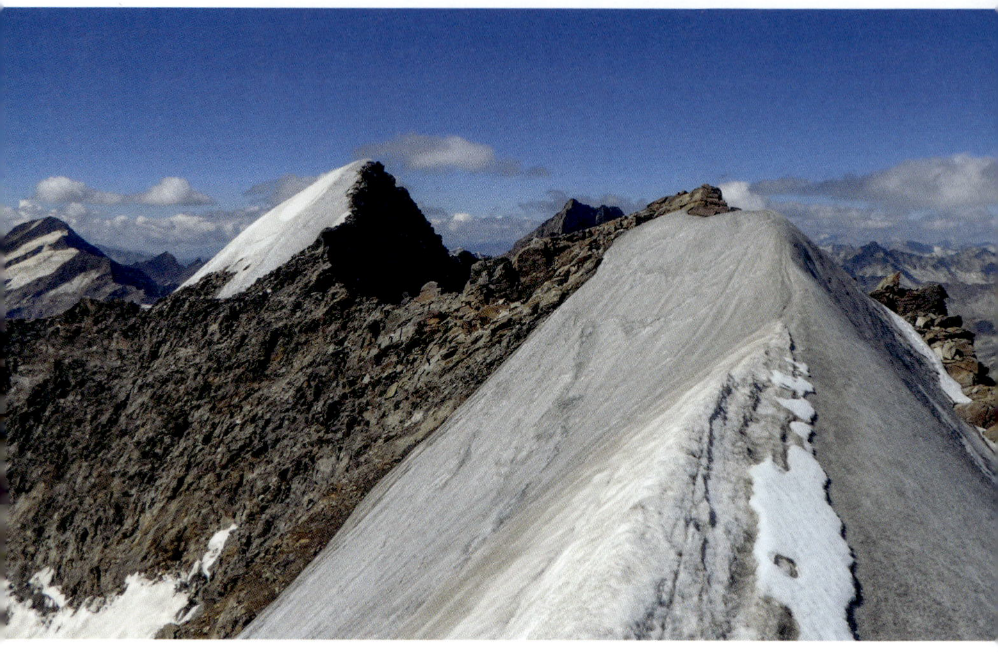

Normalerweise bildet eine traumhafte Firnlinie den höchsten Punkt.

gelben Tafeln folgend, taleinwärts in Richtung Norden, bis man nach 600 m zu einem etwas im Abseits stehenden Wegweiser mit der Aufschrift „Dellacher Keesflecke/Simonyspitze" kommt. Man nützt nun das gut ausgetretene Wiesensteiglein bergwärts nach Nordwesten bis zum Ende der Keesflecke auf 2679 m (Stange), wo das Gelände im leichten Auf und Ab allmählich in Schutt übergeht und man den mächtigen Südostrücken anpeilt.

Beginn der Hauptschwierigkeiten. Der erste kleinere Grataufschwung wird in der Regel rechts entlang von Steigspuren (Steinmännchen) umgangen, bevor man auf ca. 3100 m zu einem Eisfeld kommt, das unter die zweite, markante Felsstufe heranführt und meist im linken Bereich, zwischen Fels und Eis, begangen wird. Die Verhältnisse entscheiden.

Die nun folgende Stufe gilt es, auf Steinschlag achtend, über einen kurzen Risskamin zu erklettern (II), bis man wieder die sich abflachende Gratlinie gewinnt. Nun weiter über diese, wobei an ihrem Ende nochmals exponiert geklettert werden muss. Im Anschluss folgt das am Grat aufstützende Simonykees, das als kurzes Gipfeleisfeld in zunehmender Steilheit auf die waagrechte Gratlinie führt. Diese bildet nach Westen hin den höchsten Punkt und ist, je nach Jahreszeit, von Wechten gekrönt.

Vorsicht beim Abstieg, bei dem gewisse Stellen abgeklettert werden müssen. Ungeübte müssen sichern!

Talort/Ausgangspunkt	Essener-Rostocker Hütte (2207 m)
Höhenunterschied	1240 Hm
Aufstiegszeit	4–4½ Stunden
Strecke im Aufstieg	ca. 3,5 km
Kletterschwierigkeit	II
Besondere Gefahren	weglos, Steinschlag, Absturzgefahr
Besondere Ausrüstung	Steigeisen, Seil

Großvenediger 3657 m

22

Die „weltalte Majestät“

Ignaz von Kürsinger prägte diesen vielzitierten Ausdruck anlässlich der ersten Ersteigungsversuche des Großvenedigers. Angesichts der Schönheit und Würde des vierthöchsten Berges von Österreich hat er mit dieser Charakterisierung wohl den Nagel auf den Kopf getroffen. Der Großvenediger gehört zu den begehrtesten Zielen der Alpen und wird jährlich viele Hundert Mal und nahezu zu jeder Jahreszeit erstiegen. Zwei Anstiege führen von Osttiroler Seite zum höchsten Punkt. Der kürzere erklimmt den Gipfel von Süden über die Johannishütte und das Defreggerhaus (bis auf Weiteres geschlossen; Stand April 2023), während man von Osten, von der Neuen Prager Hütte kommend, erst einmal das weite Gschlösstal bewältigen muss, bevor man über das spaltenreiche Schlatenkees das auserkorene Ziel gewinnt. Hüttentaxis verkürzen sowohl von Süden als auch von Osten die langen Talzugänge, was die Besteigung für Konditionstiger auch als Tagestour möglich erscheinen lässt. Sonst ist ein Aufenthalt in den schmucken Bergunterkünften klar zu empfehlen und ein unvergessliches Erlebnis. Die technischen Schwierigkeiten beschränken sich auf das Begehen von Gletschern und die Wegfindung, insbe-

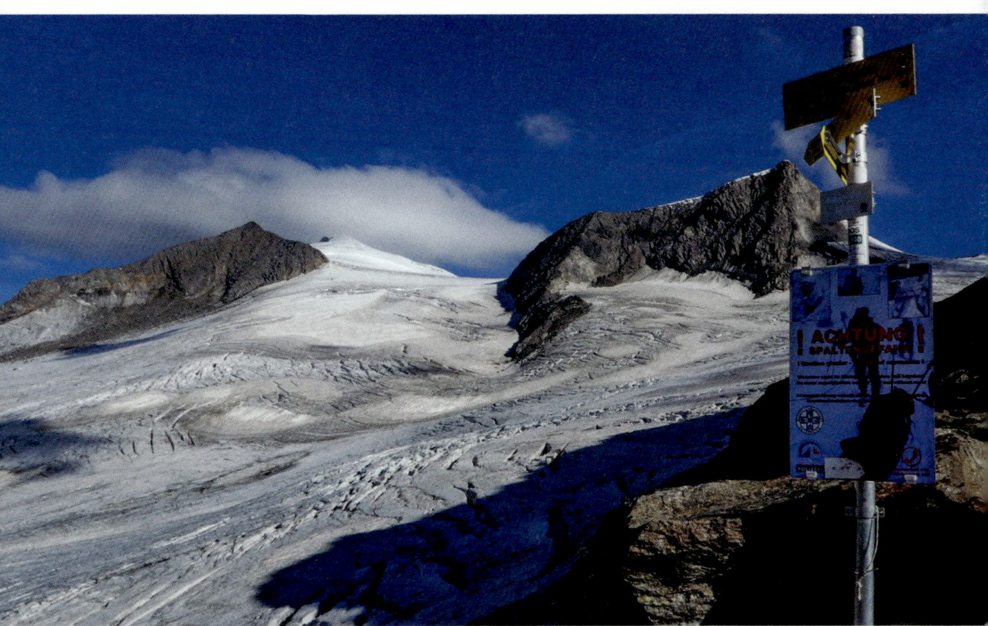

Der Großvenediger mit einer morgendlichen Wolkenhaube Ende August. Links das Hohe Aderl, rechts das Rainerhorn.

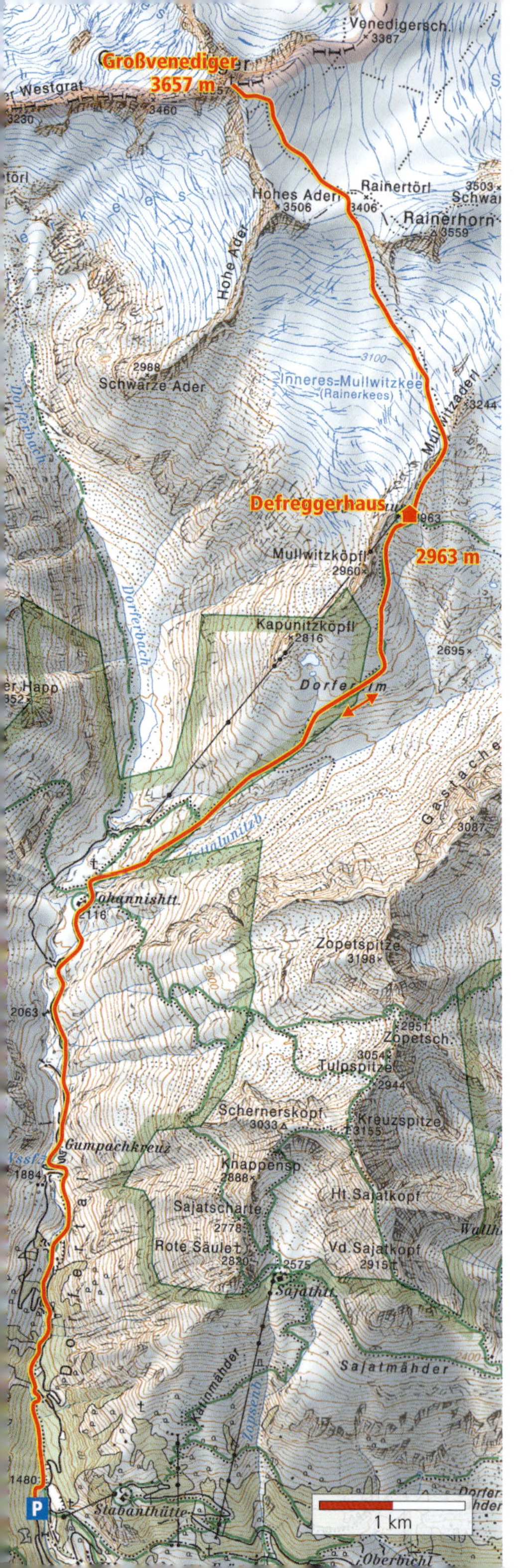

sondere wenn keine Spur vorhanden ist bzw. wenn Nebel einfällt. Der Klimawandel betrifft auch die Gletscher rund um den Venediger massiv. So musste das Mullwitzkees im Sommer 2022 einen derartigen Höhenverlust hinnehmen, dass der Abstieg vom Einstieg am Mullwitzaderl auf das Eisfeld mittels Eisenklammern und Stahlseilen entschärft werden musste, so brüchig und steil präsentierte sich das freiliegende Felsgelände.

Südanstieg über Johannishütte (2116 m) und Defreggerhaus (2963 m)

Anfahrt: Von Lienz über die B 108 ins Iseltal bis Matrei, wo man die südseitige Umgehungsstraße ins Virgental nimmt und weiter über Prägraten bis Hinterbichl fährt. 500 m nach dem westlichen Ortsende rechts ins Dorfertal zum ausgewiesenen, gebührenpflichtigen Wanderparkplatz Wiesenkreuz fahren (1480 m).

Öffi-Tipp: Mit dem Bus kann nur bis Hinterbichl gefahren werden. Hier empfiehlt es sich, das Venediger Taxi zu nehmen. Infos unter vvt.at bzw. www.huettentaxi.at

Hüttenzustieg: Der Anstieg durch das Dorfertal zur Johannishütte bzw. zum Defreggerhaus ist unschwierig und landschaftlich eindrucksvoll, sollte aber zeitlich nicht unterschätzt werden. Vom Parkplatz Nähe Wiesenkreuz (1480 m) nützt man nur kurz die Schotterstraße, ehe man nach der Brücke über den Dorferbach gelben Tafeln nach Norden in den Bergwald folgt und so den etwas weit ausholenden Fahrweg abkürzt. Nach ca. 1 km kommt man wieder auf die Straße und folgt dieser, die schöne Bogenbrücke links liegen lassend, zum markanten Steinbruch, der links umgangen wird. Weiter im Bachgraben bzw. durch Grasflanken abermals zum Fahrweg, der nun – vorbei am auffallenden Gumbachkreuz (1991 m) – bis zur Johannishütte (2116 m) genützt wird. Zum Defreggerhaus (bis auf Weiteres geschlossen; Stand April 2023) überschreitet man nördlich der Hütte den Zettalunitzbach,

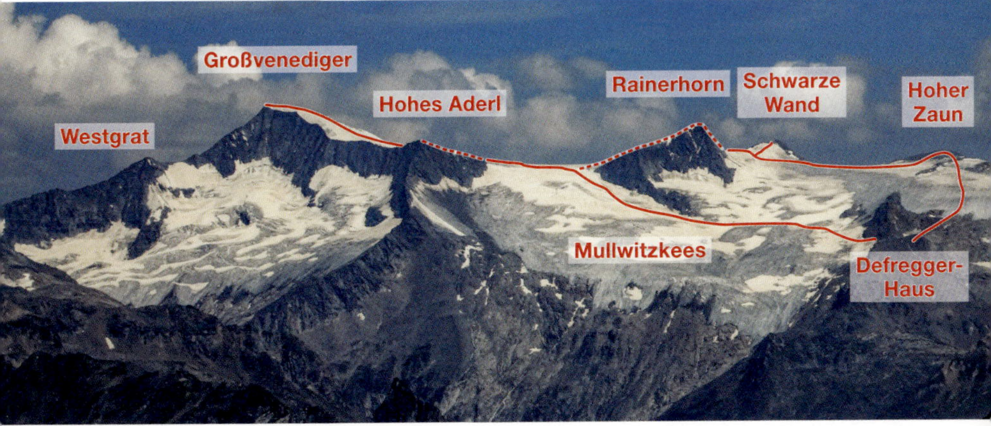

Das Venediger-Massiv mit der Venedigerkrone rechts.

ehe man sich anhand von Tafeln nach Nordosten wendet. Über sanfte, weitläufige Grasmatten bringt der Pfad den Bergsteiger im leichten Auf und Ab in ein Hochtal, an dessen oberem Ende sich an der langgezogenen Kammlinie das Defreggerhaus (2963 m) befindet.

Talort/Ausgangspunkt	Prägraten/Dorfertal – Wiesenkreuz (1480 m)
Höhenunterschied	640 Hm Johannishütte, 1480 Hm Defreggerhaus
Aufstiegszeit	2½ Stunden bis Johannishütte, 5–6 Stunden bis Defreggerhaus
Strecke im Aufstieg	4,5 km bis Johannishütte, 4 km bis Defreggerhaus

Gipfelanstieg: Vom Defreggerhaus (2963 m) hält man sich nördlich der Hütte über Steig- und Wegspuren (Steinmännchen) im Schutt- und Muldengelände zum markanten, das Innere vom Äußeren Mullwitzkees trennenden Felskamm, der unterhalb des höckerartigen Mullwitzaderls einen breiten Sattel bildet. Dort befindet sich der Ein- bzw. Abstieg auf den Gletscher, genannt Mullwitzaderleinstieg (3120 m, Bergrettungskiste, Tafeln). In weiterer Folge jenseits nach Nordwesten hinab auf die anfangs wild zerfurchte Eisfläche. Bei zunehmender Ausaperung helfen Klammern und Seile über diese Stelle hinweg. Der Weiterweg ist nun klar vorgegeben. Über das Innere Mullwitzkees peilt man das Rainertörl (3406 m) an, einen breiten Sattel zwischen dem markanten Rainerhorn rechts und dem etwas unscheinbar wirkenden Hohen Aderl links.
Je nach Schneelage und Spalten gibt es unterschiedliche Spuranlagen. Meist bewegt man sich auf die Höhe des vom Rainerhorn-Westgipfel herabreichenden Felssporns zu, ehe man über die breite Gletscherterrasse bergwärts steigt. Vom Rainertörl abschließend konsequent nach Nordwesten zur dreieckigen Schneepyramide, die je nach Verhältnissen von rechts oder auch links erklommen werden kann (Spalten). Über den ausgesetzten Firn-/Schneegrat geht es zum abgesetzten Gipfel mit schönem Kreuz und herrlichen Tief- und Weitblicken.

Ausgangspunkt	Defreggerhaus (2963 m, bis auf Weiteres geschlossen; Stand April 2023)
Höhenunterschied	700 Hm
Aufstiegszeit	2½ Stunden
Strecke im Aufstieg	ca. 4 km
Besondere Gefahren	Gletscher, Spalten, wegloses Gelände
Besondere Ausrüstung	Seil, Steigeisen, Pickel

Ostanstieg vom Matreier Tauernhaus über Neue Prager Hütte (2782 m)

Anfahrt: Von Lienz über die B 108 ins Iseltal nach Matrei und weiter über die Felbertauernstraße zum Matreier Tauernhaus. Abzweigung ca. 2 km vor dem Südportal. Großer, gebührenpflichtiger Parkplatz.

Öffi-Tipp: Das Matreier Tauernhaus wird je nach Jahreszeit mit dem Bus angefahren. Infos unter www.vvt.at

Hüttenzustieg: Vom Parkplatz beim Matreier Tauernhaus (1511 m) hält man sich entlang der Asphaltstraße zwischen den Häusern hindurch, bis man zu einem sperrenden Schranken am Eingang ins Gschlösstal kommt (Parkmöglichkeiten). Über die in einen Schotterweg übergehende Straße einwärts, oberhalb der Wolgemutalm vorbei, nach Außergschlöss (Gasthaus, 1695 m). Weiter nach Westen über den Almweg zum Venedigerhaus in Innergschlöss, wo man das Gipfelensemble des Venedigers erblickt. Das Gasthaus befindet sich auf der linken Bachseite. Man hält sich schließlich immer entlang der flachen Straße weiter nach Westen, bis man bei einer Brücke (1718 m) zu gelben Tafeln kommt. Hier gibt es zwei Möglichkeiten: Entweder steigt man über den imposanten Gletscherweg zur Neuen Prager Hütte an, was aber einen zeitlichen Mehraufwand bedeutet, oder man marschiert 200 m weiter geradeaus und hält sich durch die südseitigen Bergflanken des Kesselkopfs auf dem Wanderweg 2B, vorbei an der zu einem Museum umgebauten Alten Prager Hütte (2489 m), zur Neuen Prager Hütte (2782 m).

Talort/Ausgangspunkt	Matreier Tauernhaus (1511 m)
Höhenunterschied	1270 Hm
Aufstiegszeit	4½–5 Stunden
Strecke im Aufstieg	ca. 9,5 km
Hütten/Einkehrmöglichkeit	Matreier Tauernhaus, Venedigerhaus

Gipfelanstieg: Von der Neuen Prager Hütte (2782 m) hält man sich entlang von Steigspuren durch grobes Schuttgelände unterhalb des begleitenden Gratverlaufs des Niederen Zauns nach Südwesten, bis man zum sich ständig verändernden Gletschereinstieg westlich dieser Gratlinie kommt (ca. 3000 m). Man strebt im weiteren Verlauf über das sich aufsteilende Eisfeld den ersten und zweiten Keesboden an. Achtung, große Spalten. Hier entscheiden die Verhältnisse über die Spuranlage. Vorsicht bei Nebel. Nicht zu weit

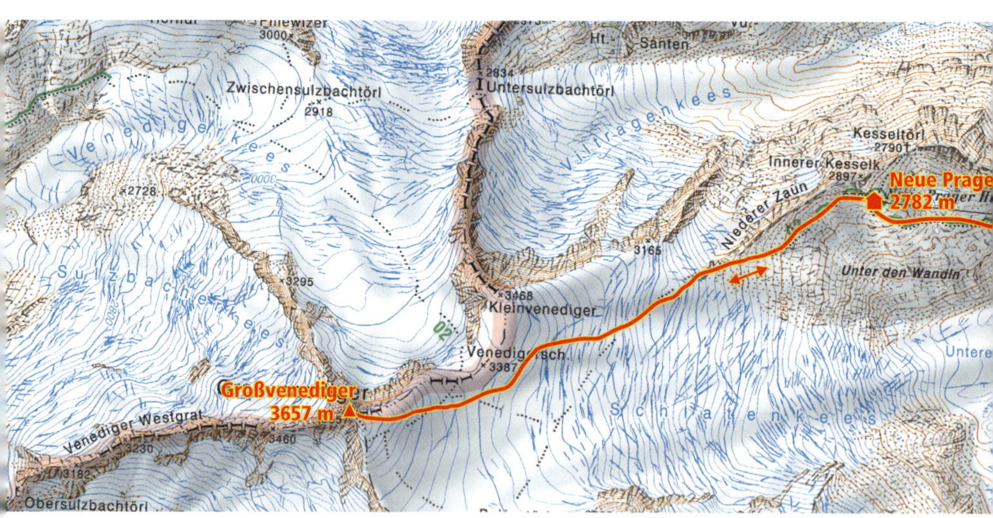

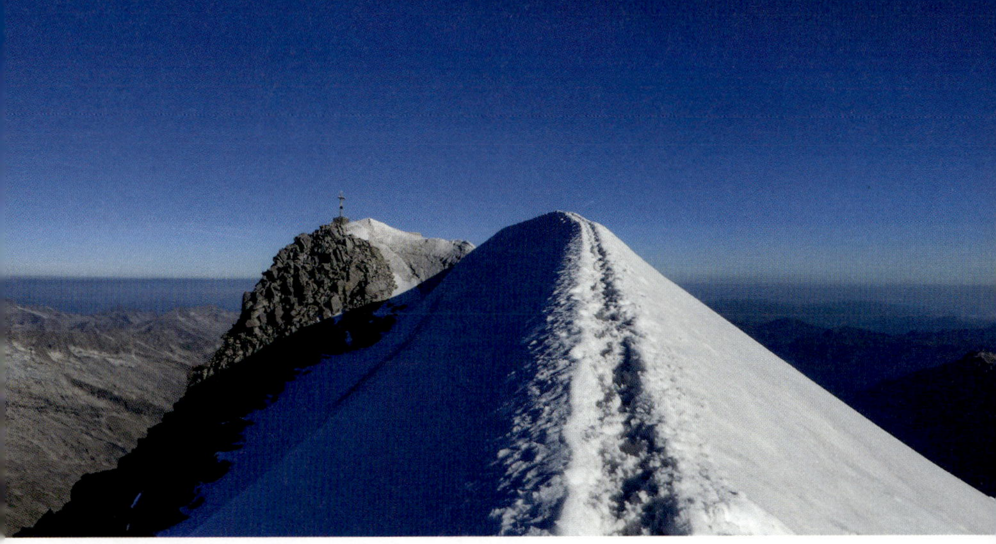

Am Firngrat zum höchsten Punkt.

nach Süden ins Schlatenkees verleiten lassen. Nun mit Abstand unterhalb des Kleinvenedigers vorbei, der wie die Venedigerscharte rechts liegen gelassen wird. Es wird in weiterer Folge der große Obere Keesboden, ein Gletscherplateau unterhalb des Gipfels, betreten. Hier gilt es, die dreieckige Schneepyramide am nördlichen Ende anzupeilen, bevor man abschließend über den aussichtsreichen Firngrat zum abgesetzten Kreuz steigt.

Ausgangspunkt	Neue Prager Hütte
Höhenunterschied	880 Hm
Aufstiegszeit	3½ Stunden
Strecke im Aufstieg	ca. 4 km
Besondere Gefahren	Gletscher, Spalten
Besondere Ausrüstung	Seil, Steigeisen, Pickel

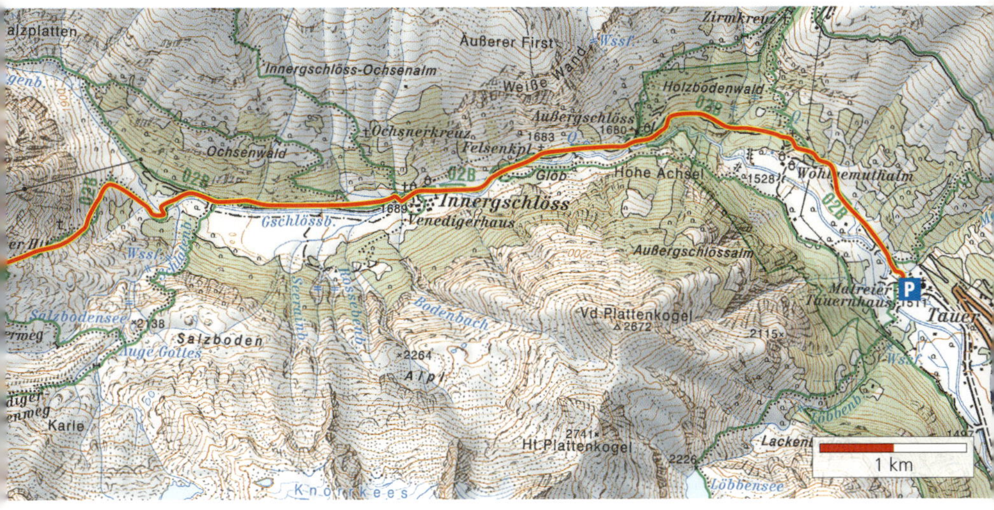

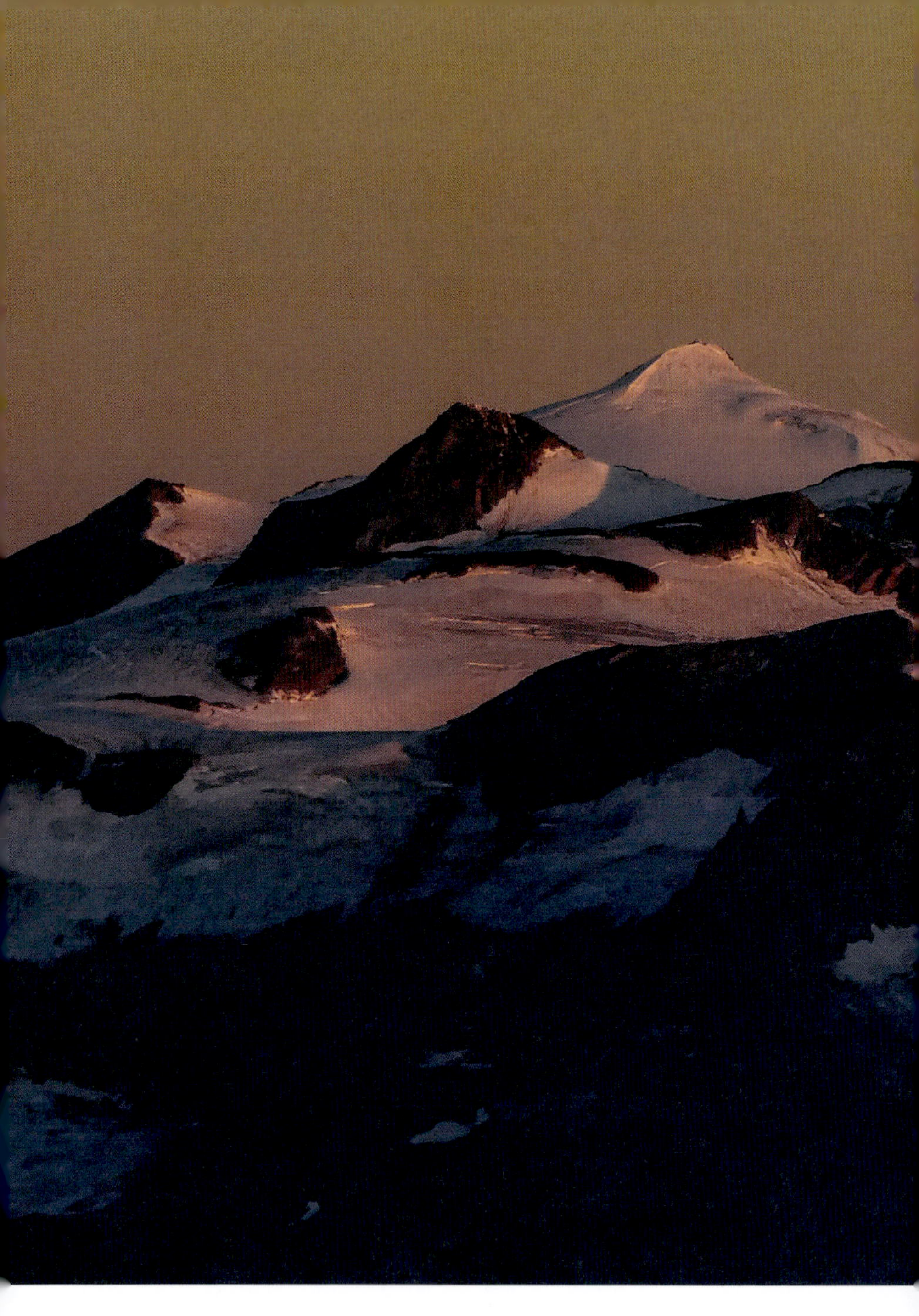

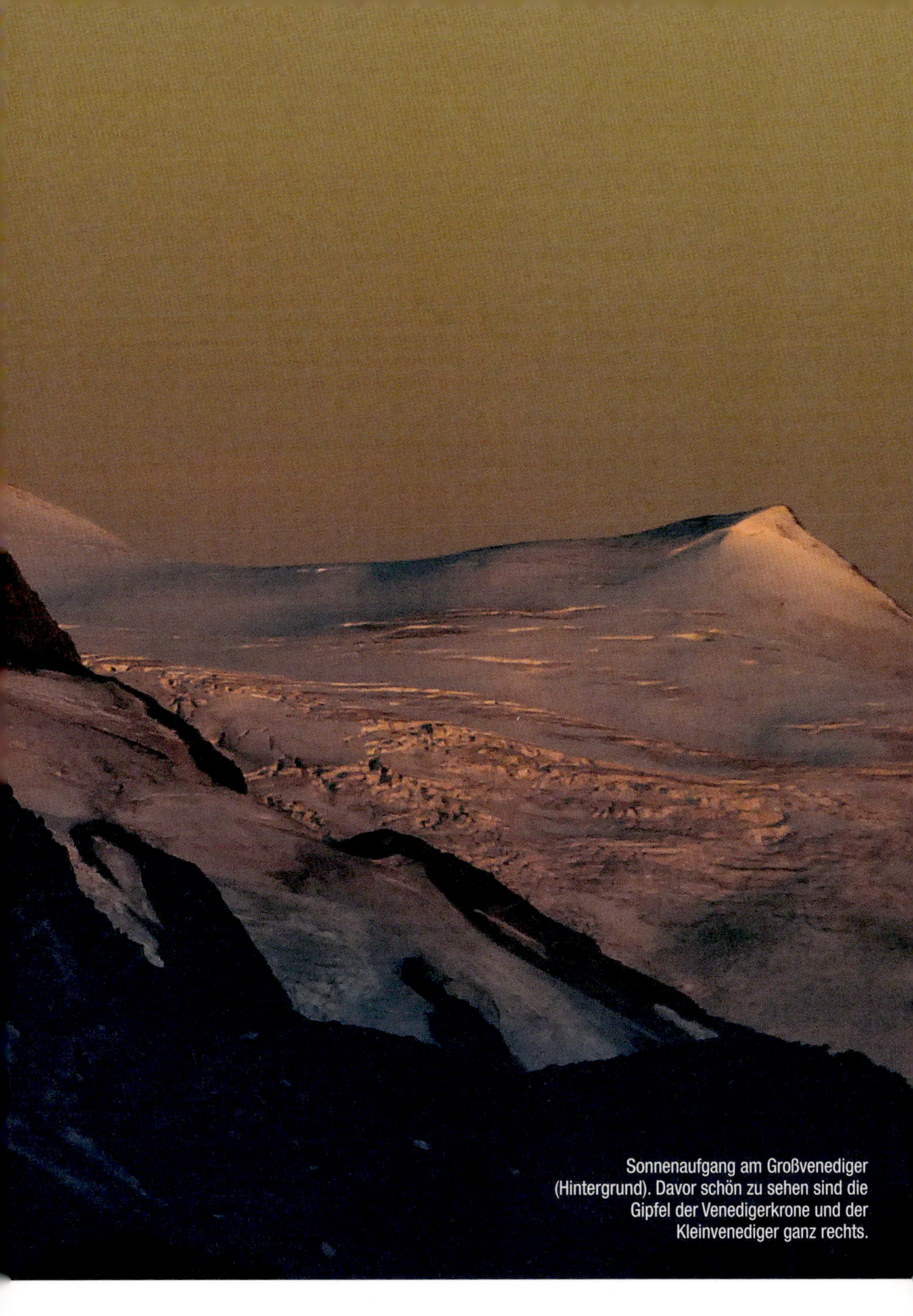

Sonnenaufgang am Großvenediger (Hintergrund). Davor schön zu sehen sind die Gipfel der Venedigerkrone und der Kleinvenediger ganz rechts.

23 Hoher Zaun 3451 m

24 Schwarze Wand 3503 m

25 Rainerhorn 3559 m

26 Hohes Aderl 3506 m

Unterwegs auf der Venediger Krone

Die Venedigerkrone umfasst insgesamt sechs Dreitausender, Kristallwand und Großvenediger miteinbezogen. Beide werden jedoch oft nur als Einzelziel bestiegen, weswegen sie auch in diesem Buch eigens beschrieben werden.

Diese Tour über die von Gletschern umgebenen „Noch-Eisgipfel" zählt sicherlich zu den schönsten hochalpinen Unternehmungen in der Venedigergruppe; sie ist frei von felstechnischen Schwierigkeiten und vermittelt einen Hauch Westalpenflair.

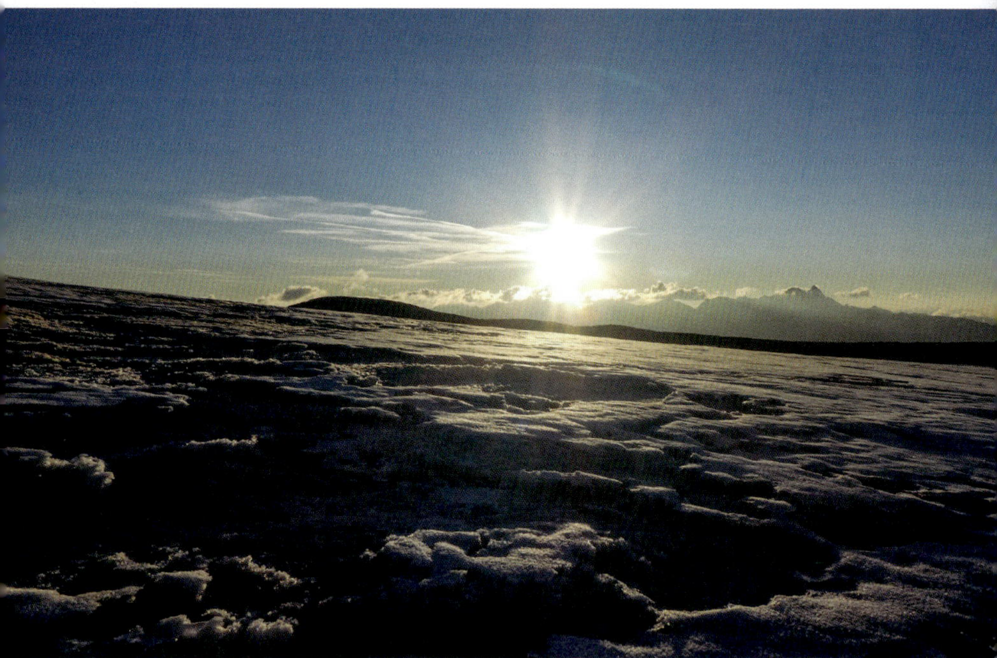

Sonnenaufgang am Hohen Zaun in der Venedigergruppe.

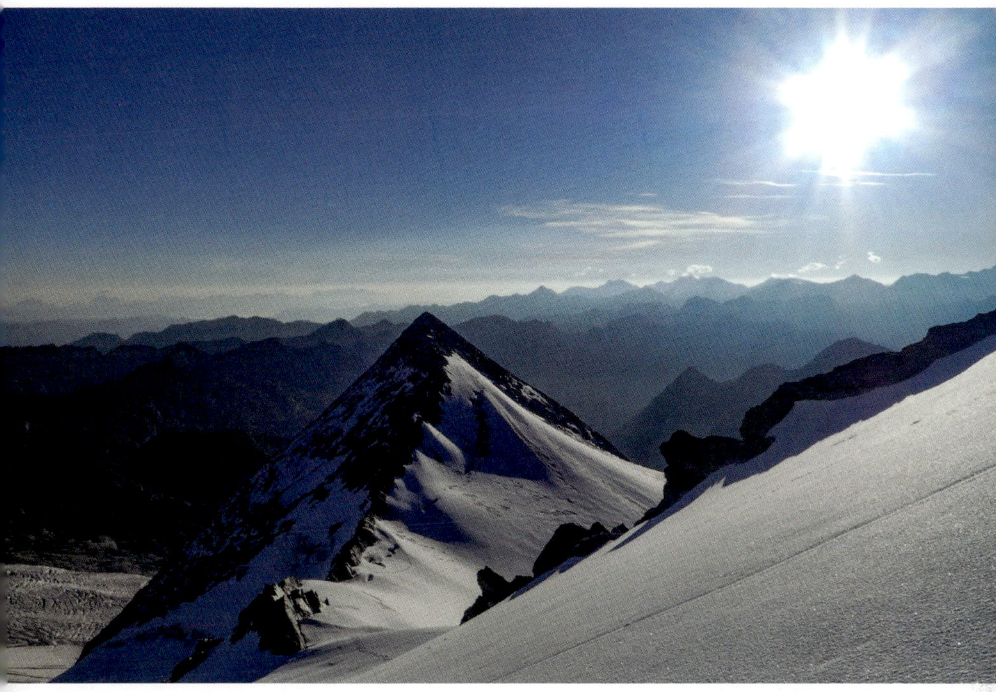

Ein schöner, wenngleich kurzer Firngrat senkt sich von der Schwarzen Wand ins Schwarze-Wand-Törl.

Während sich der Hohe Zaun als zahme Kuppe aus dem Mullwitzkees erhebt, muss auf die steil abbrechende Schwarze Wand über einen kurzen, fast waagrechten Fels- oder Firngrat marschiert werden. Das Rainerhorn hingegen wird über seine Westflanke nahezu unschwierig erklommen, es sei denn, die Flanke ist vereist, was durchaus vorkommen kann. Das Rainerhorn ist übrigens der höchste Gipfel, der ganz und gar auf Osttiroler Boden steht.

Als gemütlicher Abstecher auf dem Weg zum abschließend höchsten Punkt der Tour, dem Großvenediger, offenbart sich das Hohe Aderl, ein herrlicher Aussichtspunkt auf umgebende Dreitausender. Auch die Kristallwand ließe sich über ihre schuttige Nordwestflanke als Abstecher am Weg zum Hohen Zaun mitnehmen. Der zeitliche Mehraufwand ist allerdings erheblich.

Stützpunkt für die hochalpine Überschreitung ist das Defreggerhaus (2963 m, bis auf Weiteres geschlossen; Stand April 2023) bzw. die deutlich tiefer liegende Johannishütte (2116 m). Hartgesottene können auch von der Badener Hütte starten, welche vom Matreier Tauernhaus erreicht werden sollte. Mit dem Abstieg über die Neue Prager Hütte, wo man je nach Zeithorizont noch den Kleinvenediger mitnehmen kann, ergibt sich eine der ganz großen Rundtouren in der Region.

Anfahrt und Hüttenzustieg: siehe Tour 22, Großvenediger

Gipfelanstieg: Vom Defreggerhaus (2963 m) hält man sich nördlich der Hütte über Steig- und Wegspuren (Steinmännchen) im Schutt- und Muldengelände zum markanten, das Innere vom Äußeren Mullwitzkees trennen-

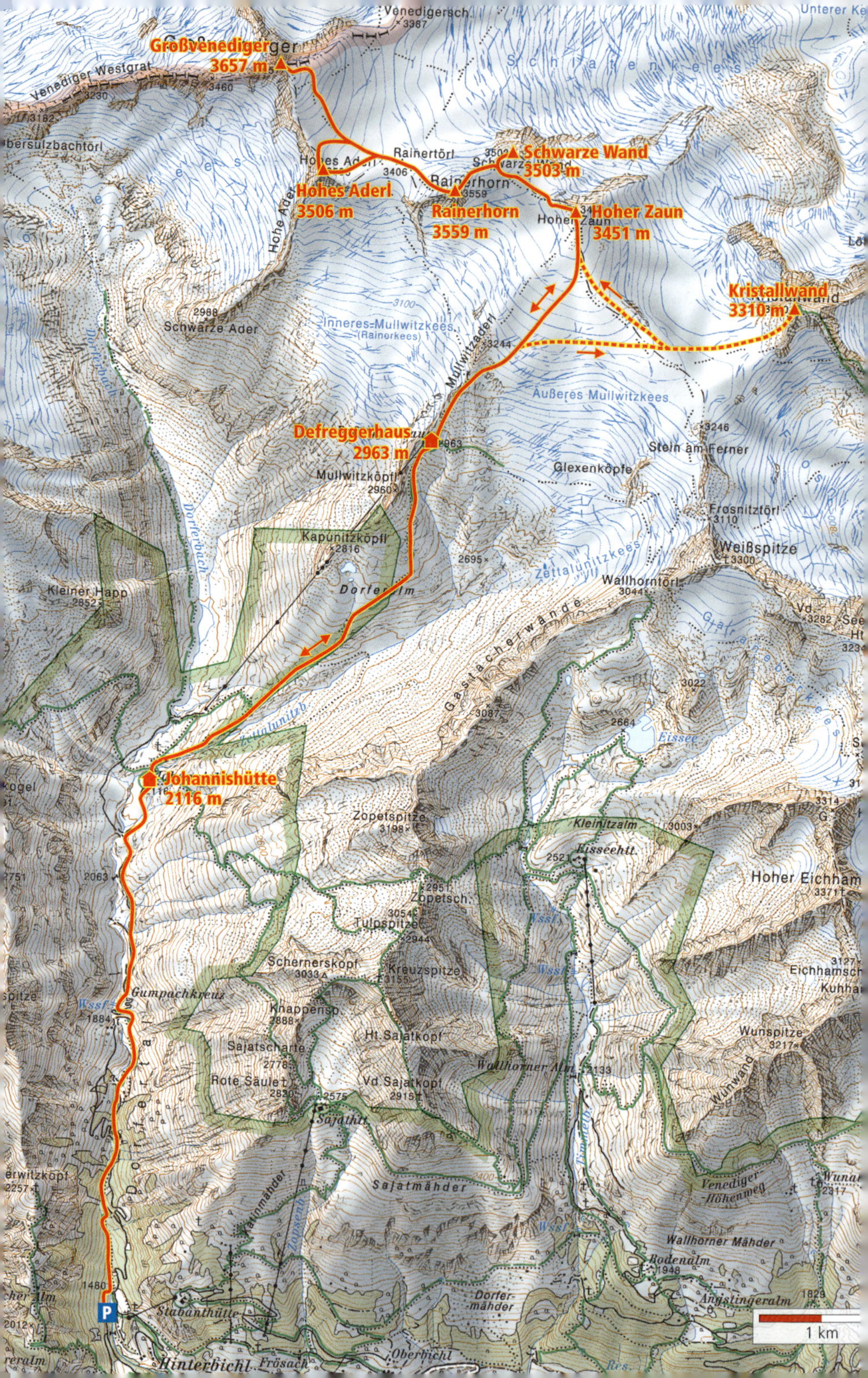

Großvenediger
3657 m
Hohes Aderl
3506 m
Rainerhorn
3559 m
Schwarze Wand
3503 m
Hoher Zaun
3451 m
Kristallwand
3310 m
Defreggerhaus
2963 m
Johannishütte
2116 m
1 km

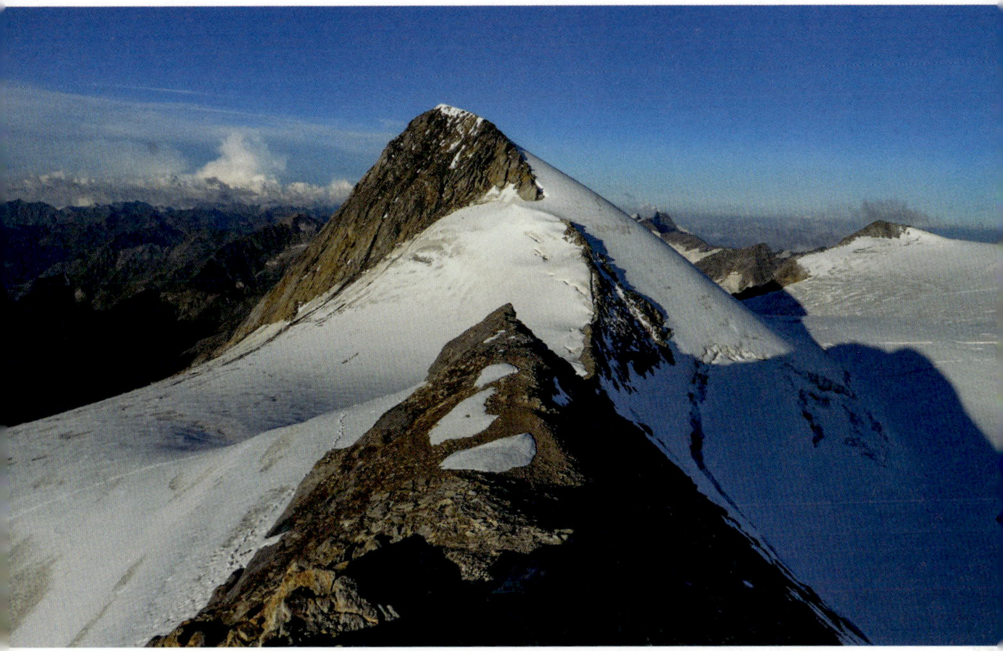

Ein traumhafter Tag beginnt auf der Schwarzen Wand. Im Hintergrund das Rainerhorn.

den Felskamm, der unterhalb des höckerartigen Mullwitzaderls einen breiten Sattel bildet. Dort befindet sich der Ein- bzw. Abstieg auf den Gletscher, genannt Mullwitzaderleinstieg (3120 m, Bergrettungskiste, Tafeln), wenn man den Großvenediger im Visier hat. Für die „Krone" allerdings nicht weiter auf den Gletscher hinab, sondern rechts des sich aufsteilenden Felskamms (Mullwitzaderl) im flachen Bereich über Schuttgelände zum Beginn des Äußeren Mullwitzkeeses. Von dort entweder unschwierig schnurstracks nach Norden zur etwas zurückversetzten Felskuppe des Hohen Zauns (3451 m) oder in einer fallenden Querung nach Osten in den Kristallwandsattel, wo man zusätzlich noch die Kristallwand mitnehmen kann (Spalten beachten).

In weiterer Folge geht es vom Hohen Zaun ca. 50 Höhenmeter über den Schuttrücken nach Westen abwärts in den gleichnamigen Sattel, ehe man über ein sich aufsteilendes Firnfeld auf den kurzen, felsigen Südwestgrat der Schwarzen Wand steigt (ca. 100 Hm). Über diesen (Stellen I) zum ausgesetzten Gipfel (3503 m).

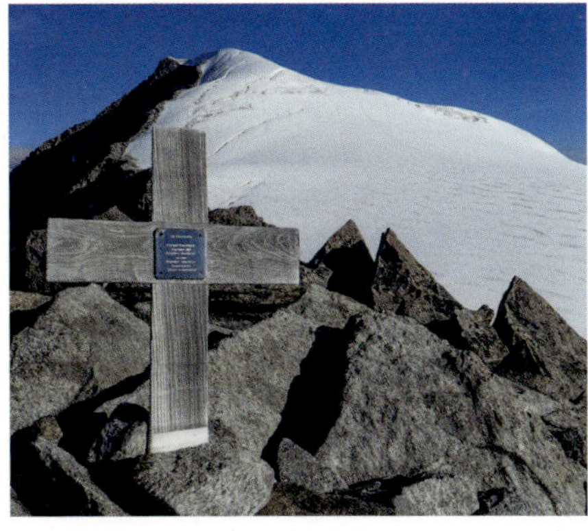

Seit Jahrzehnten ziert ein Mini-Kreuz den Gipfel des Hohen Aderls. Dahinter der Großvenediger.

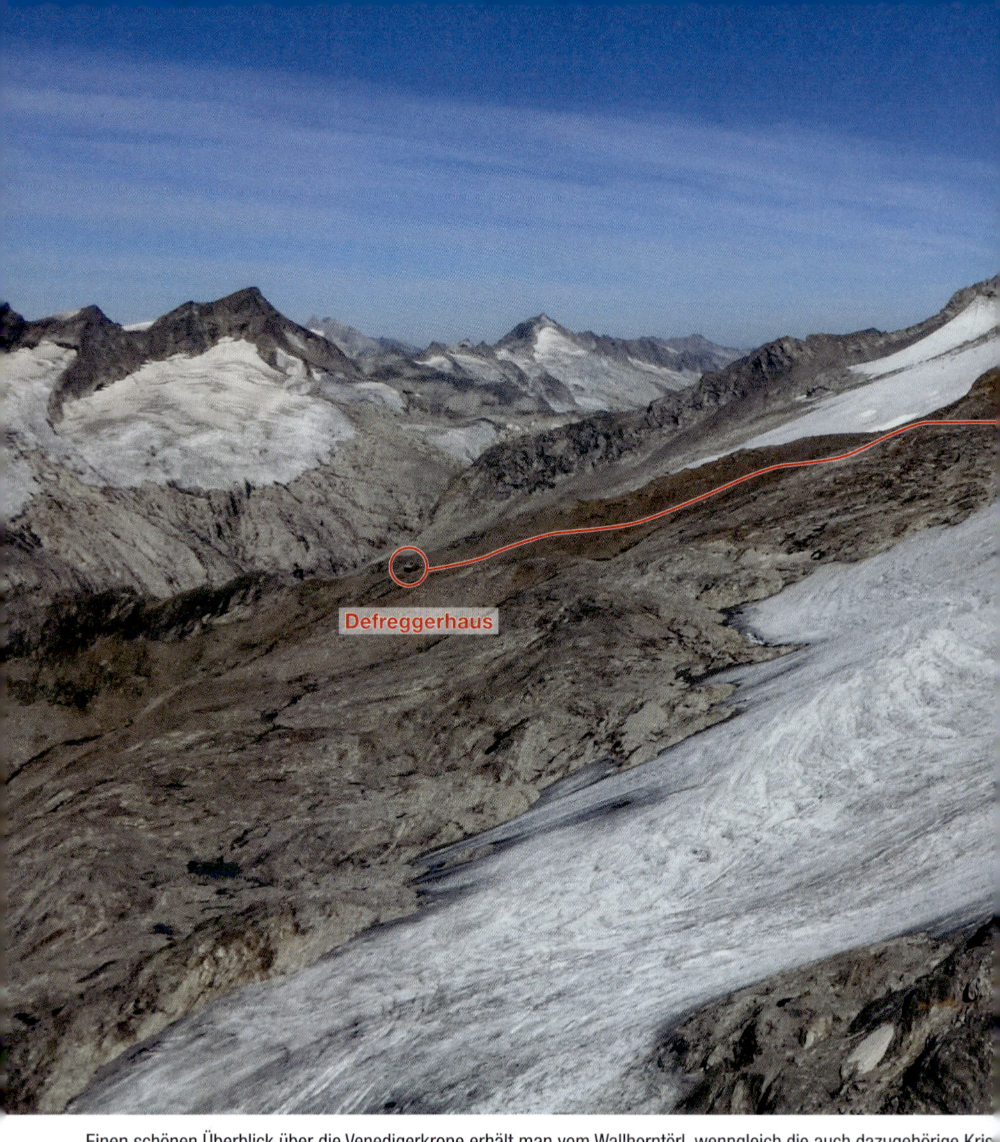

Einen schönen Überblick über die Venedigerkrone erhält man vom Wallhorntörl, wenngleich die auch dazugehörige Kris

Der weitere Anstieg führt über den Felsgrat zurück in die Firnflanke, ehe man unterhalb der begleitenden Gratlinie das Schwarze-Wand-Törl (Spalten) zwischen Rainerhorn und Schwarzer Wand anpeilt. Über den breiten, flankenartigen Nordostkamm zum Gipfel des Rainerhorns (3559 m, ca. 100 Hm). Nun immer im Bereich des Westgrats bzw. über die Nordwestflanke abwärts, bis man den Oberen Keesboden mit dem breiten Rainertörl (3406 m) erreicht. Das dreieckige Hohe Aderl (3506 m) lässt sich aus dem Plateau entweder von links über die Schuttflanke oder von rechts über den kurzen, grobblockigen Nordgrat ersteigen (I, ca. 100 Hm), je nachdem ob man zuerst auf das

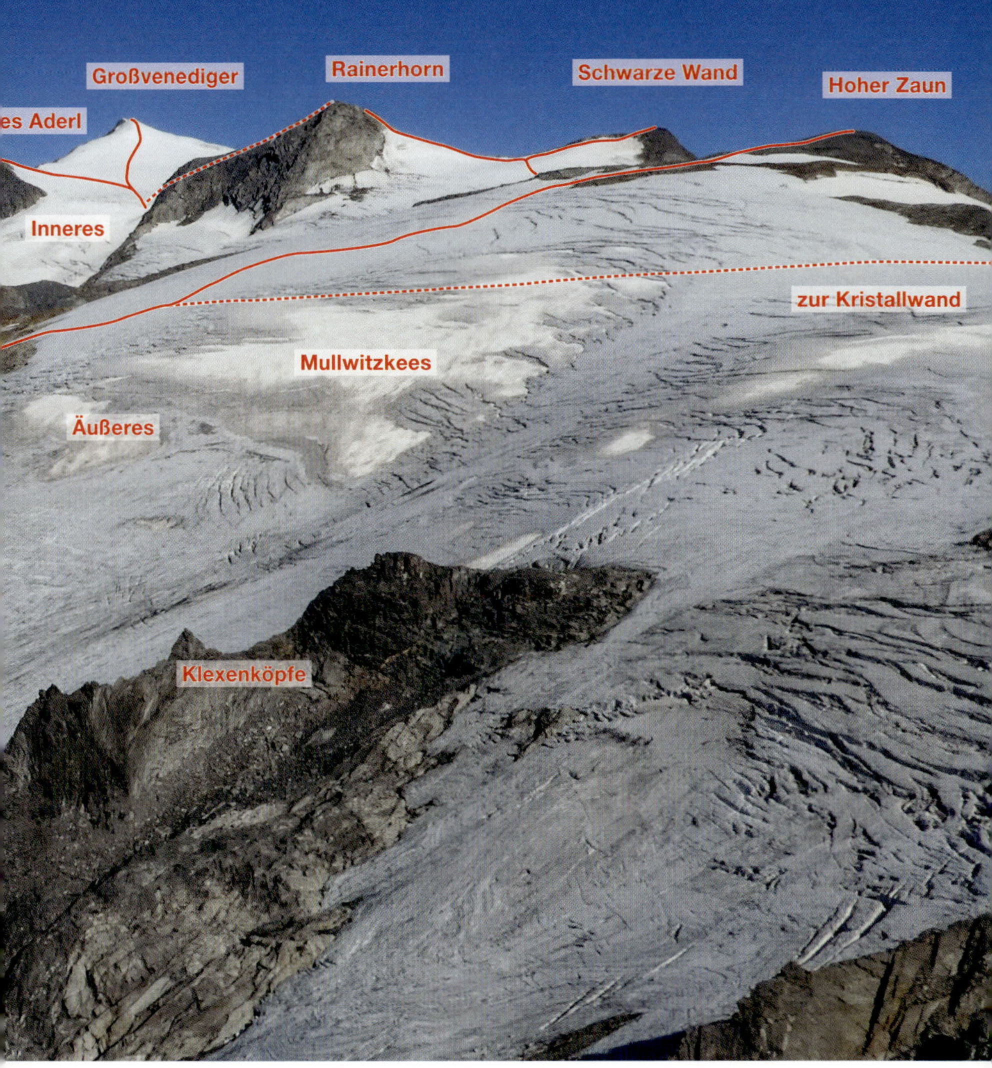

and hier nicht einsehbar ist.

Aderl marschiert und den Venediger als Abschluss besteigt oder umgekehrt. Verhältnisse entscheiden.
Der Abstieg erfolgt, je nachdem von welcher Hütte man aufgestiegen ist, über die Normalwege zum Defreggerhaus oder zur Neuen Prager Hütte, wo man schließlich ins Innergschlöss gelangt.

Ausgangspunkt	Defreggerhaus (bis auf Weiteres geschlossen; Stand April 2023)
Höhenunterschied	880–1080 Hm (mit Großvenediger)
Aufstiegszeit	4–5 Stunden
Strecke im Aufstieg	6 km
Kletterschwierigkeit	I
Besondere Gefahren	Gletscher, Spalten, Absturzgefahr
Besondere Ausrüstung	Seil, Steigeisen, Pickel

27 Kristallwand 3310 m

Der Eiger im Kleinformat

Wer den Anstieg zur entlegenen Badener Hütte über das Löbbentörl wählt, dem wird der beeindruckende Gipfel der Kristallwand unweigerlich ins Auge fallen. Ihre düsteren Wandfluchten erinnern an die Eiger-Nordwand, eine der größten Wände der Alpen. Die Kristallwand könnte fast ein Zwilling sein, so ähnlich sehen sich die Berge. Die Besteigung ist mit der des Eigers freilich kaum vergleichbar.

Ein mit gummierten Stahlseilen versicherter Zugang führt über den Südostgrat zum Gipfel, dann und wann helfen Eisklammern über plattige Stellen hinweg. Durchgehend ist das Seil allerdings nicht, ab und zu muss man felsige Passagen „frei" bewältigen, was Trittsicherheit erfordert.

Der in der Karte eingetragene Auf- bzw. Abstieg aus dem stark an Höhe verlierenden Frosnitzkees in eine klaffende Scharte am Südostgrat ist, wenn auch seilversichert, anspruchsvoll und nicht zu empfehlen. Durch den Abschmelzprozess reicht dort das dünne Stahlseil nicht mehr ganz auf das Eisfeld (was sich natürlich ändern kann, wenn das Seil verlängert werden sollte). Hinzu kommt, dass die zum Grat führende Felspassage senkrecht, wenn nicht sogar leicht überhängend ist, was richtig Power in den Armen erfordert. Auch der Zugang im rechten Gletscherbereich unterliegt aufgrund der Schmelzprozesse ständiger Wandlung und ist nebenbei noch von Steinschlag bedroht.

Am nur teilweise stahlseilversicherten Gipfelgrat.

Drei Zugänge bedienen die als Stützpunkt dienende Badener Hütte. Alle sind weit und eindrücklich. Aussichtsreich und kurzweilig gestaltet sich der Zustieg vom Matreier Tauernhaus. Ursprünglich, wasserreich und einsam wandert man über den ebenfalls beim Matreier Tauernhaus ansetzenden Wildenkogelweg der Hütte entgegen.

Langwierig, aber nicht minder schön bewegt man sich über das in der Fraktion Gruben ansetzende Frosnitztal zur Badener Hütte. Dieser Anstieg bleibt hier allerdings unbeleuchtet, ist in der Karte jedoch eingezeichnet. Achtung, so gut wie keine Parkmöglichkeiten in Gruben.

Anfahrt: Von Lienz über die B 108 ins Iseltal nach Matrei und weiter über die Felbertauernstraße zum Matreier Tauernhaus (1511 m). Abzweigung ca. 2 km vor dem Südportal. Großer, gebührenpflichtiger Parkplatz.

Öffi-Tipp: Das Matreier Tauernhaus wird je nach Jahreszeit mit dem Bus angefahren. Infos unter www.vvt.at. Hüttentaxi ins Innergschlöss möglich.

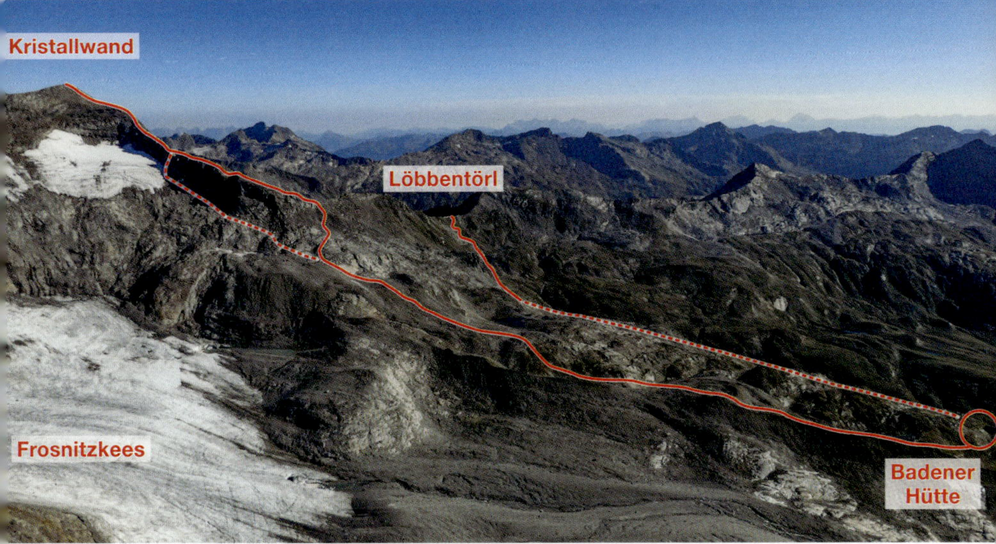

Meist wird auf der Gratlinie auf- und abgestiegen. Punktiert im Gipfelbereich der Abstieg auf den Gletscher, der mittlerweile aber aufgrund des Massenverlusts fast nicht mehr begangen wird.

Hüttenzustieg über Löbbentörl

Vom Parkplatz beim Matreier Tauernhaus (1511 m) hält man sich entlang der Asphaltstraße zwischen den Häusern hindurch, bis man zu einem sperrenden Schranken am Eingang ins Gschlösstal kommt (Parkmöglichkeiten). Über die in einen Schotterweg übergehende Straße einwärts, oberhalb der Wolgemutalm vorbei, nach Außergschlöss (Gasthaus, 1695 m). Weiter nach Westen über den Almweg zum Venedigerhaus in Innergschlöss, wo man das Gipfelensemble des Venedigers erblickt. Das Gasthaus befindet sich auf der linken Bachseite.

Man hält sich immer entlang der flachen Straße weiter nach Westen, bis man bei einer Brücke (1718 m) zu gelben Tafeln kommt. Über die Brücke nach Südwesten auf die linke Talseite, wo man dem zum Löbbentörl führenden Bergpfad folgt, der links des Schlatenbachwasserfalls zum ersten landschaftlichen Highlight, dem Salzbodensee (2138 m), und in weiterer Folge zum „Auge Gottes" führt.

Am Venediger Höhenweg geht es schließlich am Moränenkamm bergwärts, bis man in einer Schleife nach Süden mit Blick auf die Kristallwand zum Löbbentörl (2770 m, Kreuz) aufsteigt. Kurzes Stahlseil unterhalb. Jenseitig geht es unschwierig ca. 170 Höhenmeter hinab in den Talschluss des Frosnitztals, wo man durch ostseitige Bergflanken, einen Bachlauf querend, im leichten Auf und Ab der großen Badener Hütte zustrebt. Dann und wann sind kurze stahlseilversicherte Passagen zu bewältigen, die zur Vorsicht mahnen.

Talort/Ausgangspunkt	Matreier Tauernhaus (1511 m)
Höhenunterschied	1300 Hm
Aufstiegszeit	6 Stunden
Strecke im Aufstieg	12 km
Hütten/Einkehrmöglichkeit	Venedigerhaus

Hüttenzustieg über Wildenkogelweg

Vom Tauernhaus (1511 m) kurz einwärts Richtung Gschlösstal, bis man hinter den Gebäuden links über eine Brücke nach Wes-

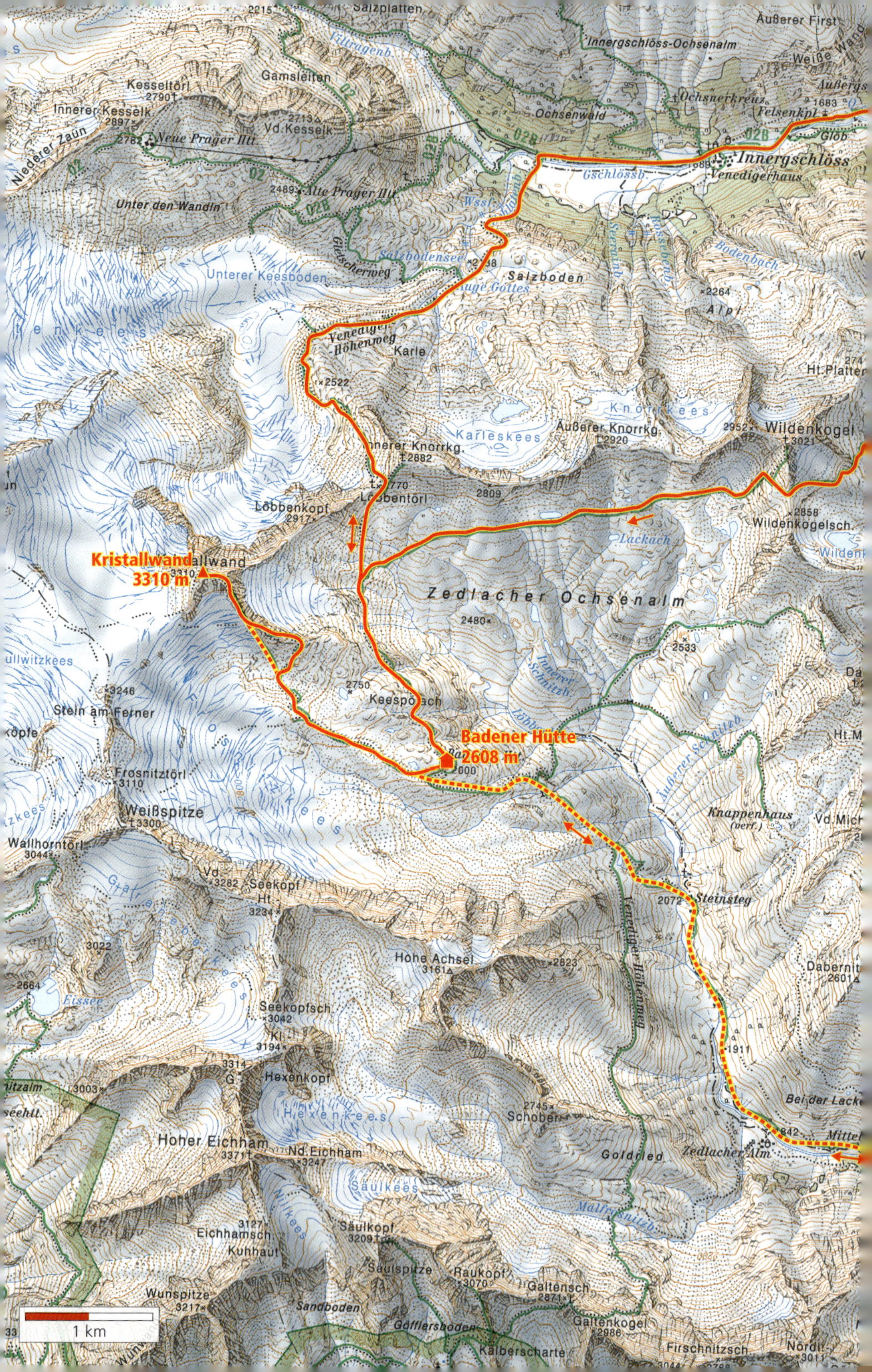

Kristallwand
3310 m
Badener Hütte
2608 m
1 km
Innergschlöss
Venedigerhaus
Ochsenwald
Neue Prager Htt.
Alte Prager Htt.
Salzboden
Unterer Keesboden
Venediger-Höhenweg
Karle
Karleskees
Äußerer Knorrkg.
Wildenkogel
Wildenkogelsch.
Löbbenkopf
Löbbentörl
Zedlacher Ochsenalm
Keespölach
Knappenhaus
Steinsteg
Hohe Achsel
Weißspitze
Frosnitztörl
Wallhorntörl
Seekopf
Stein am Ferner
Hexenkopf
Hexenkees
Hoher Eichham
Nd. Eichham
Säulkees
Säulkopf
Säulspitze
Raukopf
Galtensch.
Galtenkogel
Schober
Goldried
Zedlacher Alm
Bei der Lacke
Eichhamsch.
Kuhhaut
Wunspitze
Sandboden
Göfflersboden
Kälberscharte
Firschnitzsch.
Gamsleiten
Kesseltörl
Innerer Kesselk.
Vd. Kesselk.
Niederer Zaun
Unter den Wandln
Salzplatten
Innergschlöss-Ochsenalm
Äußerer First
Weiße Wand
Ochsnerkreuz
Felsenkpl.
Glob
Gschlössb.
Salzbodensee
Auge Gottes
Alpl
Ht. Platten
Lackach
Äußerer Knorrkg.
Innerer Knorrkg.
Bodenbach
Dabernitzkogel
Gletscherweg

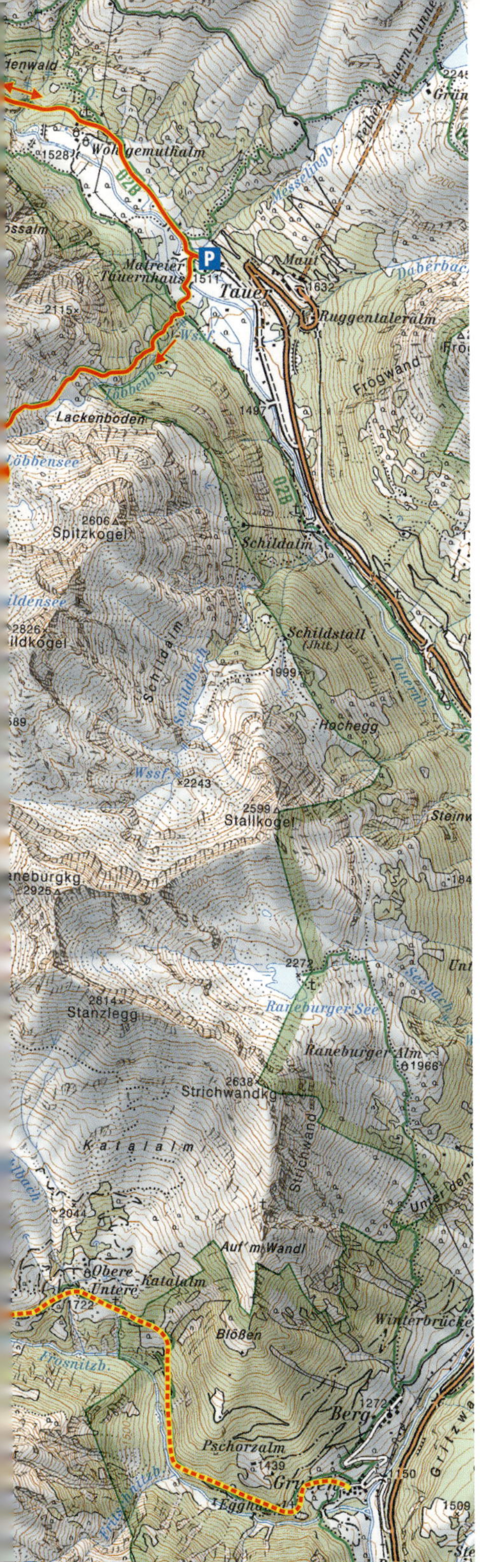

ten abbiegt (Tafeln). Man durchschreitet nun in einem Bogen den schönen Talboden des Tauerntals und steigt in weiterer Folge rechts des Löbbenbachs in mehreren Serpentinen im dichten Bannwald bergwärts. Bald lehnt sich das Gelände zurück und man quert einen schönen Wiesenboden. Nach diesem herb an einem Felsrücken aufwärts, wo man auf ein Stahlseil trifft, das über eine kurze Felspassage hinweghilft. Danach wird der Pfad wieder flacher und man erreicht in einer absteigenden Querung an einem Felseck den Löbbensee (2226 m).

Weiter am östlichen Seeufer, ehe man am Seezufluss die Bachseite wechselt. In einem Graben geht es nun in einem Rechtsbogen bergwärts nach Westen, bis das Gelände blockig und flacher wird.

Über mehrere Hangstufen, immer auf die Markierung achtend, peilt man nun die Löbbenhöhe (ca. 2860 m) am Wildenkogel-Südgrat an. Jenseits hinab in den breiten Bergkessel des Frosnitztals (die Abzweigung zum Wildenkogel bleibt unbeachtet) und durch die Zedlacher Ochsenalm nach Westen, wo man auf den vom Löbbentörl herabkommenden Steig Richtung Badener Hütte trifft. Über diesen nun nach Süden zur Hütte. Dann und wann sind kurze stahlseilversicherte Passagen zu bewältigen, die zur Vorsicht mahnen.

Talort/Ausgangspunkt	Matreier Tauernhaus (1511 m)
Höhenunterschied	1300 Hm
Aufstiegszeit	5½ Stunden
Strecke im Aufstieg	9 km

Gipfelanstieg

Von der Badener Hütte (2608 m) folgt man dem aussichtsreichen Bergpfad vorbei am kleinen Speicherteich oberhalb der Hütte nach Westen Richtung Frosnitztörl und Kristallwand. Im weiteren Verlauf über den Moränenkamm gut markiert aufwärts nach Nordwesten, ehe man auf 2880 m zu einer

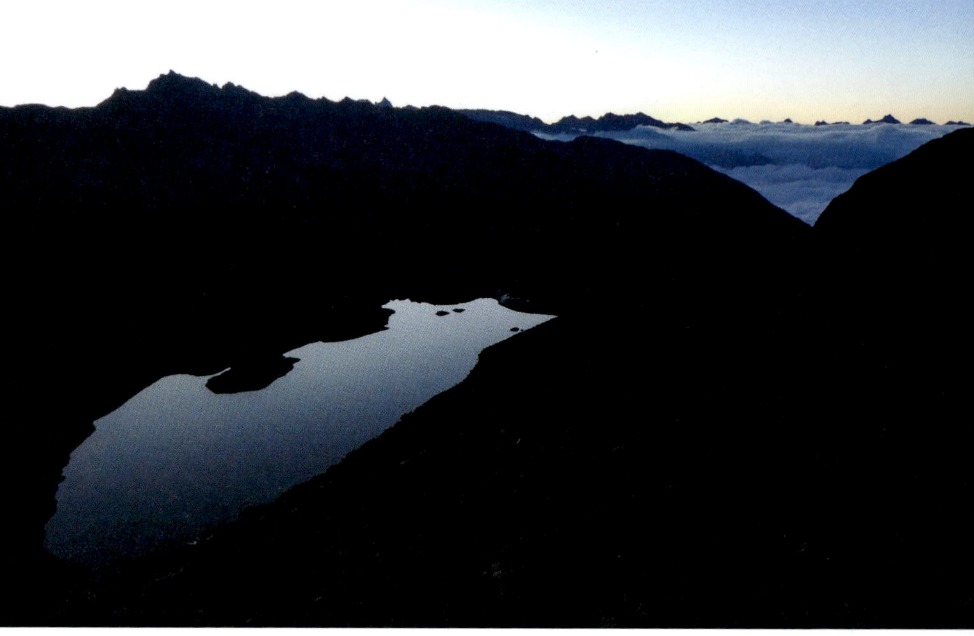

Morgengrauen am kleinen See oberhalb der entlegenen Badener Hütte am Weg zur Kristallwand.

Verflachung unterhalb der Kristallwand kommt. Tafeln mit der Aufschrift „Klettergrat Kristallwand" leiten dort nach Nordosten zum Beginn des Südostgrats.

Der eingangs erwähnte Anstieg über den Gletscher mit der abkürzenden Variante auf den Südostgrat würde hier nach Norden in das Becken unterhalb des Gipfels verlaufen, ist aber nicht mehr markiert und – wenn überhaupt – nur versierten Gehern mit Ortskenntnis zu empfehlen.

Vom breiten Sattel am Südostgrat (ca. 2930 m) nun immer entlang der Gratlinie weiter, bis diese sich abflacht und breit wird. Die steilsten Stellen sind mit Eisenbügeln und Stahlseilen entschärft. Achtung, Absturzgefahr, wo das Stahlseil fehlt. Trittsicherheit vonnöten.

Die nächste Schlüsselstelle bildet der Abstieg in die markante Scharte, wo von links der Anstieg aus dem Gletscher hochkommt (Tafeln). Nach der Scharte entlang von Platten und Blöcken immer wieder mal exponiert bis zum Ende der nicht durchgängigen Stahlseilpassagen. Der Schlussanstieg führt über breites Schuttgelände zum höchsten Punkt mit markantem Kreuz. Hier setzt die Venedigerkrone an, siehe Tour 24–26.

Hinweis: Vertrauen Sie Stahlseilen und Sicherungspunkten nicht blind! Felsblöcke können sich über den Winter lockern, generell können Stahlseile durch Felsstürze etc. beschädigt sein.

Ausgangspunkt	Badener Hütte (2608 m)
Höhenunterschied	700 Hm
Aufstiegszeit	2½ Stunden
Strecke im Aufstieg	3 km
Kletterschwierigkeit	I–II
Besondere Gefahren	Steinschlag, Absturzgelände
Besondere Ausrüstung	Klettersteigset für Ungeübte zu empfehlen

Schernerskopf 3033 m 28

Kreuzspitze 3155 m 29

Hinterer Sajatkopf 3098 m 30

Sonnheller Fels und steile Wandfluchten

Nördlich der imposanten, schlossähnlichen Sajathütte oberhalb der Ortschaft Prägraten verbergen sich im hochgelegenen Sajatkar interessante Berge, die durch ihre eindrückliche Form bestechen. So dominiert die schlanke Felsnadel der Roten Säule, durch die ein spektakulärer Klettersteig verläuft, schon von Weitem den Hüttenzustieg, während etwas zurückversetzt das breite Gipfelensemble von Schernerskopf, Kreuzspitze und Sajatkopf einen einzigartigen, u-förmigen „Talschluss" bildet.

Als Hauptziel könnte sicherlich die Kreuzspitze gesehen werden, während der Schernerskopf im Zuge des Aufstiegs zu dieser mittels eines Mini-Abstechers überschritten werden kann. Wenn man so will, ein klassischer, unschwieriger Mitnahme-Dreitausender, vorausgesetzt man hat kein Problem im Erreichen der Gratlinie. Sie ist nämlich aus

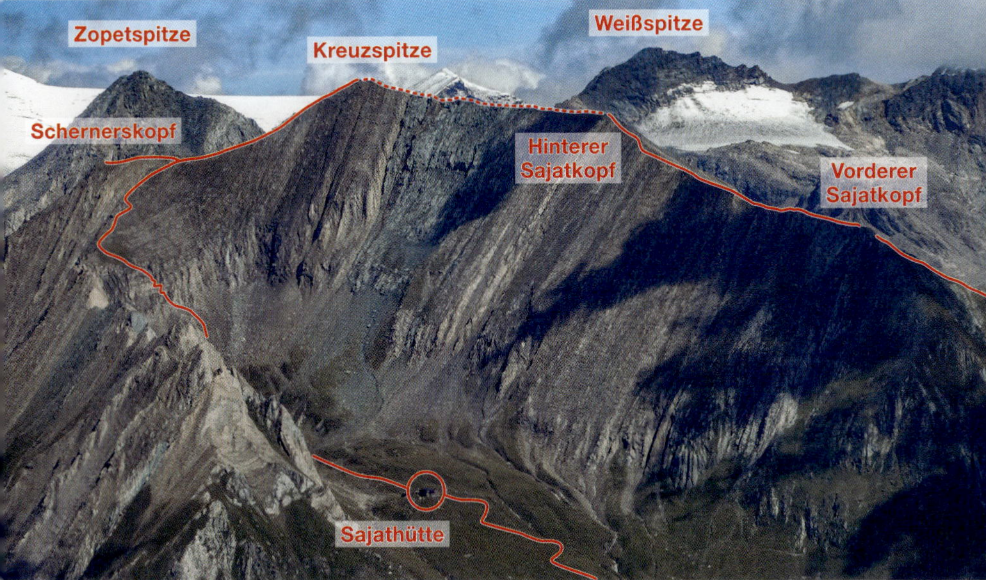

Die Dreitausender oberhalb der Sajathütte können von geübten Gehern durchaus als Rundtour überschritten werden. Einzig der Vordere Sajatkopf unterschreitet die 3000-Meter-Marke.

dem Sajatkar nur über stahlseilversicherte Passagen zu gewinnen, die Trittsicherheit erfordern (Absturzgefahr). Zusätzlich lässt sich die Kreuzspitze über einen schönen Schuttsteig, der von der Johannishütte kommt, im Zuge einer Tulpspitzenbesteigung erklimmen, was aber nicht zwingend der Fall sein muss (mehr dazu siehe Tour 31).

Der Hintere Sajatkopf bildet die Verlängerung der vom Vorderen Sajatkopf nach Norden zur Kreuzspitze ziehenden Gratlinie und hat genaugenommen keinen klar erkennbaren höchsten Punkt. Seine Besteigung kann sowohl als Einzeltour über die Bodenalm als auch von der Sajathütte kommend durchgeführt werden. Oder aber man erklimmt ihn im Zuge einer Überschreitung im oder gegen den Uhrzeigersinn von der oder zur Kreuzspitze.

Auf welcher Variante man sich auch immer bewegt, absolute Trittsicherheit im mürben Verwitterungsgestein ist zwingend vorausgesetzt. Der dürftig markierte Gratübergang zum Hinteren Sajatkopf führt ebenfalls durch Absturzgelände und verlangt zusätzlich etwas Orientierungssinn auf der Kammlinie. Hier gilt es immer wieder, Felspassagen im II. Schwierigkeitsgrad zu bewältigen, auch wenn entscheidende Stellen mittels Stahlseil entschärft sind.

Die als Stützpunkt bzw. Zwischenstation dienende Sajathütte lässt sich über zwei Hauptanstiege erreichen, die entweder von der Fraktion Bichl über den Katinweg oder von der Fraktion Wallhorn über die Bodenalm zur Hütte führen.

Von Bichl über den Katinweg zur Sajathütte (2575 m)

Anfahrt: Von Lienz über die B 108 ins Iseltal bis Matrei, wo man die südseitige Umgehungsstraße ins Virgental nimmt, und weiter nach Prägraten, wo man im Ortszentrum beim Tourismusverband (Bank) rechter Hand über ein schmales Sträßchen nach Bichl auffährt (1493 m, Schilder). In weiterer Folge hält man sich entlang eines kleinen Sträßchens für 650 m nach Westen zum Wander-

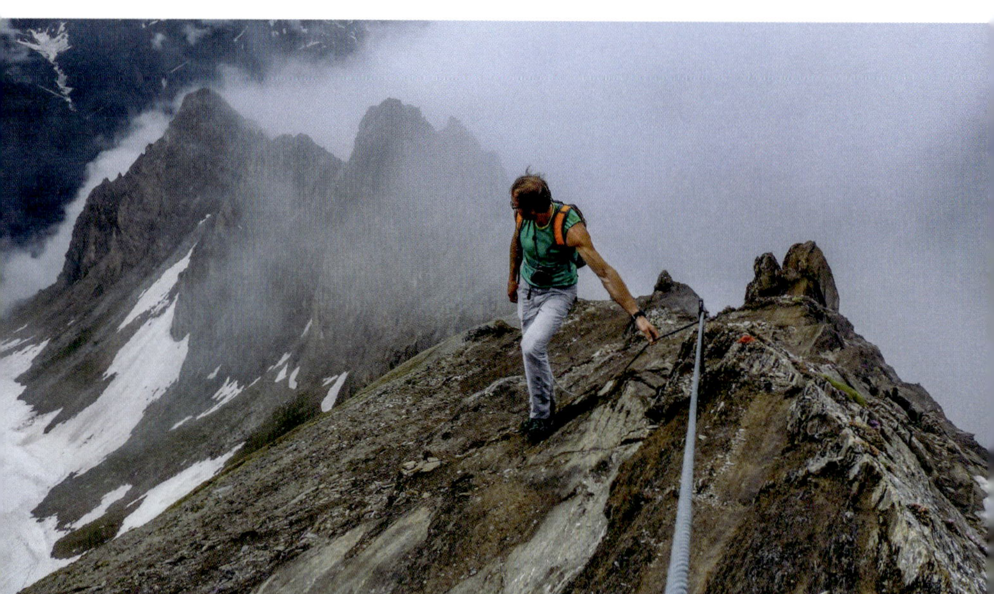

Stahlseilpassage unterhalb des Schernerskopfs.

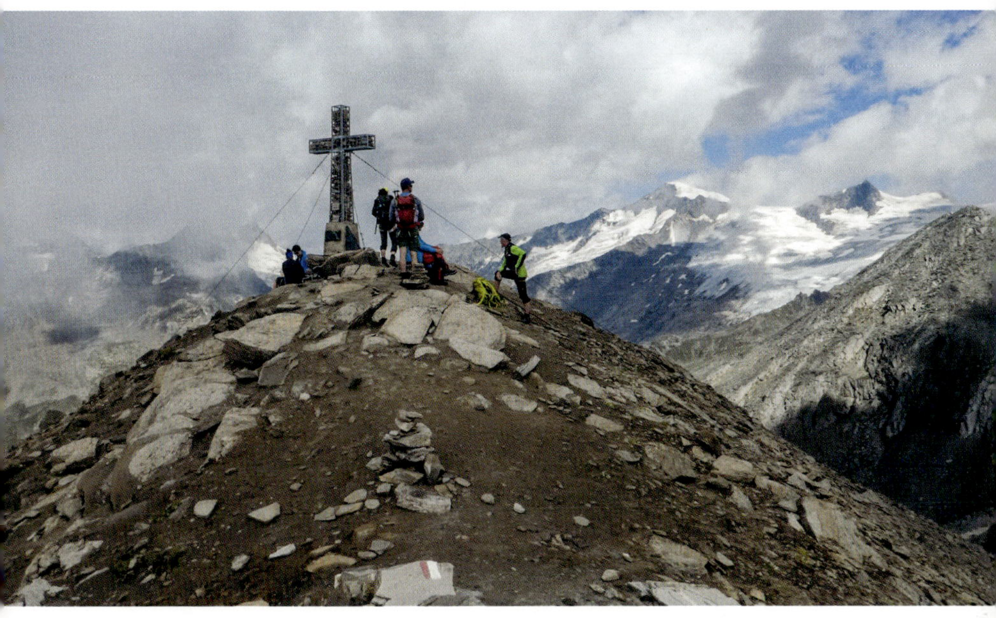

Am Gipfel der Kreuzspitze öffnet sich ein perfektes Panorama auf das Venediger-Massiv.

parkplatz Frösach (1450 m, Sajathütte, Stabanthütte). Es kann auch direkt in Bichl geparkt werden, was einen kurzen Marsch über die Asphaltstraße zum Beginn der Steige erfordert.

Öffi-Tipp: Der Postbus hält nur im Ortskern von Prägraten (Haltestelle Gemeindeamt). Auffahrt nach Bichl mittels Hüttentaxi ist zu empfehlen, wenn man nicht über die Asphaltstraße zu Fuß gehen will. Infos unter vvt.at bzw. www.huettentaxi.at

Hüttenzustieg: Vom Parkplatz in Frösach (1450 m) hält man sich nur kurz über eine Schneise nach Norden bergwärts, bevor man auf den zur Stabanthütte führenden Güterweg trifft. Hier nach rechts talauswärts zum Beginn eines Schotterwegs. Diesem folgen, bis Tafeln abkürzend in den lichten Bergwald leiten und man in einer langen Querung nach Westen den Zopsenbachgraben durchschreitet. Weiter in aussichtsreichen Serpentinen durch die blumenreichen Katinmähder aufwärts, bis man den Bachgraben abermals, nun Richtung Osten, quert. Entlang von Rasenflanken geht es im mäßig steilen Terrain nach Norden zur schon von Weitem erkennbaren Hütte (2575 m).

Hinweis: Wer von Frösach über die Stabanthütte zur Sajathütte wandert, muss mit einem zeitlichen Mehraufwand rechnen. Für den Abstieg ist dieser Weg jedoch eine interessante Alternative, zumal wenn man einen Einkehrschwung im Sinn hat.

Talort/Ausgangspunkt	Prägraten/Bichl (1450 m)
Höhenunterschied	1125 Hm
Aufstiegszeit	3–3½ Stunden
Strecke im Aufstieg	ca. 4 km

Über Wallhorn/Bodenalm zur Sajathütte (2575 m)

Anfahrt: Von Lienz über die B 108 ins Iseltal bis Matrei, wo man die südseitige Umgehungsstraße ins Virgental nimmt. Kurz vor Prägraten in der Fraktion Wallhorn rechts abbiegen und der Beschilderung zum ausge-

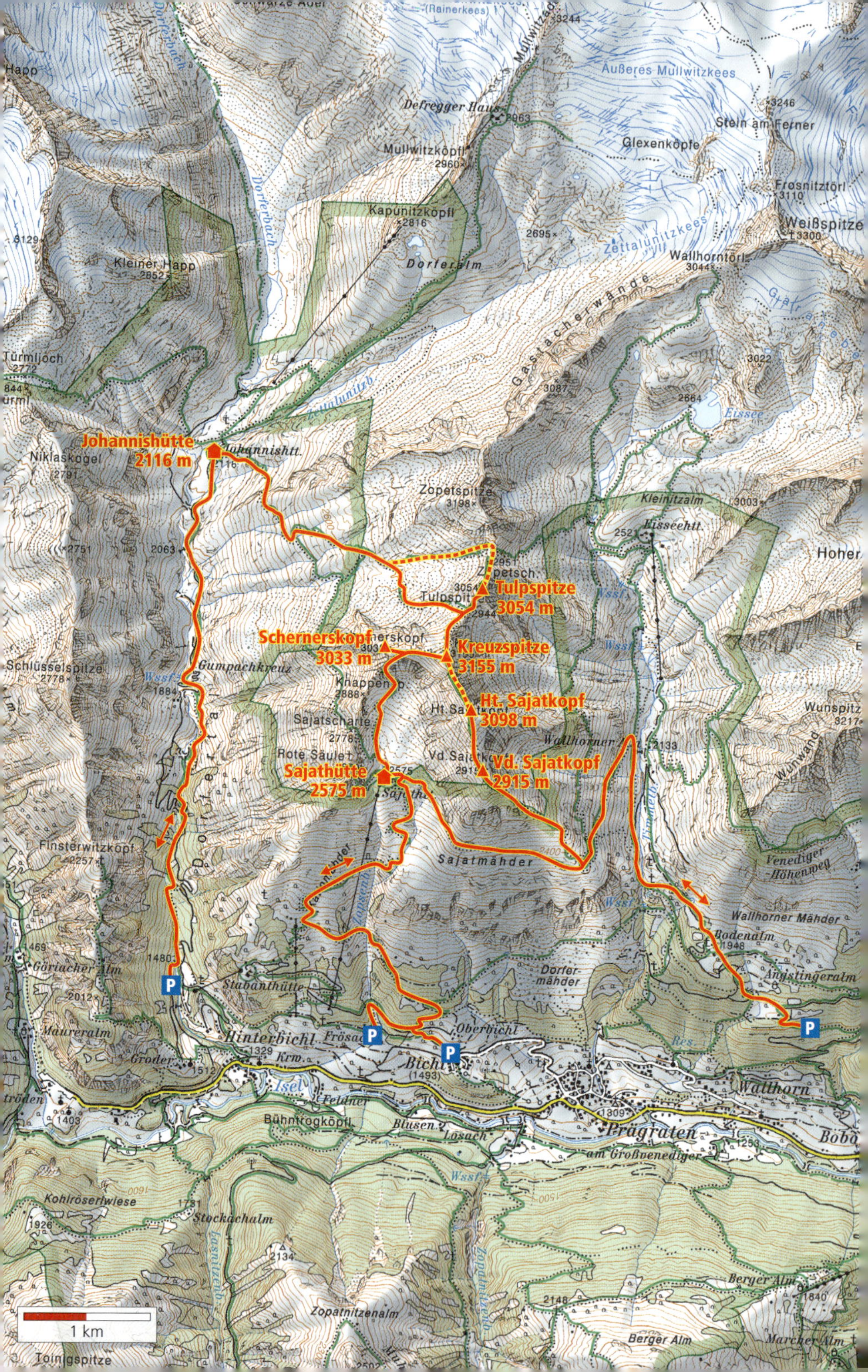

Johannishütte
2116 m
Tulpspitze
3054 m
Schernerskopf
3033 m
Kreuzspitze
3155 m
Ht. Sajatkopf
3098 m
Sajathütte
2575 m
Vd. Sajatkopf
2915 m
Defregger Haus
Mullwitzköpfl
Kapunitzköpfl
Dorferalm
Kleiner Happ
Äußeres Mullwitzkees
Stein am Ferner
Glexenköpfe
Frosnitztörl
Weißspitze
Wallhorntörl
Zettalunitzkees
Gastacherwände
Türmljoch
Niklaskogel
Zopetspitze
Kleinitzalm
Eisseehtt.
Eissee
Schlüsselspitze
Gumpachkreuz
Knappenkopf
Sajatscharte
Rote Säule
Wunspitz
Sajatmähder
Finsterwitzkopf
Venediger-Höhenweg
Wallhorner Mähder
Bodenalm
Angstingeralm
Görtacher Alm
Stabanthütte
Dorfer mähder
Maureralm
Hinterbichl
Oberbichl
Bichl
Walthorn
Isel
Bühnrogköpfl
Prägraten
am Großvenediger
Kohlröserlwiese
Stockachalm
Zopatnitzenalm
Berger Alm
Marcher Alm
Toinigspitze
1 km

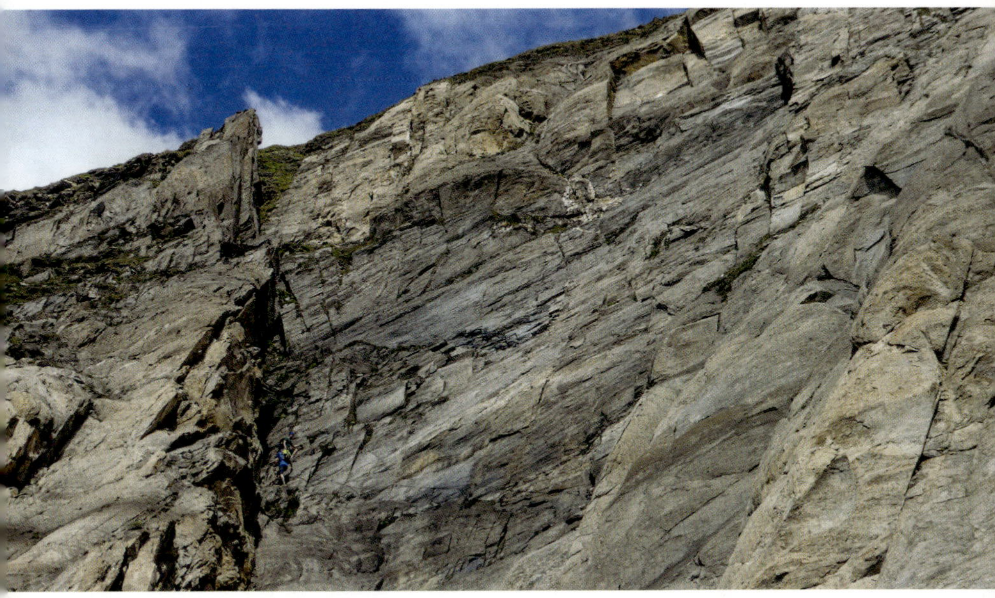
Stahlseilpassagen bilden die Schlüsselstellen am Weg zum Schernerskopf bzw. der Kreuzspitze.

wiesenen Wanderparkplatz unterhalb der Bodenalm folgen (ca. 1670 m, Parkgebühr).
Öffi-Tipp: Mit Bus geht's nur bis zur Haltestelle in Wallhorn. Von dort entweder langatmig zu Fuß bergwärts zur Kapelle, wo man über Waldsteige zur Bodenalm vordringt. Oder Auffahrt zum Parkplatz Bodenalm mittels Hüttentaxi. Infos unter www.vvt.at bzw. www.huettentaxi.at
Hüttenzustieg: Vom Parkplatz marschiert man über den breiten Schotterweg, der mehrmals abgekürzt werden kann, nach Nordwesten zur Bodenalm (1948 m). Sie markiert den Eingang ins Timmeltal und befindet sich auf einer Hangterrasse.
Hinter der Hütte am Güterweg entlang, bis man zu einer Verzweigung kommt, wo man idealerweise nicht den rechten Bergpfad nimmt, sondern am Güterweg (kurz absteigend) ins Timmeltal vordringt. Dieses wird schließlich über ostseitige Grasflanken verlassen, ehe man über einen Zubringersteig im Bereich von 2300 m an einer Geländekante auf den Venediger Höhenweg trifft (Tafeln).
Dreitausender-Aspiranten, die das Gipfelensemble um die Sajathütte gegen den Uhrzeigersinn überschreiten möchten, können dort schon zum Sajatkopf aufsteigen und sich so den weiteren Anstieg zur Sajathütte ersparen. Alle anderen wandern von der zuvor erwähnten Geländekante abschließend über den aussichtsreichen Venediger Höhenweg durch die Sajatmähder der Hütte entgegen.

Talort/Ausgangspunkt	Prägraten/Wallhorn (1670 m)
Höhenunterschied	900 Hm
Aufstiegszeit	3½–4 Stunden
Strecke im Aufstieg	ca. 6,5 km
Hütten/Einkehrmöglichkeit	Bodenalm

Gipfelanstiege

Von der Sajathütte (2575 m) leiten Wegtafeln nach Norden über den Tanzboden in das sandige Sajatkar, wo man den Schuttsteig bis

zur sperrenden Felswand zwischen Schernerskopf und Kreuzspitze verfolgt. Die Schlüsselstelle bildet eine Stahlseilpassage, die sich geschickt entlang von Felsbändern durch eine Art breite Rissverschneidung zur abgerundeten Kammlinie windet. Einstieg ungefähr bei 2800 m. Achtung, das Seil ist im Kammbereich nicht durchgängig. Trittsicherheit erforderlich. Ebenso ist auf Steinschlag zu achten, insbesondere wenn sich mehrere Personen in der Passage aufhalten.
Über den breiten Südwestkamm geht es in zunehmender Steigung entlang weiterer Stahlseile unterhalb des Schernerskopfs vorbei in einen breiten Sattel. Der Schernerskopf ist von dort in wenigen Minuten in einer westlichen Querung (Schutt) unschwierig zu ersteigen. Für Dreitausendersammler interessant: Der Gipfelsteinmann ist falsch positioniert. Der höchste Punkt befindet sich laut Karte und GPS westlich davon.
Für die Kreuzspitze marschiert man nun entlang der Kammlinie, gut markiert, nach Osten, bis man kurz unterhalb des Gipfels auf einen von der Tulpscharte heranführenden Flankensteig trifft, der aber bei diesem Anstieg keine Relevanz hat (außer man möchte zur Johannis- bzw. Eisseehütte absteigen). Abschließend unschwierig im mürben Gestein zum Gipfel mit großem Kreuz und Wetterstation. Für das Gros der Kreuzspitzenbesteiger ist hier das eigentliche Tourenziel erreicht. Der Abstieg erfolgt in der Regel wieder über denselben Weg.
Wie eingangs erwähnt, können Dreitausendersammler aber auch noch den Hinteren Sajatkopf ersteigen. Es besteht die Möglichkeit, die Überschreitung von der Kreuzspitze absteigend nach Süden fortzusetzen. Eine ausgesetzte Stelle wird gleich nach der Wetterstation mittels Stahlseil an der Ostseite umgangen, ehe man auf die der Sajathütte zugewandte Gratseite wechselt. Dort sind schräge Platten und Risse abkletternd zu überwinden (II). Die Passage ist nur dürftig markiert, Orientierungssinn und Vorsicht sind geboten. In weiterer Folge wechselt die Farbe des Gesteins von gelben Bratschen in grünen Serpentin und man erreicht den sandigen Gipfel des Hinteren Sajatkopfs (3098 m).
Im weiteren Verlauf in abnehmender Schwierigkeit zuerst direkt auf der abgerundeten Gratkuppe, dann immer an der linken (ostseitigen) Kammlinie mit Trittsicherheit abwärts zum großen Kreuz auf dem Vorderen Sajatkopf (2915 m). Achtung, Felsgelände. Stahlseile fehlen. Über weitere Felsstellen (I–II) geht es schließlich abwärts, bis sich der Grat im Wiesengelände verliert und man zu einem markanten Kammrücken am Venediger Höhenweg kommt, wo man entweder rechts nach Westen zurück zur Sajathütte wandern oder über das Timmeltal zur Bodenalm absteigen kann.
Hinweise: Wer nur den Hinteren Sajatkopf besteigen will, ist generell mit dem Anstieg über die Bodenalm und dem Aufstieg über den Südostkamm zum Vorderen und Hinteren Sajatkopf am besten beraten (schnellster Zugang). Klettertechnisch gesehen, ist der Weiterweg zu Kreuzspitze und Schernerskopf, also eine Besteigung der Gipfel gegen den Uhrzeigersinn, fast die bessere Variante, ist dann doch das heikle Gratstück zwischen den Sajatköpfen und der Kreuzspitze im Aufstieg zu bewältigen. Hierzu muss nicht zwingend über die Bodenalm aufgestiegen werden.
Man kann auch von der Sajathütte über den Venediger Höhenweg nach Osten bis zur erwähnten Geländekante ansteigen, wo Tafeln bergwärts leiten.

Ausgangspunkt	Sajathütte
Höhenunterschied	580 Hm (bis Kreuzspitze)
Aufstiegszeit	2½ Stunden bzw. 3 Stunden (mit Hinterem Sajatkopf)
Strecke im Aufstieg	1,5 km (bis Kreuzspitze), 1,8 km (mit Hinterem Sajakopf)
Kletterschwierigkeit	I (Schernerskopf und Kreuzspitze) bzw. I–II (Hinterer Sajatkopf)
Besondere Gefahren	Absturzgefahr, Steinschlag

Tulpspitze 3054 m

31

Unscheinbarer Gipfel mit langem Zugang

Die Tulpspitze ist ein recht unauffälliger Berg, wird sie doch im Süden von der alles dominierenden Kreuz- bzw. im Norden von der markanten Zopetspitze überstrahlt. Die Besteigung dieses kegelförmigen Schuttgipfels über den Normalweg gestaltet sich unschwierig, verlangt jedoch eine gute Kondition. Wer die Tulpspitze als Abstecher im Zuge einer Begehung des Venediger Höhenwegs mitnehmen will, findet sich an dem in der Zopetscharte fußenden Nordgrat wieder. Mit einer Stahlseilpassage ist dieser gar nicht so leicht, wie man zunächst vermuten könnte. Und wer gänzlich auf Schusters Rappen zum Berg vordringen will, wird sich langen Talzugängen gegenübersehen. Am schnellsten ist der Berg von der Johannishütte im imposanten Dorfertal zu erreichen, die mittels Hüttentaxi angefahren werden kann (siehe Karte S. 108). Das verkürzt die Tour erheblich.

Anfahrt: Von Lienz über die B 108 ins Iseltal bis Matrei, wo man die südseitige Umgehungsstraße ins Virgental nimmt und weiter über Prägraten bis Hinterbichl fährt. 500 m nach dem westlichen Ortsende rechts ins Dorfertal zum ausgewiesenen, gebührenpflichtigen Wanderparkplatz fahren (1480 m).

Öffi-Tipp: Mit dem Bus kann nur bis Hinterbichl gefahren werden. Hier empfiehlt es sich, das Venediger Taxi zu nehmen. Infos unter vvt.at bzw. www.huettentaxi.at

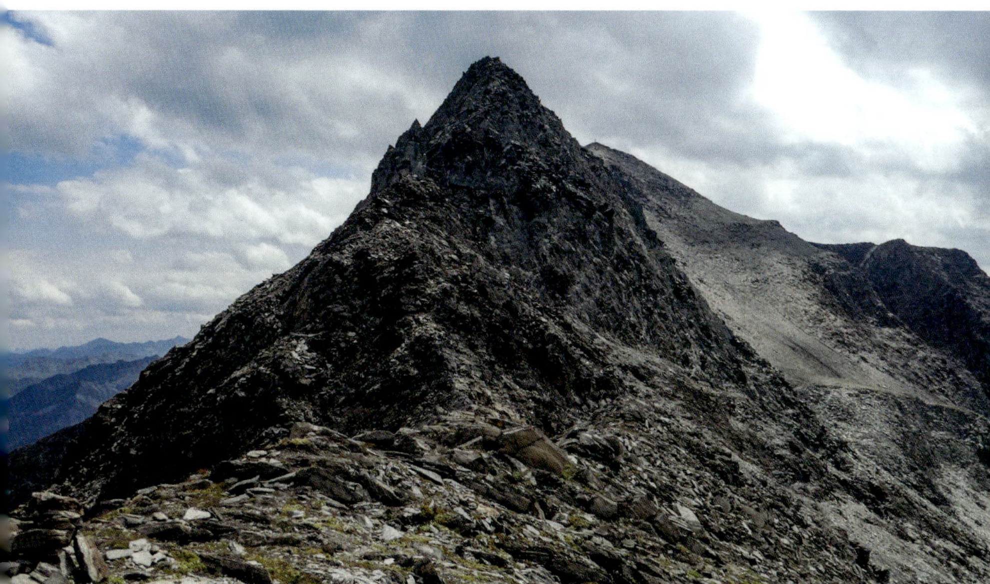

Brüchig und mit ein paar Stahlseilen entschärft führt der Nordgrat von der Zopetscharte auf die Tulpspitze.

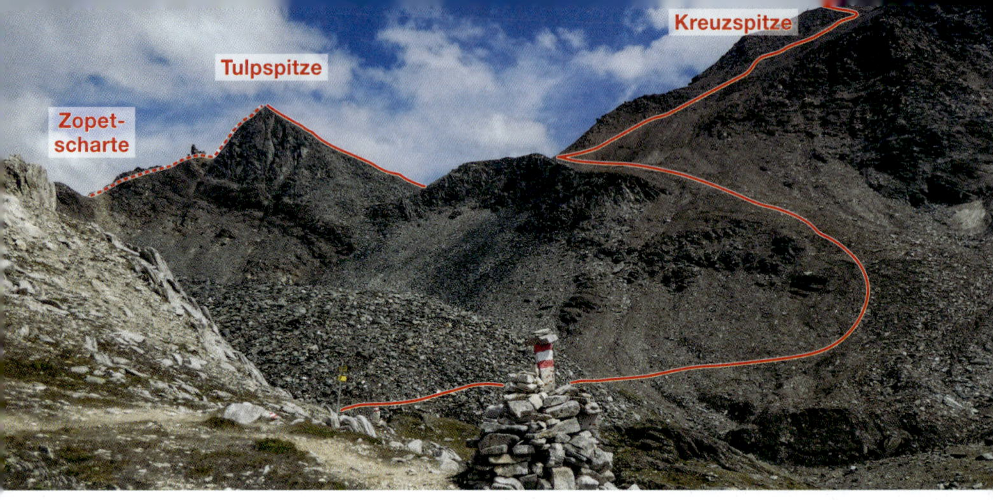

Die Tulpspitze mit dem Normalweg in Bildmitte. Punktiert eine Gratvariante für Geübte. Über Schuttsteige (rechts) ist es möglich, auf die Kreuzspitze zu steigen.

Route: Der Anstieg durch das Dorfertal ist unschwierig und landschaftlich eindrucksvoll, sollte aber zeitlich nicht unterschätzt werden. Vom Parkplatz Nähe Wiesenkreuz (1480 m) nützt man nur kurz die Schotterstraße, ehe man nach der Brücke über den Dorferbach gelben Tafeln nach Norden in den Bergwald folgt und so den etwas weit ausholenden Fahrweg abkürzt. Nach ca. 1 km kommt man wieder auf die Straße und folgt dieser, die schöne Bogenbrücke links liegen lassend, zum markanten Steinbruch, der links umgangen wird. Weiter im Bachgraben bzw. durch Grasflanken abermals zum Fahrweg, der – vorbei am auffallenden Gumbachkreuz (1991 m) – bis zur Johannishütte (2116 m) genützt wird. Direkt bei der Hütte hält man sich nun nach Südosten in westseitige, sich aufsteilende Bergflanken. Gut markiert geht es schließlich Richtung Zopetscharte, wo man bei ca. 2450 m zu einer Verzweigung kommt. Hier gilt es, den linken Wegast zu nehmen und nicht zur Sajatscharte aufzusteigen. Weiter nach Osten in das Hochkar zwischen Zopet-, Tulp- und Kreuzspitze, wo man bei knapp 2700 m zur nächsten wichtigen Verzweigung kommt. Hier folgt man dem Steig nach Südosten in die breite Scharte zwischen Tulp- und Kreuzspitze (Tulpscharte, 2944 m). Über einen breiten, südwestgerichteten Blockrücken geht es unschwierig zum Gipfel.

Hinweise: Aus dieser Scharte lässt sich die südlich gelegene Kreuzspitze (3155 m) ebenfalls unschwierig über ihre schuttige Nordwestflanke ersteigen.

Die Tulpspitze kann von Trittsicheren auch über ihren turmbewährten Nordgrat erstiegen werden. Hierzu folgt man von der zuvor erwähnten Abzweigung bei 2700 m dem Pfad nach Osten in die breite Zopetscharte (2951 m), wo man der ausgesetzten, anfangs etwas brüchigen Gratlinie zu einem markanten Felsturm folgt, der westseitig umgangen wird. Nicht durchgehende Stahlseilpassagen leiten im weiteren Verlauf zum höchsten Punkt. Als Abstieg ist der Rückweg über den Normalweg klar zu empfehlen.

Talort/ Ausgangspunkt	Prägraten/Dorfertal – Wiesenkreuz (1480 m)
Höhenunterschied	1570 Hm
Aufstiegszeit	5–6 Stunden
Strecke im Aufstieg	ca. 8 km
Kletterschwierigkeit	keine, I–II am Nordgrat
Besondere Gefahren	Absturzgefahr und Steinschlag am Nordgrat

Weißspitze 3300 m

32

Großartig und vielbesucht

Nördlich der Ortschaft Prägraten zieht das Timmeltal in Richtung der vergletscherten Venedigergruppe. In seinem Talschluss befindet sich eine Reihe schöner Dreitausender, die durch relativ leichte Gipfelanstiege sommers wie winters zahlreiche Bergsteiger anlocken.

Hauptziel ist sicherlich die bekannte Weißspitze, ein breites Felsbollwerk oberhalb des Garaneberkeeses. Sie ist für Trittsichere aus dem Wallhorntörl unschwierig ersteigbar, verlangt jedoch, wenn man vom Wanderparkplatz unterhalb der Bodenalm aufsteigt, eine gehörige Portion Kondition. Dasselbe gilt auch für die in weiterer Folge beschriebenen Nachbar-Dreitausender, wie Seeköpfe und Kleiner Hexenkopf. Als Stützpunkt bzw. Etappenziel dient die kleine, aber feine Eisseehütte, auf der Kleinitzalm unterhalb des viel besuchten Eissees gelegen.

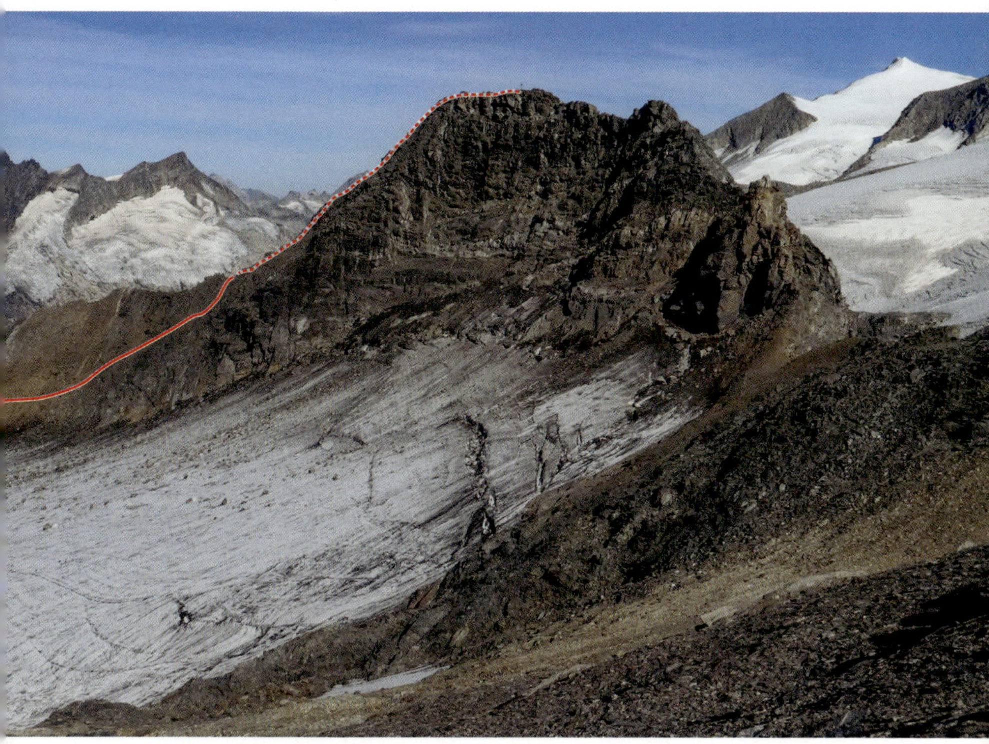

Vom Vorderen Seekopf blickt man über die Reste des Garaneberkeeses zum Gipfelanstieg der Weißspitze. Links dahinter der Große Geiger, rechts der Großvenediger.

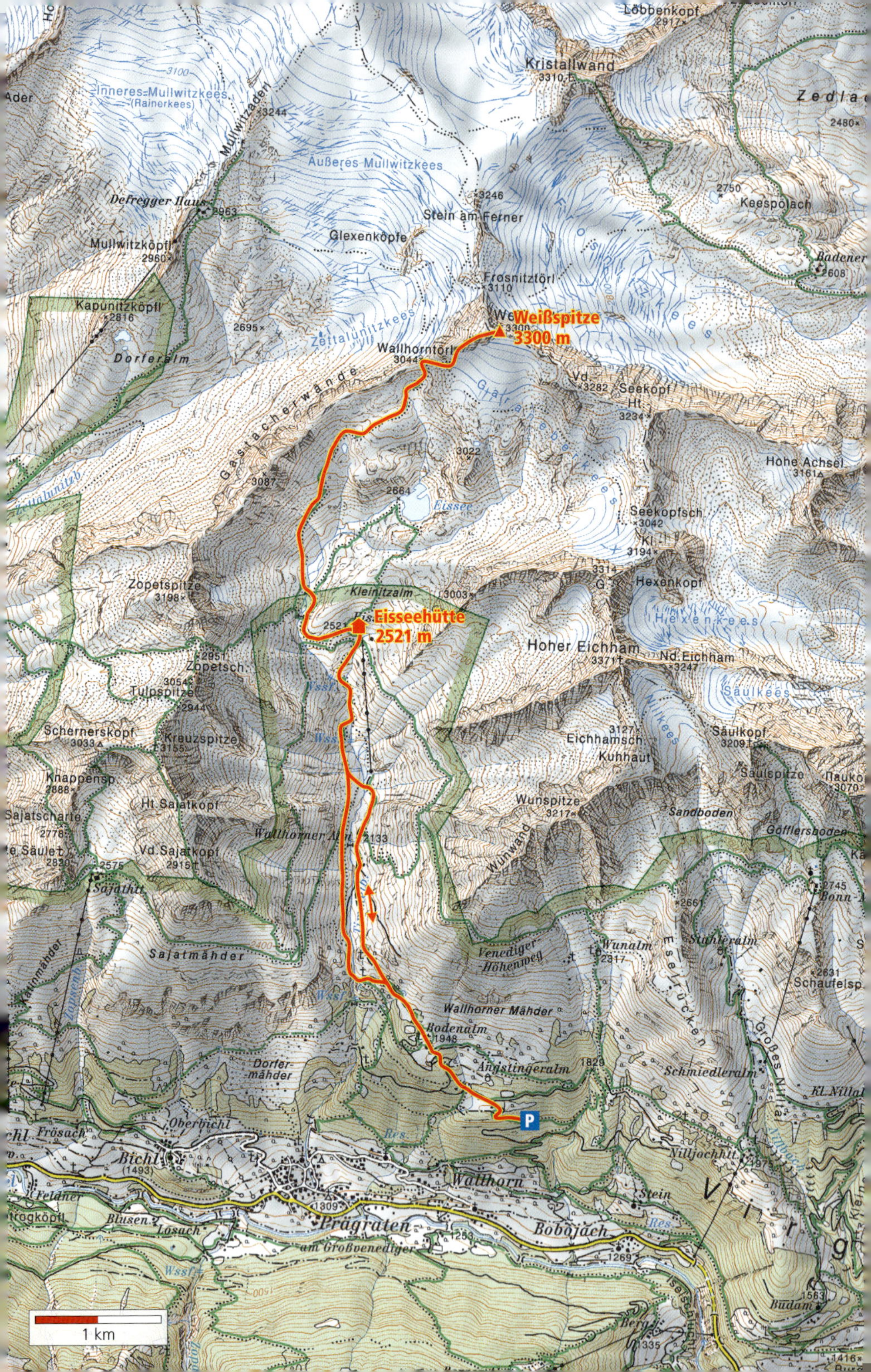

Weißspitze
3300 m
Eisseehütte
2521 m
1 km

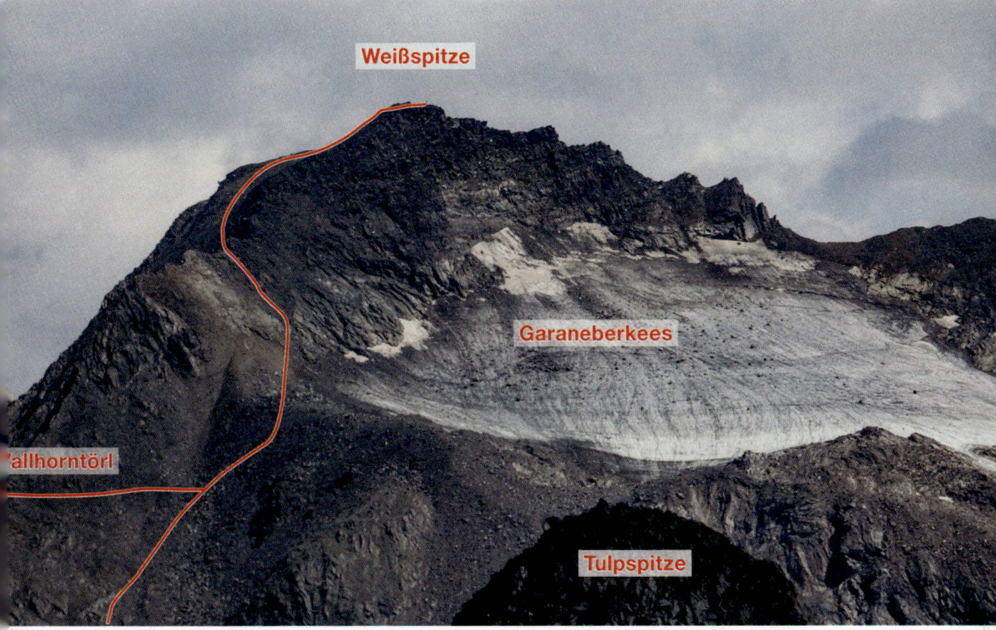

Über die Tulpspitze hinweg geht der Blick auf die Weißspitze mit den Resten des Garaneberkeeses.

Anfahrt: Von Lienz über die B 108 ins Iseltal bis Matrei, wo man die südseitige Umgehungsstraße ins Virgental nimmt. Kurz vor Prägraten in der Fraktion Wallhorn nach rechts abbiegen und der Beschilderung zum ausgewiesenen Wanderparkplatz unterhalb der Bodenalm folgen (ca. 1670 m, Parkgebühr).

Öffi-Tipp: Mit dem Bus geht's nur bis zur Haltestelle in Wallhorn. Von dort entweder langatmig zu Fuß bergwärts zur Kapelle, wo man über Waldsteige zur Bodenalm vordringt. Oder Auffahrt zum Parkplatz Bodenalm mittels Hüttentaxi. Infos unter www.vvt.at bzw. www.huettentaxi.at

Hüttenzustieg: Vom Parkplatz marschiert man über den breiten Schotterweg, der mehrmals abgekürzt werden kann, nach Nordwesten zur Bodenalm (1948 m). Sie markiert den Eingang ins Timmeltal und befindet sich auf einer Hangterrasse. Hinter der Hütte dem Güterweg entlang, bis man zu einer Verzweigung kommt, wo man über einen Wiesensteig ins Timmeltal vordringt, falls man keine Lust mehr auf den Fahrweg hat. Ansonsten über die Straße kurz absteigend weiter, bis sich die beiden Anstiege im Bereich der Talstation der Materialseilbahn wieder treffen (Tafeln beachten). Im weiteren Verlauf links des stiebenden Timmelbachs durch ostseitige Grasflanken aufwärts, ehe man bei 2250 m den Bach quert und über Muldengelände gemütlich zur schon von Weitem erkennbaren Eisseehütte (2521 m) aufsteigt.

Talort/Ausgangspunkt	Prägraten/Wallhorn (1670 m)
Höhenunterschied	850 Hm
Aufstiegszeit	3½ Stunden
Strecke im Aufstieg	ca. 5 km
Hütten/ Einkehrmöglichkeit	Bodenalm

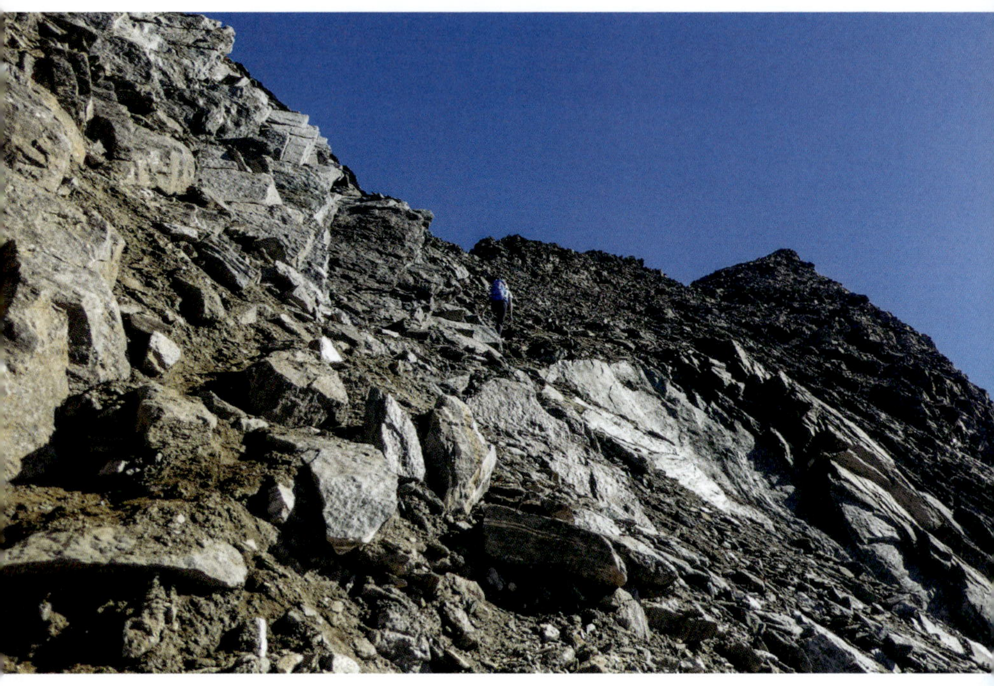

In der steilen, schuttigen Gipfelflanke.

Gipfelanstieg: Von der Eisseehütte (2521 m) folgt man dem markierten Bergpfad nach Westen um eine Geländekante herum, wo sich das Tal öffnet. Wegtafeln leiten im weiteren Verlauf über den Bach und in nördlicher Richtung weiter in ostseitige Bergflanken, bis man in angenehmer Steigung unter den Gastacher Wänden in ein verstecktes Hochkar unterhalb des Wallhorntörls aufsteigt. Dieses stellt einen versicherten, aber vergletscherten Übergang zum Defreggerhaus dar.

Über Schuttserpentinen ins Törl links der Weißspitze (3044 m), wo die Markierung endet. Von dort nützt man Steigspuren nach Osten, die über eine Schuttrinne auf eine Geländekante führen, hinter der sich das Garaneberkees verbirgt. Das Wallhorntörl kann sogar ausgelassen werden, wenn man unterhalb schon über Steigspuren in die Schuttrinne aufsteigt. Vom Rand des Garaneberkeeses mit Trittsicherheit in die steile, schuttige Südseite der Weißspitze, die über einen sandigen Flankensteig durchmessen wird (I, Steinschlag).

Man erreicht Blockgelände, das in einen Gratsattel westlich des Gipfels leitet. Von dort geht es abschließend unschwierig auf der Rückseite (Nordwesten) zum waagrechten, breiten Gipfel mit Kreuz.

Hinweis: Es ist auch möglich, die Weißspitze über die Seewandspitze (auch Garaneberkopf) zu besteigen. Siehe dazu Tour 36.

Ausgangspunkt	Eisseehütte (2521 m)
Höhenunterschied	780 Hm
Aufstiegszeit	3 Stunden
Strecke im Aufstieg	ca. 4 km
Kletterschwierigkeit	I
Besondere Gefahren	Steinschlag, Absturzgefahr

Vorderer Seekopf 3282 m

Hinterer Seekopf 3234 m

34

Zahme Felskuppen südöstlich der Weißspitze

Wenn man vom Gipfel der Weißspitze nach Südosten blickt, werden einem unweigerlich zwei abgerundete, aus Verwitterungsgestein bestehende Felskuppen ins Auge stechen. Sie werden als Seeköpfe bezeichnet und sind, abgesehen vom langen Zugang, relativ leicht zu ersteigen, insbesondere der Hintere Seekopf. Er trägt seit 2022 ein Gipfelkreuz. Die Besteigung der Seeköpfe kann von zwei Seiten durchgeführt werden. Idealerweise sollten aber immer beide im Doppelpack bestiegen werden, was eine aussichtsreiche, lohnende Überschreitung ergibt. Ob von Westen aus dem Garaneberkees aufsteigend oder von Süden über die Seekopfscharte, das Gelände ist immer weglos, also nicht markiert. Hier sind Orientierungssinn sowie Trittsicherheit gefragt, insbesondere wenn man vom Vorderen Seekopf auf das mehr und mehr abschmelzende Garaneberkees absteigt. Dort hat sich mittlerweile ungutes Schuttgelände aufgetan, was zur Vorsicht

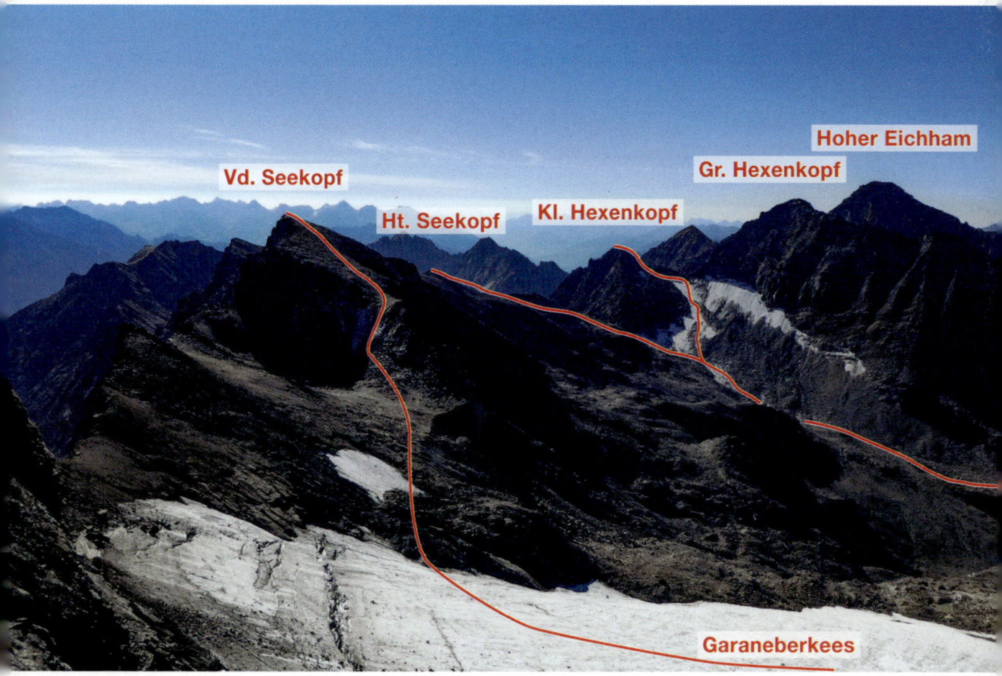

Blick auf den Vorderen Seekopf mit seiner Aufstiegs- oder Abstiegsvariante von bzw. auf das Garaneberkees.

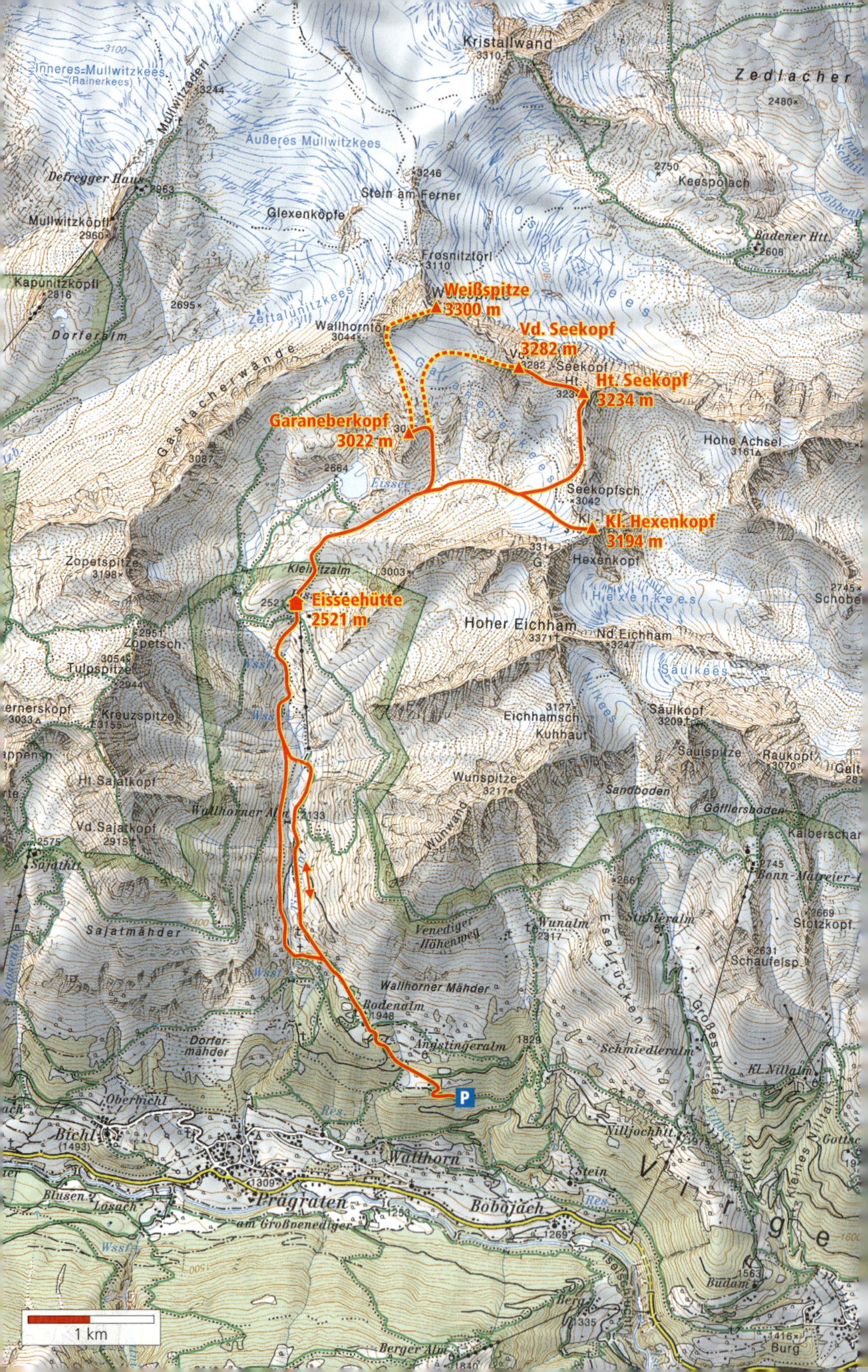

Weißspitze
3300 m
Vd. Seekopf
3282 m
Ht. Seekopf
3234 m
Garaneberkopf
3022 m
Kl. Hexenkopf
3194 m
Eisseehütte
2521 m
1 km

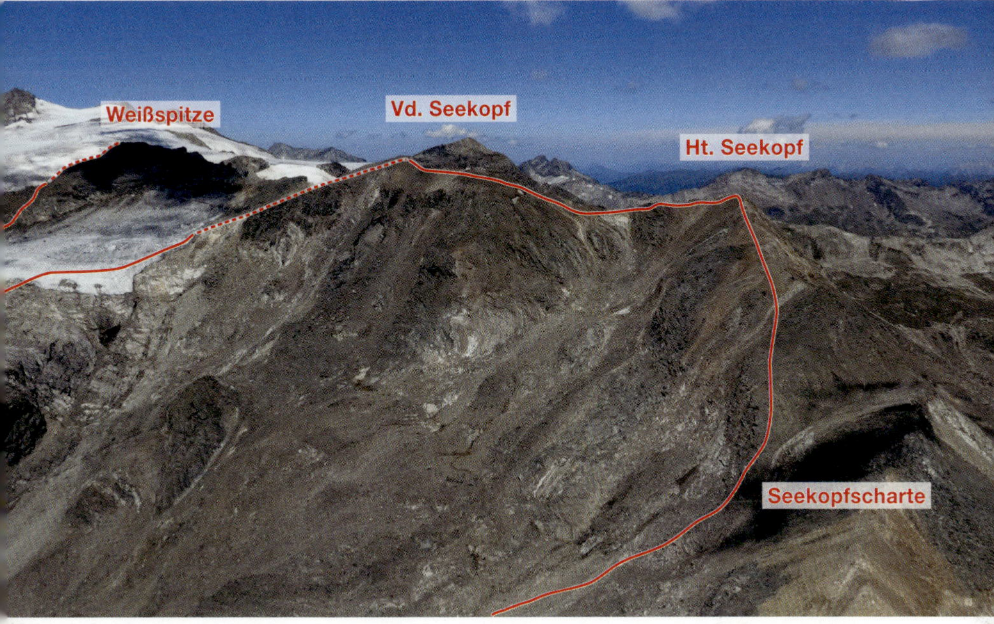

Vom Großen Hexenkopf öffnet sich ein wunderbarer Ausblick auf die etwas unscheinbar wirkenden Seeköpfe.

mahnt. Der Verbindungsgrat zwischen den beiden Gipfeln ist leicht und eröffnet ein traumhaftes Panorama auf die Venedigerkrone.

Anfahrt und Hüttenzustieg: siehe Tour 32, Weißspitze

Gipfelanstieg: Von der Eisseehütte (2521 m) in nördlicher Richtung über die Kleinitzalm zur Grubachhöhe, wo man in ein sich von Nordosten absenkendes Hochtal kommt. Während der Anstieg zum sich hinter einer Moräne verbergenden Eissee weiter nach Norden verläuft, hält man sich durch das Hochtal im Bereich eines Gletscherbachs gen Osten in einen großen Bergkessel. Dieser wird vom Kleinen Hexenkopf und den Seeköpfen östlich begrenzt. Es ergeben sich nun zwei Möglichkeiten für die Überschreitung.

Die schönere Variante überquert die Seeköpfe gegen den Uhrzeigersinn. Dazu geht man zunächst weiter entlang der Talsohle ostwärts. Man peilt über wegloses, aufsteigendes Schuttgelände die Hintere Seekopfscharte (3042 m) an, die aber nicht zur Gänze betreten werden muss. Es kann schon etwas unterhalb über Blockhalden der Südrücken anvisiert werden, um so den ersten Gratverlauf abzukürzen.

Weiter, den günstigsten Weg suchend, über den Geländepunkt 3157 m hinweg, am breiten Kammverlauf zum Hinteren Seekopf (3234 m, Kreuz). In weiterer Folge entlang der Gratlinie bzw. leicht links davon im Verwitterungsgestein nach Westen zur breiten Kuppe des Vorderen Seekopfs (3282 m), die einen wunderbaren Ausblick auf die Weißspitze mit dem sterbenden Garaneberkees freigibt.

Der Abstieg erfolgt entweder auf gleichem Weg retour oder über eine breite, aber nicht wenig steile Mulde auf den Eisrest des Garaneberkeeses, der die eine oder andere Spalte aufweisen kann. In einem Bogen darüber

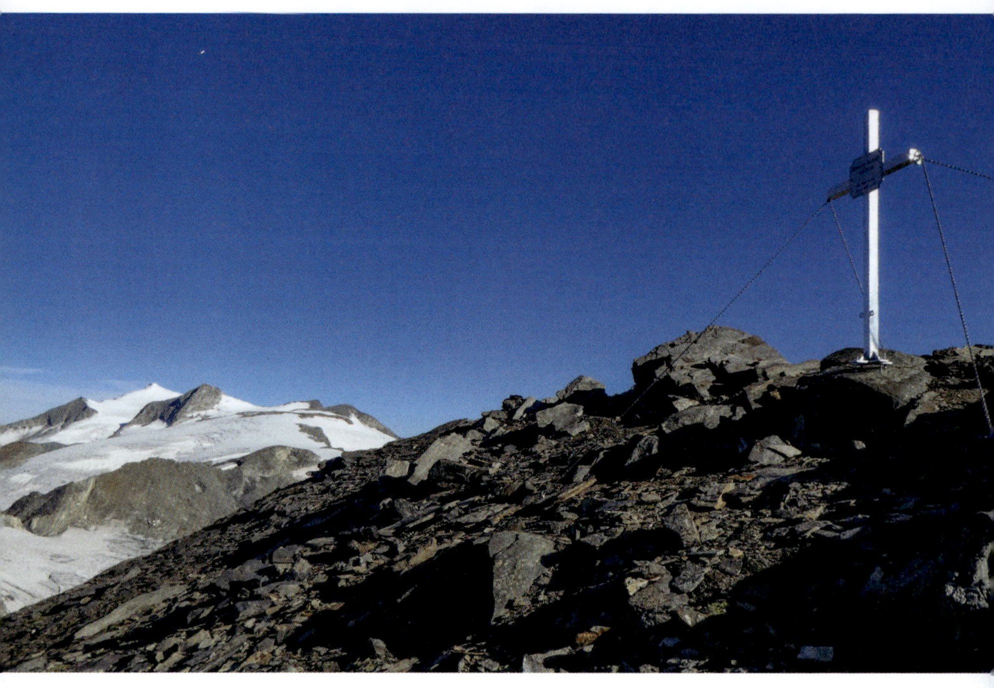

Das neue Kreuz am Hinteren Seekopf, im Hintergrund zeichnet sich der Großvenediger ab.

hinweg zum westlichen Ende, wo man in südlicher Richtung durch Gletscherschliffgelände eine breite Schuttrinne anpeilt, die links der Seewandspitze (auch Garaneberkopf genannt) talwärts zieht (Orientierungssinn). Dort trifft man auf den zur Seewandspitze führenden Steig (rote Punkte).

Die zweite Möglichkeit ist, die Runde im Uhrzeigersinn zu gehen. Dazu hält man sich aus dem Kessel entlang eines gut ausgetretenen, mit roten Punkten versehenen Schuttsteigs über eine Rinne in nördlicher Richtung bergwärts und steigt anschließend über Felsen- und Gletscherschliff zum Beginn des Garaneberkeeses (Orientierung). Die zur Seewandspitze bzw. zum Garaneberkopf führende Markierung wird dabei nicht zum Ende verfolgt. Im weiteren Verlauf in einem Rechtsbogen über das Garaneberkees aufwärts zum breiten Gratrücken des Vorderen Seekopfs (3282 m). Dieser bildet eine Art Mulde, durch die in südöstlicher Richtung der Schlussanstieg zum runden Gipfel führt. Der weitere Kammverlauf zum Hinteren Seekopf mit markantem Kreuz (3234 m) ist unschwierig, man hält sich im Schutt rechts der Gratlinie (Steigspuren). Der Abstieg bedient sich nun des breiten Südrückens, der in der Seekopfscharte endet. Er kann aber in der Regel schon im Vorfeld in den darunter liegenden Bergkessel über Schutthalden verlassen werden.

Ausgangspunkt	Eisseehütte (2521 m)
Höhenunterschied	800 Hm
Aufstiegszeit	3½ Stunden
Strecke im Aufstieg	ca. 4 km
Kletterschwierigkeit	I
Besondere Gefahren	weglos, Gletscher
Besondere Ausrüstung	ev. Steigeisen für das Garaneberkees

Kleiner Hexenkopf 3194 m

35

Interessantes Felsdreieck mit markantem Eisfeld

Der Kleine Hexenkopf befindet sich als Art Rückfallkuppe am Nordostgrat des Großen Hexenkopfs, eines anspruchsvollen, neben dem Hohen Eichham gelegenen Dreitausenders im Timmeltal. Die Besteigung erweist sich für versierte Geher als unschwierig, führt aber durch wegloses Gelände und ist nicht markiert (Orientierungssinn). Weiters ist das Eisfeld des Garaneberkeeses unterhalb des Gipfels zu überschreiten, das je nach Jahreszeit ausgeapert sein kann, sprich, ungutes Schuttgelände freigibt und, speziell in den Morgenstunden, etwas eisig ist. Mit Trittsicherheit und Ausweichen in begleitende Schutthalden lässt sich diese Passage jedoch gut meistern. Hier ist allerdings auf Steinschlag zu achten. Durch Abschmelzprozesse können schon mal ganze Blöcke in Bewegung geraten. Seit 2021 trägt auch der Kleine Hexenkopf ein Gipfelkreuz.

Anfahrt und Hüttenzustieg: siehe Tour 32, Weißspitze und Karte S. 119.

Gipfelanstieg: Von der Eisseehütte (2521 m) in nördlicher Richtung über die Kleinitzalm zur Grubachhöhe, wo man in ein sich von

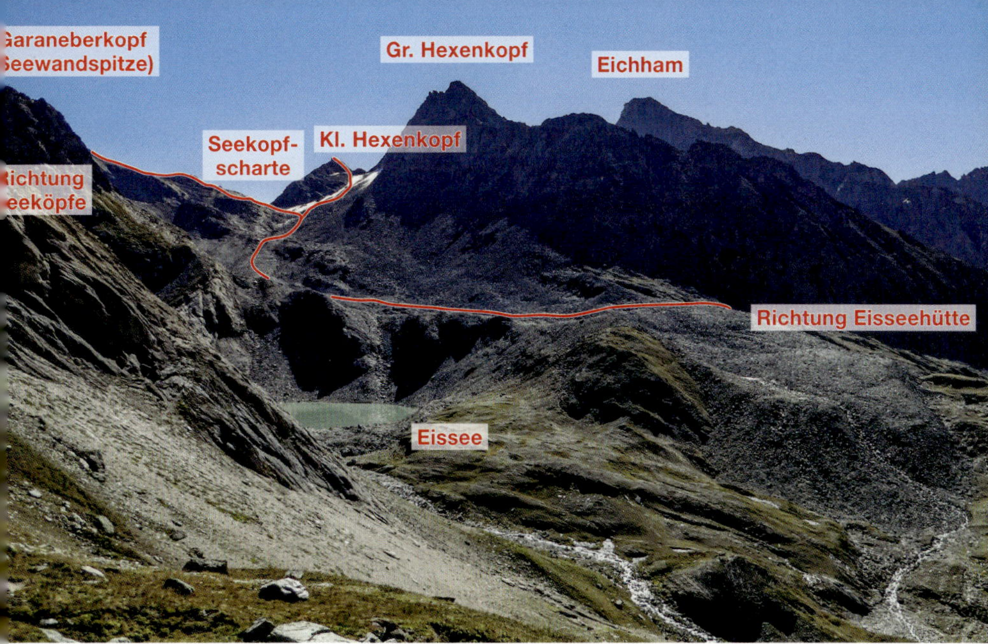

Klein und fast unscheinbar präsentiert sich der Kleine Hexenkopf am Horizont.

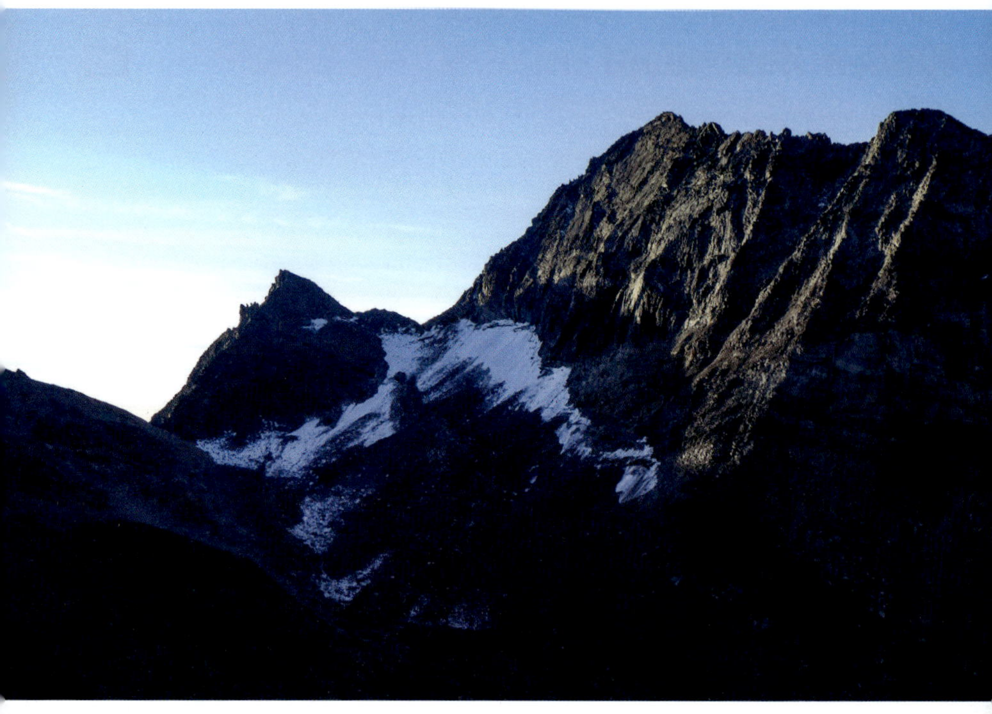

Kurz vor Sonnenaufgang am Weg zum Kleinen Hexenkopf (links). Rechts markant der Große Hexenkopf.

Nordosten absenkendes Hochtal kommt. Während der Wanderweg weiter nach Norden zum Eissee leitet, durchschreitet man das Hochtal gen Osten über Schuttgelände bergwärts. Rechts oberhalb erblickt man in weiterer Folge das markante Eisfeld unterhalb des spitzen Kleinen Hexenkopfs. Über gnadenlose Schutthalden heißt es nun bergwärts zu zielen, bevor man nach Südosten zum Garaneberkees gelangt. Dieses wird, so gut es geht, entweder in Blockhalden umgangen oder direkt, aber nicht zu steil Richtung Hexenkopfscharte (3144 m) verfolgt, die aber nicht zur Gänze betreten werden muss. Es kann schon im Vorfeld über Blöcke zur Westflanke des Tourenziels aufgestiegen werden, die unschwierig zum Gipfel leitet.

Ausgangspunkt	Eisseehütte (2521 m)
Höhenunterschied	670 Hm
Aufstiegszeit	2½ Stunden
Strecke im Aufstieg	ca. 3 km
Kletterschwierigkeit	I
Besondere Gefahren	weglos, Steinschlag
Besondere Ausrüstung	ev. Steigeisen für das Garaneberkees

Garaneberkopf 3022 m

36

Schöner Hüttendreitausender mit düsterer Westseite

Der Garaneberkopf bildet eine schroffe Erhebung nördlich des Eissees im Timmeltal. Die Gipfelkuppe ist der mächtigen Weißspitze südlich vorgelagert und befindet sich im Rückzugsgebiet des Garaneberkeeses. Auch wenn der Berg in der Alpenvereinskarte nur mit einer Höhenkote eingetragen ist, kann er als selbstständiger Dreitausender gesehen werden, werden doch die erforderlichen 30 Höhenmeter zur nächsten Scharte erreicht. Mittlerweile wurde auf dem unter 3000 m liegenden Vorgipfel (Seewandspitze) auch ein kleines, vom Eissee erkennbares Kreuz aufgestellt.

Die Besteigung von der Eisseehütte aus erweist sich als leicht und einladend, der Gipfel selbst offenbart einen wunderbaren Ausblick auf die umgebenden schroffen Dreitausender.

Anfahrt und Hüttenzustieg: siehe Tour 32, Weißspitze und Karte S. 119.

Gipfelanstieg: Von der Eisseehütte (2521 m) in nördlicher Richtung über die Kleinitzalm zur Grubachhöhe, wo man in ein sich von Nordosten absenkendes Hochtal kommt. Während der Anstieg zum sich hinter einer Moräne verbergenden Eissee weiter nach

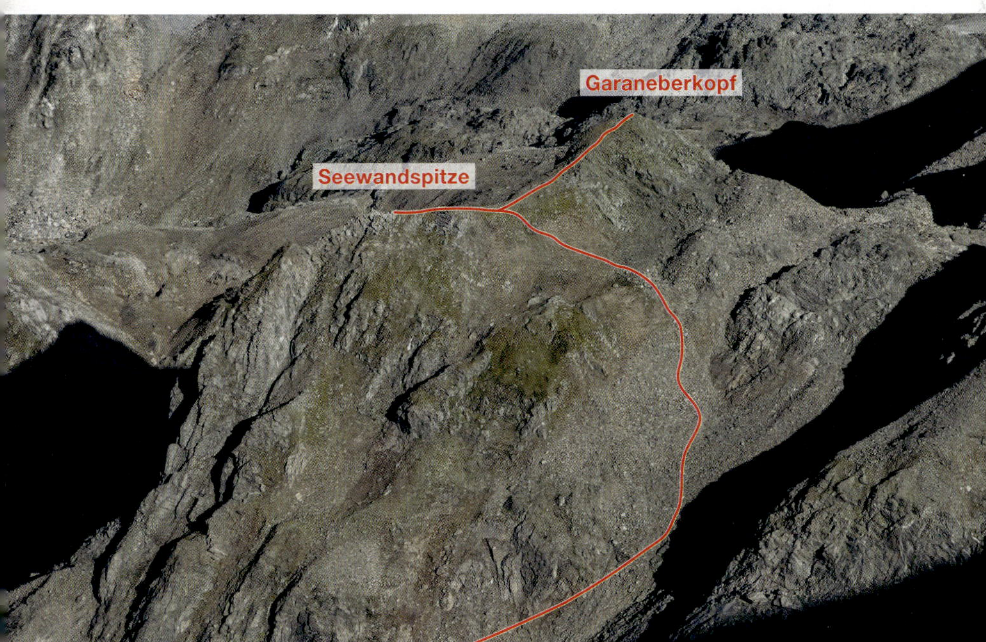

Der Garaneberkopf mit der vorgelagerten Seewandspitze, die das Kreuz trägt.

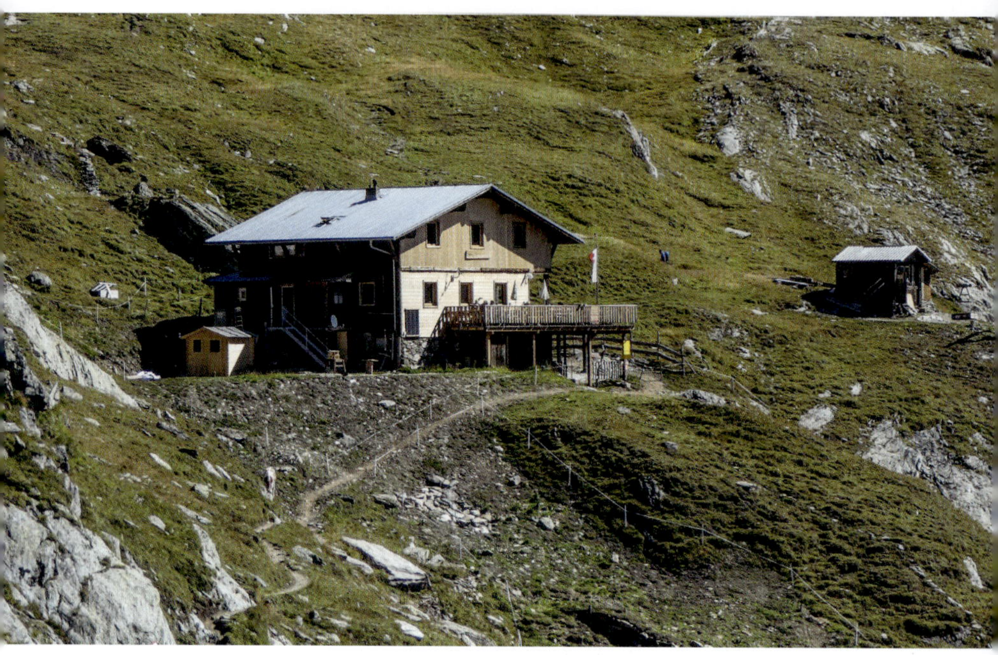

Die kleine, aber feine Eisseehütte auf der Kleinitzalm.

Norden verläuft, hält man sich durch das Hochtal im Bereich eines Gletscherbachs in nordöstlicher Richtung auf einem markierten Pfad taleinwärts.

Dieser Pfad wird in eine breite Schuttrinne nach Norden verfolgt, wo man in Serpentinen schnell an Höhe gewinnt. Im weiteren Verlauf in einer Querung nach Westen auf einen Kammsattel, wo man absteigend zur Seewandspitze gelangt (Kreuz, 2975 m). Sonst hält man sich rechts über den kurzen, unschwierigen Südgrat auf die breite Gipfelkuppe des Garaneberkopfs (3022 m).

Hinweise: Für Ambitionierte gibt es die Möglichkeit, über einen höckerartigen Felsrücken nach Norden zur Südflanke der Weißspitze zu gelangen. Dazu jenseitig hinab und immer über Gletscherschliffgelände eisfrei zum Gipfelaufbau.

Auch die Besteigung der Seeköpfe ist vom Garaneberkopf möglich. Aus dem Gletschervorfeld nördlich des Gipfels steigt man dazu nach Nordosten zu den Felskuppen.

Ausgangspunkt	Eisseehütte (2521 m)
Höhenunterschied	500 Hm
Aufstiegszeit	2 Stunden
Strecke im Aufstieg	ca. 2 km

Hoher Eichham 3371 m

37

Ein imposanter Kletterberg

Die markante Plattenpyramide des Hohen Eichhams beeindruckt durch ihre sonnhellen Felsabbrüche und zieht unweigerlich Blicke auf sich, wenn man auf den umliegenden Berggipfeln unterwegs ist. Vier scharf profilierte Grate stützen den Berg. Am Eichham-Nordgrat befindet sich mit dem Eichhamturm der am schwierigsten zu besteigende Dreitausender Osttirols. Die Schwachstelle des Berges bildet der zum Schluss exponierte Südgrat. Über diesen windet sich der „Normalweg" zum Gipfel mit Kletterstellen im II. Schwierigkeitsgrad. Als Stützpunkt dient die hochgelegene Bonn-Matreier Hütte. Wenn man die Tour mit Übernachtung plant, bieten sich nebenbei noch interessante Hüttengipfel an, die in den nachfolgenden Tourentipps beschrieben sind. Die Besteigung des Hohen Eichhams richtet sich an versierte, trittsichere Gratkletterer mit Orientierungsgefühl im Fels. Die Schlüsselstelle befindet sich direkt unterhalb des Gipfels, dort können Bohrhaken zur Sicherung verwendet werden. Stahlseile fehlen zur Gänze. Zwei Anstiegsmöglichkeiten gibt es zum Berg. Während Hüttenschläfer die Bonn-Matreier Hütte anpeilen, um über den Säulkopf zum Eichham vorzudringen, bietet sich für Tagesaspiranten als Abkürzung der direkte Zugang aus dem Sandboden, links des Nillbachs an, was den Umweg über die Bonn-Matreier Hütte und den Säulkopf erspart.

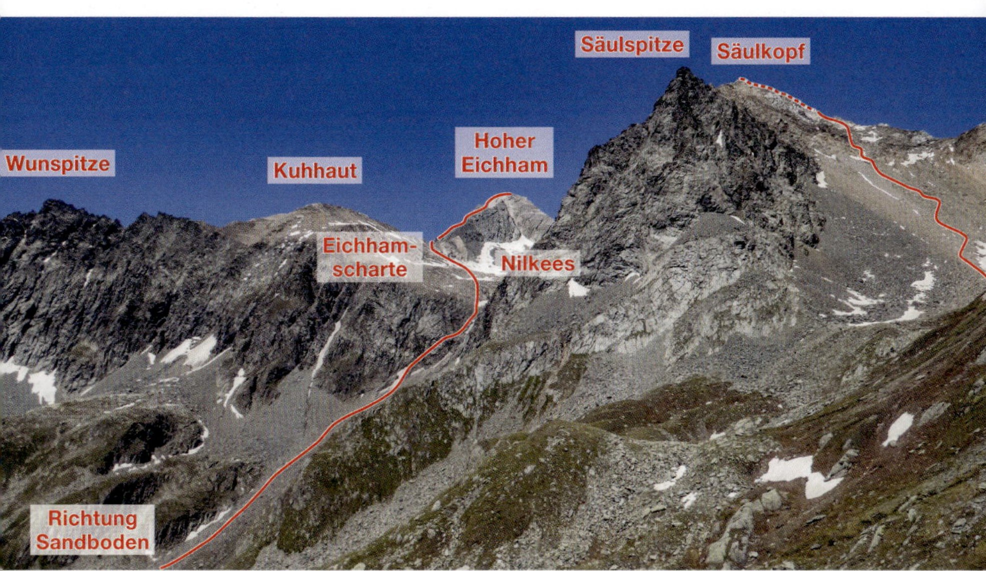

Blick auf den Anstiegsverlauf aus dem Sandboden, wenn man die Bonn-Matreier Hütte auslässt. Rechts die Variante über den Säulkopf bei eventueller Hüttennächtigung.

Anfahrt: Von Lienz über die B 108 ins Iseltal bis Matrei, wo man die südseitige Umgehungsstraße ins Virgental nimmt, um wenige Kilometer nach Virgen rechts nach Obermauern abzubiegen.

Etwas unübersichtliche Auffahrt durch den Ort entlang gelber Wegtafeln zum ausgewiesenen Wanderparkplatz (1460 m) für Besucher der Bonn-Matreier Hütte, der sich eine Kehre unterhalb des Weilers Budam

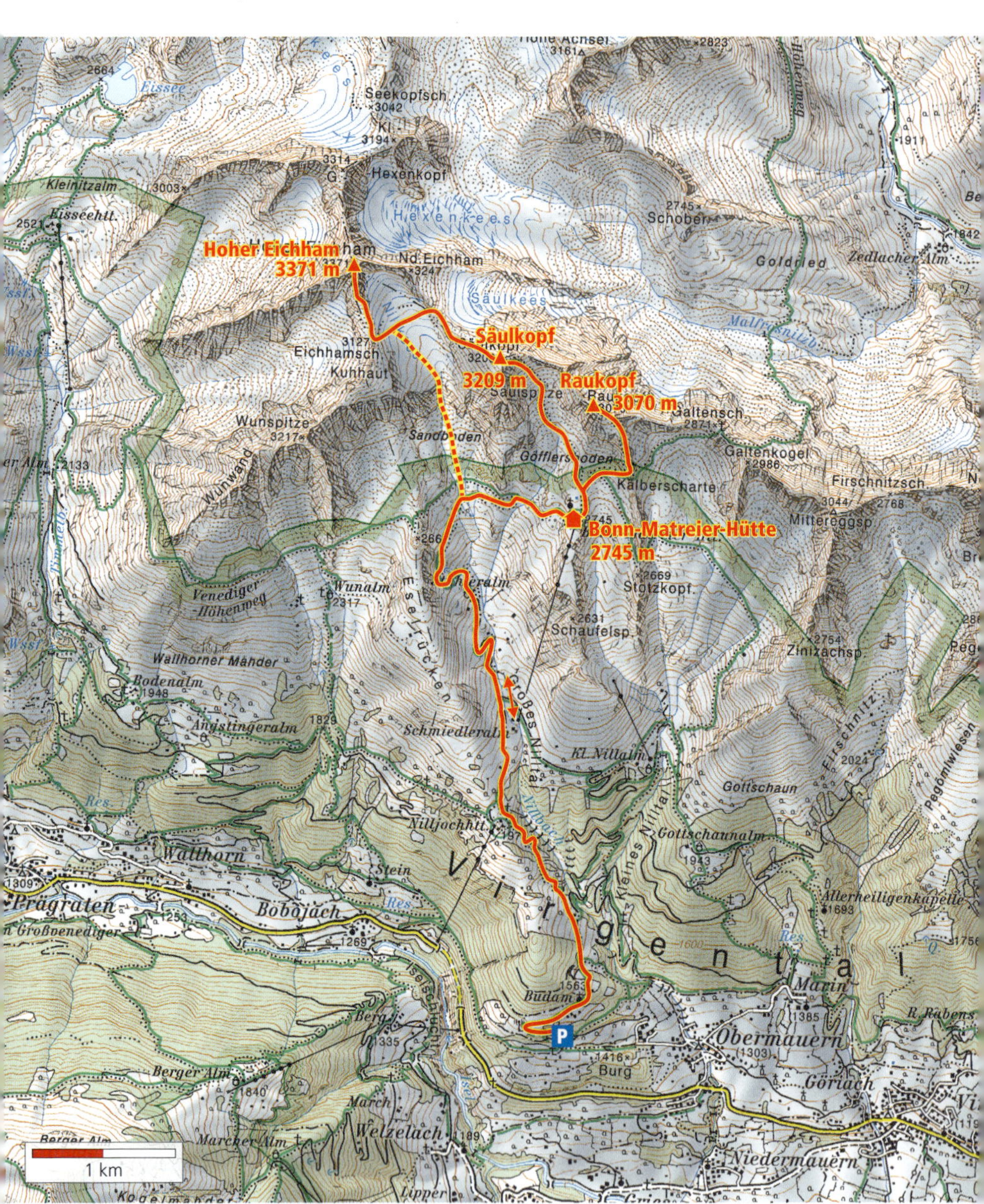

(1563 m) befindet. Bei den Gehöften gilt Parkverbot.

Öffi-Tipp: Der Bus bedient nicht die Fraktion Obermauern. Haltestelle an der nach Prägraten einwärts führenden Bundesstraße. Dann muss zu Fuß durch das schmucke Dorf aufgestiegen werden, was die Tour erheblich verlängert. Infos unter www.vvt.at

Hüttenzustieg: Vom kleinen Parkplatz (ca. 1460 m) folgt man ca. 600 m der Asphaltstraße bergwärts, bis diese bei den Gehöften endet. Nun über den Schotterweg, den gelben Wegtafeln folgend, nach Norden, bevor er bei einer Almhütte verlassen wird und man über sonnseitige Grasflanken in schönen Serpentinen zur Nilljochhütte aufsteigt, die links liegen gelassen wird (Tafeln). Im weiteren Verlauf kurz entlang der Betonstraße in die flache Talsohle des Großen Nilltals, wo man über den Schotterweg zur Stuhleralm (ca. 2280 m) wandert. Dort über den Bergpfad in einer großen Rechtsschleife in den Kessel nach Norden, ehe man in ansprechender Steigung nach Osten zur Bonn-Matreier Hütte (2745 m) steigt, die sich hinter einer Geländekante auf einem großen Kammrücken verbirgt.

Talort/Ausgangspunkt	Obermauern/Budam (1460 m)
Höhenunterschied	1290 Hm
Aufstiegszeit	4½ Stunden
Strecke im Aufstieg	ca. 6 km
Hütten/Einkehrmöglichkeit	Nilljochhütte

Gipfelanstieg: Von der Hütte (2745 m) wandert man über den ausgewiesenen Pfad entlang des Kammrückens nach Nordwesten in das Hochkar zwischen Säul- und Raukopf (Raukar). Aus dem flachen Göfflersboden am Fuße steiler Bergflanken muss in weiterer Folge im linken Teil über Schutthalden, gut markiert, in Serpentinen bis fast zu dem vom Säulkopf herabreichenden Ostgrat aufgestiegen werden. Eine seichte, brüchige Rinne (Stahlseil, Steinschlag) leitet abschließend auf die Kammlinie, wo man entlang von Seilen auf die Nordseite wechselt und im Zickzack zum breiten Kamm aufsteigt. Von dort unschwierig zum Gipfel des Säulkopfs (3209 m) mit großem Kreuz. Achtung auf Steinschlag in der zum Grat führenden Rinne.

In weiterer Folge über den abgerundeten Nordwestkamm, der zuerst direkt, später an der linken Seite (Südwest) anhand von Steigspuren begangen wird, in die Säulscharte (3080 m). Über steiles Schuttgelände muss dort in das Hochkar unterhalb des Eichhams abgestiegen werden (Steinschlag), bevor man anhand von gnadenlosen Schutthalden die Reste des Nillkeeses überwindet und genau gegenüber in südwestlicher Richtung über eine steile, sandige Rinne in die Eichhamscharte (3127 m) vordringt. Dort beginnen die Hauptschwierigkeiten.

Man folgt dem anfangs noch breiten Südgrat bergwärts, dessen Felsfarbe von Gelb nach Grün wechselt. Ein Doppelzacken wird rechts unterhalb (ostseitig) anhand von erdigen Bändern (Steinmännchen) umgangen, ehe man auf der Rückseite eine nahezu waagrechte, abgeplattete Gratschneide gewinnt. Diese wird an ihrem oberen Ende abkletternd (Bohrhaken) verlassen, bis man exponiert zu einem steilen Felsaufschwung kommt, der mittlerweile mit vier Eisenklammern entschärft ist. Er kann auch links über einen abdrängenden Riss umgangen werden, was früher Usus war. Abschließend zur kurzen gelben Gipfelwand. Sie wird von einem schuhbreiten, ausgesetzten Schrägriss von links nach rechts durchzogen, der sich nach oben hin verbreitert und zum Gipfel mit Kreuz leitet (II, Bohrhaken).

Ausgangspunkt	Bonn-Matreier Hütte (2745 m)
Höhenunterschied	1150 Hm (inkl. Gegenanstiege)
Aufstiegszeit	3½–4 Stunden
Strecke im Aufstieg	ca. 3 km
Kletterschwierigkeit	II
Besondere Gefahren	Absturzgefahr, weglos
Besondere Ausrüstung	ev. Seil und Klettergurt, um Ungeübte zu sichern

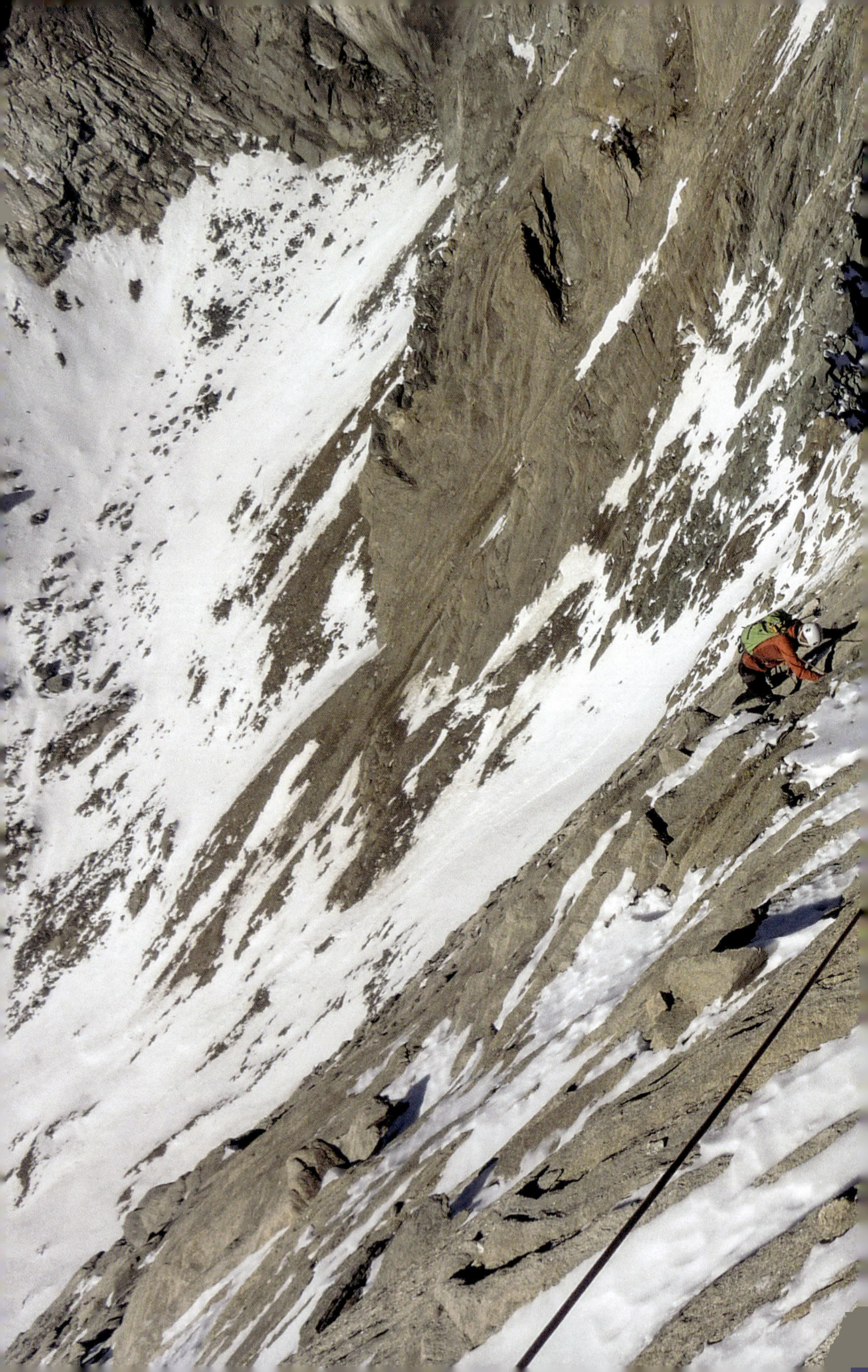

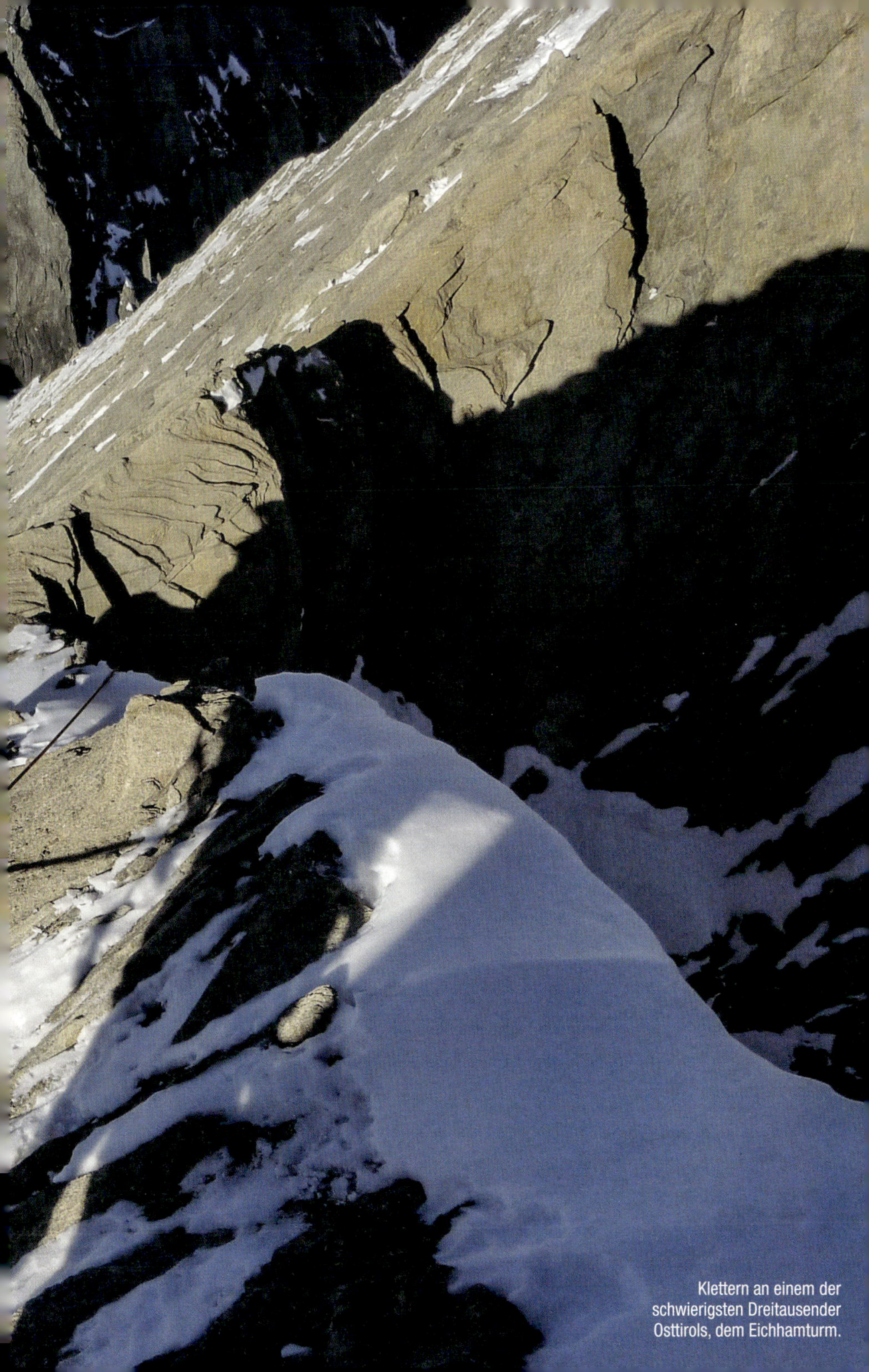

Klettern an einem der schwierigsten Dreitausender Osttirols, dem Eichhamturm.

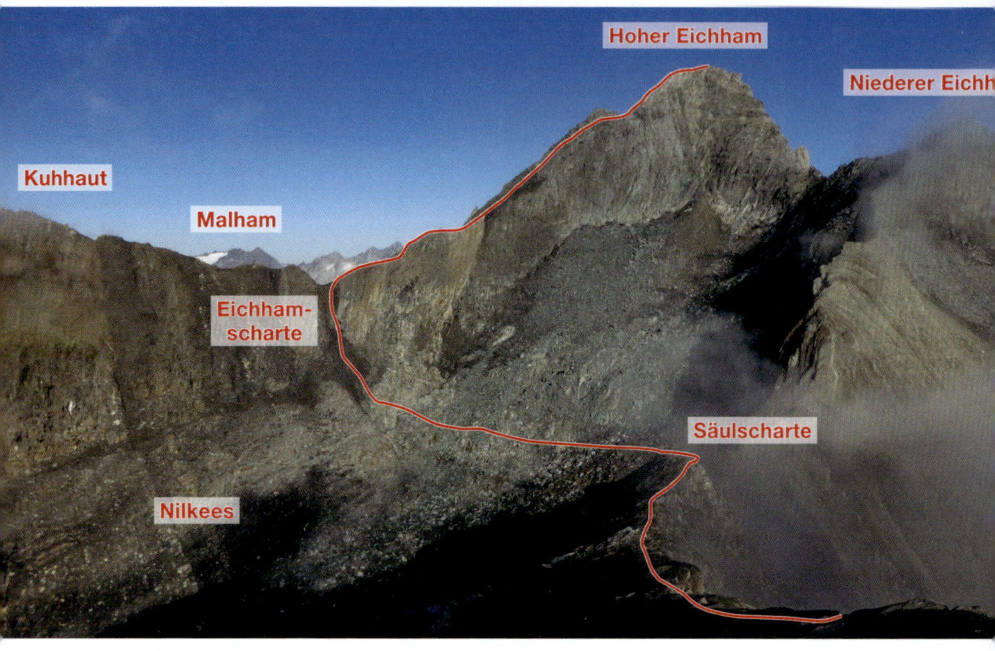

Bei einer Überschreitung des Säulkopfs muss auf die Reste des Nilkeeses abgestiegen werden, um gegenüber über eine Sandrinne den Gipfelgrat zu erreichen.

Direkter Zugang Hoher Eichham über Sandboden und Nillkees: Für Ortskundige bietet sich eine interessante Alternative an, um den Eichham ohne Umweg über den Säulkopf zu erreichen.

Man folgt von der Stuhleralm (2280 m) dem zur Bonn-Matreier Hütte führenden Bergpfad in das Hochkar bis ca. 2550 m, wo man diesen verlässt und nach Norden über den Sandboden entlang des Nillbachs zu jenem sperrenden Felsgürtel aufsteigt, aus dem der Gletscherbach herabkommt (Wegspuren, Steinmännchen). Der zur Eisseehütte führende Venediger Höhenweg wird dabei gequert. Am Fuß des Felsaufbaus vermittelt im linken Teil der Barriere eine Schrägrampe, die entweder direkt im schön gestuften Serpentin oder links in der begleitenden Rinne erklommen wird, den weiteren Aufstieg (I–II, Absturzgefahr). Mit zunehmender Höhe verflacht sich das Terrain und man erreicht das Hochkar unterhalb des Hohen Eichhams mit den Resten des Nillkeeses, wo sich die Zugänge zum Berg vereinen. Im weiteren Verlauf über gnadenlose Blockhalden bzw. über eine steile Sandrinne in die Eichhamscharte (3127 m) am Südgrat.

Talort/ Ausgangspunkt	Obermauern/Budam (1460 m)
Höhenunterschied	1910 Hm
Aufstiegszeit	6½ Stunden
Strecke im Aufstieg	ca. 6,5 km
Kletterschwierigkeit	II
Besondere Gefahren	Absturzgefahr, weglos
Hütten/ Einkehrmöglichkeit	Nilljochhütte
Besondere Ausrüstung	ev. Seil und Klettergurt, um Ungeübte zu sichern

Säulkopf 3209 m

38

Brüchiger Panoramagipfel nordwestlich der Bonn-Matreier Hütte

Der Säulkopf (Sailkopf) genießt eine gewisse Sonderstellung unter den Bergen rund um die Bonn-Matreier Hütte. Als Mitnahme-Dreitausender quasi geschenkt und fast „im Weg" stehend bei einer Eichham-Besteigung, ist er doch als selbstständiges Tourenziel zu bewerten. Er zählt neben dem Raukopf zu den relativ leicht erreichbaren Hüttendreitausendern, auch wenn der Anstieg im Gipfelbereich nicht unterschätzt werden sollte.

Voraussetzung sind eine gute Kondition, insbesondere wenn man direkt vom Tal kommt, und absolute Trittsicherheit. Gerade die letzten Höhenmeter zum Gipfel sind brüchig, wenngleich mit Stahlseilen etwas entschärft, und verlangen sauberes Steigen. Vor allem beim Abstieg ist in diesem Bereich auf Steinschlag zu achten, insbesondere wenn sich mehrere Personen in der Felsflanke bzw. am Grat aufhalten.

Zusätzlich sollte man den Stahlseilen nicht blind vertrauen. Es passiert immer wieder, dass sich Verankerungen im Verwitterungsgestein, wie es auf vielen Dreitausendern zu finden ist, lockern.

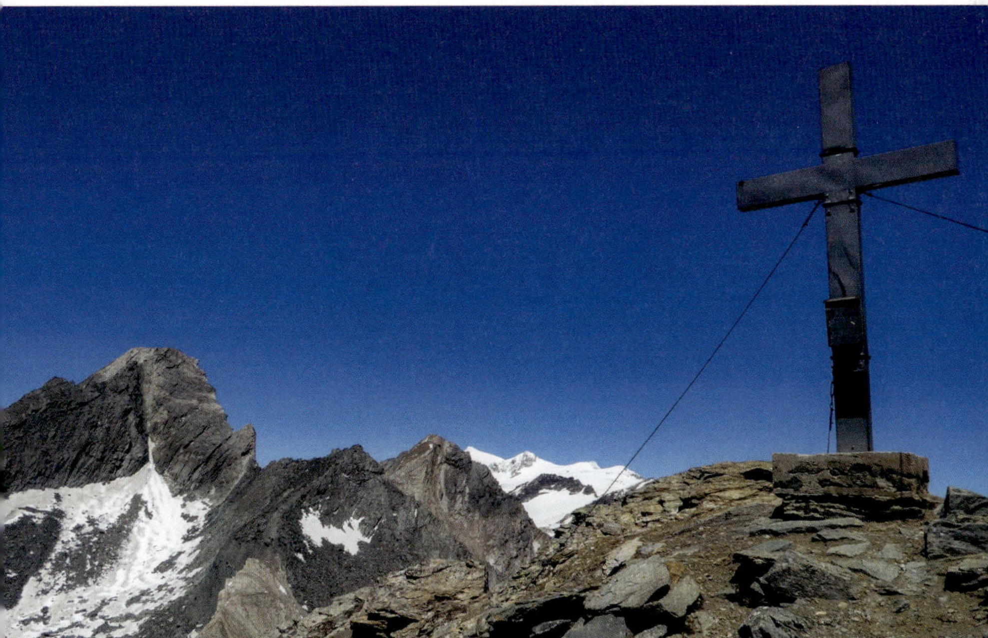

Das Kreuz am Säulkopf mit dem Hohen Eichham im Hintergrund.

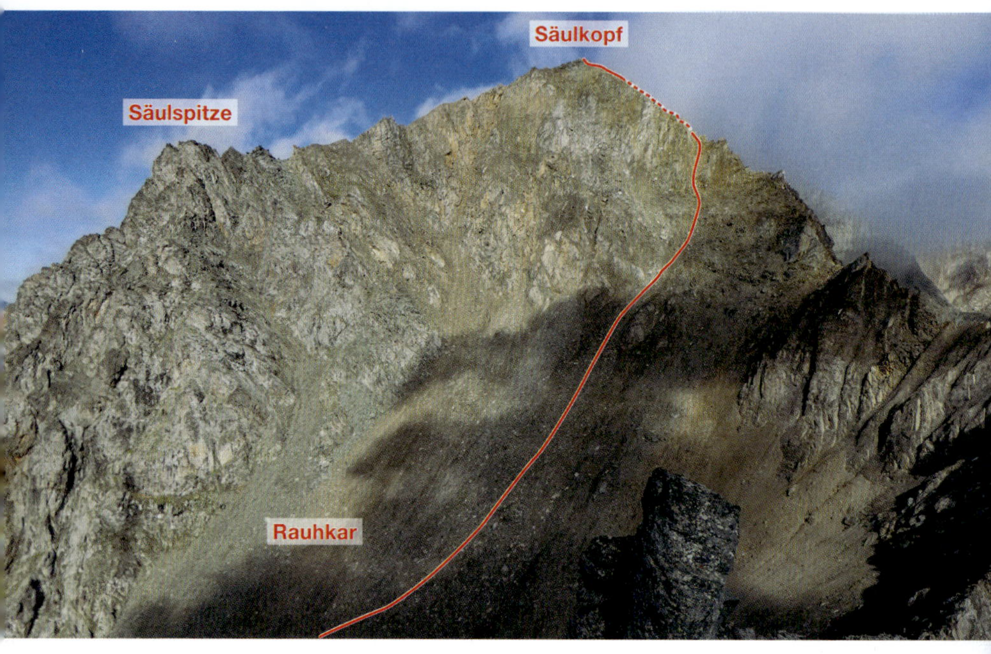

Blick in das Raukar, das den Zugang zum Säulkopf und in weiterer Folge zum Hohen Eichham bildet.

Anfahrt und Hüttenzustieg: siehe Tour 37, Hoher Eichham und Karte S. 126.

Route: Von der Hütte (2745 m) wandert man über den ausgewiesenen Pfad entlang des Kammrückens nach Nordwesten in das Hochkar zwischen Säul- und Raukopf (Raukar).

Aus dem flachen Göfflersboden am Fuße steiler Bergflanken muss in weiterer Folge im linken Teil über Schutthalden, gut markiert, in Serpentinen bis fast zu dem vom Säulkopf herabreichenden Ostgrat aufgestiegen werden. Eine seichte, brüchige Rinne (Stahlseil, Steinschlag) leitet abschließend auf die Kammlinie, wo man entlang von Seilen auf die Nordseite wechselt und im Zickzack zum breiten Kamm aufsteigt. Von dort unschwierig zum Gipfel des Säulkopfs (3209 m) mit großem Kreuz.

Achtung auf Steinschlag in der zum Grat führenden Rinne.

Talort/ Ausgangspunkt	Obermauern/Budam (1460 m) oder Bonn-Matreier Hütte (2745 m)
Höhenunterschied	1750 Hm ab Budam, 460 Hm ab Bonn-Matreier Hütte
Aufstiegszeit	6½ Stunden ab Budam, 1½ Stunden ab Bonn-Matreier Hütte
Strecke im Aufstieg	ca. 6 km ab Budam, 1,3 km ab Bonn-Matreier Hütte
Kletterschwierigkeit	I–II
Besondere Gefahren	Absturzgefahr, Steinschlag
Einkehrmöglichkeit	Bonn-Matreier Hütte, Nilljochhütte

Raukopf 3070 m

39

Vielbesucht und lohnend

Der breite Kammgipfel des Raukopfs ist der am leichtesten zu erreichende Dreitausender rund um die Bonn-Matreier Hütte.

Der markierte Anstieg verläuft aus der Kälberscharte über einen Blockrücken zum Vorgipfel, wo man entlang eines Stahlseils zum kleinen Gipfelkreuz gelangt. Trittsicherheit sowie Kondition sind dennoch vonnöten, insbesondere wenn man vom Tal aus startet.

Anfahrt und Hüttenzustieg: siehe Tour 37, Hoher Eichham und Karte S. 126.

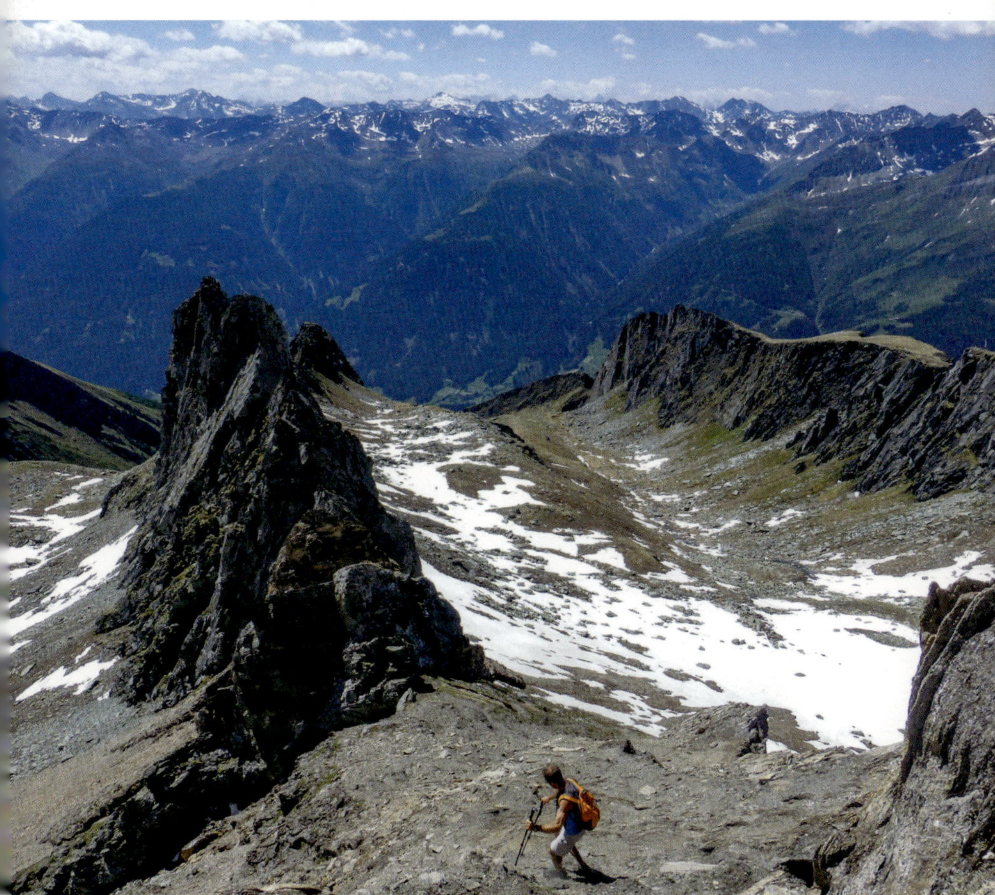

Blick nach Süden oberhalb der Kälberscharte.

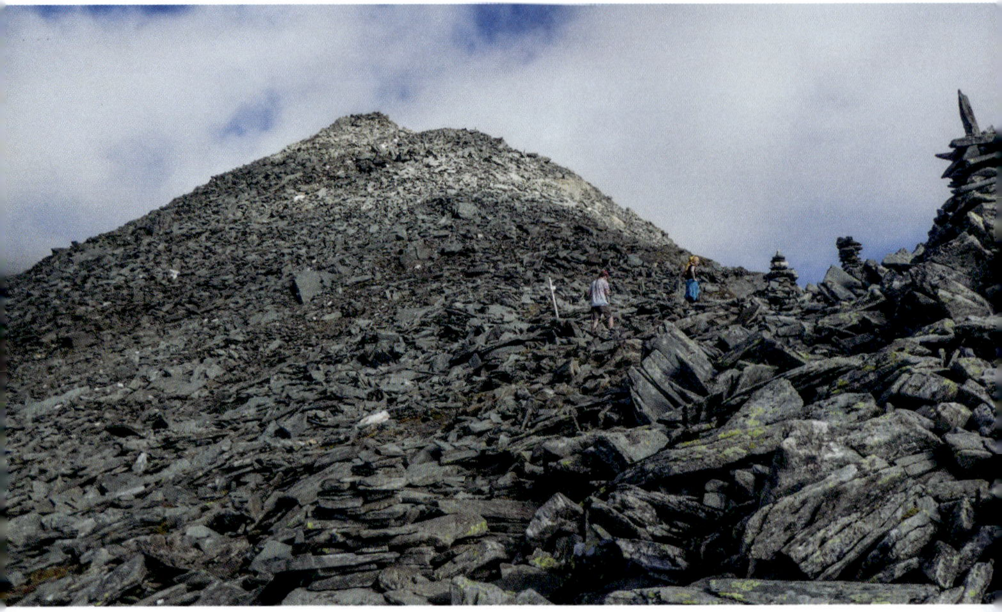

Ein breiter Schuttrücken führt auf den Vorgipfel.

Route: Von der Bonn-Matreier Hütte (2745 m) wandert man über den Kammrücken nach Norden, ehe man nach 250 m zu einer Verzweigung kommt (Tafeln). Während der Anstieg auf den Säulkopf links ins Raukar führt, hält man sich am rechten Wegast durch eine Blockmulde nach Osten in die schmale, zwischen Felszacken liegende Kälberscharte (2791 m, Tafeln). Dort links unterhalb der Gratlinie entlang von Serpentinen nach Norden auf den sich verbreiternden Südgrat, der aussichtsreich auf den schwach ausgebildeten Ostgipfel (3060 m) führt. Von dort entlang der Gratschneide nach Nordwesten, ehe Stahlseile zum kleinen Gipfelkreuz leiten (Trittsicherheit).

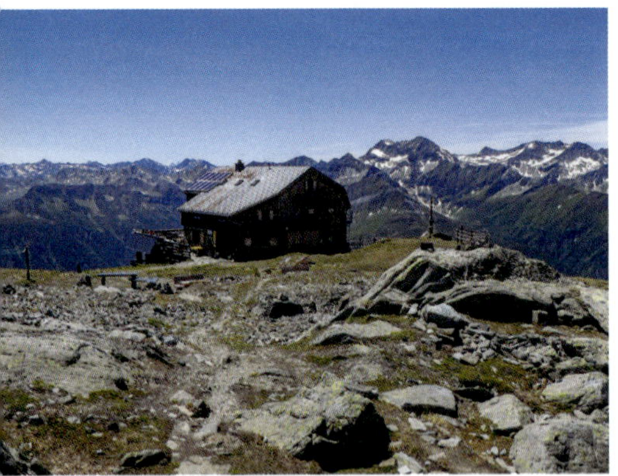

Bonn-Matreier Hütte.

Talort/ Ausgangspunkt	Obermauern/Budam (1460 m) oder Bonn-Matreier Hütte (2745 m)
Höhenunterschied	1610 Hm ab Budam, 325 Hm ab Bonn-Matreier Hütte
Aufstiegszeit	6 Stunden ab Budam, 1¼–1½ Stunden ab Bonn-Matreier Hütte
Strecke im Aufstieg	6 km ab Budam, 1,2 km ab Bonn-Matreier Hütte
Kletterschwierigkeit	I
Besondere Gefahren	Absturzgefahr
Hütten/ Einkehrmöglichkeit	Bonn-Matreier Hütte, Nilljochhütte

Mittereggspitze 3044 m

40

Schwerer Felszahn in der Virgener Nordkette

Die von markanten Felstürmen, sogenannten Gendarmen, umgebene, sich wild aufsteilende Mittereggspitze gehört sicherlich zu den anspruchsvollsten Dreitausendern, die im vorliegenden Buch vorgestellt werden. Drei wuchtige, mit senkrechten Abbrüchen aufwartende Grate stützen den Berg, der fast unnahbar wirkt.

Eine Schwachstelle, wenn man so will, bildet die Südwestwand. Sie wird von einer geschwungenen, mit großen Blöcken gefüllten Steilrinne durchrissen, die sich mit zunehmender Höhe als Verschneidung im Gipfelaufbau verliert. Die klettertechnischen Schwierigkeiten übersteigen in dieser Rinne kaum den oberen II. Grad, vorausgesetzt man befindet sich am richtigen Weg. Im plattigen Gipfelaufbau dienen dann und wann Bohrhaken der nötigen Absicherung, vorausgesetzt man findet sie. Hier sind also eine ordentliche Portion Orientierungssinn und Erfahrung in derartigem Gelände gefragt!

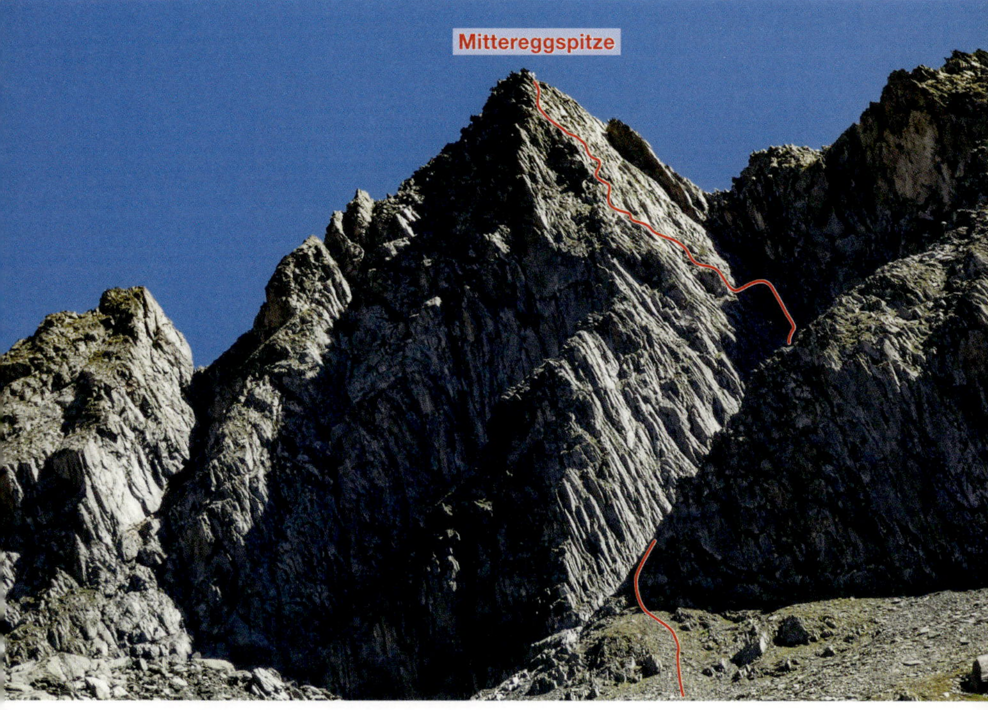

Blick auf den Anstieg durch die steile, sehr steinschlaggefährdete Schuttrinne, die im oberen Teil nach links in den plattigen Gipfelaufbau verlassen werden muss.

Als Hochrisikozone muss definitiv die als Zubringer zur Gipfelwand dienende Felsrinne gesehen werden. Viel loses Material und Blöcke warten darauf, in Bewegung gesetzt zu werden, insbesondere wenn man mit dem Seil zu hantieren beginnt. Alles in allem ein herausfordernder, anspruchsvoller Dreitausender, der gefühlvolles, trittsicheres Steigen im Schutt sowie solides Klettern in brüchigem Fels erfordert. Man darf nicht vergessen, es muss alles wieder abgeklettert werden!

Eine Tour für versierte Bergsteiger mit der nötigen Erfahrung im Klettern und Begehen von Graten. Wer sich dem nicht gewachsen fühlt, aber trotzdem einmal die Mittereggspitze erklimmen möchte, folgt am besten dem Seil eines Bergführers.

Anfahrt: Von Lienz über die B 108 ins Iseltal bis Matrei, wo man die südseitige Umgehungsstraße ins Virgental nimmt. Nun entweder in Virgen nach der Kirche rechts, parallel zum Firschnitzbach, zum kleinen Parkplatz nach Marin auffahren (Schilder beachten, etwas unübersichtlich). Oder man fährt weiter taleinwärts Richtung Prägraten, wo man rechts nach Obermauern abbiegt und den gelben Wegtafeln nach Marin (Gottschaunalm) folgt. Ausgewiesener Wanderparkplatz westlich der Kapelle in Marin.

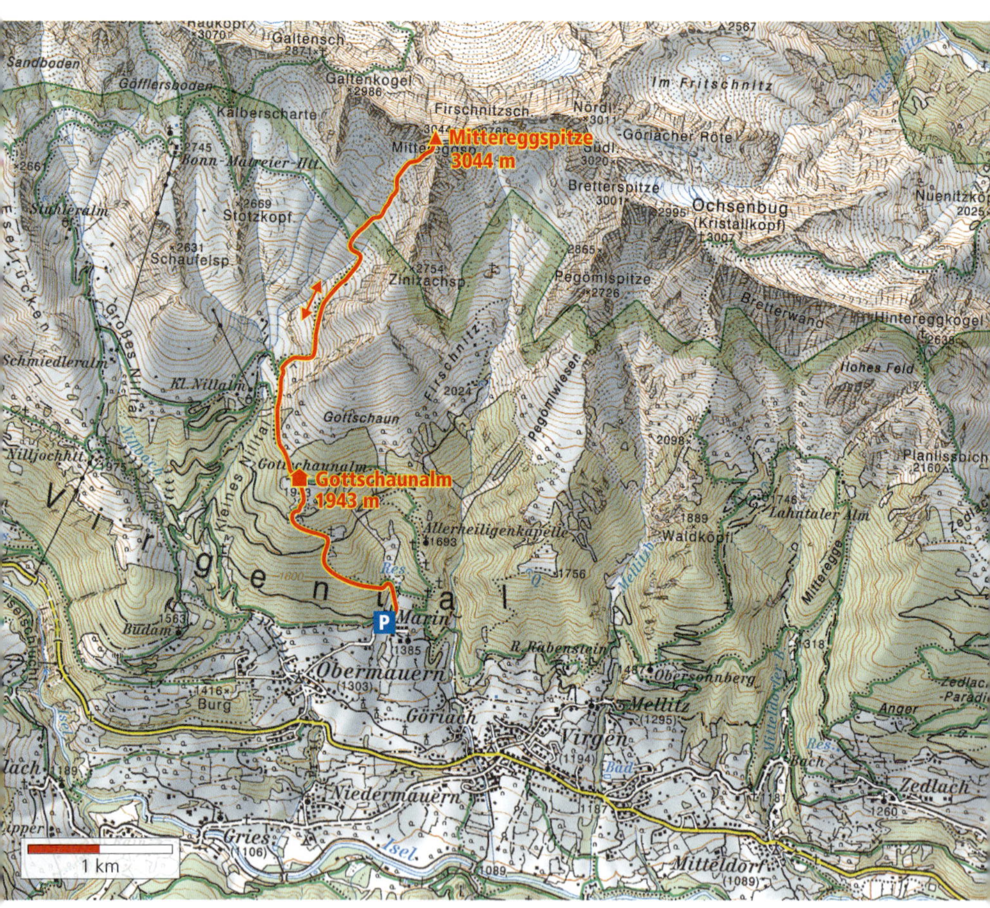

Öffi-Tipp: Der Bus bedient nicht die Fraktion Obermauern. Haltestelle an der nach Prägraten einwärts führenden Bundesstraße. Dann muss zu Fuß durch das schmucke Dorf bis Marin aufgestiegen werden, was die Tour erheblich verlängert. Alternativ kann direkt in Virgen ausgestiegen und zu Fuß nach Marin gewandert werden. In beiden Fällen ist die Auffahrt mit Taxi klar zu empfehlen. Infos unter www.vvt.at

Route: Der schnellste Zugang zum Berg ohne jegliche motorische Unterstützung führt über die Gottschaunalm ins kleine Nilltal. Hierzu folgt man vom Parkplatz (1385 m) der Markierung über eine Wiese nach Norden, ehe man in den Wald eintaucht und gemütlich zur Gottschaunalm (1943 m) aufsteigt. Sie liegt auf einer aussichtsreichen Hangterrasse unterhalb der wuchtigen Virgener Nordkette. Weiter über den zur Bonn-Matreier Hütte führenden Wanderweg nach Nordwesten, bevor man in den breiten Kessel des Kleinen Nilltals kommt.

Über südwestgerichtete Grasflanken am Steig weiter bergwärts, bis dieser ab 2450 m sich nach Nordwesten zur Bonn-Matreier Hütte wendet. Hier gilt es, den Pfad zu verlassen und über sanfte Grasmatten nach Nordosten zum schon von Weitem erkennbaren Felsbau der Mittereggspitze anzusteigen. Auffallend ist die geschwungene Steilrinne, die die Südwestwand durchreißt und in den großen Blockhalden unterhalb des Gipfels fußt. Diese Blockhalden werden im Aufstiegssinne rechts umgangen.

Vom Einstieg auf 2770 m hält man sich nun in die kanonenrohrartige, steile Schuttrinne, die anfangs mit brüchigem Gestein und ein paar leichten Kletterstellen aufwartet. Sie wird in einem Linksbogen in zunehmend anspruchsvoller Kletterei bis ca. 2910 m verfolgt, bis die Rinne in eine plattige Verschneidung übergeht. Ein Grasband leitet dort nach links in die Felstafel. Kurz vor dessen Ende befinden sich zwei Klebehaken,

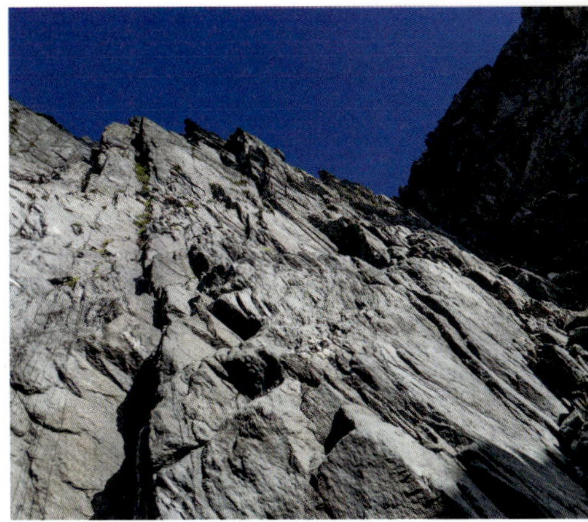

Wenn sich mehrere Personen in der Rinne aufhalten, ist der Anstieg akut steinschlaggefährdet und im Endeffekt zu meiden.

die über eine kleine Felsverschneidung in flacheres Terrain weisen (II–III).

Von dort den günstigsten Weg suchend, meist im linken Bereich, über grasiges Felsgelände zur begleitenden Südwestrippe, die mit ein paar Kletterstellen zum ausgesetzten Gipfel mit dem markanten Kreuz, das 2003 errichtet wurde, leitet. Dann und wann findet sich bei richtiger Wegwahl ein Standhaken, der zur Sicherung genützt werden kann. Achtung auf Wegfindung beim Abstieg. Insbesondere wenn Nebel einfällt, ist die Orientierung schwierig. Eventuelles Abseilen löst unweigerlich Steinschlag aus, was einen behutsamen Einsatz des Seils erforderlich macht. Hier sind Erfahrung und Ortskenntnis von Vorteil.

Talort/Ausgangspunkt	Obermauern/Marin (1385 m)
Höhenunterschied	1660 Hm
Aufstiegszeit	5½ Stunden
Strecke im Aufstieg	ca. 4 km
Kletterschwierigkeit	II–III
Besondere Gefahren	Absturzgefahr, Steinschlag, weglos
Hütten/Einkehrmöglichkeit	Gottschaunalm
Besondere Ausrüstung	Helm, ev. Seil, um Ungeübte zu sichern

41 Ochsenbug 3007 m

Breiter Felsrücken mit zwei unterschiedlichen Anstiegen

Die exorbitant steile Grasflanke des Ochsenbugs dominiert den Blick aus der Ortschaft Virgen Richtung Norden. Zwei Anstiege bedienen den Berg, der einem Ochsenrücken gleicht.

Während der Weg durch die Virgener Seite sehr steil und nur trittsicheren, ortskundigen Gehern zu empfehlen ist, windet sich durch die Ostseite vom Weiler Hinteregg ein markierter Schuttsteig geschickt über versteckte Felskare zum höchsten Punkt. Konditionell fordernd sind beide Varianten, wobei ausgeschrieben und markiert nur der ostseitige Aufstieg vom Weiler Hinteregg ist.

Ostanstieg über Hinteregg (Normalweg)

Anfahrt: Von Lienz über die B 108 ins Iseltal bis Matrei, wo man die südseitige Umgehungsstraße ins Virgental nimmt. Am westlichen Ortsrand, nach der Tauernbachbrücke, den Straßenschildern nach rechts Richtung Zedlach folgen. Dort nochmals rechts Richtung Zedlacher Lärchenparadies, Strumerhof und Hinteregg abbiegen. Das Parken beim Gehöft

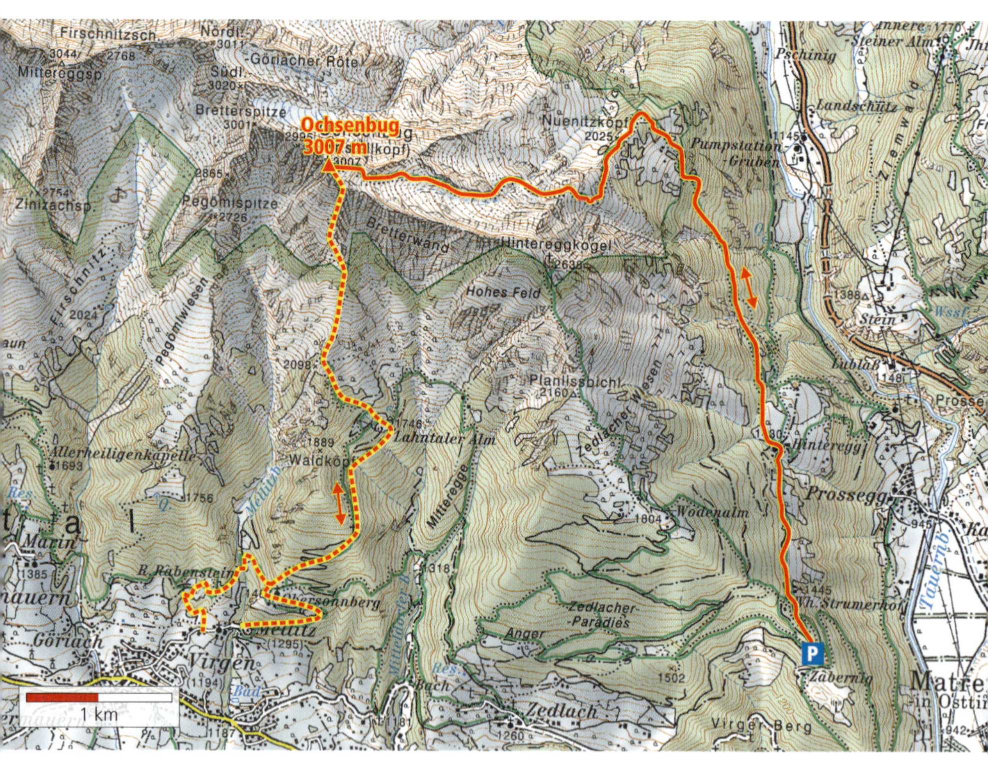

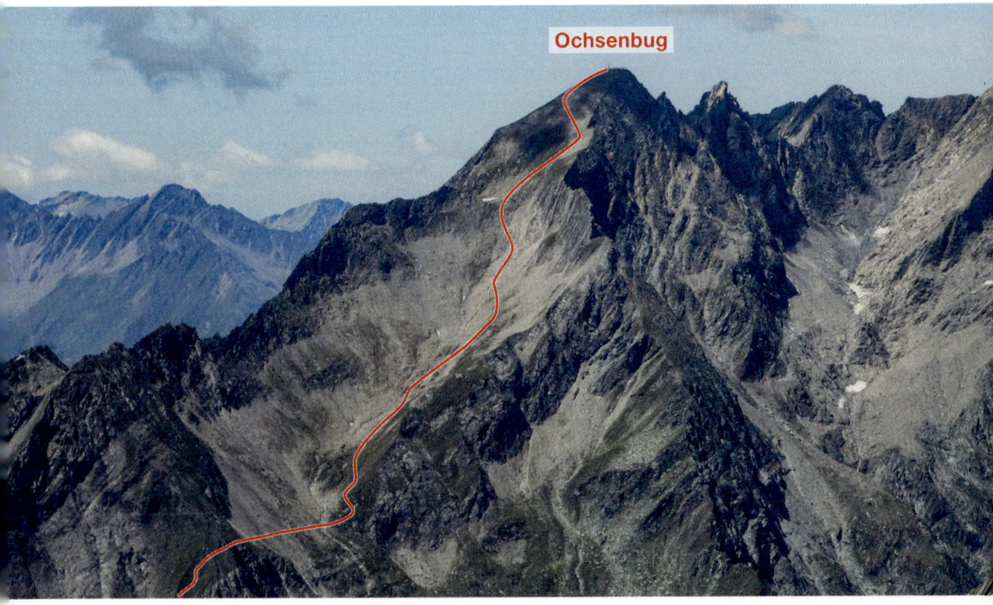

Blick auf den sogenannten Ochsenbug-Normalweg.

in Hinteregg ist so gut wie nicht möglich. Der große Parkplatz am Eingang ins Lärchenparadies dient in der Regel als Ausgangspunkt, was zusätzlich einen 1,5 km langen Fußmarsch über den Schotterweg bedeutet.

Öffi-Tipp: Zedlach wird vom Postbus nicht angefahren.

Route: Vom Parkplatz Zedlacher Lärchenparadies (1440 m) folgt man der Schotterstraße nach Norden leicht fallend, vorbei am Gasthaus Strumerhof, ca. 1,5 km zum Weiler Hinteregg (20 Min., 1430 m). Dieses Stück kann man sich ersparen, wenn man irgendwo eine Parkmöglichkeit findet. Im weiteren Verlauf unter der Stadlbrücke hindurch zu einer gelben Wegtafel mit der Aufschrift „Nuenitzköpfl/Ochsenbug".

Man hält sich nun über einen langen, schmalen Pfad im leichten Auf und Ab nach Norden. Es gilt, einen großen Wasserfall entlang von Stahlseilen zu queren, ehe man nach diesem „Kalten Brinle", in zunehmender Steilheit freies Gelände und Almflächen erreicht. Diesen folgt man in Richtung einer breiten Geländekante. Über die sanfte Kuppe des Nuenitzköpfls (2025 m) hinweg nach Südwesten, bis eine weitere Stahlseilpassage, abgelöst von Rasenflanken, in das ostseitige, vom Gipfel des Ochsenbugs herabkommende Hochkar leitet. Dieses unterteilt sich in drei kleinere Stufen und bildet den Schlussanstieg. Nach einer westlichen Querung in den Bergkessel heißt es, auf die Markierung achtend, im Schutt bis unter den Gipfelaufbau aufzusteigen. Dort über gestuften Fels (Trittsicherheit) und weiteren Schutt nach rechts auf den Ostkamm, wo man unschwierig zum großen Kreuz vordringt (3008 m).

Talort/Ausgangspunkt	Matrei/Zedlach – Lärchenparadies (1440 m)
Höhenunterschied	1570 Hm
Aufstiegszeit	5–5½ Stunden
Strecke im Aufstieg	ca. 6,5 km
Hütten/Einkehrmöglichkeit	Strumerhof

Südanstieg von Virgen/Mellitz

Anfahrt: Von Lienz über die B 108 ins Iseltal bis Matrei, wo man die südseitige Umgehungsstraße ins Virgental nimmt und bis in die Ortschaft Virgen fährt. Im Zentrum vor der Kirche rechts den Straßenschildern nach Mellitz folgen, wo die Asphaltstraße bei den letzten Häusern endet. Der nun ansetzende Schotterweg führt nach Obersonnberg bzw. zur Lahntaler Alm und ist für den Individualverkehr gesperrt. Parkmöglichkeiten kaum vorhanden.

Öffi-Tipp: Busverbindung bis Virgen, Bushaltestelle an der Kirche, weitere Infos unter www.vvt.at

Route: Je nachdem, wo man geparkt hat, nützt man entweder den hinter den letzten Häusern in Mellitz (1295 m) ansetzenden, breiten Schotterweg nordwärts zu einer Verzweigung, wo man den linken Wegast zu den Gehöften (1487 m) nach Obersonnberg nimmt, oder aber man wandert von der Kapelle in Mellitz über den Wanderweg zur Ruine Rabenstein, wo man nach Osten über den Mellitzgraben nach Obersonnberg gelangt. Von dort über ausgewiesene Steige, den Güterweg mehrmals abkürzend, zu einem Holzkreuz (ca. 1680 m). Hier gibt es die Möglichkeit, die Lahntaler Alm im Waldbereich westseitig zu umgehen. Im Sommer

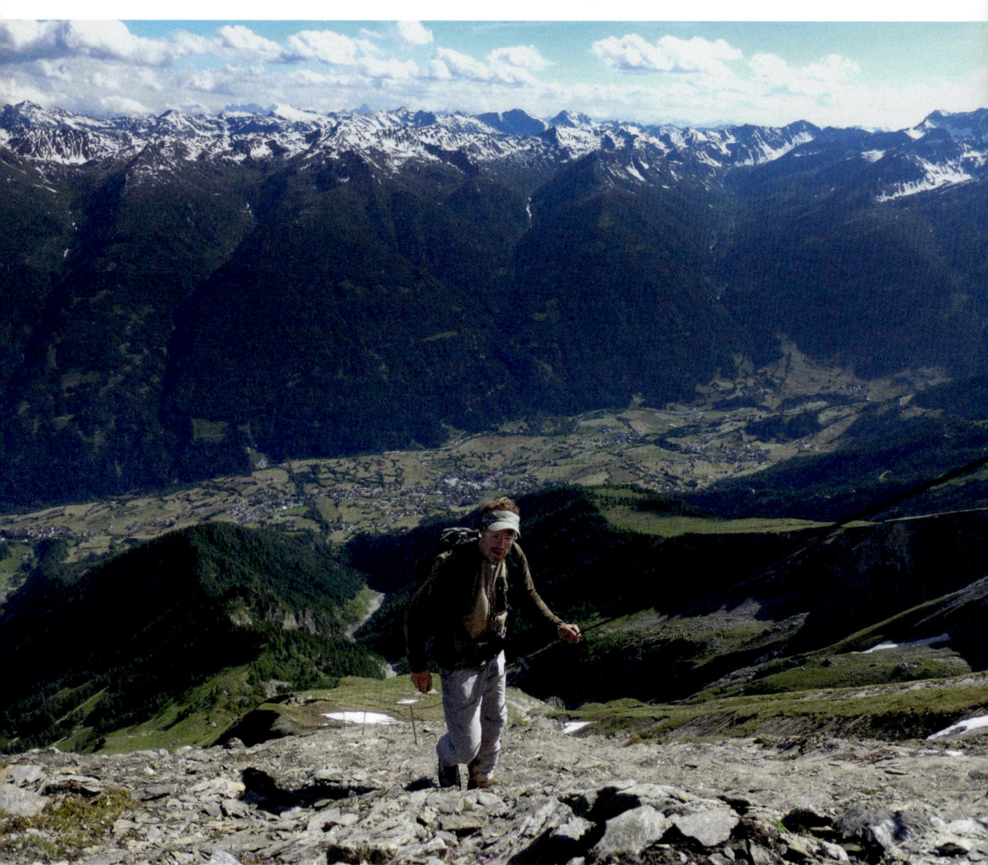

Der Anstieg in der nur teilweise mit Stahlseilen versicherten Südflanke ist nur Trittsicheren zu empfehlen.

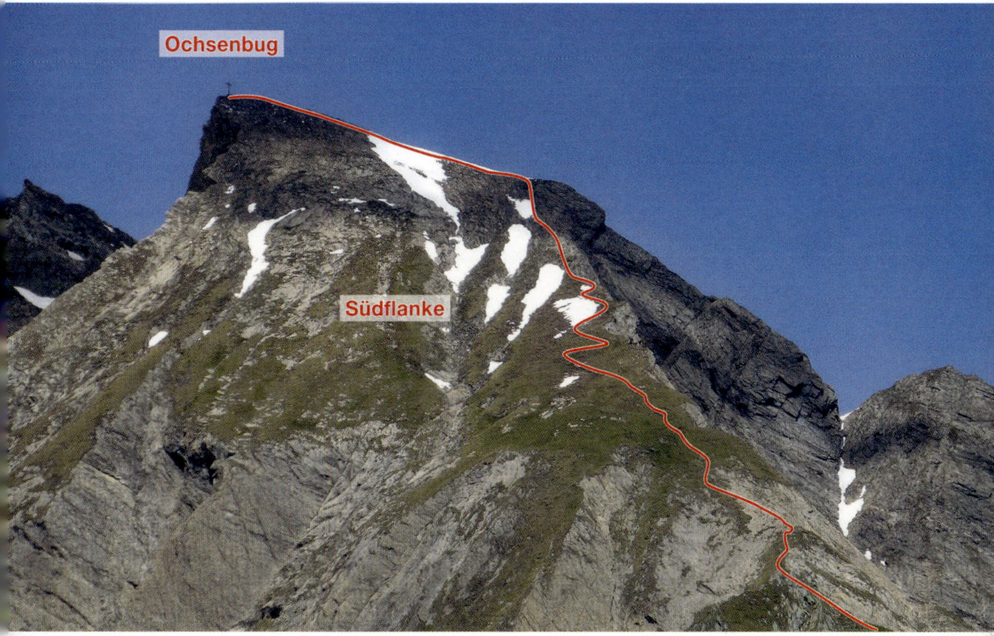

Der Anstieg durch die Südflanke des Ochsenbugs führt von Mellitz über die Lahntaler Alm. Eine Variante für trittsichere Gebietskenner.

2022 war die Abkürzung im Wald wegen umgefallener Bäume jedoch gesperrt. Gut, dass man auch am Güterweg bleiben und so die nette Hütte erreichen kann. Oberhalb der Lahntaler Alm hält man sich weiter am Fahrweg bis in eine Rechtskurve auf 1800 m. Hier gilt es, entlang einer schwachen Markierung in einen Rasensattel am Beginn des langgezogenen zum Ochsenbug führenden Südkamms aufzusteigen. Wenn dieser Steigabschnitt aufgrund umgefallener Bäume nicht gangbar sein sollte, kann über benachbarte freie Flächen angestiegen werden. Vorsicht allerdings bei Weidewirtschaft. Vom nördlich des Punkts 2098 m gelegenen Rasensattel geht es entlang des grasigen Kammrückens, vorbei am sogenannten Adlerhorst (zwei Hütten in spektakulärer Lage) in zunehmender Steigung bergwärts. Der Wiesensteig wird bis zum Beginn einer markanten Plattenzone (Schafunterstand) verfolgt. Unterhalb von dieser steigt man links auf die grasige Gratlinie auf. Im weiteren Verlauf über den Erdsteig bergwärts, bis man zur ersten brüchigen Felszone kommt. Sie ist mit einem Stahlseil entschärft. Im Anschluss ziehen erdige Serpentinen durch die sehr steile Grasflanke bis zum Beginn der zum Gipfel leitenden Felspassage. Anhand von Stahlseilen geht es, auf Steinschlag achtend, zum breiten Gipfelkamm, der unschwierig bis zum höchsten Punkt verfolgt wird. Aber Obacht: Bei Nässe kann die Grasflanke extrem rutschig und gefährlich werden.

Talort/Ausgangspunkt	Virgen/Mellitz (1295 m)
Höhenunterschied	1710 Hm
Aufstiegszeit	5½ Stunden
Strecke im Aufstieg	ca. 5 km
Kletterschwierigkeit	I–II
Besondere Gefahren	Absturzgefahr, Orientierung
Hütten/Einkehrmöglichkeit	keine

42 Wildenkogel 3021 m

Malerisch und eindrucksvoll

Südwestlich des Matreier Tauernhauses verbergen sich in einem Hochtal zwei traumhaft schöne Bergseen mit den Namen Löbben- und Wildensee. Mehrere Hangstufen darüber bildet der Wildenkogel den felsigen Abschluss dieser im Sommer von Einsamkeit geprägten Gegend. Dann und wann „verirren" sich ein paar Bergsteiger, die am Wildenkogelweg zur Badener Hütte unterwegs sind, auf diesen ursprünglichen Gipfel, der über markierte Schuttsteige unschwierig zu ersteigen ist. Einzig der kurze Blockgrat unterhalb des höchsten Punkts verlangt Trittsicherheit.

Nicht unterschätzt werden sollte allerdings der konditionelle und zeitliche Aufwand, muss doch von der Löbbenhöhe kurz ins Frosnitztal gequert werden, um den Gipfel von der nicht einsehbaren Westseite zu erreichen.

Anfahrt: Von Lienz über die B 108 ins Iseltal nach Matrei und weiter über die Felbertauernstraße zum Matreier Tauernhaus. Abzweigung ca. 2 km vor dem Südportal. Großer, gebührenpflichtiger Parkplatz.

Öffi-Tipp: Das Matreier Tauernhaus wird je nach Jahreszeit mit dem Bus angefahren. Infos unter www.vvt.at

Route: Vom Tauernhaus (1511 m) kurz einwärts Richtung Gschlösstal wandern, ehe man hinter den Gebäuden links über eine Brücke nach Westen abbiegt (Tafeln). Man durchschreitet nun in einem Bogen den schönen Talboden des Tauerntals und steigt in weiterer Folge rechts des Löbbenbachs in mehreren Serpentinen im dichten Bannwald bergwärts. Bald lehnt sich das Gelände zurück und man quert einen schönen Wiesenboden.

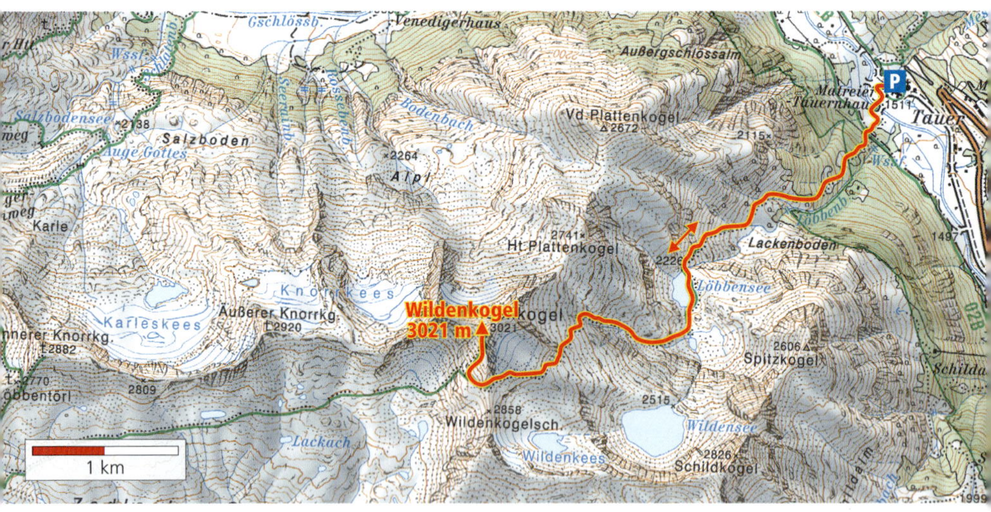

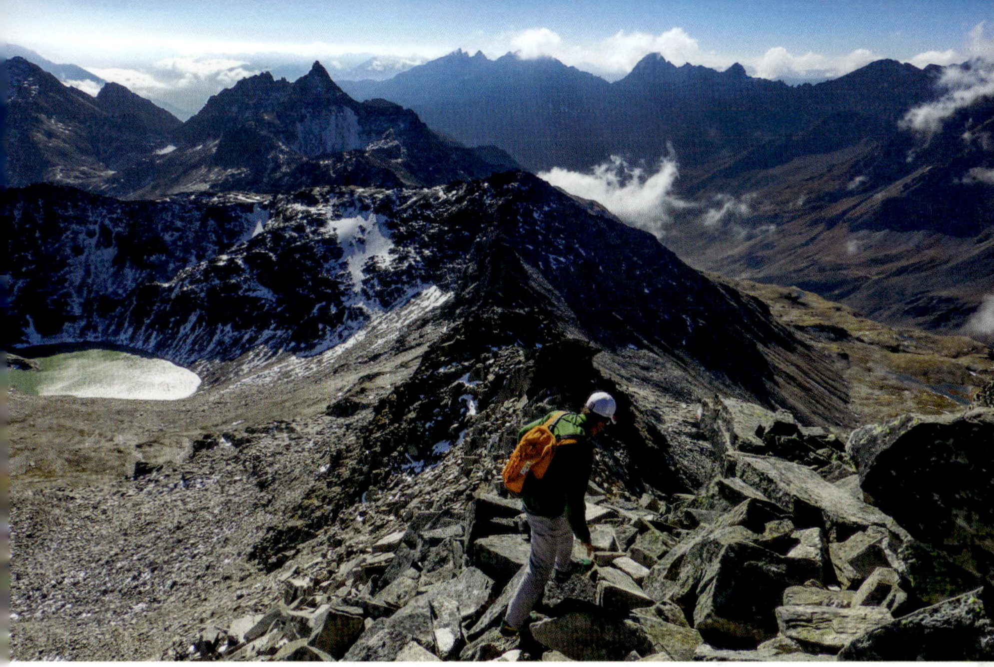

Am Blockgrat im Bereich des Gipfels.

Nach diesem herb an einem Felsrücken aufwärts, bis man auf ein Stahlseil trifft, das über eine kurze Felspassage hinweghilft. Danach wird der Pfad wieder flacher und man erreicht in einer absteigenden Querung an einem Felseck den Löbbensee (2226 m). Für den Wildenkogel wandert man am östlichen Seeufer weiter und wechselt am Seezufluss die Bachseite. In einem Graben geht es nun in einem Rechtsbogen bergwärts nach Westen, bis das Gelände blockig und flacher wird. Über mehrere Hangstufen peilt man nun, immer auf die Markierung achtend, die Löbbenhöhe (ca. 2860 m) am Wildenkogel-Südgrat an. Jenseits ca. 30 Höhenmeter ins Frosnitztal absteigen, bis man zu einer gelben Wegtafel kommt.

Während der Höhenweg Richtung Badener Hütte bzw. Löbbentörl führt, steigt man über zermürbende Schutthalden dem Gipfelaufbau über die Westflanke zu. Über den oberen Teil des blockigen Südgrats geht es anschließend aus einem Gratschartl zum höchsten Punkt. Vorsicht bei Nebel. Versierte, trittsichere Geher können beim Rückweg aus dem zuvor erwähnten Gratschartl einen Schnellabstieg über eine Schuttrinne nach Osten ins darunter liegende Hochkar anpeilen, wo man dann weiter zum Wildenkogelweg marschiert und den Abstieg antritt (Steinschlag).

Hinweis: Wer einen Aufenthalt auf der Badener Hütte plant, kann diese auch über den eingangs erwähnten herrlichen Wildenkogelweg erreichen. Der Wildenkogel wäre dann ein lohnender „Mitnahme-Dreitausender".

Talort/Ausgangspunkt	Matreier Tauernhaus (1511 m)
Höhenunterschied	1550 Hm
Aufstiegszeit	5 Stunden
Strecke im Aufstieg	ca. 5 km
Kletterschwierigkeit	I
Besondere Gefahren	Absturzgefahr

43 Kratzenberg 3021 m

Verborgen in einem der entlegensten Bergwinkel Osttirols

Der Kratzenberg, in manchen Karten auch als Kratzenbergkopf bezeichnet, verbirgt sich zusammen mit dem benachbarten und viel höheren Plattigen Habach in einem der entlegensten Bergwinkel Osttirols.

Auch wenn das Gschlösstal als wahrer Besuchermagnet fungiert, gestaltet sich der Gang durch das verborgene Villtragental, einen Seitenast des Gschlöss- bzw. Tauerntals, zum Kratzenberg bzw. zum noch weiter entrückten Habach einsam und ursprünglich. Hier begegnet man in der Regel den ganzen Tag niemandem, alle Hütten und Stützpunkte sind weit entfernt. Der Kratzenberg bildet zusammen mit der Hohen Fürleg und dem Plattigen Habach den rauen Grenzverlauf zu Salzburg und beeindruckt mit seiner kargen Schönheit.

Der Anstieg führt durch wegloses Schuttgelände, das sich für Trittsichere bei richtiger Wegwahl als unschwierig erweist. Die Anforderungen liegen im langen Zugang (Kondition) und in der Routenfindung. Für den Gipfelgang gibt es zwei interessante Möglichkeiten, die bei entsprechenden Verhältnissen sogar kombinierbar sind, wobei der

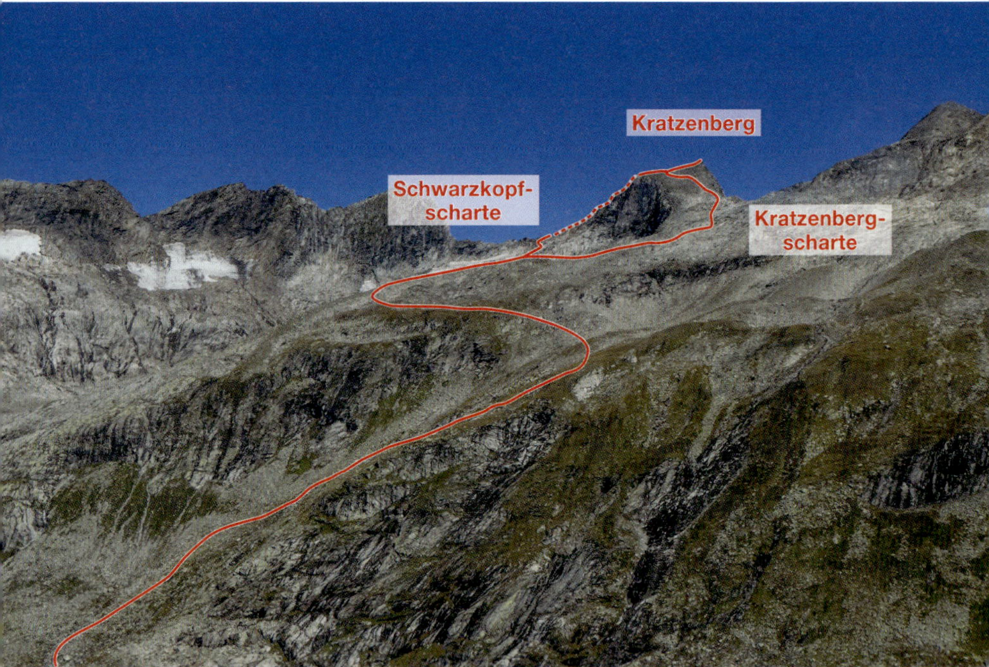

Die Anstiegsverläufe auf den Kratzenberg.

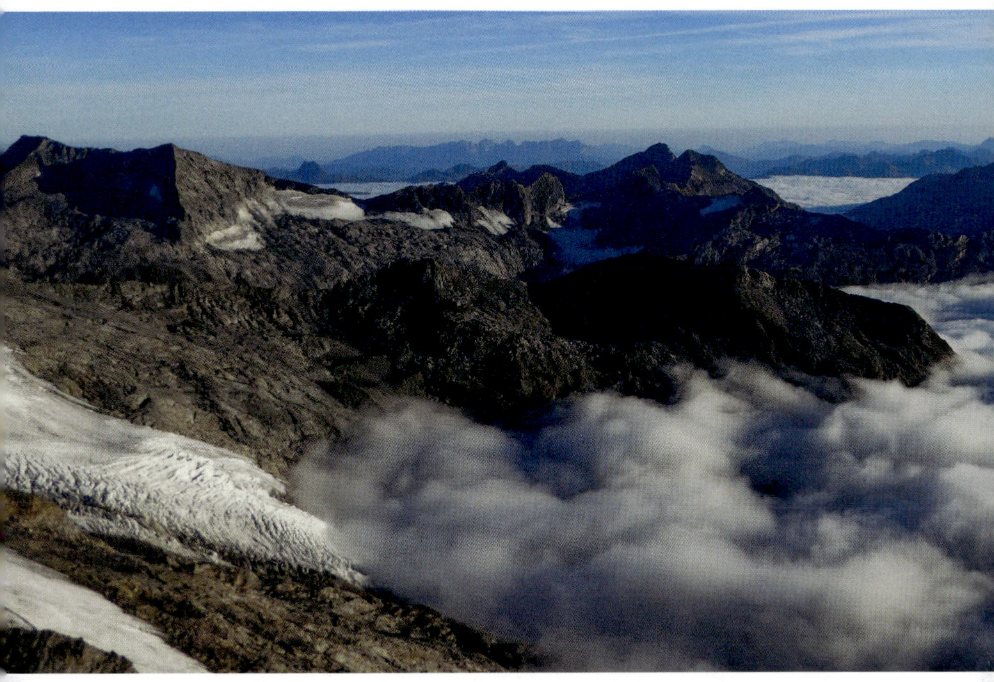

Am linken Bildrand präsentieren sich Osttirols entlegenste Dreitausender: die Hohe Fürleg und der Plattige Habach.

Aufstieg über die Schwarzkopfscharte von Steinschlag bedroht ist.
Anfahrt: siehe Tour 42, Wildenkogel.

Route: Vom Parkplatz beim Matreier Tauernhaus (1511 m) hält man sich entlang der Asphaltstraße zwischen den Häusern hindurch, ehe man zu einem sperrenden Schranken am Eingang ins Gschlösstal kommt (Parkmöglichkeiten).
Über die in einen Schotterweg übergehende Straße taleinwärts, oberhalb der Wolgemutalm vorbei, nach Außergschlöss (Gasthaus, 1695 m). Weiter nach Westen über den Almweg zum Venedigerhaus in Innergschlöss, wo man das Gipfelensemble des Venedigers erblickt. Das Gasthaus befindet sich auf der linken Bachseite.
Man hält sich immer entlang der flachen Straße weiter nach Westen, bis man bei einer Brücke (1718 m) zu gelben Tafeln kommt. Dort am Güterweg weiter nach Nordosten bis zu seinem Ende beim Aufzugshüttl der Prager Hütte (1770 m). Man nützt nun den über grobes Geschiebematerial führenden Pfad entlang des Villtragenbachs aufwärts bis zu einer markanten Hochebene mit einer Brücke am Beginn (2215 m).
Im weiteren Verlauf wandert man über den Fürther Weg durch eine breite Hangmulde nach Norden, ehe man bei ca. 2480 m zu einer Wegtafel kommt. Hier verzweigen sich die Anstiege. Es gilt, über den linken, gut markierten Wegast Richtung Neue Thüringer Hütte aufzusteigen.
Auf einem Moränenkamm nach den „In den Wandln" verzweigen sich die Gipfelanstiege (2580 m). Die leichtere Variante bleibt am Moränenrücken und nützt diesen konsequent nach Nordosten, bis er in plattiges

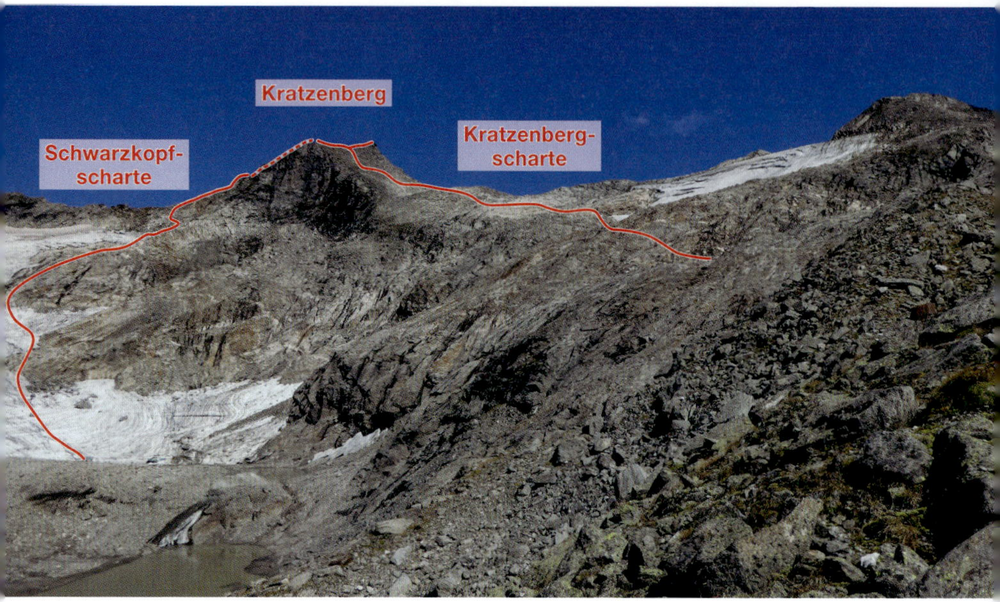

Über den breiten Schuttrücken oberhalb des Schwarzkopfgletschers führt der plattige Aufstieg in die Kratzenbergschart

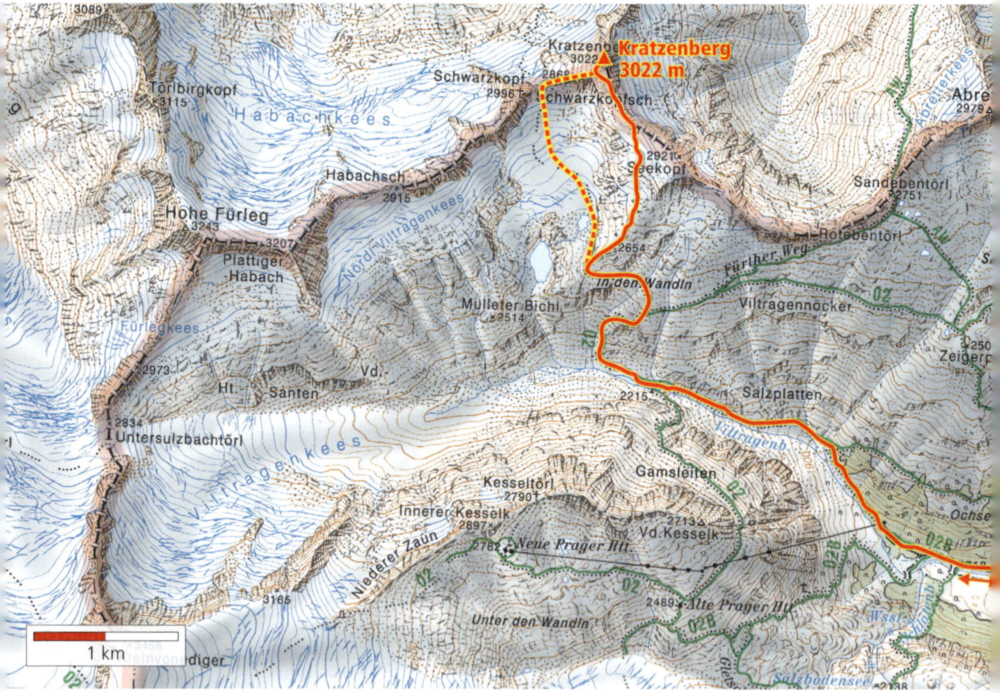

Gelände übergeht. Dort marschiert man in einem ausholenden Linksbogen, weit unterhalb des Seekopfs mit seinem markanten Eisfeld, in nordwestlicher Richtung in die breite Kratzenbergscharte (2859 m, Plattenstellen I, Orientierung).

Man kommt zur steilen, den Schlussanstieg bildenden Blockhalde der Südostflanke. Über diese, den steilsten Stellen nach links ausweichend, zum Südwestgrat, über den man unschwierig zum höchsten Punkt mit Kreuz steigt.

Etwas anspruchsvoller gestaltet sich der Aufstieg über die Schwarzkopfscharte (2868 m) und den Südwestgrat. Dazu marschiert man von der erwähnten Wegtafel entlang der Markierung absteigend nach Norden zum Beginn des Nördlichen Villtragenkeeses. Je nach Verhältnissen direkt über dieses aufwärts oder mit zunehmender Ausaperung rechts daneben im schrägen Gletscherschliff entlang von Blöcken, den günstigsten Weg suchend, zur Gratlinie (Steinschlag). Aus der Scharte über den Grat nach Nordosten zu einer Felsstufe (II), die links umgangen wird, bevor man unschwierig am sich abflachenden Kamm zum großen Gipfel vordringt.

Talort/Ausgangspunkt	Matreier Tauernhaus (1511 m)
Höhenunterschied	1510 Hm
Aufstiegszeit	6–6½ Stunden
Strecke im Aufstieg	ca. 11 km
Kletterschwierigkeit	I–II, je nach Routenwahl
Besondere Gefahren	Absturzgefahr
Hütten/Einkehrmöglichkeit	Venedigerhaus

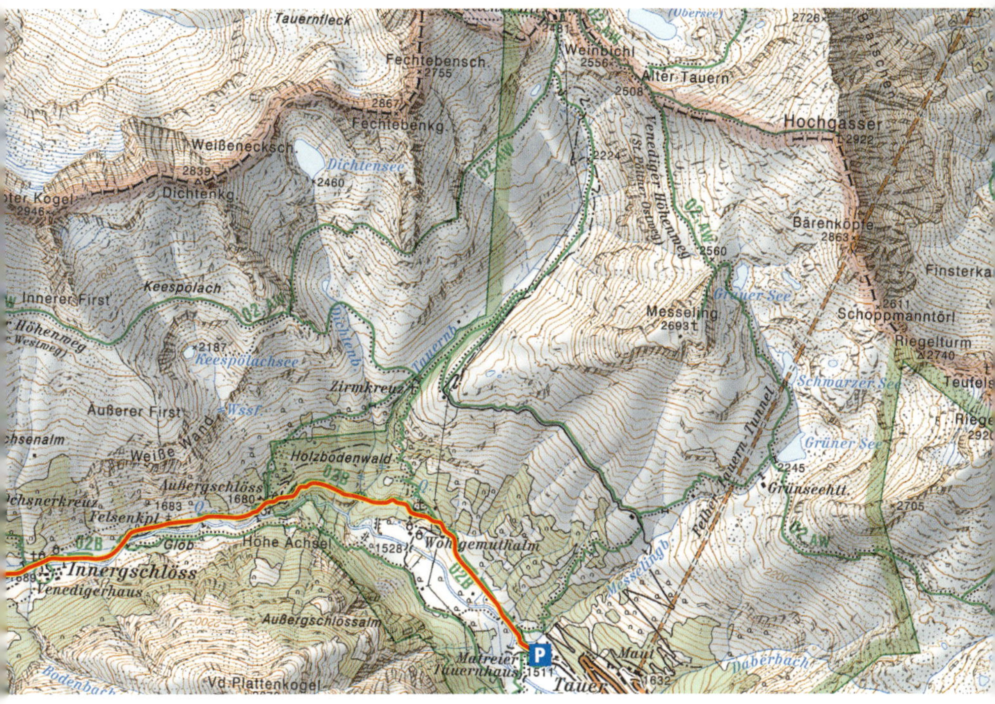

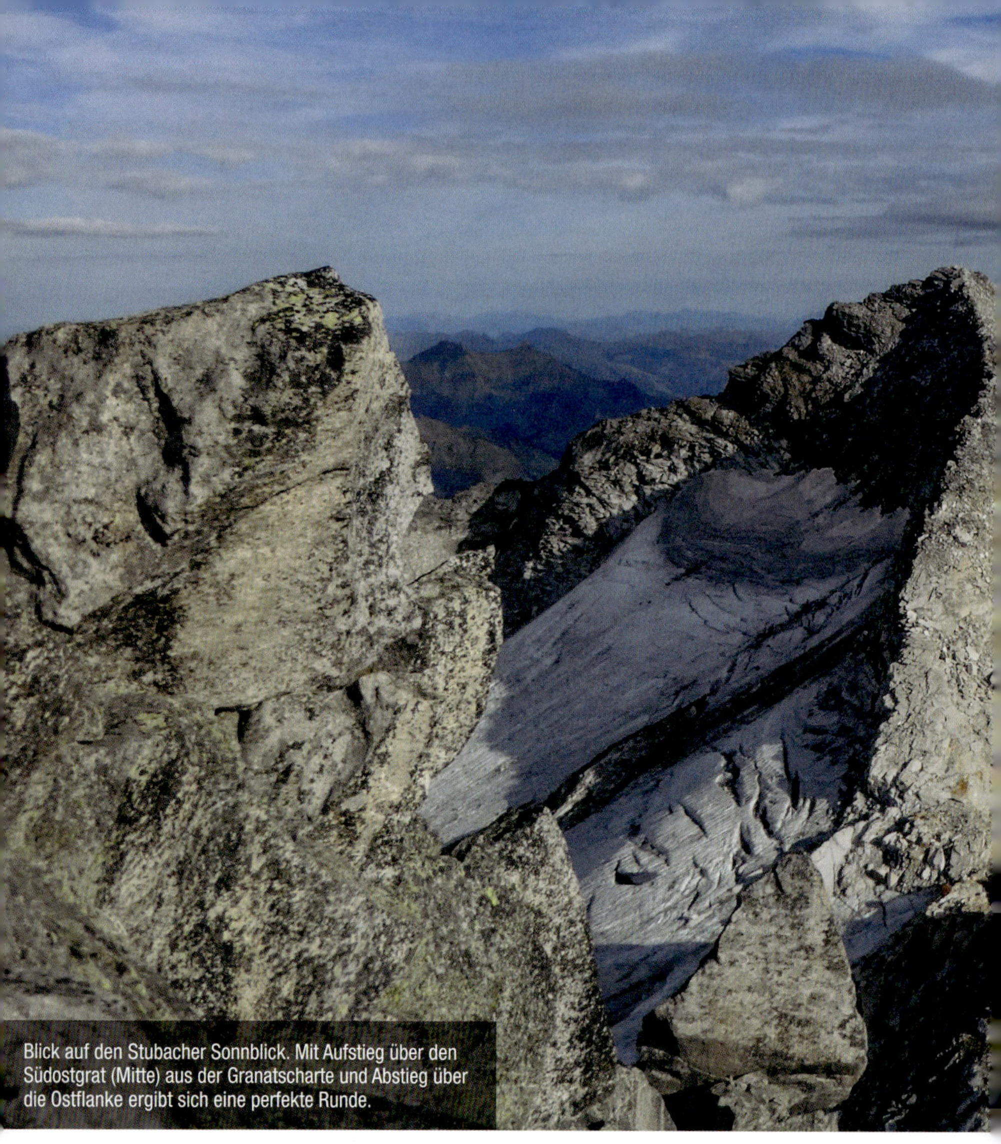

Blick auf den Stubacher Sonnblick. Mit Aufstieg über den Südostgrat (Mitte) aus der Granatscharte und Abstieg über die Ostflanke ergibt sich eine perfekte Runde.

Die Granatspitzgruppe stellt flächenmäßig den kleinsten Osttiroler Gebirgszug dar, dabei ist die Anzahl der Gipfel, die die 3000-Meter-Marke überschreiten gar nicht mal so gering. Die Vergletscherung ist im Vergleich zur angrenzenden Venedigergruppe im Westen bzw. zur Glocknergruppe im Osten überschaubar und natürlich auch massiv vom Klimawandel betroffen. So müssen das Prägrat- bzw. Sonnblickkees jährlich Massenverluste hinnehmen, was sich im Freilegen von ungutem Schuttgelände und brüchigen Felszonen an den Bergflanken der noch vergletscherten Dreitausender bemerkbar macht. Auch das Gradötzkees unterhalb des Großen Muntanitz hat seinen einstigen Glanz längst verloren und ist nur mehr ein sterbender Eisrest. Das Gleiche gilt für das

GRANATSPITZGRUPPE

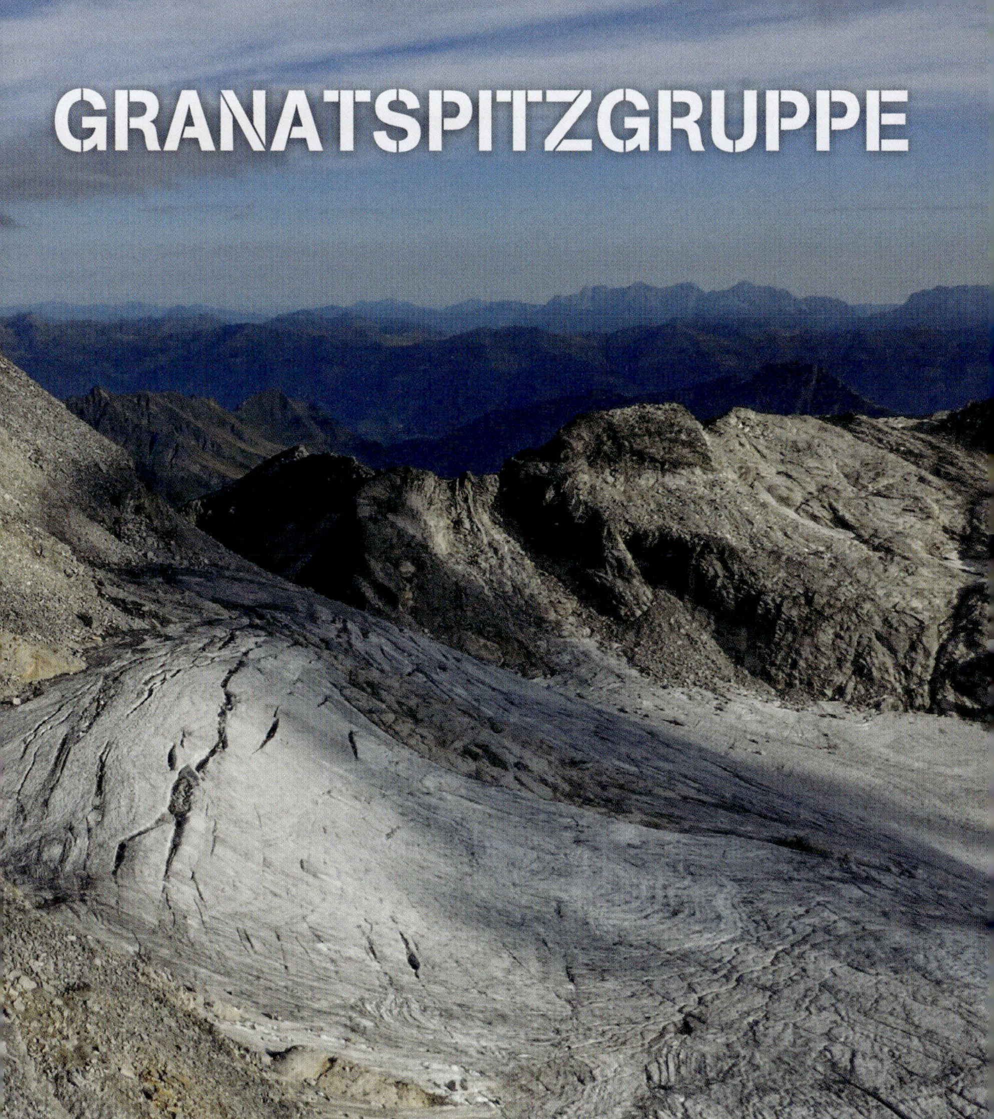

fast verschwundene Kalser Tauernkees oder das Loameskees unterhalb des Luckenkogels. Die Granatspitzgruppe beheimatet mit der Granatspitze als Namensgeberin, dem Stubacher Sonnblick und dem Muntanitzmassiv stolze Dreitausender, die weit über die Grenzen Osttirols hinaus bekannt sind und sommers wie winters zu den beliebten Tourenzielen zählen. Herrliche Weitwanderwege durchziehen diesen Gebirgszug. Viel begangen ist der Sudetendeutsche Höhenweg, während man sich am St. Pöltener Ostweg meist allein von Hütte zu Hütte durch die Granatspitzgruppe bewegt. Dasselbe gilt für den wenig bekannten Silesia-Höhenweg, der den Tauernhauptkamm überschreitet und die Sudetendeutsche Hütte mit dem Berghotel Weißsee (Rudolfshütte) verbindet.

44 Stubacher Sonnblick 3088 m

45 Granatspitze 3086 m

Breiter Felsklotz und stolzer Dreikant im malerischen Landeggtal

Am Ende des Landeggtals, an der Grenze zum Salzburger Land, verbergen sich mit dem Stubacher Sonnblick und der südlich vorgelagerten Granatspitze zwei erstklassige Tourenziele, die aufgrund ihrer Nähe zum Berghotel Weißsee sommers wie winters eine hohe Besucherfrequenz aufweisen.

Während die Annäherung durch das von Osttiroler Seite ansteigende Landeggtal eine einsame ist, kann aus dem benachbarten Salzburger Stubachtal bis auf fast 2300 m mit der Seilbahn gefahren werden. Das macht diese Berge, insbesondere für geführte Gruppen oder Ausbildungskurse sehr attraktiv. Auf alle Fälle empfiehlt es sich, beide Gipfel im Doppelpack zu ersteigen, was zeitlich kein Problem darstellen sollte, wenn man früh unterwegs ist. Von der Granatspitze zum Sonnblick sind es gerade mal 900 m Luftlinie und der Gegenanstieg hält sich mit knapp 200 Höhenmetern auch in überschaubaren Grenzen.

Bergsteigerisch richtet sich die Tour an versierte Gratgeher mit Übung im Fels und im

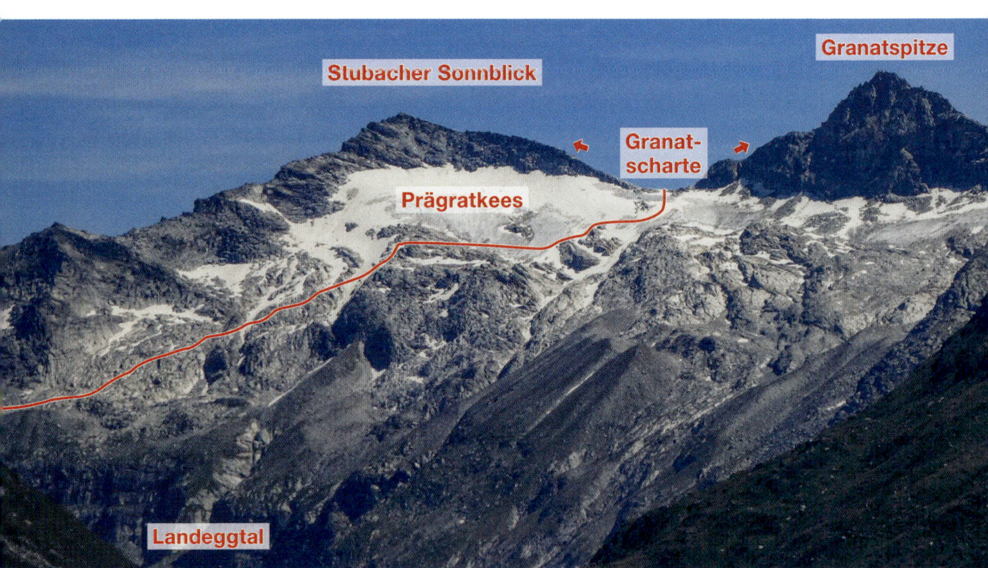

Gut zu erkennen ist der Aufstieg über das Prägratkees, wo sich die Anstiege zur Granatspitze und zum Stubacher Sonnblick trennen.

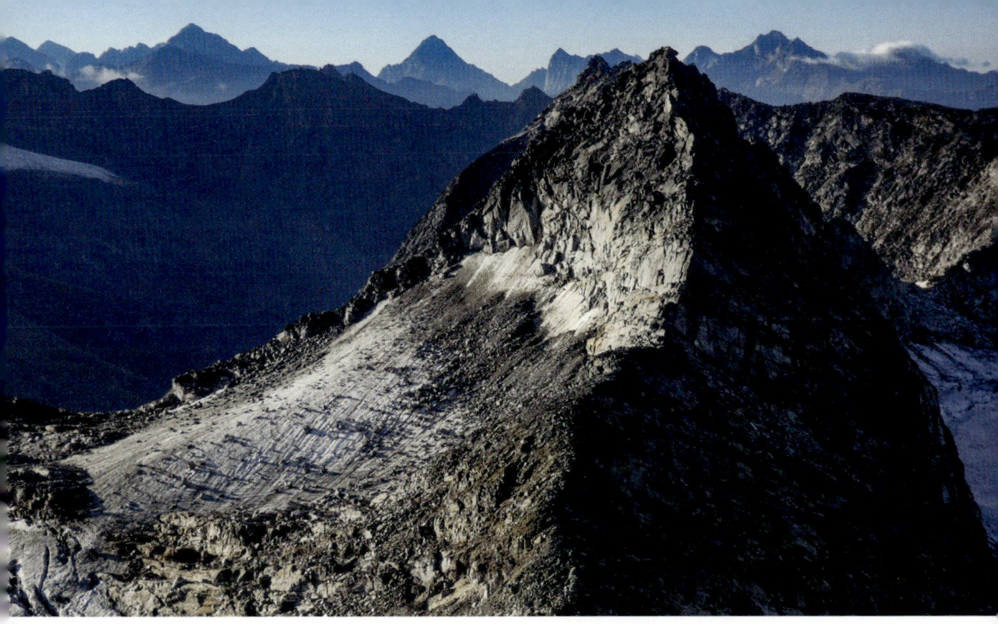

Ausgeapert bis auf den blanken Fels: die Granatspitze Ende August. Der Anstieg verläuft über den Grat in Bildmitte.

Begehen von Gletschern. Auch wenn das Prägratkees mittlerweile so gut wie spaltenfrei ist, wird es durch den Abschmelzprozess immer steiler und ist im Sommer meist blank. Das erfordert solides Gehen mit Steigeisen im Auf- und im Abstieg. Gerade am Beginn sind von einer Gletscherschliffinsel zur nächsten ungute, mit Eis gefüllte Rinnen zu queren, was den Einsatz von Steigeisen notwendig macht. Die Gratlinien selbst erweisen sich als genussvoll und solide. Hier sind Stellen bis zum II. Schwierigkeitsgrad zu bewältigen.

Anfahrt: Von Lienz über die B 108 nach Matrei und weiter über die Felbertauernstraße zur Abzweigung ins Landeggtal an der rechten Straßenseite, 6,5 km vor dem Felbertauerntunnel-Südportal bzw. 9 km nach Matrei. Kleiner Parkplatz am Eingang ins Landeggtal im Bereich einer markanten Steinmauer (Bachverbauung).

Öffi-Tipp: Bushaltestellte im Sommer am Eingang ins Landeggtal. Infos unter www.vvvt.at

Route: Vom kleinen Parkplatz am Eingang ins Landeggtal (ca. 1390 m) folgt man den gelben Wegtafeln entlang eines am Anfang steilen Schotterwegs über Norden nach Osten zur großen Landeggalm (1713 m). Die erste Verzweigung zur Taxer Alm bleibt dabei unbeachtet. Von dort konsequent auf der Straße bleibend weiter nach Norden zu deren Ende nach zwei unschön in die Landschaft platzierten Kraftwerkshäusern (2050 m) der ÖBB.

Über einen schönen Wiesensteig taleinwärts, bis der Pfad unter einem sperrenden Felsgürtel (Prägratwand) nach Westen ausholt und über gestuftes Terrain ein Plateau erreicht. Links unterhalb des Steiges befindet sich der mäanderartige Schändlasee (2369 m), der aber unberührt bleibt. Man trachtet nun zunehmend durch Schuttgelände wieder nach Norden, bis man über sich aufsteilende Blöcke zu einer Verzweigung kommt (2525 m). Hier muss nicht zur Karl-Fürst-Hütte (Biwak) aufgestiegen werden, sondern man kann über einen Wegast nach Osten in

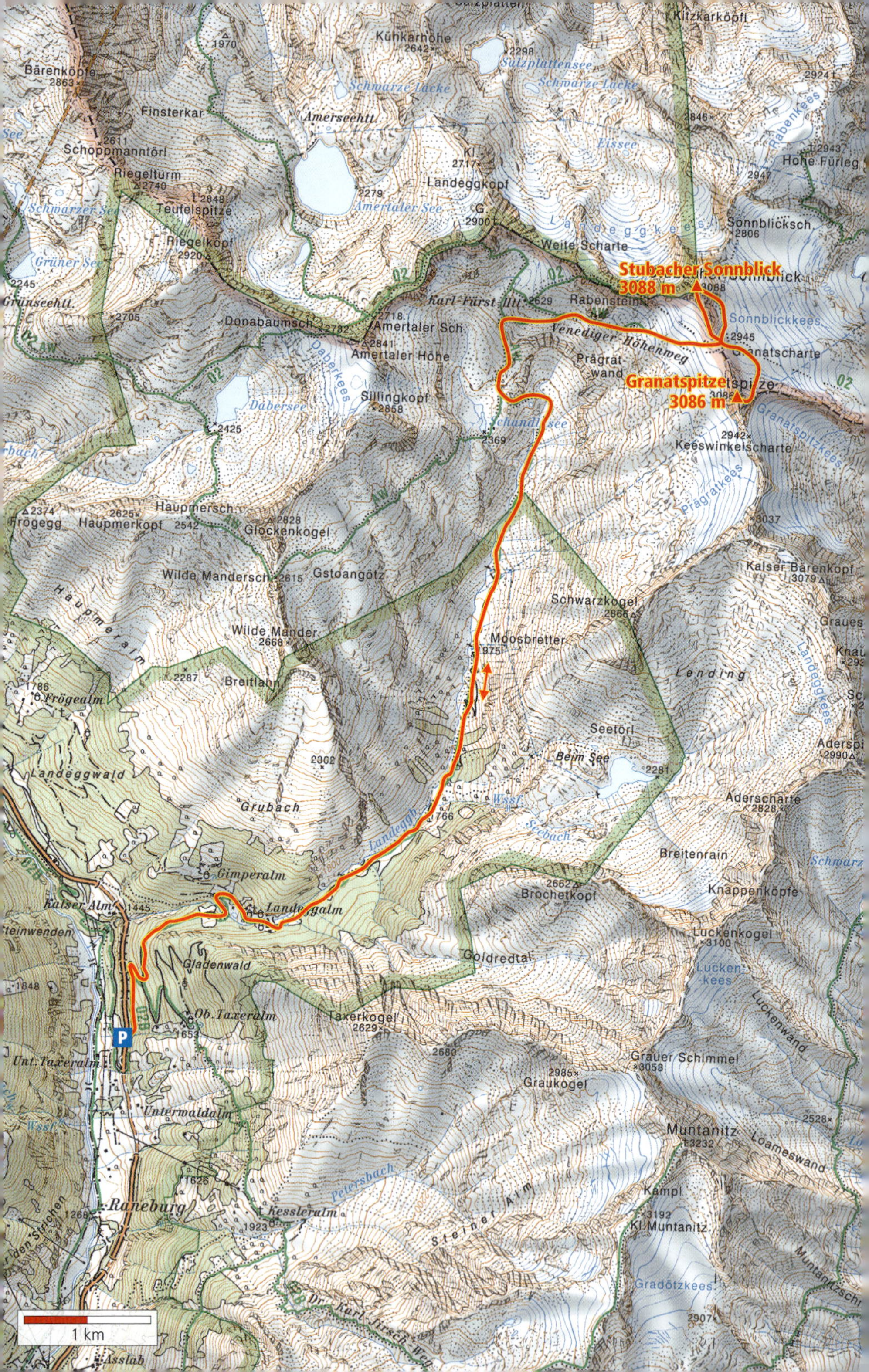

Stubacher Sonnblick
3088 m
Granatspitze
3086 m
1 km

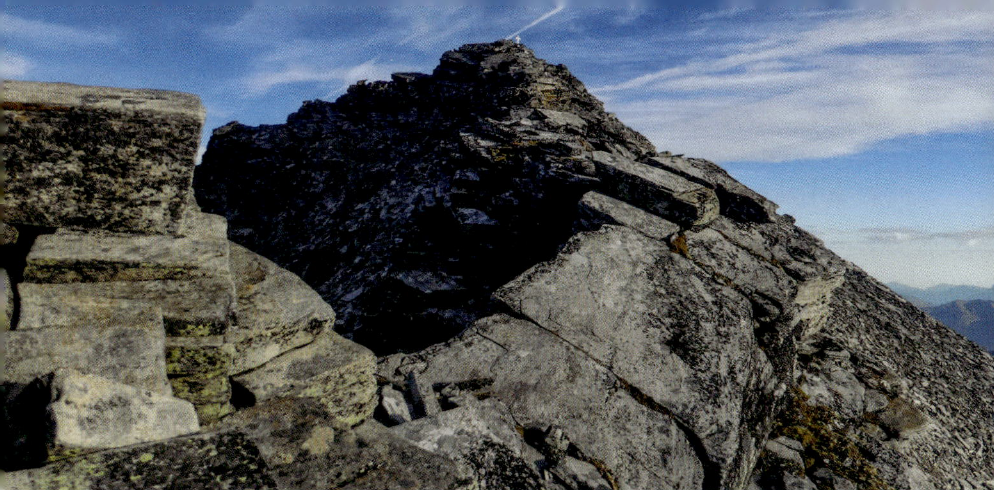

Am Gipfelgrat zum Hohen Sonnblick.

das höckerartige Gletschervorfeld des Prägratkeeses aufsteigen. Mit Eis gefüllte Rinnen zwischen den Felsinseln verlangen Steigeiseneinsatz. Achtung auf alte, marode Stahlseilversicherungen. Ziel ist die breite Granatscharte (2970 m), die über ein steiles Eisfeld erreicht wird. Mit zunehmender Ausaperung in den kommenden Jahren wird diese sicherlich bald gänzlich über Gletscherschliffplatten und somit eisfrei erreichbar sein. Die Verhältnisse sind entscheidend.

Wer den Sonnblick (3088 m) anpeilt und mit Blockgraten kein Problem hat, wendet sich direkt aus dem Sattel über herrliche Granitplatten nach links und erreicht den Gipfel nach einer Blockstufe, die über Leisten abkletternd überwunden werden muss, entlang des schönen Südostgrats (II, Kreuz). Als willkommene Abstiegsalternative bieten sich Steigspuren durch die Ostflanke an. Hierzu wird aus einem seichten Sattel unterhalb des Gipfels unübersehbar in die Schuttflanke gequert und das darunterliegende Sonnblickkees betreten (Steinschlag). Von dort um den Bergkörper herum nach Süden in die breite Granatscharte. Wer sich den Südostgrat nicht zutraut, kann den Sonnblick auch über die Ostflanke ersteigen, die im Winter auch den Skianstieg bildet.

Für die elegante Granatspitze (3086 m) heißt es von der Granatscharte kurz über das Sonnblickkees absteigen, bis man die „Rückseite" des Berges erblickt. Nun mit Respektabstand zu den großen Steinschlagzonen unterhalb der Nordostwand, den günstigsten Weg suchend, zum Einstieg am Nordostgrat. Dieser kann im flachsten Bereich am Gratfuß betreten werden oder etwas oberhalb, was aber einen Anstieg in brüchigem, aufgrund von Eisschwund mehr und mehr in Bewegung geratenem Schutt erfordert. Der Gratlinie folgend geht es nun ausgesetzt entweder direkt (II–III) oder die steilsten Stellen links in der Südostflanke umgehend zum kleinen Gipfel. Achtung, Absturzgefahr. Am Grat muss auch wieder abgeklettert werden. Bei Vereisung und Schnee sind hier Steigeisen vonnöten.

Talort/Ausgangspunkt	Matrei/Felbertauernstraße, Abzweigung Landeggtal (1390 m)
Höhenunterschied	1700 Hm
Aufstiegszeit	6 Stunden
Strecke im Aufstieg	11 km
Kletterschwierigkeit	I–II Sonnblick (je nach Routenwahl), II–III Granatspitze
Besondere Gefahren	Absturzgefahr, weglos, Steinschlag, Gletscher
Besondere Ausrüstung	Steigeisen

46 Großer Muntanitz 3232 m

47 Kleiner Muntanitz 3192 m

48 Oberster Wellachkopf 3110 m

Beeindruckende Kammüberschreitung zum höchsten Gipfel der Granatspitzgruppe

Der mächtige Gipfelaufbau des Muntanitz bildet die höchste Erhebung der Granatspitzgruppe. Neun Dreitausender (inkl. Nebengipfel) befinden sich in dem vom Hauptgipfel ausstrahlenden hufeisenförmigen Felskranz. Während der Muntanitz-Palfengrat anspruchsvoll überschritten werden muss, geht es am gegenüberliegenden Normalweg über den Südsüdwestkamm etwas gemütlicher zu. Ein markierter Bergpfad erreicht den Großen Muntanitz über eine von bratschigem Verwitterungsgestein dominierten, einer Mondlandschaft gleichenden Gratlinie, die die „Mitnahme-Dreitausender" Wellachkopf und Kleiner Muntanitz beinhaltet.
Als Schlüsselstelle könnte der mit Stahlseilen entschärfte, aber sehr exponierte Abstieg vom Kleinen Muntanitz in den darunter

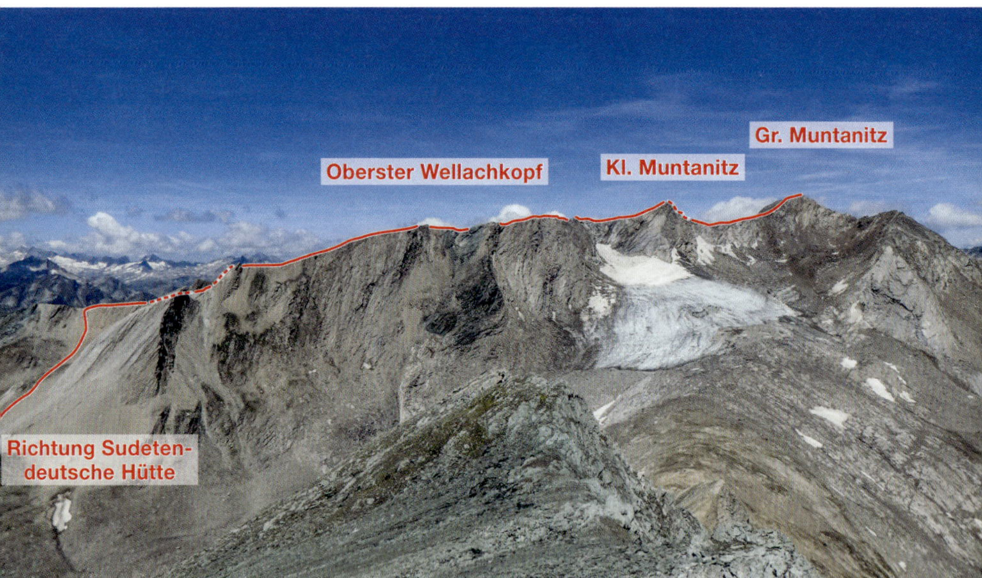

Ausblick auf das mächtige Muntanitzmassiv vom Gradötzkogel.

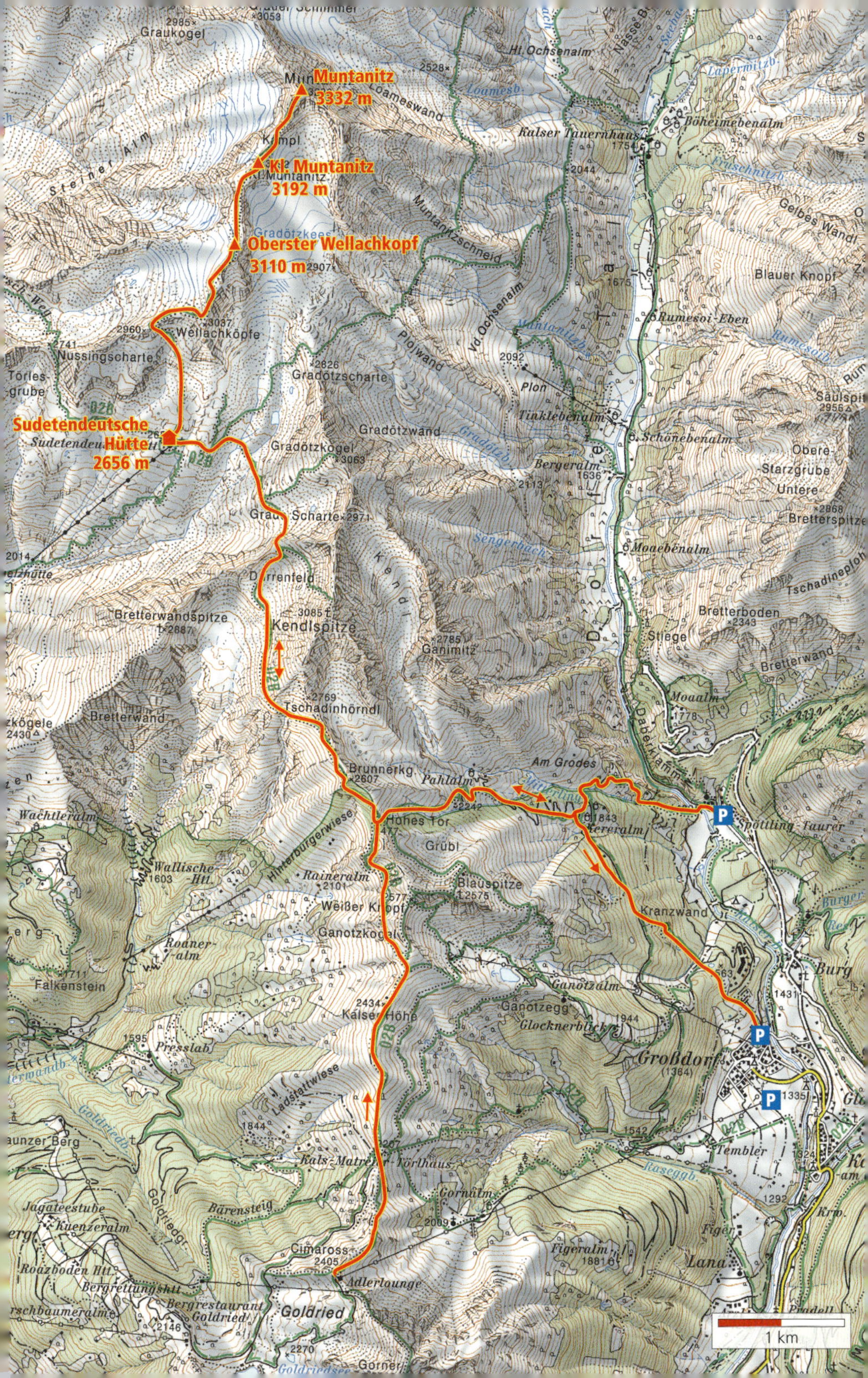

Muntanitz
3332 m
Kl. Muntanitz
3192 m
Oberster Wellachkopf
3110 m
Sudetendeutsche
Hütte
2656 m
Wellachköpfe
Gradötzscharte
Gradötzkögel
Kendlspitze
Tschadinhörndl
Brunnerkg.
Hohes Tor
Blauspitze
Kalser Höhe
Großdorf
Goldried
Adlerlounge
Cimaross
Kalser Tauernhaus
Bretterwandspitze
Falkenstein
Kranzwand
Tembler
Lana
Burg
1 km

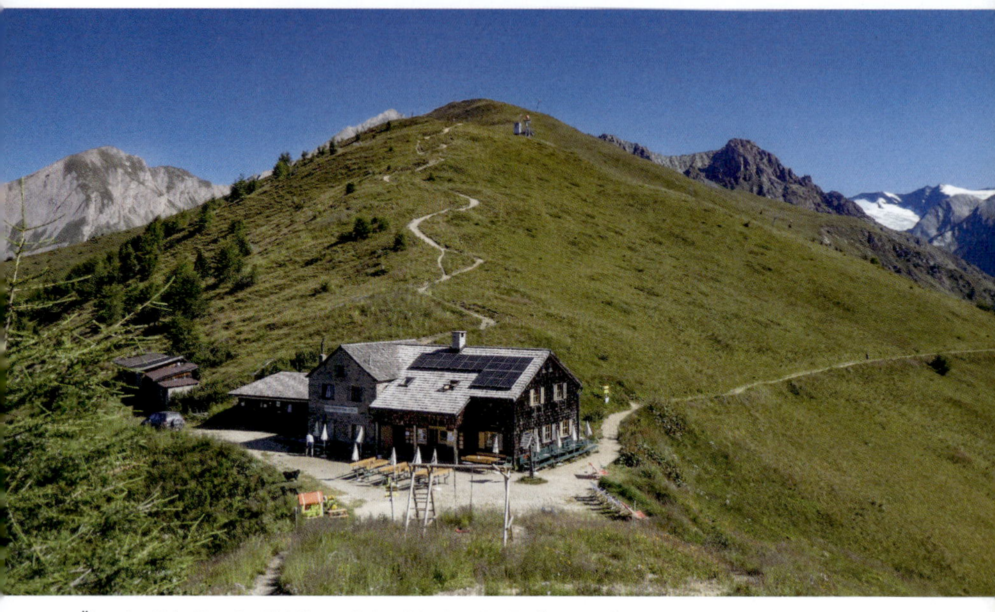

Über das Kals-Matreier-Törl-Haus windet sich einer der Zugänge zur Sudetendeutschen Hütte.

liegenden breiten Sattel, genannt „Kampl", angesehen werden. Hier ist absolute Trittsicherheit unbedingt vonnöten. Nicht zu unterschätzen ist der konditionelle Aufwand, der mit einer Übernachtung in der schmucken, malerisch in die Landschaft eingebetteten Sudetendeutschen Hütte entschärft werden kann.

Drei unterschiedliche Zustiege bedienen die Hütte. Aussichtsreich und landschaftlich wohl am schönsten bewegt man sich am Sudetendeutschen Höhenweg über die Durfeldscharte der Hütte entgegen. Hier gibt es die Möglichkeit, den Zugang etwas zu verkürzen, indem man mit der Bahn zur Adlerlounge im Skigebiet Glockner Resort fährt. Sie bildet einen hervorragenden Ausgangspunkt und liegt nur wenige Höhenmeter oberhalb des Kals-Matreier-Törl-Hauses, wo der Höhenweg beginnt.

Wer vom Markt Matrei die Tour in Angriff nimmt, hat die Möglichkeit, über die nicht weniger aussichtsreichen Edelweißwiesen in das zur Sudetendeutschen Hütte führende Steiner Almental vorzudringen. Dies lässt sich mit der dritten Variante auch vom Weiler Stein, nördlich des Felbertauernstüberls, über herbe Waldserpentinen betreten. Für welchen Weg man sich auch immer entscheidet, alle Zustiege sind tagesfüllend und ein Abenteuer für sich.

Von Kals über den Sudetendeutschen Höhenweg

Anfahrt: Von Lienz oder Matrei über die B 108 nach Huben. Dort rechts ins Kalser Tal (L 26) abbiegen. Durch Kals hindurch und bei der Straßenverzweigung links nach Großdorf zur zur Adlerlounge führenden Seilbahn abbiegen. Verzichtet man auf die Seilbahnunterstützung, rechts geradeaus weiter in den Talschluss zum Hotel Taurerwirt fahren (großer Parkplatz).

Öffi-Tipp: Busverbindung im Sommer bis zum Taurerwirt in Kals bzw. Großdorf. Nähere Infos unter www.vvt.at

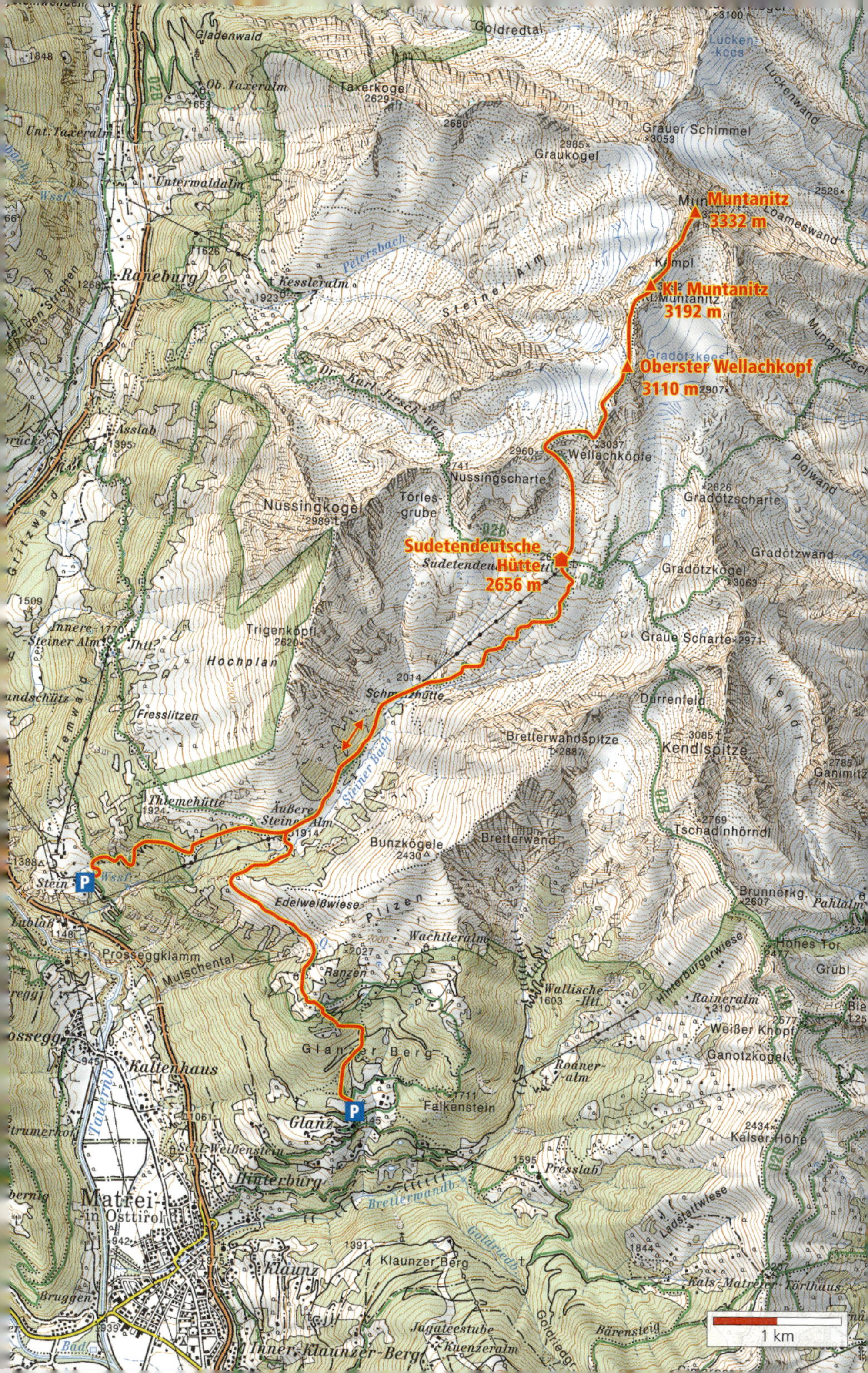

Muntanitz
3332 m
Kl. Muntanitz
3192 m
Oberster Wellachkopf
3110 m
Sudetendeutsche
Hütte
2656 m
Goldriedtal
Taxerkogel
Grauer Schimmel
Graukogel
Gladenwald
Ob. Taxeralm
Unt. Taxeralm
Untermaldalm
Raneburg
Kessleralm
Steiner Alm
Wellachköpfe
Nussingscharte
Törles-
grube
Nussingkogel
Gradötzscharte
Gradötzwand
Gradötzkogel
Graue Scharte
Dürrenfeld
Kendlspitze
Bretterwandspitze
Trigenköpfl
Hochplan
Fresslitzen
Innere Steiner Alm
Thiemehütte
Äußere Steiner Alm
Steiner Bach
Bunzkögele
Bretterwand
Tschadinhörndl
Edelweißwiese
Pilzen
Wachtleralm
Ranzen
Glanzer Berg
Falkenstein
Glanz
Stein
Prosseggklamm
Mutschental
Kaltenhaus
Hinterburg
Matrei
in Osttirol
Klaunz
Klaunzer Berg
Inner-Klaunzer-Berg
Presslab
Brunnerkg.
Hohes Tor
Raineralm
Weißer Knopf
Ganotzkogel
Kalser Höhe
Ladstattwiese
Kals-Matreier-Törlhaus
Bärensteig
1 km

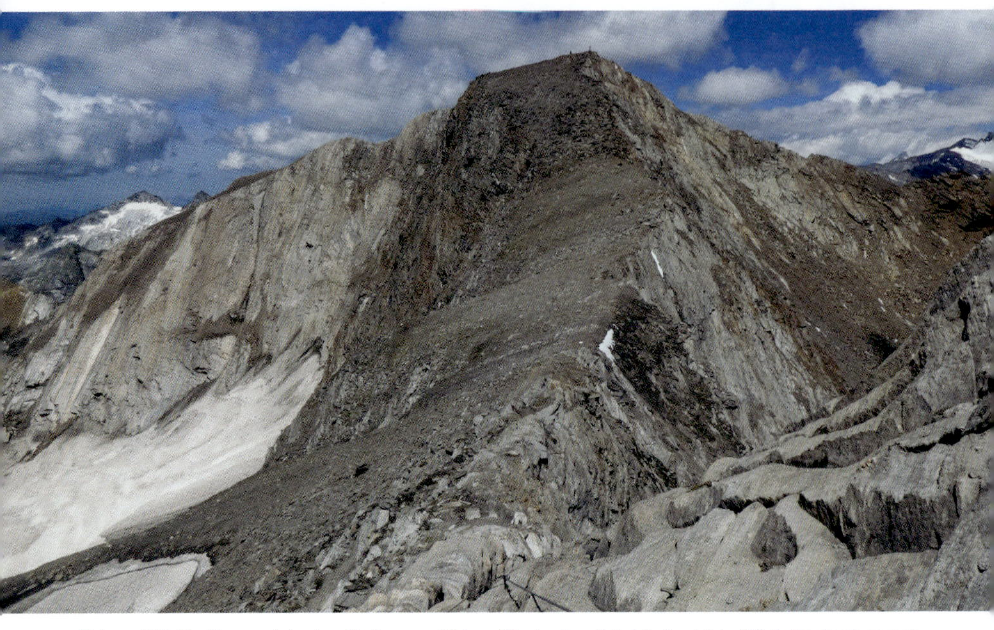

Beim mit Stahlseilen versicherten Abstieg vom Kleinen Muntanitz zeigt sich das letzte Stück des Anstiegs zum Hauptgipfel.

Hüttenzustieg über Adlerlounge (2405 m) und Kals-Matreier-Törl-Haus (2207 m): Mit der Gondel geht es auf die Adlerlounge am Cimaross (2405 m), wo man die Tour mit einem grasigen Abstieg entlang der breiten, aussichtsreichen Kammlinie zum Kals-Matreier-Törl-Haus (2207 m) beginnt. Dieses kann übrigens auch zu Fuß über weite Bergpfade von Kals oder Matrei erreicht werden. Im weiteren Verlauf konsequent über die Kalser Höhe (2434 m) nordwärts in eine Senke, wo es Ganotzkogel und Weißen Knopf kurz an der Matreier Seite (West) absteigend zu umgehen gilt.

Es folgt ein kurzer Gegenanstieg in den breiten Kammsattel des Hohen Tors (2477 m). Dorthin führt auch ein schöner Bergwiesenpfad über die Pahlalm (2242 m), ausgehend vom Taurerwirt in Kals (1489 m). Diese Variante ist vor allem interessant für Hartgesottene, die „by fair means" unterwegs sein wollen, bzw. wenn man am Rückweg vom Muntanitz nicht mehr den Gegenanstieg zur Adlerlounge bewältigen will. Die schöne Kammüberschreitung über das Kals-Matreier-Törl bleibt dann allerdings unberührt.

Vom Hohen Tor durchschneidet der Pfad steile, südwestgerichtete Bergflanken und gewinnt in nördlicher Richtung ein großes, als Dürrenfeld bezeichnetes Schuttkar. Durch dieses bis zu seinem nördlichen Ende aufwärts in die breite Dürrenfeldscharte (2823 m), wo der Aufstieg zur Kendlspitze nach Südosten in sonnseitige Schutthalden führt (siehe Tour 50). Von der Scharte gilt es im weiteren Verlauf entlang von mit Stahlseilen versicherten Felsbändern wenige Höhenmeter abzusteigen, bis man sich im Steiner Almental befindet (Trittsicherheit). Man folgt dem Schuttsteig durch ein Bergkar zu einer Verzweigung (2730 m), wo man rechts über einen Geröllrücken zur Gradötzspitze (siehe Tour 49) aufsteigen kann. Nach einem kurz absteigenden Wegabschnitt geht es abschließend aussichtsreich zur Hütte (2656 m) mit kleinem See.

Hinweis: Die Blauspitzlifte sind im Sommer geschlossen, was sich natürlich jederzeit ändern kann. Würden sie fahren, würde sich die Auffahrt Richtung Blauspitze anbieten, was einen schnelleren Zugang zum Hohen Tor gewährt.

Talort/Ausgangspunkt	Kals/Adlerlounge (2405 m) oder Kals Taurerwirt (1489 m)
Höhenunterschied	620 Hm Aufstieg, 180 Hm Abstieg (ab Adlerlounge), 1330 Hm Aufstieg, 180 Hm Abstieg (ab Kals Taurerwirt)
Aufstiegszeit	3–3½ Stunden ab Adlerlounge, 4½–5 Stunden ab Taurerwirt
Strecke im Aufstieg	ca. 8 km (ab Adlerlounge), ca. 7 km (ab Kals Taurerwirt)
Kletterschwierigkeit	I im Bereich der Dürrenfeldscharte
Besondere Gefahren	Absturzgefahr im Bereich der Dürrenfeldscharte
Hütten/Einkehrmöglichkeit	Kals-Matreier-Törl-Haus

Von Matrei über die Edelweißwiesen und Äußere Steiner Alm (1914 m)

Anfahrt: Von Lienz nach Matrei fahren und entlang der Felbertauernstraße (B108) weiter Richtung Norden, ehe auf Höhe von Schloss Weißenstein Straßenschilder rechter Hand nach Hinterburg/Glanz leiten. Die schmale Bergstraße wird nun bis fast zu ihrem Ende, ca. 400 m vor dem letzten Bauernhof, verfolgt. Kleiner Parkplatz am Ausgangspunkt Edelweißwiesen, Steiner Alm, Klettergarten Falkenstein etc. (ca. 1510 m).

Öffi-Tipp: Dieser Ausgangspunkt ist mit Öffis nicht zu erreichen, außer man nimmt sich ab Matrei ein Taxi.

Hüttenzustieg: Vom kleinen Parkplatz in Glanz (1510 m) folgt man den gelben Wegtafeln in den Bannwald nach Norden. Der Forstweg wird mehrere Male gequert, bis man freies Almengelände mit schmucken Hütten erreicht.

In weiterer Folge wird der Güterweg bis zu seinem Ende auf ca. 1920 m begangen. Entlang eines Karrenwegs quert man nun die herrlichen Edelweißwiesen nach Nordwesten. Diese Wiesen werden an ihrem nordwestlichen Ende entlang eines absteigenden Wegabschnitts (ca. 30 Hm) nach Nordosten verlassen, ehe man die Äußere Steiner Alm (1914 m, Jausenstation) erreicht.

Nun im flachen Talboden nach Nordosten einwärts zur sogenannten Schmelzhütte und weiter auf dem steiler werdenden Bergpfad aussichtsreich durch das Steiner Almental zur Sudetendeutschen Hütte (2656 m).

Talort/Ausgangspunkt	Matrei/Glanz (1510 m)
Höhenunterschied	1180 Hm
Aufstiegszeit	4½ Stunden
Strecke im Aufstieg	ca. 6,5 km
Hütten/Einkehrmöglichkeit	Äußere Steiner Alm

Von Matrei über Weiler Stein (1300 m)

Anfahrt: Von Lienz nach Matrei fahren und entlang der Felbertauernstraße (B 108) weiter nach Norden, bis man 200 m nach dem linksliegenden Felbertauernstüberl über eine schmale Bergstraße zum ausgewiesenen Wanderparkplatz unterhalb der Höfe von Stein auffahren kann (1300 m).

Hüttenzustieg: Vom Parkplatz folgt man gelben Wegtafeln in östlicher Richtung über einen Serpentinenweg durch den urigen Bannwald bis auf 1750 m, wo man auf freie Wiesen trifft.

Im weiteren Verlauf wandert man in angenehmer Steigung zur Äußeren Steiner Alm (1914 m). Von dort wie bei dem von der Edelweißwiese herankommenden Zugang beschrieben durch das Steiner Almental zur Schmelzhütte und weiter zur Sudetendeutschen Hütte (Tafeln) ansteigen.

Talort/Ausgangspunkt	Matrei/Stein (1300 m)
Höhenunterschied	1360 Hm
Aufstiegszeit	5 Stunden
Strecke im Aufstieg	ca. 5 km
Einkehrmöglichkeit	Äußere Steiner Alm

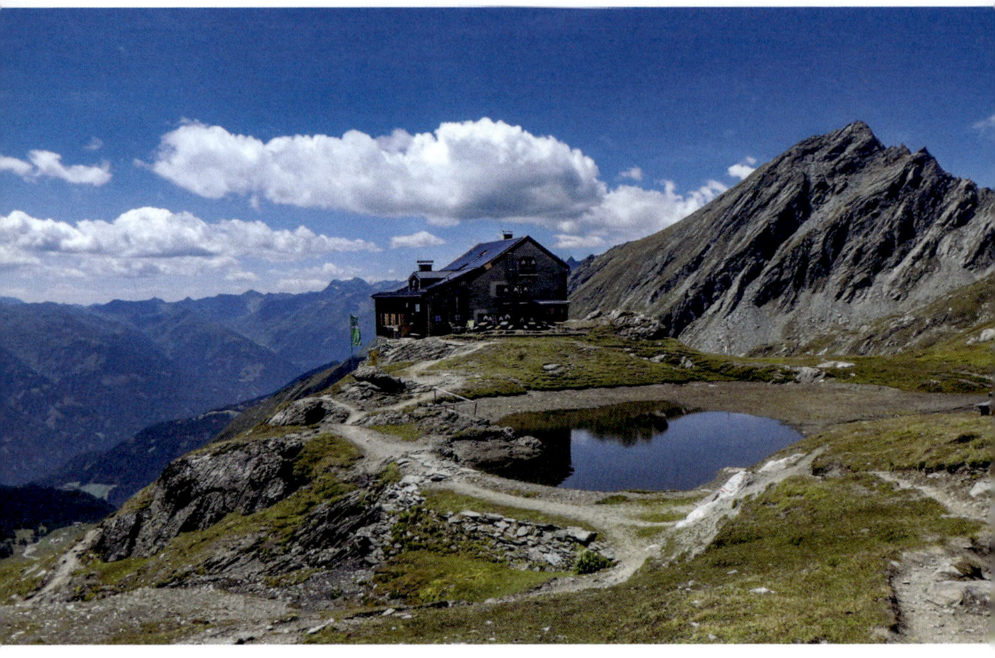

Die Sudetendeutsche Hütte mit dem markanten Nussingkogel rechts.

Gipfelanstieg

Von der Sudetendeutschen Hütte (2656 m) geht es über Grasmatten schnurstracks nach Norden, wo man ein sandiges Hochkar anpeilt, das sich links von etwas eigentümlich wirkenden Bergen befindet. Ziel ist der breite Gratsattel zwischen Oberem Wellachkopf (2962 m) links und dem Südgipfel des Obersten Wellachkopfs rechts.

Über den breiten, flachen Kamm geht es nun im sandigen Schutt am Karl-Schöttner-Weg über den beginnenden Südwestkamm Richtung Wellachkopf-Südgipfel, der unterhalb umgangen wird. Dreitausendersammler werden diesen mitnehmen wollen.

Im weiteren Verlauf immer der breiten, abgeplatteten Kammlinie nach, den nicht leicht auszumachenden Hauptgipfel des Obersten Wellachkopfs (3110 m) überschreiten und zur markanten Felsspitze des Kleinen Muntanitz (3192 m). Auch sie wird in der Regel nicht betreten, könnte jedoch in wenigen Minuten unschwierig erreicht werden.

Das bis fast in die breite Scharte abwärts führende Stahlseil befindet sich einen Steinwurf unterhalb an der Westseite des Gipfels und bildet die Schlüsselstelle am Weg zum Gipfel. Mit Trittsicherheit geht es schließlich gut 60 Höhenmeter teilweise exponiert über eine Art Rissverschneidung abwärts in einen als Kampl bezeichneten Gratsattel (3129 m). Die Stahlseilpassage ist etwas kürzer. Abschließend nach Nordosten unschwierig über breites Schuttgelände zum Gipfel des Großen Muntanitz (3232 m, Kreuz).

Ausgangspunkt	Sudetendeutsche Hütte (2656 m)
Höhenunterschied	650 Hm
Aufstiegszeit	2½ Stunden
Strecke im Aufstieg	ca. 3,5 km
Kletterschwierigkeit	I–II
Besondere Gefahren	Absturzgefahr

Gradötzkogel 3063 m

49

Leichter Aussichtsgipfel östlich der Sudetendeutschen Hütte

Mit einer mächtigen Nordostwand bricht er ins Kalser Dorfer Tal ab, der klobige Gradötzkogel. Davon merkt der Gipfelaspirant, wenn er von der Sudetendeutschen Hütte kommt, freilich nichts, bedient sich der markierte Anstieg doch eines breiten Blockrückens und erweist sich als nahezu unschwierig. Die Schlüsselstelle liegt, wenn man so will, eher im Zugang. Das heißt in der Überschreitung der stahlseilversicherten Dürrenfeldscharte, wenn man von der Kalser Seite aufsteigt.

Wer vom Weiler Stein oder über die Edelweißwiesen zum Berg vordringen will, sieht sich langen Zugängen durch das Steiner Almental gegenüber. Der Gradötzkogel eignet sich ideal als Hüttengipfel, wenn man aufgrund einer Muntanitzbesteigung auf der Sudetendeutschen Hütte nächtigt und am Tag des Hüttenzustiegs noch etwas Zeit zur Verfügung hat.

Anfahrt und Hüttenzugänge: siehe Touren 46–48, Muntanitz.

Route: Von der Sudetendeutschen Hütte (2656 m) wandert man über den gleichnamigen Höhenweg zuerst ost- später südwärts Richtung Dürrenfeldscharte, bis man nach einem felsigen Eck zu einer Verzweigung auf 2730 m kommt (Tafeln). Hier gilt es, nicht weiter zur Scharte zu marschieren, sondern über einen gut markierten Blockrücken 330 Höhenmeter nach Nordosten zum aussichtsreichen Gipfel aufzusteigen, wo

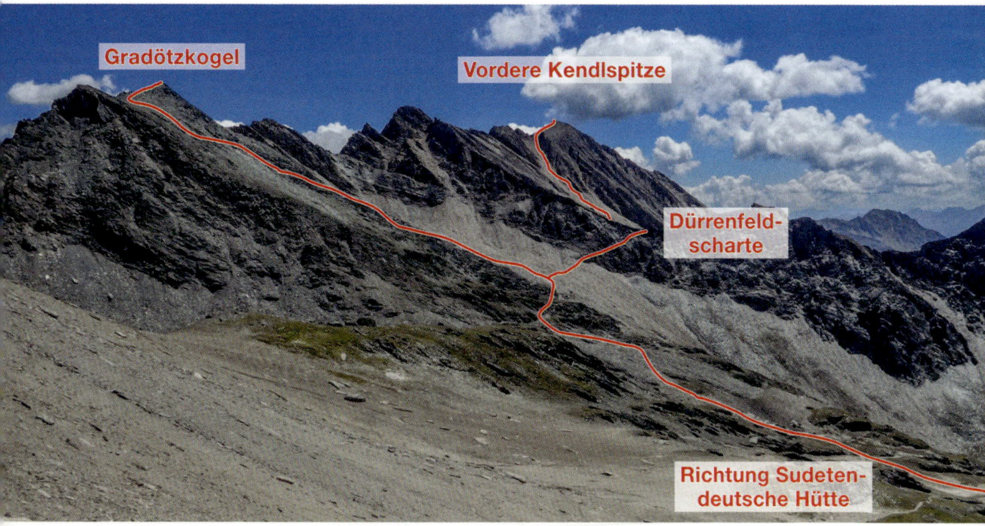

Oberhalb der Sudetendeutschen Hütte ergibt sich ein schöner Blick auf Gradötzkogel und Kendlspitze.

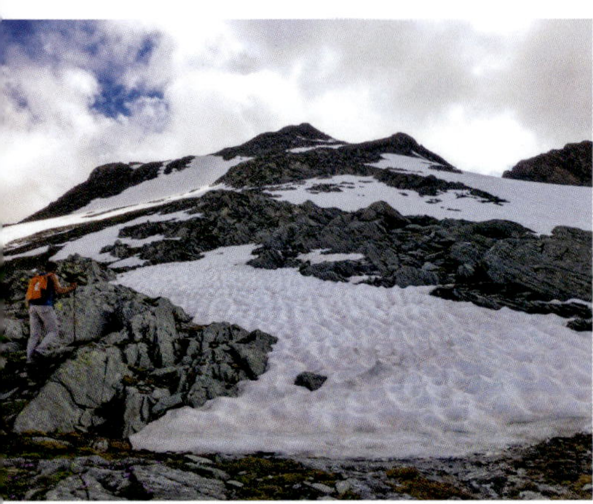

Kurz unterhalb des Gipfels Ende Juni.

man eine herrliche Aussicht auf den Richtung Eiskögele führenden Kastengrat erhält. Wer von Kals über die Dürrenfeldscharte (2823 m) zusteigt, muss anhand von mit Stahlseilen versicherten Felsbändern wenige Höhenmeter ins unterhalb der Scharte liegende Hochkar absteigen (Absturzgefahr), bevor er zu der zuvor erwähnten Verzweigung am Blockrücken kommt, der den Gipfelanstieg bildet (Tafeln).

Talort/Ausgangspunkt	Sudetendeutsche Hütte (2656 m) oder Taurerwirt (1489 m) in Kals bzw. Adlerlounge (2405 m)
Höhenunterschied	410 Hm ab Sudetendeutsche Hütte, 1760 Hm ab Taurerwirt (inkl. Gegenanstiege), 1250 Hm ab Adlerlounge (inkl. Gegenanstiege)
Aufstiegszeit	1½ Stunden ab Sudetendeutsche Hütte, 5½–6 Stunden ab Taurerwirt, 5 Stunden ab Adlerlounge
Strecke im Aufstieg	ca. 1,7 km ab Sudetendeutsche Hütte, ca. 6 km ab Taurerwirt, ca. 7,5 km ab Adlerlounge
Kletterschwierigkeit	I
Besondere Gefahren	Absturzgefahr an der Dürrenfeldscharte
Hütten/Einkehrmöglichkeit	Sudetendeutsche Hütte, Kals-Matreier-Törl-Haus (je nach Routenwahl)

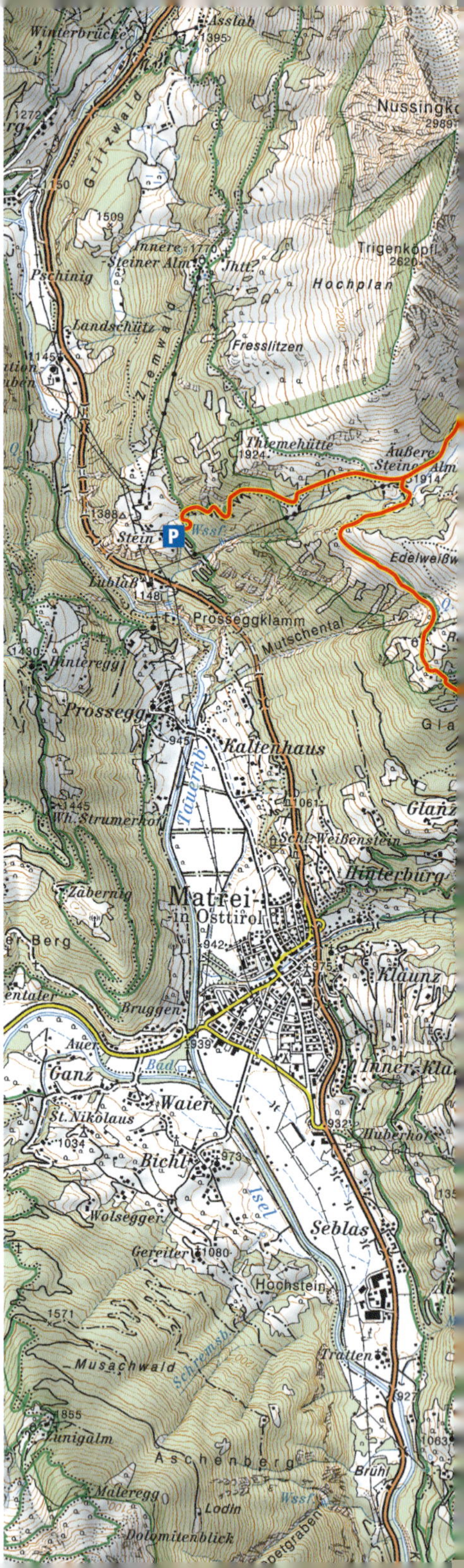

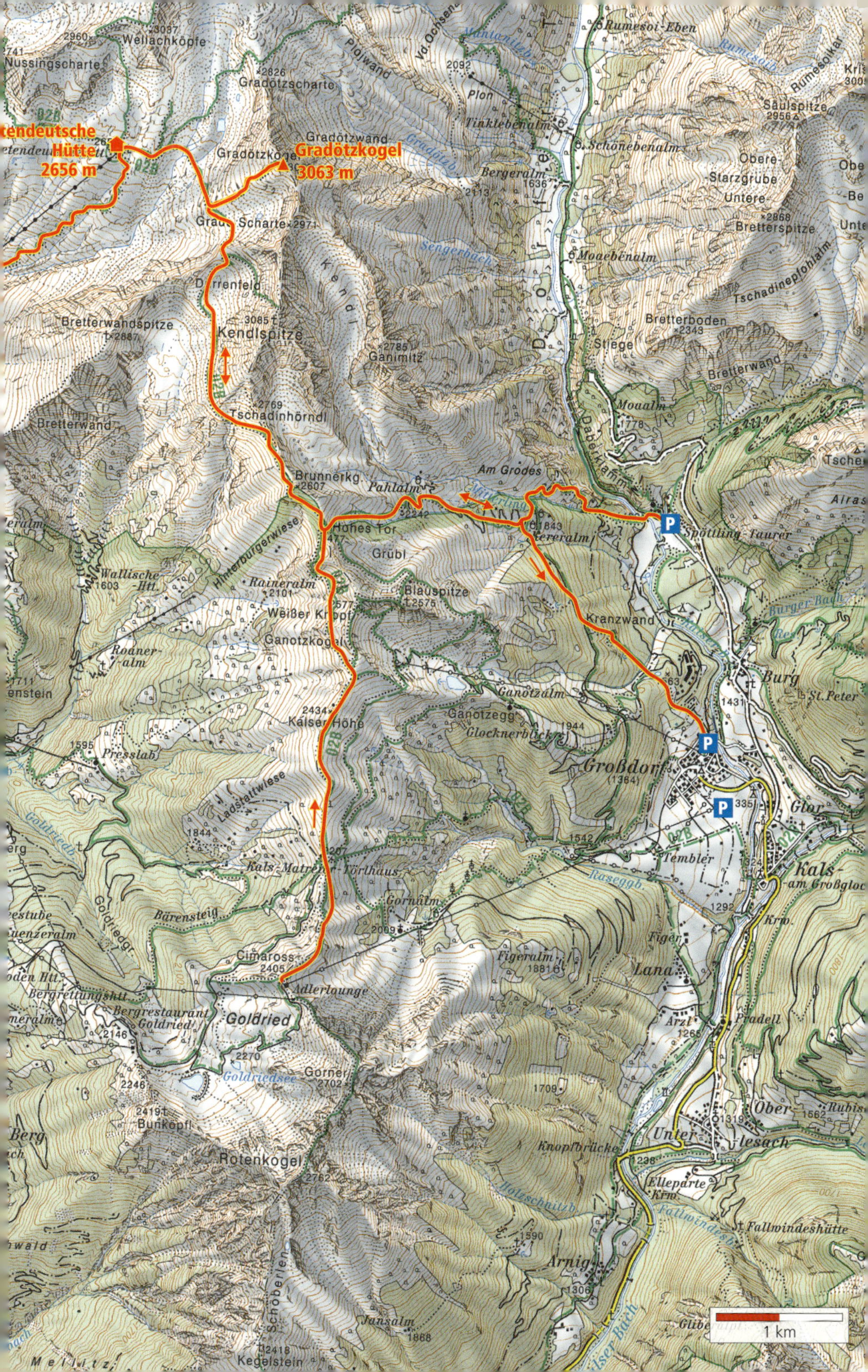

Hütte
2656 m
Gradötzkogel
3063 m
Wellachköpfe
Nussingscharte
Gradötzscharte
Gradötzwand
Graue Scharte
Kendlspitze
Bretterwandspitze
Bretterwand
Tschadinhörndl
Ganimitz
Brunnerkg.
Pahlalm
Am Grodes
Hohes Tor
Grübl
Blauspitze
Raineralm
Weißer Knopf
Ganotzkogel
Kälser Höhe
Ganotzalm
Ganotzegg
Glocknerblick
Kranzwand
Großdorf
Burg
St. Peter
Glor
Kals-
am Großglockner
Tembler
Lana
Figeralm
Arzl
Pradell
Ober
Unter
lesach
Goldried
Goldriedsee
Adlerlounge
Cimaross
Gornalm
Kals-Matreier-Törlhaus
Ladstattwiese
Bärensteig
Presslab
Roaner-alm
Wallische-Htt.
Hinterburgerwiese
Bunkopf
Rotenkogel
Gorner
Knopfbrücke
Arnig
Fallwindeshütte
Jansalm
Kegelstein
Schöberlen
Dorfertal
Daberklamm
Spöttling
Taurer
Bergeralm
Tinklebenalm
Schönebenalm
Plon
Moaebenalm
Bretterboden
Stiege
Moaalm
Bretterspitze
Säulspitze
Rumesoi-Eben
Obere
Starzgrube
Untere
Tschadinepfohlalm
Kersalm
Bergrestaurant Goldried
Bergrettungshtt.
1 km

50 Vordere Kendlspitze 3085 m

Sonnheller Felsbau mit imposanter Gratvariante

Der breite Felsbau der Kendlspitze, der in seiner langgezogenen Gratlinie mit Vorderer und Hinterer Kendlspitze zwei Dreitausender trägt, dominiert die Ortschaft Kals im Nordwesten. Die Besteigung am markierten Pfad gestaltet sich für trittsichere Berggänger über weite Strecken unschwierig. Einzig im Bereich des Gipfelgrats sind kurze Stahlseilpassagen, die über exponierte Felsstellen hinwegleiten (Absturzgefahr), zu bewältigen. Erwähnenswert ist der als Klettergrat beschriebene Südwestgrat der Kendlspitze. Er ist mit alten „Theniushaken" ausgestattet, einem Sicherungsmittel aus längst vergangenen Zeiten, das so nur mehr auf der Kendlspitze zu finden ist. Hier gilt es, ausgesetzte, plattige Gratzinnen im mürben, sonnhellen Verwitterungsgestein (Bratschen) zu überschreiten, eine Tour im III. Schwierigkeitsgrad, die sich an versierte Gratkletterer richtet (Seil).

Der Hauptzugang zur Kendlspitze führt von Kals zum Gipfel. Man kann sich entweder von der Adlerlounge über den Sudetendeutschen Höhenweg oder direkt vom Taurerwirt annähern. Wer einen Hüttenaufenthalt auf der Sudetendeutschen Hütte plant, kann die Kendlspitze über ihren Normalweg schon

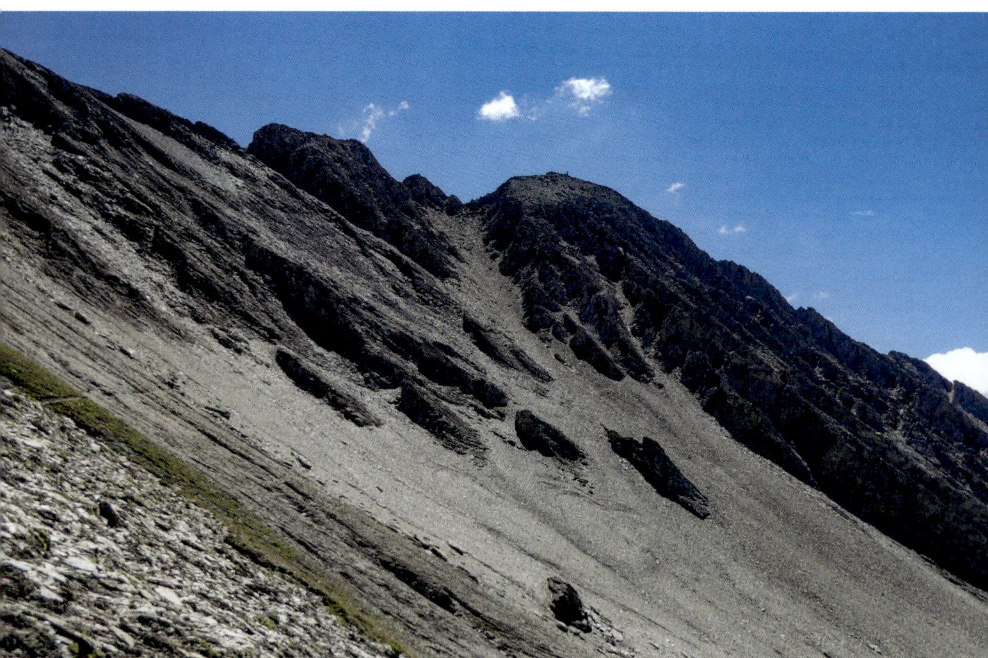

Aus dem kargen Dürrenfeld muss eine steile Schuttrinne (Saazer Weg) zum Gipfelgrat bewältigt werden.

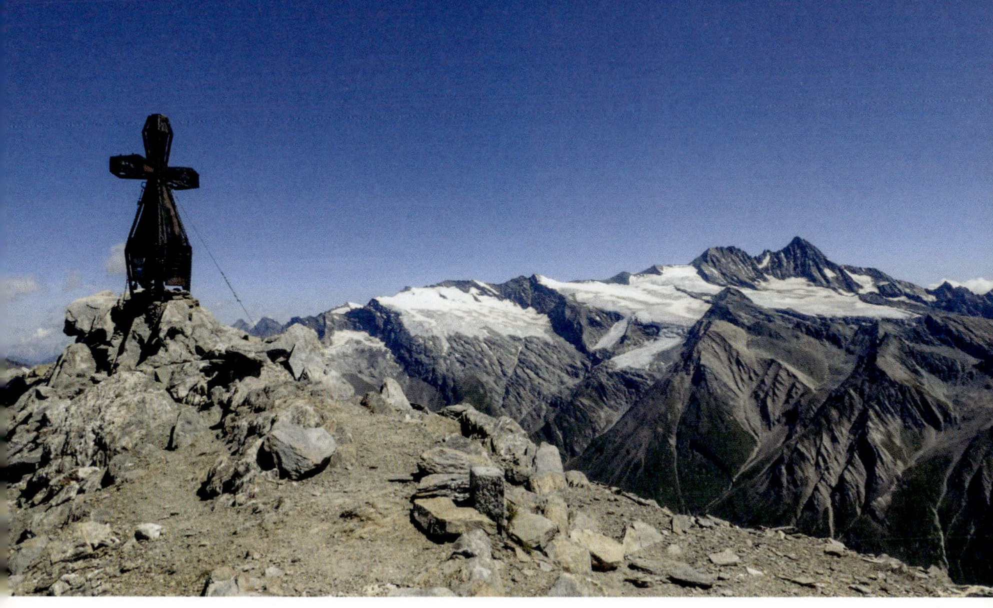

Wohl eines der besten Glocknerpanoramen: von der Kendlspitze mit ihrem bauchigen Gipfelkreuz.

beim Zustieg „mitnehmen". Es ist auch möglich, über die Edelweißwiesen oder vom Weiler Stein über die Sudetendeutsche Hütte und die Dürrenfeldscharte aufzusteigen, was die Tour aber zu einer längeren Unternehmung machen dürfte. Welchen Weg man auch immer wählt: Die Kendlspitze ist immer ein lohnenswertes Erlebnis mit beeindruckender Aussicht auf den höchsten Berg Österreichs.

Anfahrt: siehe Tour 46–48, Muntanitz.

Route: Am Sudetendeutschen Höhenweg, entweder von der Adlerlounge oder direkt vom Taurerwirt aufsteigend, in die Dürrenfeldscharte (2823 m, siehe Tour 46–48), wo ein Flankensteig (Saazer Weg) über sonnhelle Schutthalden nach Südosten in eine auffallende, sich nach oben hin verengende Steilrinne führt. Sie erreicht den Gipfelgrat in einer klaffenden Scharte knapp 50 Höhenmeter unterhalb des südlich gelegenen höchsten Punkts und ist im oberen Teil mit einem kurzen Stahlseil versichert. Achtung auf Steinschlag, speziell beim Abstieg. In weiterer Folge nach Süden über eine Felsstufe hinweg, welche nochmals zur Vorsicht mahnt, auch wenn sie mit einem weiteren Drahtseil abgesichert ist. Am waagrechten Bratschengrat geht es abschließend entlang von Steigspuren zum Gipfel mit dem bauchigen, originellen Gipfelkreuz (3085 m).

Hinweis: Wer von der Sudetendeutschen Hütte aufsteigt, muss unterhalb der Dürrenfeldscharte (2823 m) Stahlseilpassagen entlang von Felsbändern bewältigen.

Talort/Ausgangspunkt	Kals, Taurerwirt (1489 m) bzw. Adlerlounge (2405 m)
Höhenunterschied	1600 Hm ab Taurerwirt, 700 Hm ab Adlerlounge
Aufstiegszeit	6 Stunden ab Taurerwirt, 3 ½ Stunden ab Adlerlounge
Strecke im Aufstieg	6 km ab Taurerwirt, 7 km ab Adlerlounge
Kletterschwierigkeit	I
Besondere Gefahren	Absturzgefahr
Hütten/Einkehrmöglichkeit	Taurerwirt, Kals-Matreier-Törl-Haus

Variante Südwestgrat (Klettergrat)

Auf halbem Weg zur Dürrenfeldscharte, wenige Höhenmeter nach dem Hohen Tor (2477 m), umgeht man den Brunnerkogel über den Höhenweg an dessen Westseite. Man kommt schließlich in steile, sonnseitige Grasflanken und zu einer Tafel mit der Aufschrift „Kendlspitze – unversicherter Klettergrat". Man folgt dem schmalen Wiesensteig nun steil in einen Rasensattel hinter dem Brunnerkogel und umgeht in weiterer Folge das Tschadinhörndl (2769 m) an dessen Westseite. Der steile, ausgewaschene Steig ist teilweise schwer zu finden und verlangt

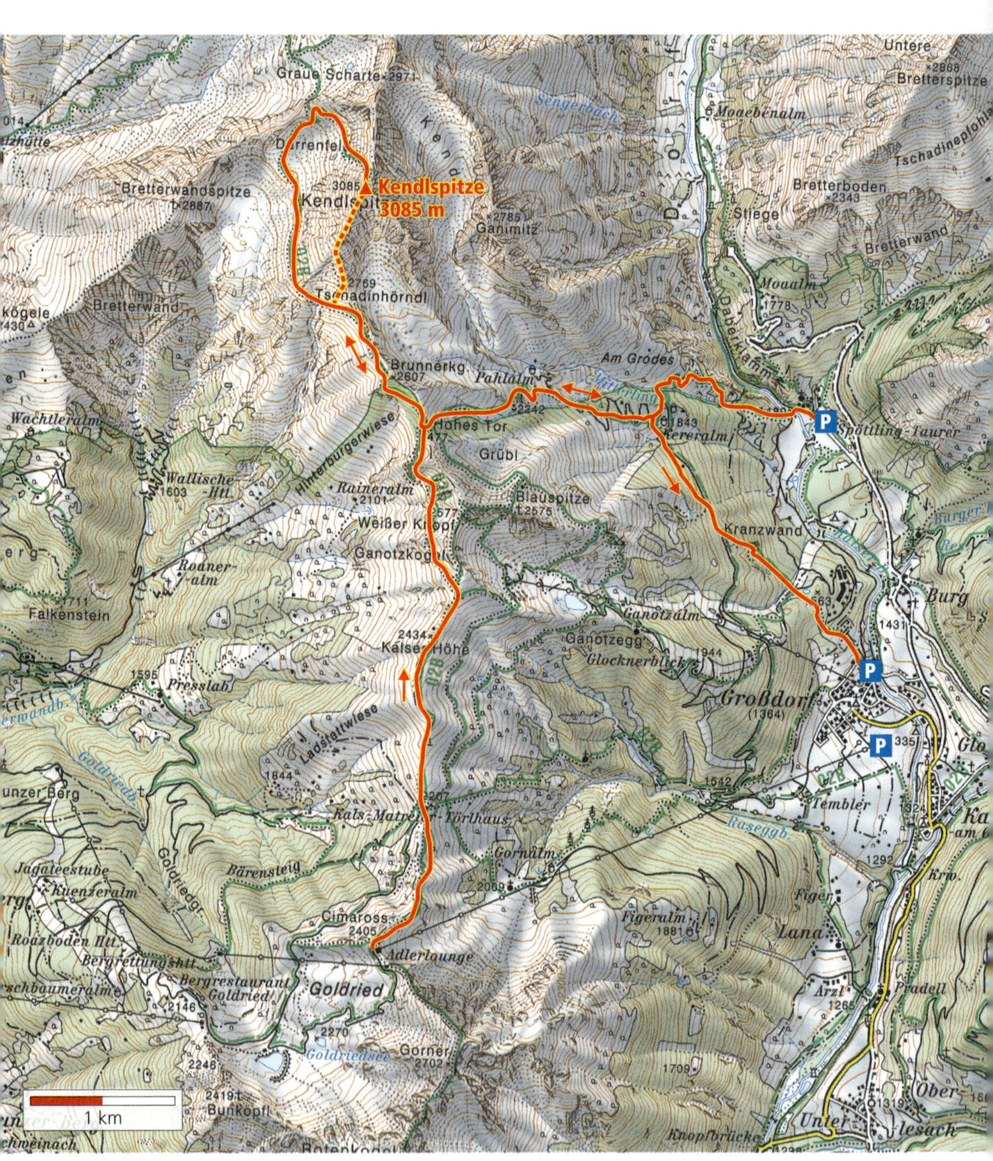

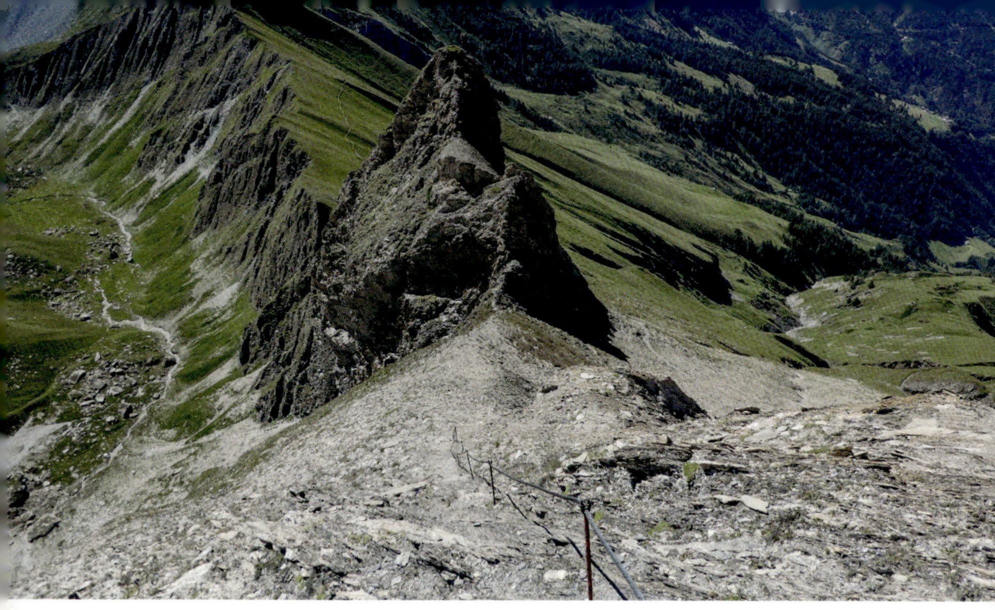

Achtung, das Stahlseil am Südwestgrat verläuft nicht durchgängig.

Orientierungssinn sowie absolute Trittsicherheit, bewegt man sich doch schon beim Zustieg zur Gratlinie im Absturzgelände.
Von der Scharte an der Rückseite des Tschadinhörndls (nördlich) über eine kurze Stahlseilpassage aufwärts, bis sich das Gelände zurücklehnt und nur kurz verbreitert.

Für versierte Gratkletterer bietet der aus porösem Verwitterungsgestein bestehende Südwestgrat der Kendlspitze eine willkommene Alternative zum Normalweg.

Es folgt die eigentliche Gratkletterei, die am ersten Gratkopf (2935 m) anspruchsvoll wird und an den nach Westen überhängenden Türmen, gespickt mit sandigen Plattenstellen und exponierten Reitersitzpassagen, bergwärts leitet. Rote Theniushaken, die wie viereckige Stifte aus dem Fels stehen, dienen der Sicherung, sollten aber vorher immer überprüft werden.
Nach mehreren Stellen im unteren III. Grad gelangt man an der sich abflachenden Gratlinie zum bauchigen Gipfelkreuz.

Talort/Ausgangspunkt	Kals, Taurerwirt (1489 m) bzw. Adlerlounge (2405 m)
Höhenunterschied	1600 Hm ab Taurerwirt, 700 Hm ab Adlerlounge
Aufstiegszeit	6 Stunden ab Taurerwirt, 3½ Stunden ab Adlerlounge
Strecke im Aufstieg	5 km ab Taurerwirt, 6 km ab Adlerlounge
Kletterschwierigkeit	II–III–
Besondere Gefahren	Absturzgefahr, Klettergrat
Hütten/Einkehrmöglichkeit	Taurerwirt, Kals-Matreier-Tör-Haus

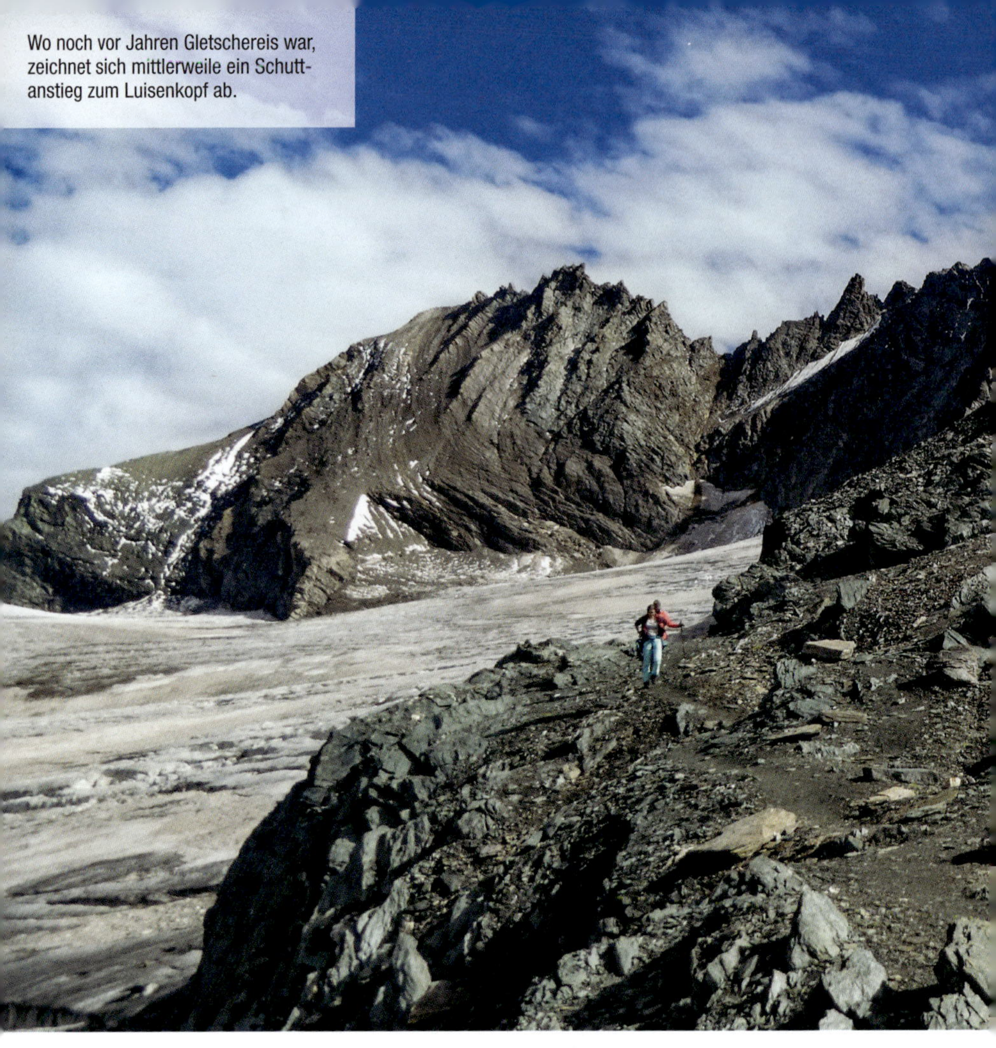

Wo noch vor Jahren Gletschereis war, zeichnet sich mittlerweile ein Schuttanstieg zum Luisenkopf ab.

Die Glocknergruppe zählt zu den imposantesten Bergketten im gesamten Ostalpenbereich. Viele Dreitausender mit klingenden Namen prägen diesen mächtigen, über weite Strecken vergletscherten und von wilden Graten durchzogenen Gebirgszug. Im vorliegenden Buch sind mit Großglockner, Zoll und Rumesoikopf nur der Namensgeber bzw. zwei landschaftlich schöne Gipfel im Teischnitztal herausgegriffen. Das ist auch damit zu erklären, dass Tirol nur einen geringen Anteil an der Glocknergruppe hat. Das Gros der leicht zu ersteigenden Gipfel der Glocknergruppe liegt nämlich in den Bundesländern Kärnten und Salzburg.

Erschreckend ist, wie stark der Klimawandel dem höchsten Berg Österreichs zusetzt. Während man als Tourist noch in den Neunzigerjahren auf der Pasterze, wenige Höhenmeter vom Schrägaufzug entfernt, spazieren gehen und in die eine oder andere Gletscherspalte blicken konnte, wäre nun ein Schlauchboot das Mittel der Wahl, um Mini-Eisberge beobachten zu können. Das zum Grat führende

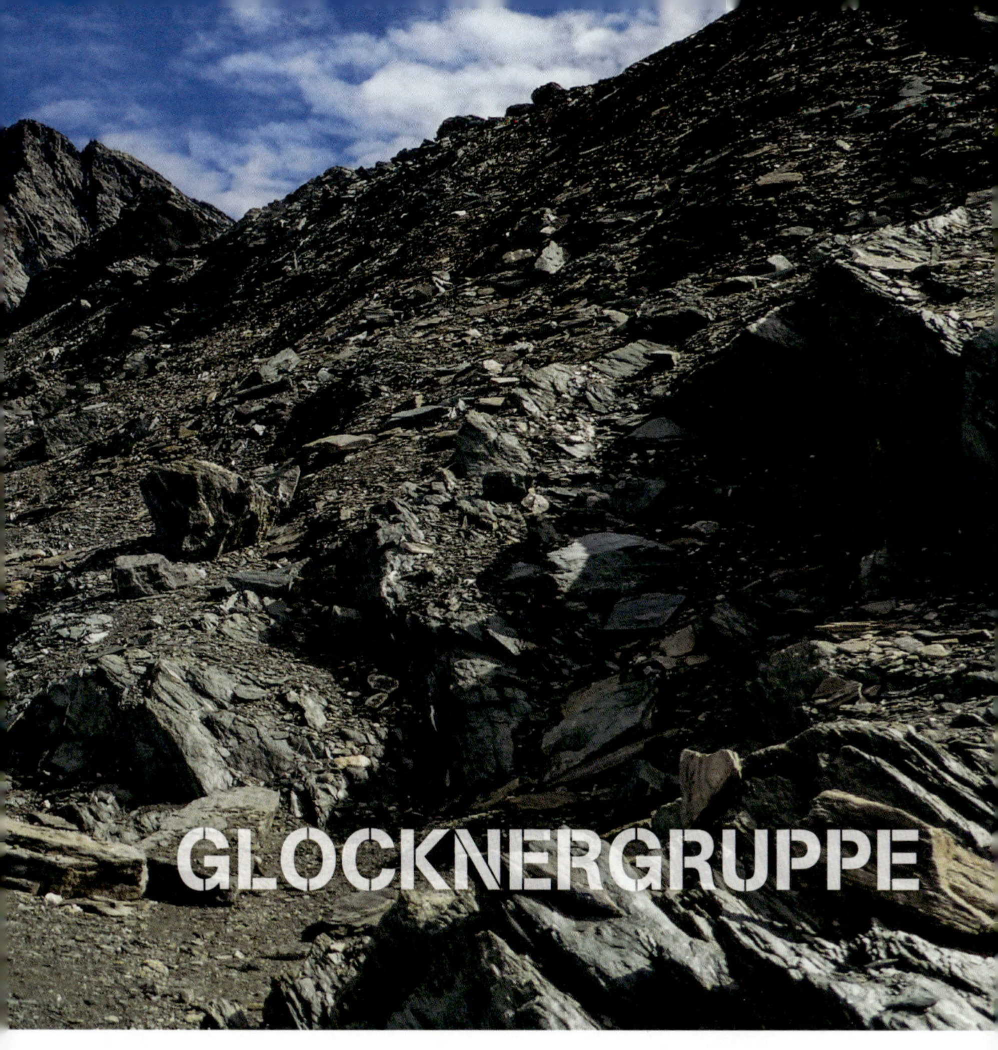

berühmte Glocknerleitl, früher auch als Eisleitl bekannt, ist oberhalb des „Bahnhofs" längst abgetaut, wodurch steiles Felsgelände freigelegt wurde, das mittels Tauen und Eisenbügeln abschnittsweise entschärft werden konnte, aber immer wieder von losen Steinen befreit werden muss. Katastrophal präsentiert sich auch die legendäre Pallavicinirinne. Im Hitzesommer 2022 verwandelte sich das letzte blanke Eis dort unwiderruflich in blanken Fels. Früher als klassische Eisfahrt bezeichnet, kann dieser Anstieg nur mehr im Winter durchgeführt werden, wenn Schnee vorübergehend die ausgeaperten Felszonen bedeckt und Erinnerungen an legendäre, längst vergangene Zeiten wachruft. Nicht besser schaut die Annäherung von Süden Richtung Glockner aus. Bei zunehmender Ausaperung besteht Steinschlaggefahr auf dem zum Kampl, einer breiten Gratschulter am Südwestgrat der Adlersruhe, führenden Normalweg. Das kann schon mal zum Ausweichen auf den geschichtsträchtigen Mürztaler Steig nötigen.

51 Großglockner 3798 m

Der höchste Berg Österreichs

So grenzgenial das Erlebnis einer Besteigung des höchsten Berges von Österreich sein kann, so ernst und anspruchsvoll ist es in der Durchführung, bewegt man sich doch ab einer gewissen Höhe immer wieder im Absturzgelände, wo Fehltritte schwerwiegende Folgen haben können. Die nötige Professionalität im Begehen von Felsgraten, in der Handhabung des Seils und im Steigeisengehen sollte man sicher mitbringen, um nicht sich und andere Bergsteiger zu gefährden.

Die Tour gehört mit Hochgall, Röt- und Mittereggspitze zu den schwierigsten, die in diesem Buch beschrieben werden. Für Konditionstiger ist der „Glockner" vom Lucknerhaus im Stirnlampenschein durchaus als Tagestour machbar, für alle anderen empfiehlt es sich, in einer der liebevoll bewirtschafteten Hütten zu nächtigen, die den Anstieg prägen.

Wer auf der sicheren Seite sein will, sollte sich einem Bergführer anvertrauen, um das Abenteuer Großglockner stressfrei genießen zu können. Bergführerbüros gibt es in Kals und Heiligenblut.

Der Glockner vereint alle objektiven Gefahren, die man an einem Berg finden kann, was ihn sommers wie winters zu einem

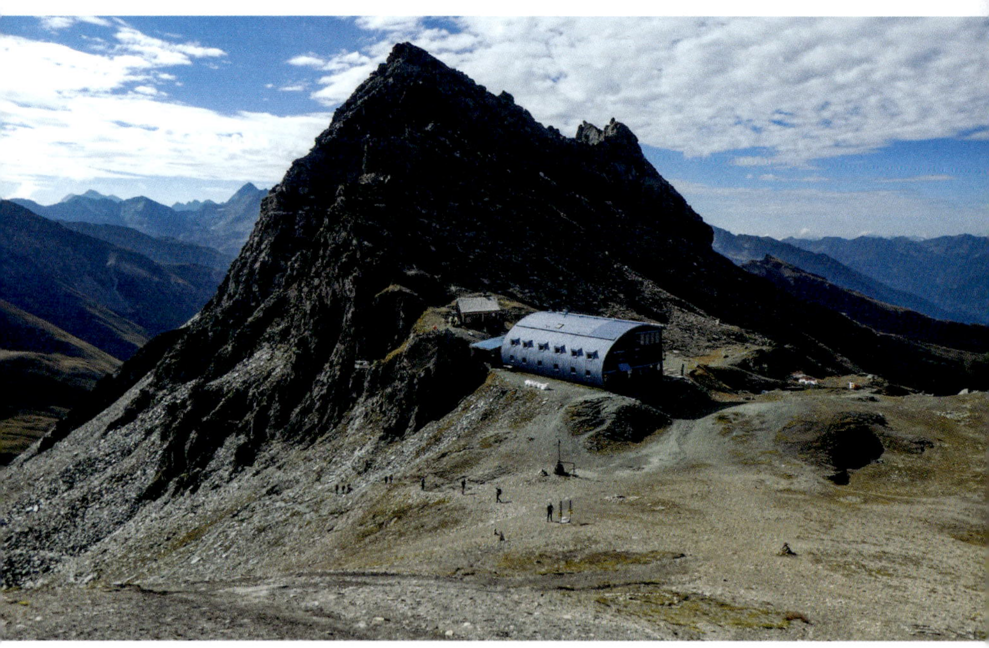

Etwas eigenwillig wirkt sie, die Stüdlhütte auf der Fanotscharte. Als „Hüttenberg" bietet sich der Fanotkogel im Hintergrund an.

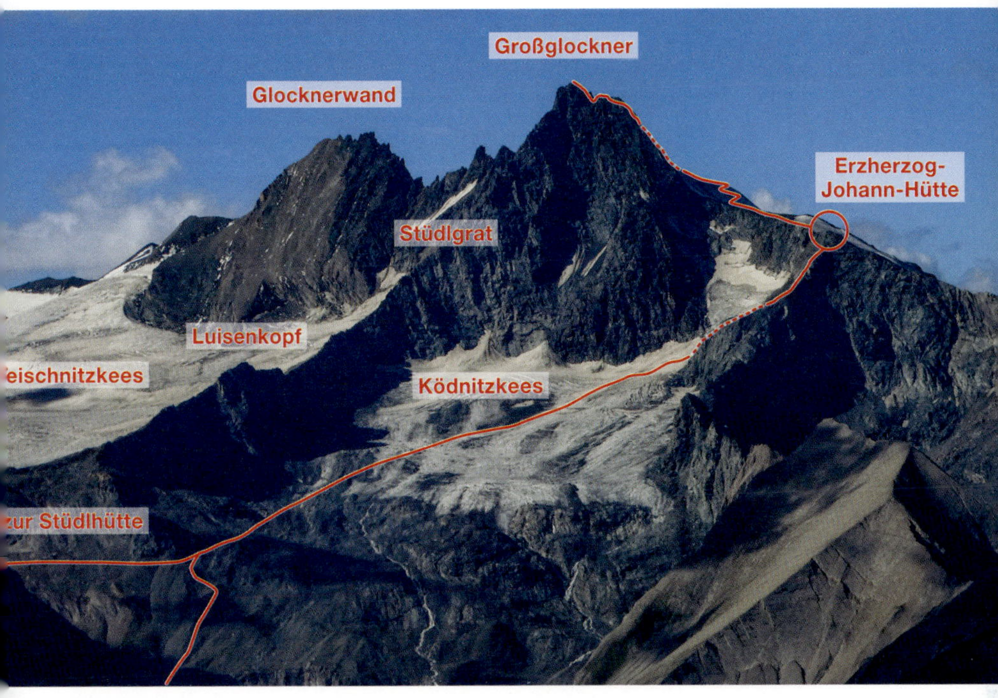

Der Normalweg zum Großglockner über das Ködnitzkees. Links recht unscheinbar der Luisenkopf.

schwierigen Gipfel macht. Während im Winter der Lawinengefahr Hauptaugenmerk geschenkt werden muss, bilden im Sommer, neben der nahezu allgegenwärtigen Absturzgefahr, Spaltensturz- und Steinschlaggefahr die Hauptrisiken, die eine Besteigung trüben können.

Auch wenn das Ködnitzkees im Vergleich zum benachbarten Teischnitzkees spaltenarm ist, finden sich am Fuße der zur Adlersruhe führenden Eisflanke große Querspalten, die im Laufe des Sommers mehr und mehr ausapern. Diese Eisflanke ist zudem je nach Jahreszeit, Ausaperung und Erwärmung von Steinschlag bedroht, so dass hier manchmal auf den begleitenden Mürztaler Steig ausgewichen werden muss. Aktuelle Informationen im Kalser Bergführerbüro bzw. bei den jeweiligen Hüttenwirten.

Anfahrt: Von Lienz über die B 108 nach Huben. Dort rechts ins Kalser Tal (L 26) abbiegen. Durch Kals hindurch und bei einer Verzweigung rechts weiter, ehe man nach 1 km wieder rechts zum Alpengasthof Lucknerhaus abbiegt. Weiter über die mautpflichtige, 7 km messende Kalser Glocknerstraße zum großen Parkplatz beim Gasthaus (Glocknerwinkel).

Öffi-Tipp: Das Lucknerhaus wird im Sommer von einem Wanderbus angefahren. Infos unter www.vvt.at

Hüttenzustieg: Vom großen Parkplatz (1918 m) folgt man dem Güterweg an der linken Bachseite, vorbei an der Jörgnalm, nach Norden ins Ködnitztal. Alternativ kann nördlich vom Parkplatz, sprich rechts vom Ködnitzbach, über den Wanderweg aufgestiegen werden, wo man bei einer Brücke

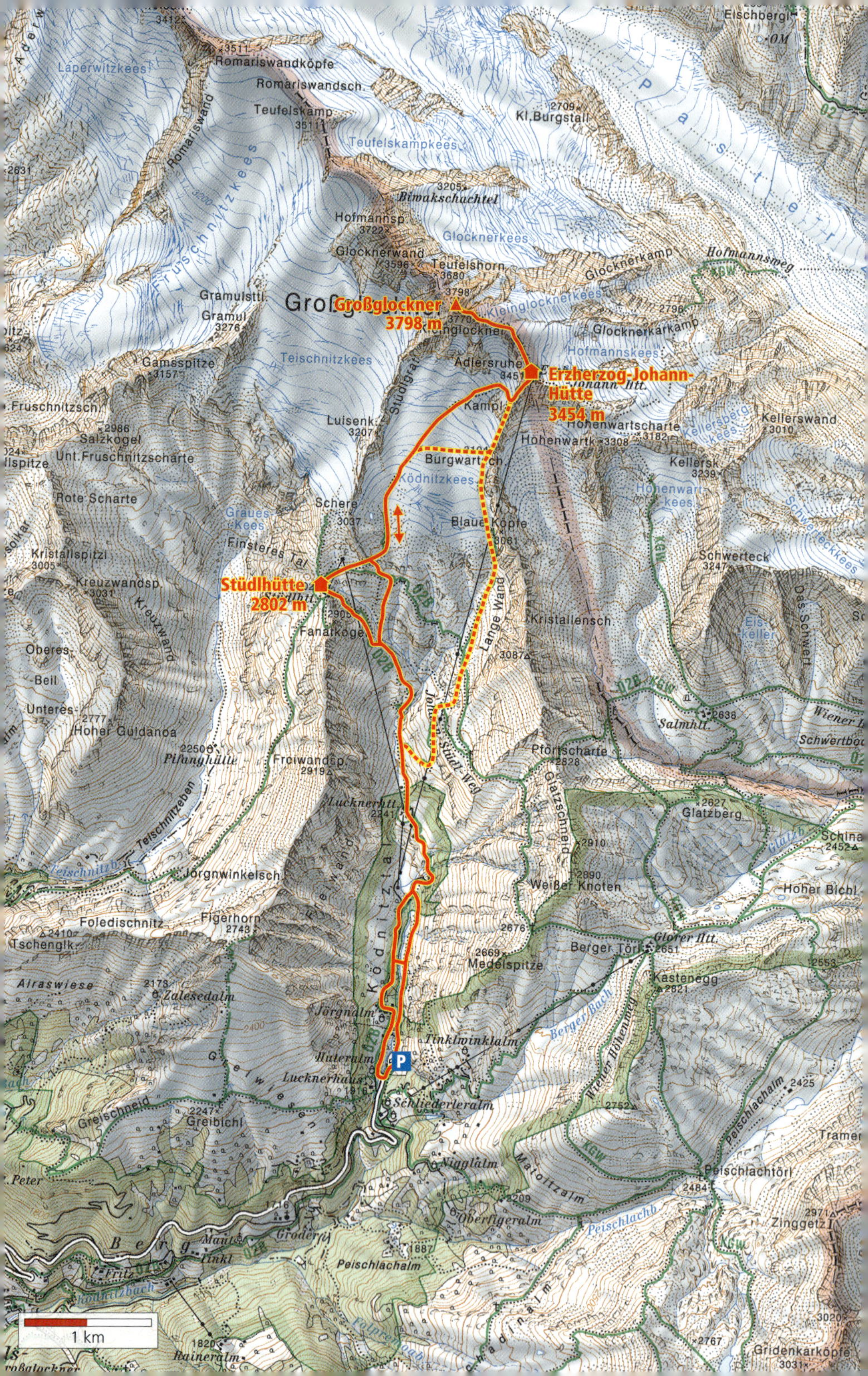

Großglockner
3798 m
Erzherzog-Johann-Hütte
3454 m
Stüdlhütte
2802 m
Romariswandköpfe
Romariswandsch.
Teufelskamp
Laperwitzkees
Romariswand
Fruschnitzkees
Teufelskampkees
Kl. Burgstall
Bivakschachtel
Hofmannsp.
Glocknerkees
Glocknerwand
Teufelshorn
Glocknerkamp
Hofmannsweg
Kleinglocknerkees
Kleinglockner
Glocknerkarkamp
Hofmannskees
Gramul
Teischnitzkees
Gamsspitze
Adlersruhe
Fruschnitzsch.
Salzkogel
Unt. Fruschnitzscharte
Luisenk.
Stüdlgrat
Kampl
Hohenwartk
Hohenwartscharte
Kellerswand
Burgwartsch.
Kellersk
Ködnitzkees
Rote Scharte
Schere
Blaue Köpfe
Finsteres Tal
Kristallspitzl
Kreuzwandsp.
Schwerteck
Fanatkogel
Lange Wand
Kristallensch.
Oberes
Beil
Unteres
Hoher Guldanoa
Pifanghütte
Froiwandsp.
Salmhtt.
Wiener
Pfortscharte
Lucknerhtt.
Glatzberg
Glatzschneid
Jörgnwinkelsch.
Weißer Knoten
Hoher Bichl
Foledischnitz
Figerhorn
Tschenglk.
Berger Törl
Glorer Htt.
Medelspitze
Kastenegg
Airaswiese
Zalesedalm
Ködnitztal
Jörgnalm
Tinklwinklalm
Berger Bach
Wiener Höhenweg
Huteralm
Lucknerhaus
Schliederleralm
Greibichl
Peischlachalm
Nigglalm
Peischlachtörl
Oberfigeralm
Peischlachalm
Zinggetz
Raineralm
Gridenkarköpfe
1 km

entweder auf die linke Talseite zum Fahrweg wechselt oder geradeaus bis zum Ende des Wiesenpfads am Güterweg marschiert.

Weiter über die Schotterstraße zur schon von Weitem erkennbaren Lucknerhütte (2241 m). Dort hält man sich am schönen Bergpfad nach Norden in den Talschluss auf eine steilere Felszone zu. Über diese in Serpentinen aufwärts, bis sich der Steig abflacht und man über die Viehböden in ostseitige Bergflanken unterhalb des Fanotkogels steigt. Entlang von Blockhalden geht es schließlich in westlicher Richtung zur originellen Stüdlhütte auf der Fanotscharte (2802 m).

Talort/Ausgangspunkt	Lucknerhaus (1918 m)
Höhenunterschied	880 Hm
Aufstiegszeit	3–3½ Stunden
Strecke im Aufstieg	ca. 4,5 km
Hütten/Einkehrmöglichkeit	Lucknerhaus, Lucknerhütte

Auf dem Normalweg über die Erzherzog-Johann-Hütte (3454 m) zum Gipfel

Gipfelanstieg: Von der Stüdlhütte (2802 m) folgt man den gelben Wegtafeln über einen Flankensteig unterhalb des Felsabbruchs der Schere kurz nach Nordosten, ehe man im Zickzack nordwärts Richtung Ködnitzkees aufsteigt, wo man ins schuttbedeckte Gletschervorfeld kommt. Die sich mehr und mehr zurückziehende Eisfläche wird meist im Höhenbereich von 2950 m aufwärts betreten. Man traversiert in nordöstlicher Richtung zu einem auffallenden, sich von der Adlersruhe absenkenden Steilhang. Ziel ist der im Eis fußende Felssporn des Kampls, der sich an der rechten Seite des Steilhangs befindet und in einer ansteigenden Querung erreicht wird (Spalten). Bei zunehmender Ausaperung muss der Bergschrund manchmal sogar mittels einer Brücke zur Felswand überwunden werden.

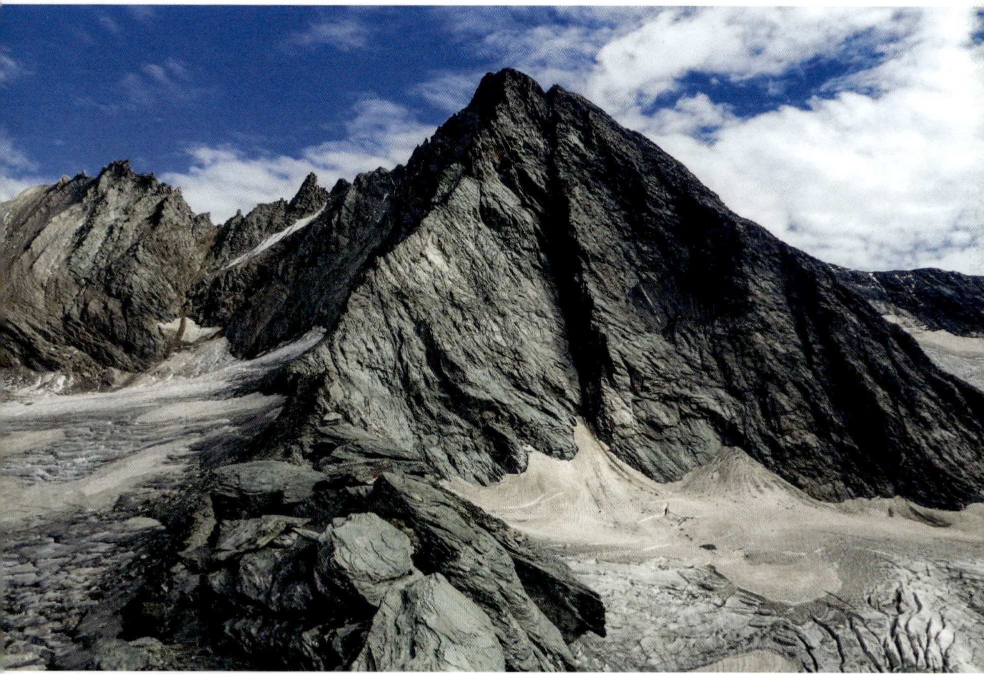

Nach dem Luisenkopf schwingt sich der Stüdlgrat in einer spektakulären Linie zum höchsten Punkt Österreichs.

Am Felssporn leitet eine aufgrund von Höhenverlust des Gletschers sich ständig verändernde Stahlseilpassage entlang von Felsbändern geschickt empor und umgeht so die Eisflanke. Nach dieser Passage erreicht man flaches Terrain, das entweder direkt nach Osten über das Eisfeld oder in einem Rechtsbogen zum Gratsattel am Einstieg des zur Adlersruhe führenden Südwestgrats verfolgt wird (Kampl, 3250 m). Im gut gestuften Blockgelände geht es in weiterer Folge entlang von Stahlseilen nach Nordosten zur exponiert auf einer Gratschulter (Adlersruhe) gelegenen Erzherzog-Johann-Hütte (3454 m, Absturzgefahr, I–II).

Von dort gelangt man schließlich über eine kurze, flache Querung im Bereich des Kammrückens nach Nordwesten zum „Unteren Bahnhof". Der hier ansetzende kurze Eishang wird, je nach Spuranlage und Verhältnissen, in einer langen Rechtsquerung oder in Serpentinen in seinem flachsten Teil erstiegen. Am sogenannten „Oberen Bahnhof" angekommen (Tafel), lädt ein kleines Plateau zum Verschnaufen ein, bevor man das berüchtigte Glocknerleitl in Angriff nimmt.

Man folgt dem aufsteigenden Eisschild in mehreren Serpentinen, bis dieses abrupt unter steilen Felsen endet. Hier wurden zwei Taue installiert, die mittels Armkraft überwunden werden müssen und in flacheres Gelände leiten. Entlang von Bändern und Blöcken steigt man, den richtigen Weg suchend, an der Felsrippe höher, ehe man in eine bis fast zum Grat führende Rinne quert. Über diese, auf Steinschlag achtend, aufwärts zu einer weiteren Plattenstelle, die mittels Eisenklammern überwunden wird. Im Anschluss geht es in leichter Kletterei in eine als „Sattele" (3650 m) bezeichnete Einschartung am Beginn des Gipfelgrats.

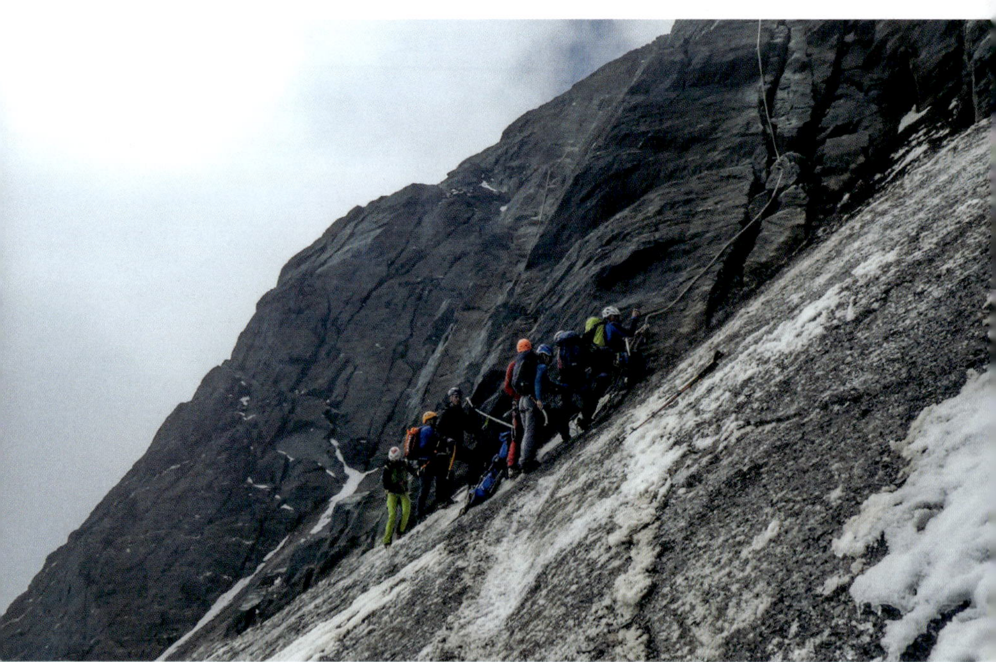

Bergsteigergruppen am Beginn des mittlerweile massiv ausgeaperten Glocknerleitls. Kaum zu glauben, dass diese Felsen noch vor wenigen Jahren unter Eis waren.

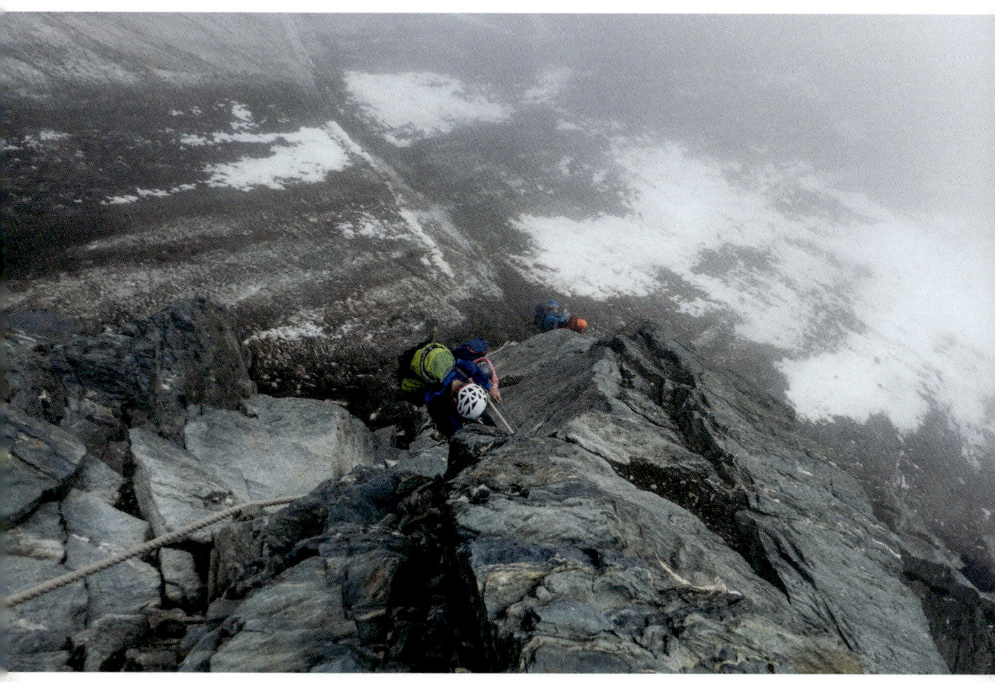

Wo einst eine steile Firnflanke war, sind jetzt Plattenstellen zu bewältigen.

Markante Eisenstangen leiten über den von Tausenden Steigeisenzacken malträtierten, noppigen Fels zum Kleinglockner, der exponiert über eine waagrechte, im Frühsommer von Wechten gekrönte Gratlinie erreicht wird (Stellen I–II). Beim Übergang vom Klein- zum Großglockner ist beim Abstieg ein kurzes Stahlseil behilflich, dann wartet der berühmte Balanceakt über die Obere Glocknerscharte. Rechts gähnt der Abgrund der Pallavicinirinne, die über 600 Höhenmeter auf das Innere Glocknerkees hinabstürzt. Es folgt eine interessante, großgriffige Kletterstelle (II) – sie ist eigentlich der steilste Abschnitt am Grat –, bevor man um ein felsiges Eck herum in einer aufsteigenden Traverse den Gipfel mit Österreichs höchstem Kunstwerk, dem Kaiserkreuz, betritt.

Hinweise: Ein weitere Anstiegsmöglichkeit zur Adlersruhe führt über den Mürztaler Steig, der oft als Ausweichroute genützt wird, wenn der Normalweg von Steinschlag bedroht wird. Hierzu peilt man, von der Stüdlhütte kommend, die stahlseilversicherte, links der Blauköpfe liegende Burgwartscharte (3104 m) in einer waagrechten Gletscherquerung nach Osten an, ehe sie aus dem Ködnitzkees über eine steile Felszone erklommen werden muss. Von dort über die langsam aufsteigende Gratlinie, den Stahlseilen folgend, in ein Gratschartl. Es folgt eine historisch berühmte Plattenstelle mit nicht mehr historischen Holzsprossen, ehe man am sich zurücklehnenden Grat, auf Steinschlag achtend, das Kampl (3250 m) erreicht, wo sich die Anstiege vereinen.

Fällt die Entscheidung für den Mürztaler Steig schon bei Tourenbeginn, so muss nördlich der Lucknerhütte bei 2325 m abgebogen und über einen markierten Steig entlang

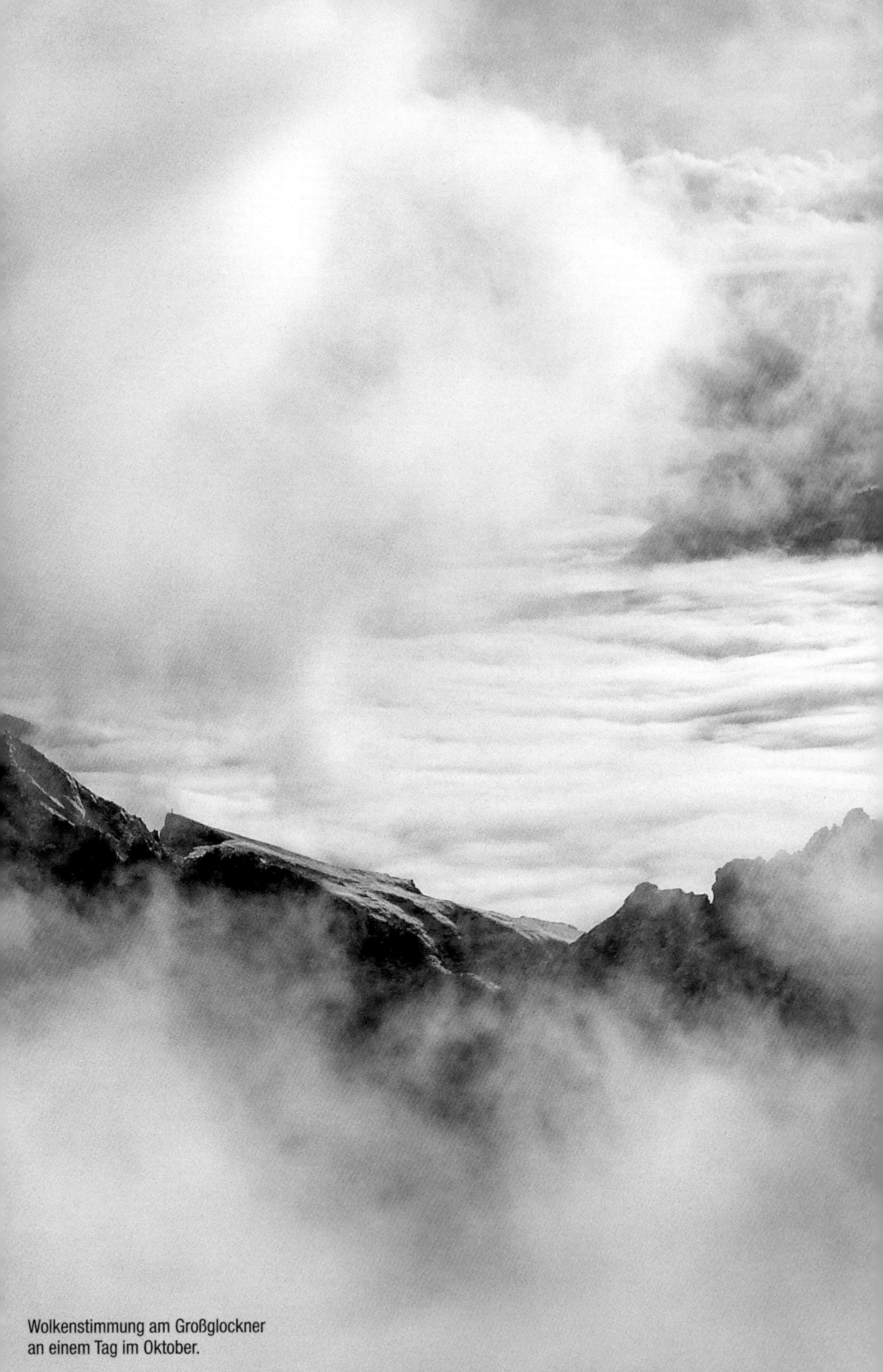

Wolkenstimmung am Großglockner
an einem Tag im Oktober.

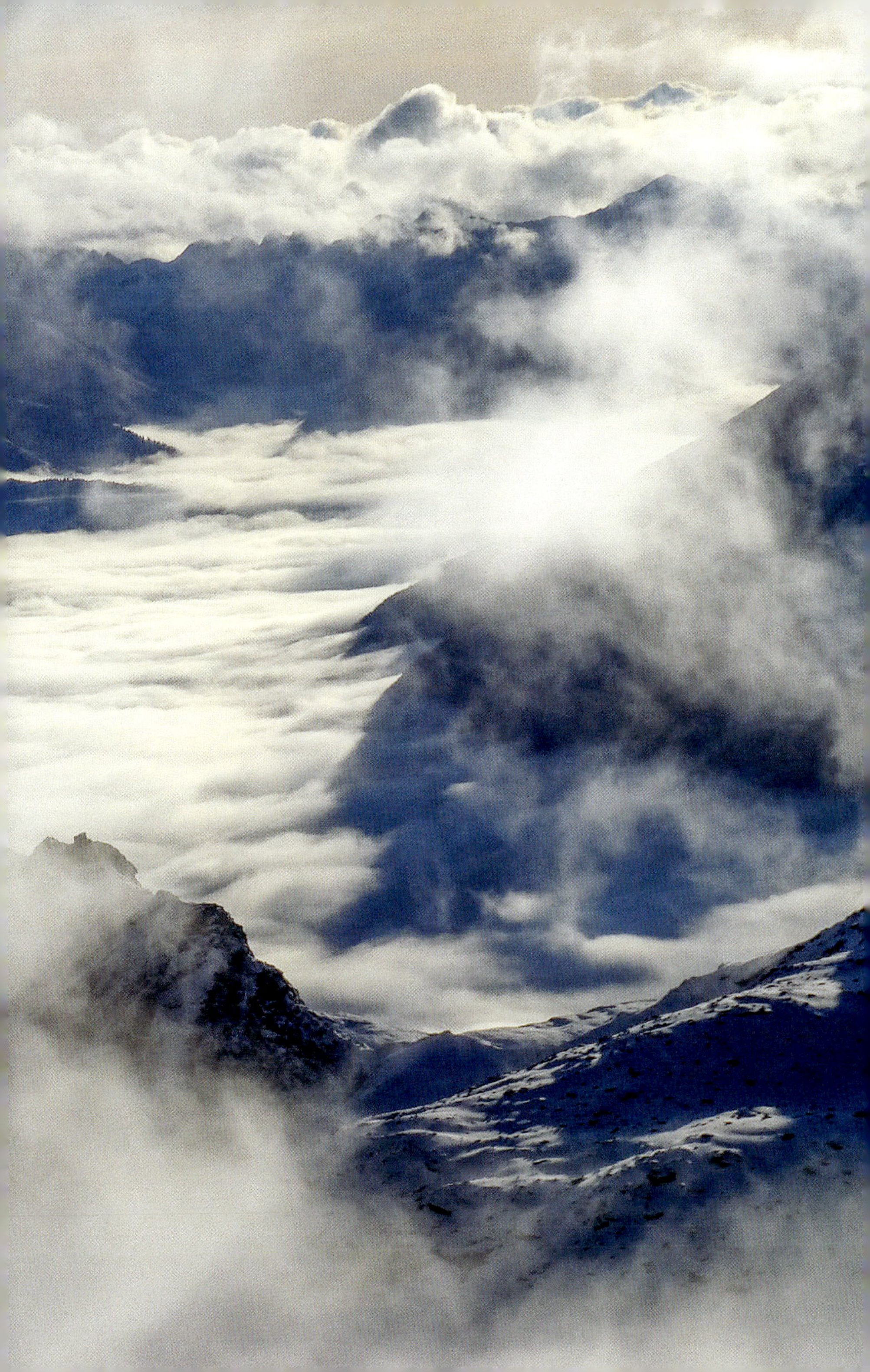

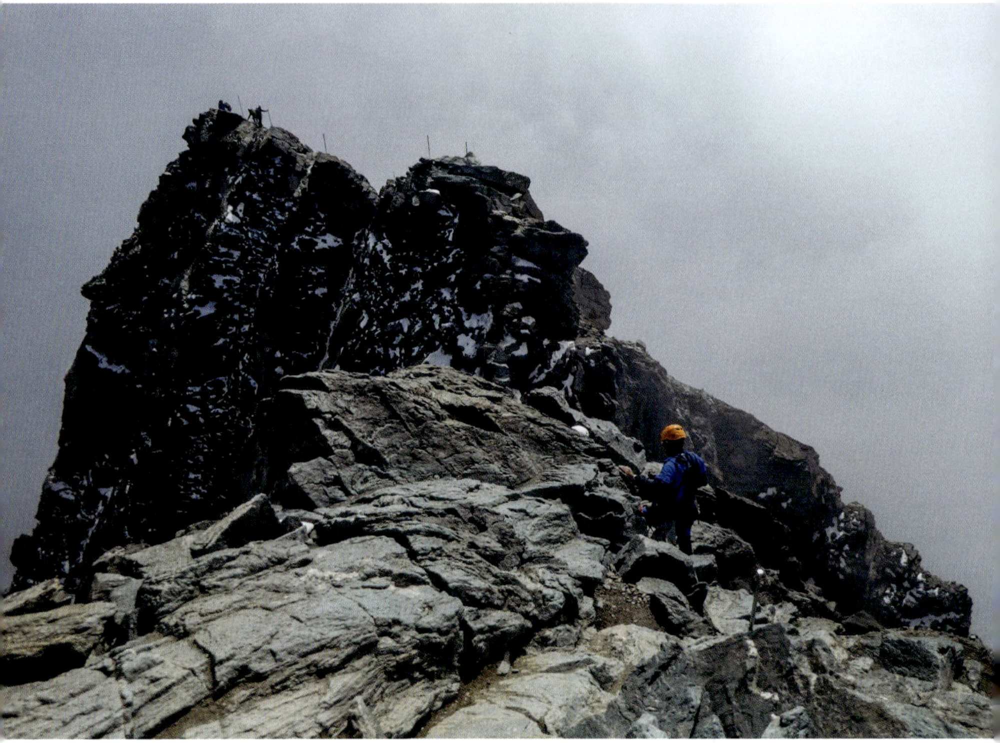

Nebel umhüllt den Kleinglockner.

westseitiger Grasflanken im Bereich der zur Adlersruhe führenden Materialseilbahn zum Ködnitzkees aufgestiegen werden (Tafeln). Glockner-Tagesaspiranten können aus den Viehböden unterhalb des Ködnitzkeeses über einen Moränensteig direkt Richtung Gletscher aufsteigen und so die Stüdlhütte links liegen lassen. Interessant auch für den Abstieg, wenn man nicht mehr zur Stüdlhütte gehen muss.

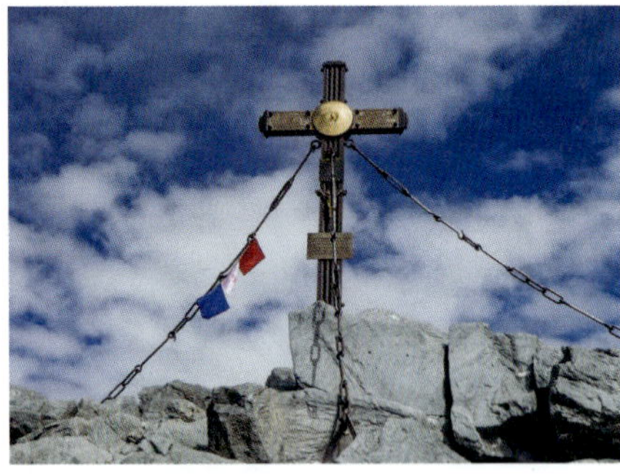

Unverkennbar das Kaiserkreuz – das höchste Kunstwerk Österreichs.

Talort/Ausgangspunkt	Stüdlhütte (2801 m)
Höhenunterschied	1000 Hm
Aufstiegszeit	4 Stunden
Strecke im Aufstieg	ca. 4 km
Kletterschwierigkeit	II
Besondere Gefahren	Steinschlag, Absturzgefahr, weglos
Besondere Ausrüstung	Helm, Steigeisen, Seil, Pickel
Hinweis	Es kann auch auf der Erzherzog-Johann-Hütte (Adlersruhe) genächtigt werden. Dann ändern sich Zeiten und Höhenunterschiede dementsprechend.

Luisenkopf 3207 m

52

„Glockner schauen“ im Auslauf des Stüdlgrats

Besonders auffallend ist er nicht, der kleine Luisenkopf im Auslauf des als Stüdlgrat berühmten Großglockner-Südwestgrats. Aussichtsreich und relativ leicht zu ersteigen ist er allemal, vorausgesetzt man ist trittsicher und hält sich fern von den unterhalb dieses Gratsporns liegenden Gletscherspalten. Benannt wurde der Luisenkopf übrigens nach der Gattin von Johann Stüdl.

Anfahrt: siehe Tour 51, Großglockner.

Route: Wie bei Tour 51 zur Stüdlhütte (2802) auf der Fanotscharte. Von dort entlang eines breiten, abgeplatteten Felsrückens (Steinmännchen) bergwärts in das Gletschervorfeld des Teischnitzkeeses, das sich mittlerweile auch schon weit zurückgezogen hat. Rechts beginnt mit der Schere (3037 m) ein waagrechter Felsgrat, der im Luisenkopf gipfelt und nach einer Scharte (Luisenscharte) hart zum Großglockner ansteigt.

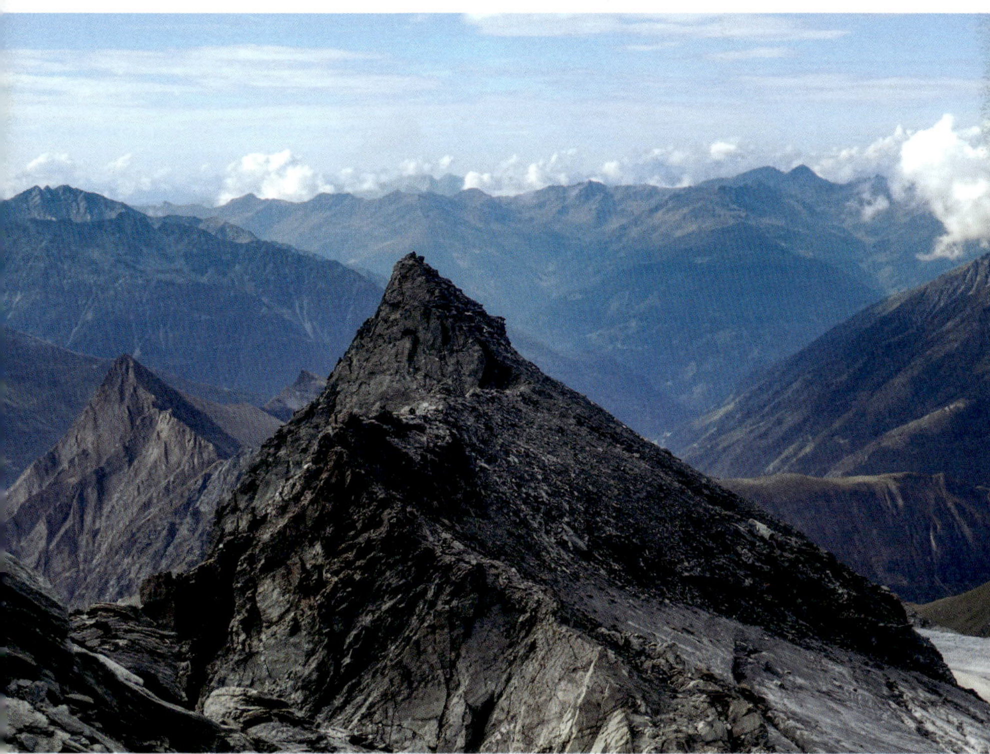

Vom Stüdlgrat-Einstieg geht der Blick über den Luisenkopf nach Süden. Vorgelagert die Luisenscharte.

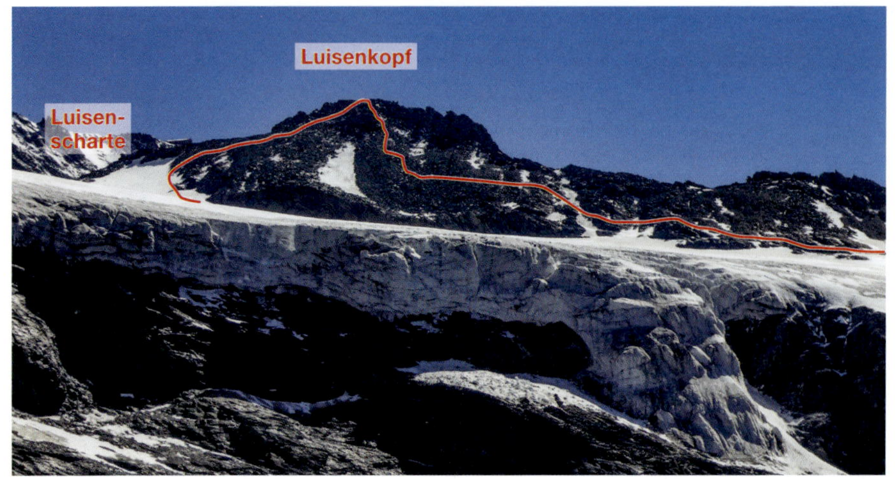

Aufgrund der Ausaperung hat sich mittlerweile ein Schuttanstieg oberhalb des Gletschers etabliert. Links die alte Variante.

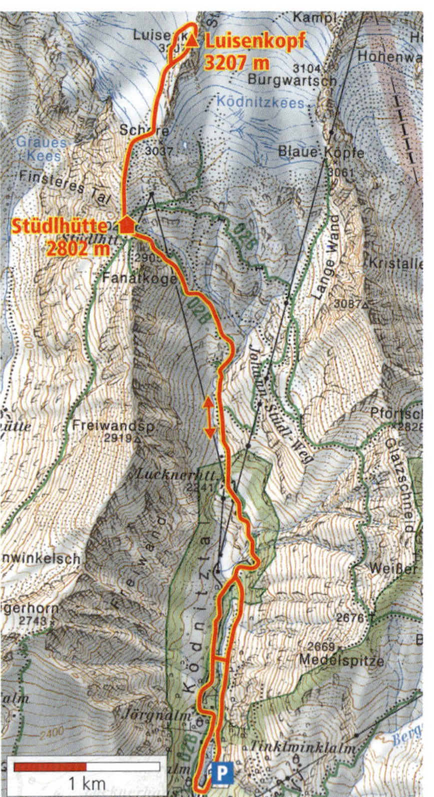

Während man früher noch über das Kees Richtung Luisenscharte aufgestiegen ist, um den kleinen Gipfel über eine nach Nordwesten gerichtete Blockhalde zu ersteigen, hat sich in den letzten Jahren mehr und mehr eine direktere, eisfreie Variante etabliert. Bei dieser steigt man im Schutt zwischen Teischnitzkees links und der zum Luisenkopf ansteigenden Gratlinie rechts anhand von Wegspuren an und erreicht so den Gipfel über seine Südseite. Nichtsdestotrotz muss auf Steinschlag geachtet werden.

Das Blockgelände unterhalb des Gipfels ist steil. Je nach Schneeverhältnissen kann aber auch über die „Rückseite", im Bereich der Luisenscharte, zum höchsten Punkt vorgedrungen werden. Die Verhältnisse sind entscheidend.

Talort/Ausgangspunkt	Lucknerhaus (1918 m)
Höhenunterschied	1290 Hm
Aufstiegszeit	4½–5 Std.
Strecke im Aufstieg	6 km
Kletterschwierigkeit	I
Besondere Gefahren	Steinschlag, weglos, Gletscher
Hinweis	Lucknerhaus, Lucknerhütte, Stüdlhütte

Zollspitze 3024 m

53

Rumesoikopf 3001 m

54

Weglos und einsam durchs Teischnitztal

Einsam, brüchig und vor allem weg- und steiglos präsentieren sie sich, die Dreitausender im Teischnitztal. Dies gilt übrigens für die meisten Osttiroler Berge, die die magischen 3000 m übersteigen. Nur die wenigsten sind auf markierten Pfaden erreichbar.

Die Zollspitze ist mit dem benachbarten Rumesoikopf noch der am leichtesten zu ersteigende Gipfel in diesem imposanten Bergraum, verlangt aber trotzdem Orientierungssinn und Trittsicherheit im Gipfelbereich. Dieser besteht nämlich aus den in Osttirol so weit verbreiteten, brüchigen Bratschen (Verwitterungsgestein), die das Gelände ungut und je nach Neigung auch richtig anspruchsvoll werden lassen. Eine Tour für ambitionierte Gipfelsammler und trittsichere Bergsteiger abseits der Hauptrouten.

Anfahrt: Von Lienz oder Matrei über die B 108 nach Huben. Dort rechts ins Kalser Tal (L 26) abbiegen. Durch Kals hindurch und bei

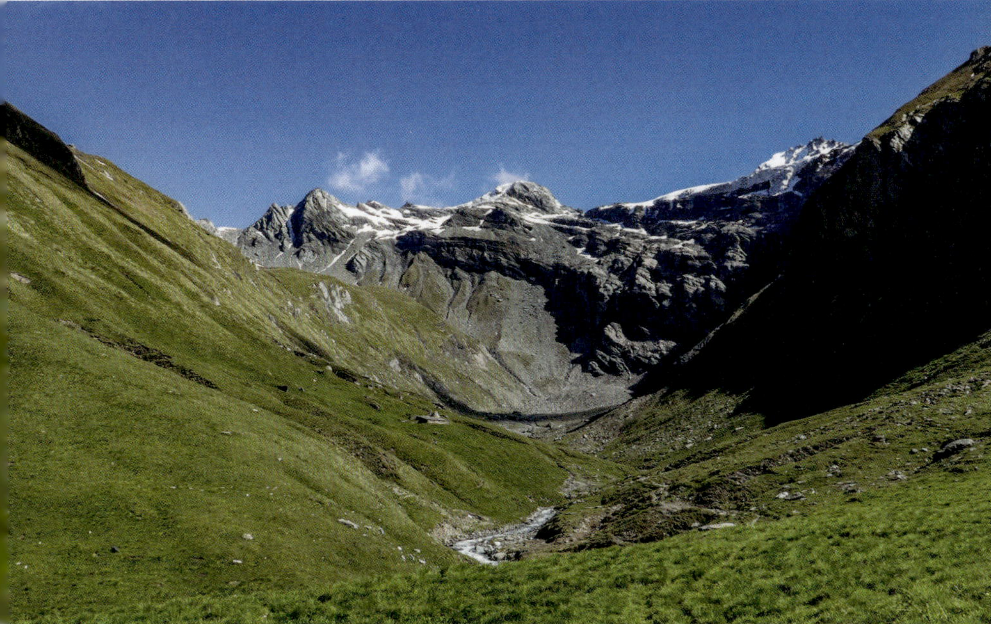

Durch das Teischnitztal führt der Weg zum Rumesoikopf und zur Zollspitze.

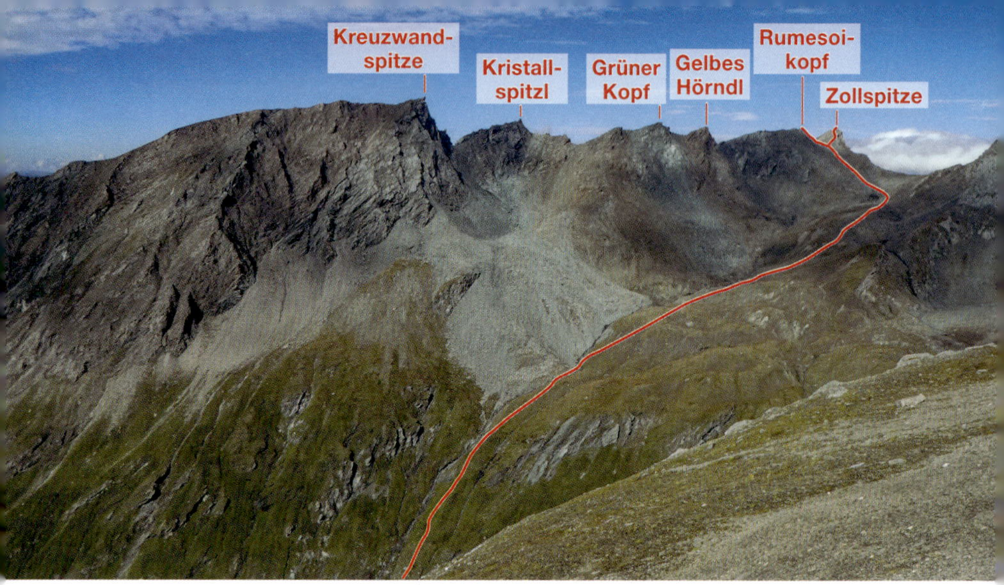

Verborgene Dreitausender im Teischnitztal. Zollspitze und Rumesoikopf zählen zu den leichtesten.

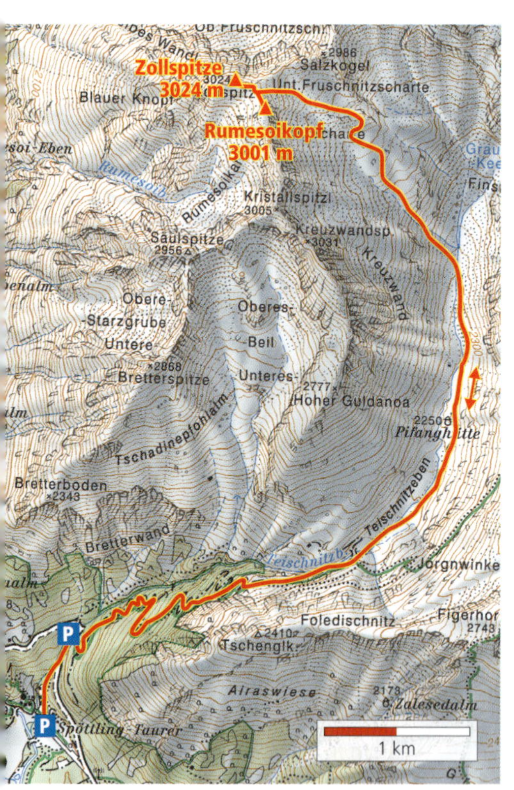

der Straßenverzweigung geradeaus weiter in den Talschluss Richtung Hotel Taurerwirt fahren, wo man 500 m vor der Hotelanlage die zur Moaalm bergwärts führende Straße nimmt. Sie wird bis zur Brücke am Teischnitzbach verfolgt. Links unterhalb der Brücke kann geparkt werden. Es ist auch möglich, das Auto am großen Parkplatz beim Taurerwirt abzustellen, was aber zusätzliche 600 m Strecke bzw. 120 Höhenmeter bedeutet.
Öffi-Tipp: Busverbindung im Sommer bis zum Taurerwirt in Kals. Nähere Infos unter www.vvt.at

Route: Vom kleinen Parkplatz bei der Teischnitzbachbrücke (1610 m) folgt man der langgezogenen Forststraße bergwärts nach Osten zum ersten Highlight der Tour im Bereich des Maurigen Trogs, wo sich die Straße spektakulär in die Teischnitzklamm windet (Steinschlag). Der kurvenreiche Güterweg kann übrigens im ersten Teil über steile Waldsteige mehrmals abgekürzt werden. Mit Blick auf den Großglockner weitet sich nun das Tal und man hält sich flach in nördlicher Richtung einwärts zur romantisch gelegenen Pifangalm (2250 m), wo der eigentliche Anstieg beginnt.

Entlang von Kuhsteigen marschiert man anfangs an der rechten Bachseite taleinwärts, bis man an geeigneter Stelle über den Bach setzt und günstigerweise an der linken Talseite weitermarschiert. Im Bereich riesiger Felsblöcke gilt es nun, den flachen Talboden zu verlassen, um über sehr steile ostseitige Grasflanken zwischen kleinen Bächen aufzusteigen. Man betritt das breite Hochkar unterhalb von westlich gelegenen, als Langer Grat bezeichneten Felsköpfen, von denen der äußerst rechte (nördliche) der Rumesoikopf ist. Noch weiter nördlich, etwas zurückversetzt und nicht einsehbar, verbirgt sich die Zollspitze.

Während sich das Terrain mehr und mehr weitet, peilt man im leichten Auf und Ab über sanfte Hänge in nordwestlicher Richtung die breite Untere Fruschnitzscharte an. Kurz unterhalb wendet man sich entlang großer Schutthalden in einen auffallenden Sattel zwischen der abgeplattet wirkenden gelblichen Zollspitze und dem südlich vorgelagerten Rumesoikopf.

Die letzten Meter zur Zollspitze werden im mehligen, brüchigen Verwitterungsgestein am schräg aufgestellten Südgrat bestritten und verlangen absolute Trittsicherheit, wenngleich das Gelände nicht sonderlich steil ist. Der benachbarte Rumesoikopf lässt sich ohne großen Mehraufwand ebenfalls von diesem Sattel aus unschwierig über seinen kurzen, blockigen Nordgrat erklimmen (I–II).

Hinweis: Wer beim Taurerwirt startet, muss anfänglich über einen Waldsteig bis zu der zur Moaalm führenden Asphaltstraße aufsteigen, wo man nach 200 m zur Abzweigung ins Teischnitztal kommt (Tafeln).

Talort/Ausgangspunkt	Kals/Taurerwirt (1489 m bzw. 1610 m)
Höhenunterschied	1410 bzw. 1540 Hm
Aufstiegszeit	5½ Stunden
Strecke im Aufstieg	ca. 7 km
Kletterschwierigkeit	I–II
Besondere Gefahren	weglos, Absturzgefahr

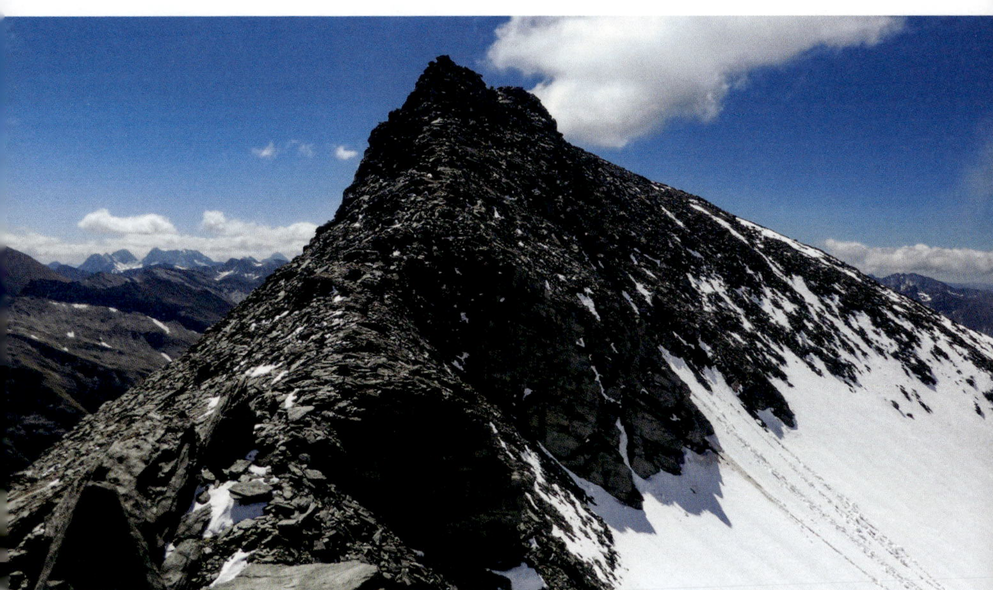

Über den kurzen Blockgrat verläuft der Anstieg auf den Rumesoikopf.

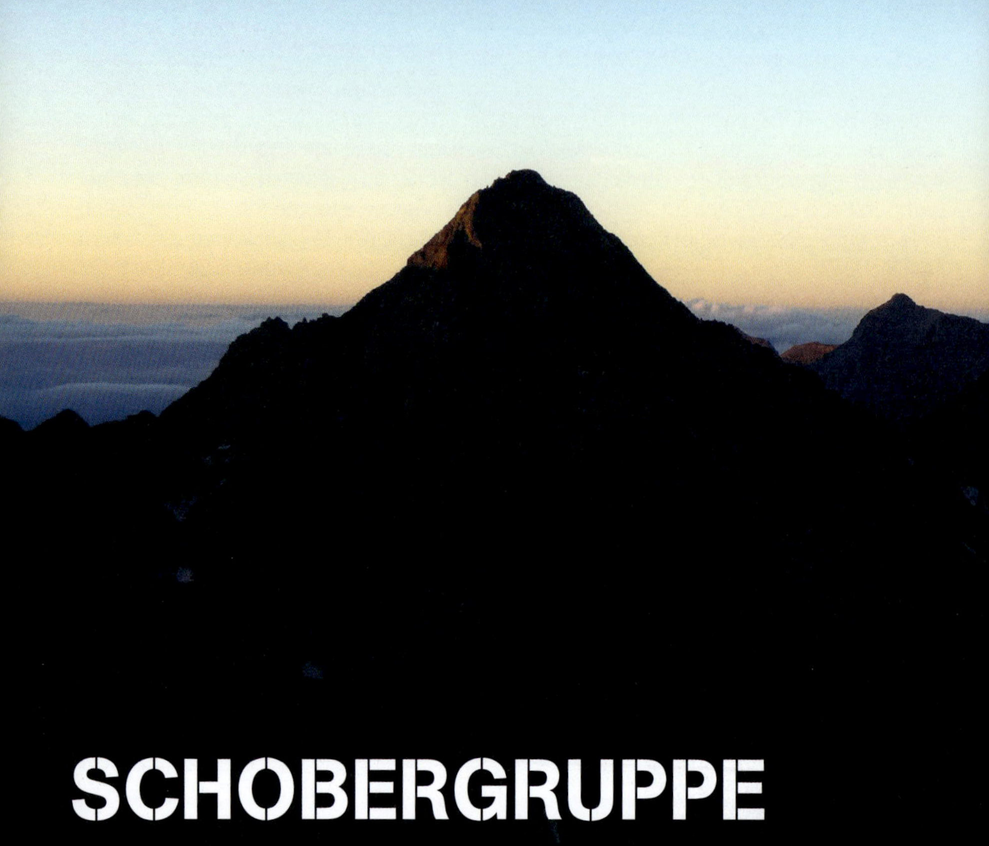

SCHOBERGRUPPE

53 Dreitausender umfasst sie, die mächtige, als Westalpen des kleinen Mannes bezeichnete Schobergruppe. Der Hauptanteil der Gipfel liegt dabei in Kärnten, wobei der Namensgeber dieses imposanten Gebirgszugs, der Hochschober, auf Osttiroler Boden steht. Auch der als das Matterhorn der Schobergruppe bezeichnete Glödis findet sich unter Osttiroler Himmel. Er dominiert den Talschluss des Debanttals, eines Haupttals der Gruppe. Der Wiener Höhenweg durchmisst diese imposante Bergkette teilweise auf abenteuerlichen Wegen von Hütte zu Hütte. Bergsteigerisch gesehen erweist sich die Schobergruppe als anspruchsvoll. Die Grate sind nicht immer ganz fest und verlangen alpinistisches Gespür für Wegfindung bzw. Fähigkeiten im Klettern. Die Zahl der auf markierten Wegen erreichbaren Gipfel ist überschaubar.

Der Normalweg auf den Glödis ist seit einigen Jahren mit Stahlseilen versichert, was die Besucherfrequenz sprunghaft in die Höhe schnellen ließ. Markiert und relativ leicht zu ersteigen ist auch der prominente Hochschober. Sein Gipfel ist über zwei sehr verschiedene Zugänge zu erreichen. Auf abenteuerlichen Wegen bewegt man sich auf den Roten Knopf. Die Besteigung dieses Gipfels gestaltet sich sowohl über die einsame Lesachtalvariante als auch über den markierten Ostanstieg über die Elberfelder Hütte

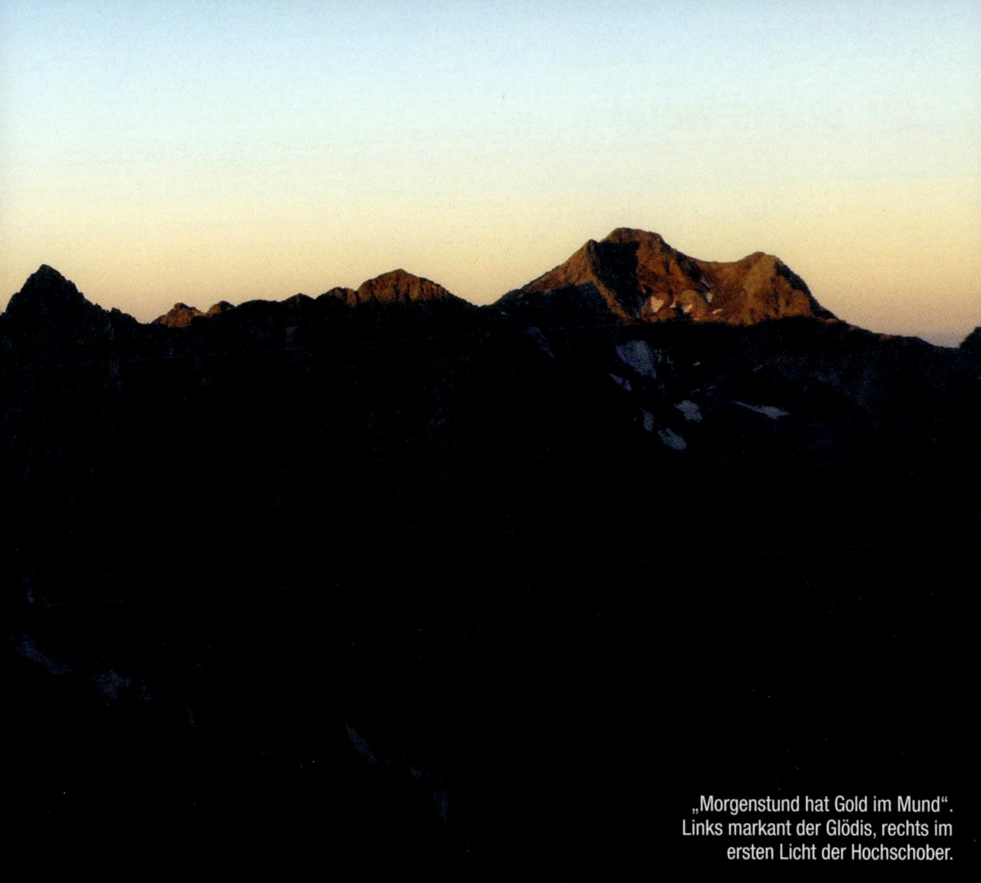
„Morgenstund hat Gold im Mund“. Links markant der Glödis, rechts im ersten Licht der Hochschober.

anspruchsvoll. Einer der beliebtesten Dreitausender in ganz Osttirol ist das Böse Weibl, einer der leichtesten Berge, die die 3000-Meter-Marke überschreiten. Auch dieser Gipfel befindet sich in der Schobergruppe. Beeindruckend präsentiert sich der Hohe Prijakt südlich der Hochschoberhütte. Kaum zu glauben, dass dieser Berg über einen relativ leichten Anstieg zu besteigen ist.
Nicht außer Acht zu lassen ist die durch den Klimawandel hervorgerufene Gletscherschmelze, die sich ganz besonders an der Hochschober-Nordflanke veranschaulichen lässt. Bei einer Durchsteigung Mitte der Neunzigerjahre musste der Autor im August noch Eisschrauben in das harte, tiefblaue Eis drehen. Mittlerweile ist das Eis komplett verschwunden und nur mehr nackter Fels vorzufinden. Die einst durchgehende Firnlehne weist inzwischen hohe Felsabbrüche auf und ist nicht mehr wiederzuerkennen. Das Gleiche gilt für die berühmten Klammerkopfrinnen. Einst steile Firnkehlen, die auch im Sommer Schnee aufwiesen, sind sie mittlerweile zu steinschlagführenden Rinnen verkommen. Nichtsdestotrotz zählt die Schobergruppe sicherlich zu den ursprünglichsten Bergketten in den Hohen Tauern. Mit ihrer archaisch anmutenden Landschaft und den bizarren Gipfeln lässt sie so manches Bergsteigerherz höherschlagen und lockt jeden Sommer zahlreiche Wanderer und Bergsteiger an.

55 Böses Weibl 3119 m

Das Tor zur Schobergruppe

Das Böse Weibl erinnert bei der Annäherung vom Lucknerhaus aus fast ein bisschen an eine Mensch-ärgere-dich-nicht-Figur, so kegelförmig präsentiert sich der Gipfelaufbau. Der Anstieg gestaltet sich für trittsichere Geher problemlos, wobei man den Berg, vom Lucknerhaus kommend, über zwei Seiten erreichen kann.

Der Hauptanstieg dringt über die breite Westseite zum höchsten Punkt vor. Als fast schöner erweist sich der Aufstieg vom Kesselkeessattel entlang des flankenartigen Ostgrats. Er dauert jedoch etwas länger und erfordert solides Gehen im leichten, markierten Blockgelände. Nicht unerwähnt soll der lange, unschwierige Anmarsch durch das Lesachtal bleiben, ein idealer Anstieg für Einsamkeitsliebhaber, der aber als Zugang für eine Böse-Weibl-Besteigung nur eine Nebenrolle spielt.

Anfahrt: Von Lienz über die B 108 nach Huben. Dort rechts ins Kalser Tal (L 26) abbiegen. Durch Kals hindurch und bei einer Verzweigung rechts weiter, ehe man nach 1 km wieder rechts zum Alpengasthof Lucknerhaus abbiegt. Weiter über die mautpflichtige, 7 km messende Kalser Glocknerstraße, bis man 300 m vor dem Lucknerhaus linker

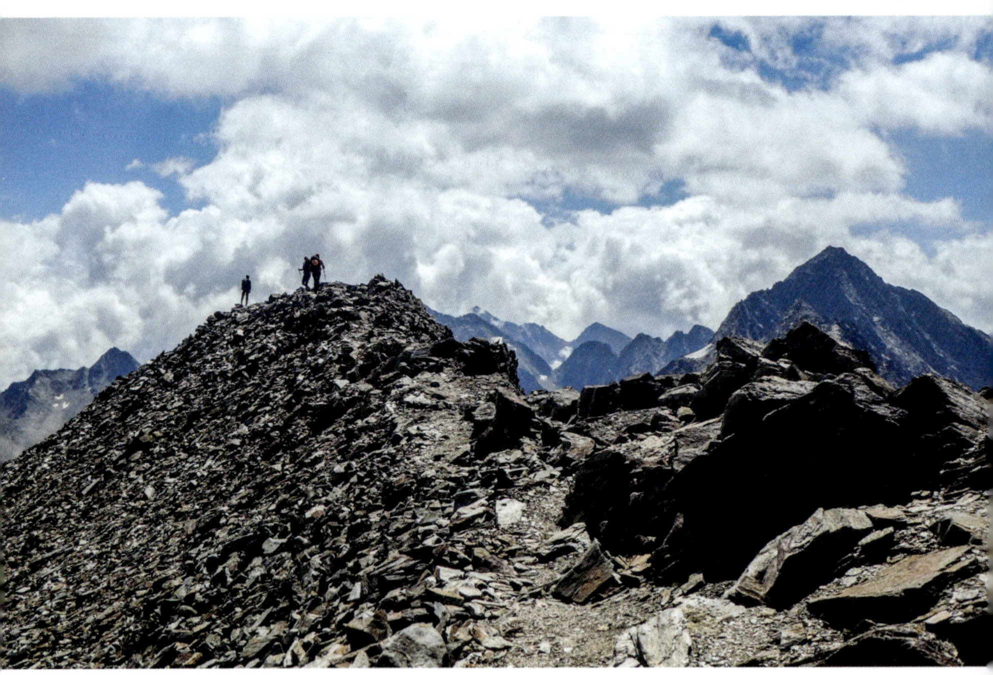

Am Ostgrat unterhalb des Gipfels.

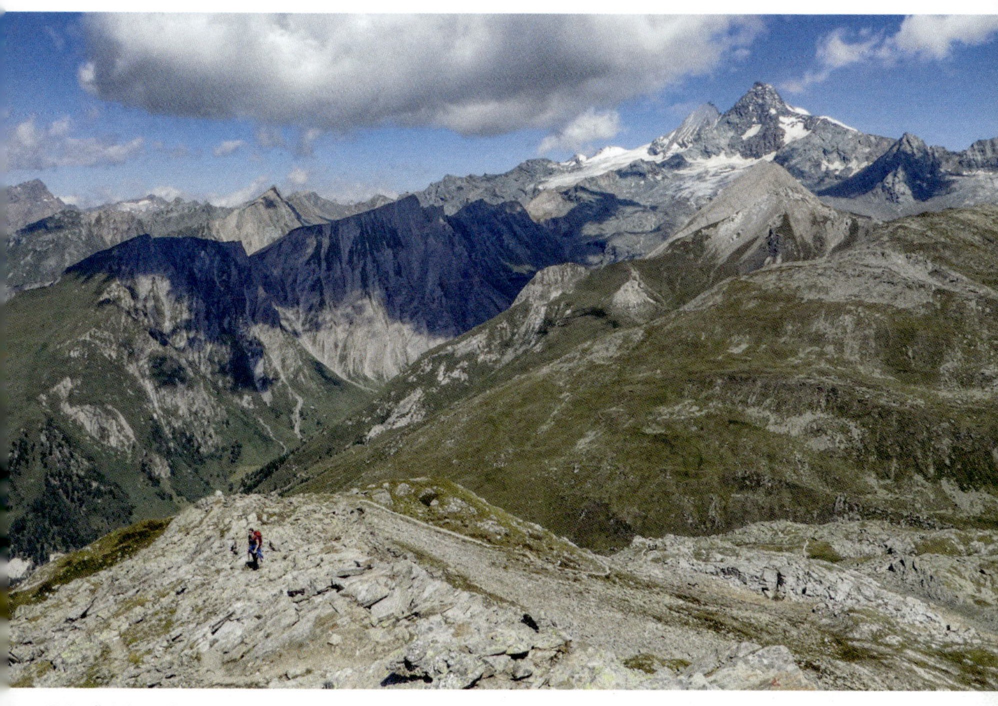

Bei prächtigem Panorama gestaltet sich der Aufstieg zum Bösen Weibl mehr als kurzweilig. Dahinter grüßt der Großglockner.

Hand, schräg gegenüber von einem Forstweg, parkt (1900 m).

Öffi-Tipp: Das Lucknerhaus wird im Sommer von einem Wanderbus angefahren. Infos unter www.vvt.at

Route: Man folgt den gelben Wegtafeln schräg gegenüber des kleinen Schotterparkplatzes entlang eines Almwegs nach Osten bis zu seinem Ende bei der schmucken Nigglalm (2000 m). Ein Wiesenpfad führt nun auf einen Waldrücken, der bei 2209 m oberhalb einer Holzschupfe endet.

Ein Flankensteig leitet im weiteren Verlauf oberhalb des Peischlachbachs durch den Graben nach Nordosten in das Peischlachtörl (2484 m, Tafeln). Anschließend durchschreitet man eine Verflachung Richtung Süden, bis man auf eine Verzweigung trifft (ca. 2480 m). Hier trennen sich die eingangs erwähnten Varianten.

Normalwegaspiranten nehmen den rechten Wegast und steigen über höckerartiges Terrain entlang einer breiten Geländekante weiter nach Süden in das breite Blockkar zu Füßen der geröllartigen Westflanke des Bösen Weibls. Während eine Steigvariante den Tschadinsattel an der südlichen Gratlinie gewinnt und unbeachtet bleibt, marschiert man noch unterhalb des Sattels durch die Flanke nach Osten bergwärts und erreicht so den Gipfelgrat in einer breiten Einsattelung zwischen Hauptgipfel links (Kreuz) und Südgipfel rechts. Über gestufte Blöcke geht es abschließend nach Norden zum panoramareichen höchsten Punkt.

Wer bei der zuvor erwähnten Verzweigung auf 2480 m den linken Wegast nimmt, erreicht in südöstlicher Richtung über herbes Blockgelände oberhalb des ehemaligen, heute zu einem Gletschersee verkommenen, Peischlachkeeses den Kesselkeessattel (2912 m). Er stellt den Übergang zur Elberfelder Hütte dar und bildet mit der kleinen Gernot-Röhr-Hütte (Biwak) ein Etappenziel am Wiener Höhenweg.

Aus dem Sattel geht es abschließend markiert entweder direkt auf oder leicht rechts der Gratlinie entlang des bogenförmig verlaufenden, flankenartigen Ostgrats mit Trittsicherheit zum Südgipfel. Kurz in den Gratsattel absteigen, wo von Westen der Normalweg heranführt, und über gut gestufte Blöcke zum aussichtsreichen Kreuz.

Hinweis: Empfehlenswert ist es, die Tour als Runde zu machen, sprich Aufstieg über Kesselkeessattel und Abstieg über den Normalweg. So ergibt sich eine schöne Rundtour, die allerdings zeitlich nicht unterschätzt werden sollte.

Talort/Ausgangspunkt	Kals/Lucknerhaus (1918 m)
Höhenunterschied	1220 Hm
Aufstiegszeit	4½ Stunden
Strecke im Aufstieg	6 km
Kletterschwierigkeit	I

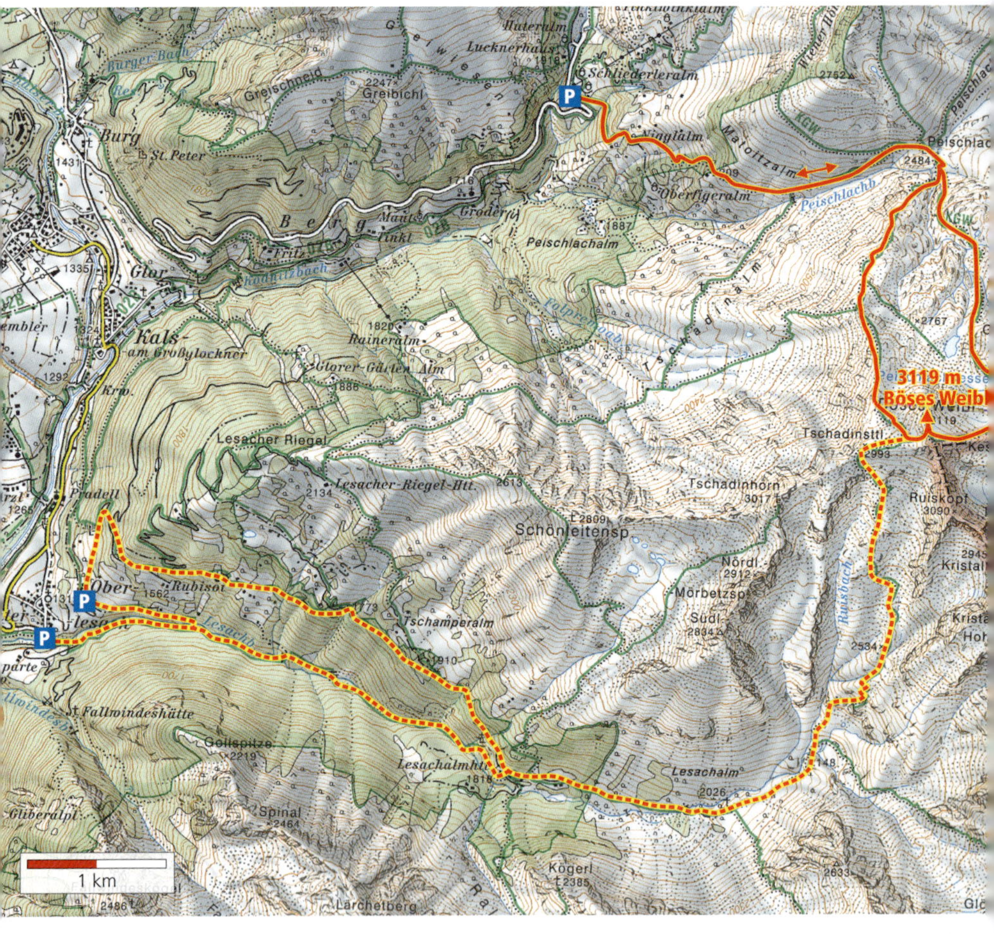

Tschadinhorn 3017 m

56

Verborgen in der Sonnseite des Kalser Lesachtals

Schlank und formschön präsentiert sich das etwas zurückversetzte, aus den Tallagen nicht einsehbare Tschadinhorn im Kalser Lesachtal.

Der größte Teil des Anstiegs verläuft über herrliches, freies Wiesen- und Rasengelände nahezu frei von Schutthalden bis zur Gratlinie. Einzig der Gipfelaufbau über einen erdigen Serpentinensteig erfordert Trittsicherheit. Speziell bei Nässe ist hier Vorsicht geboten (Absturzgefahr). Ein hervorragender Aussichtsberg mit Blick auf die wilden Wandfluchten von Glödis und Ralfkopf sowie auf die vergletscherte Südseite des Großglockners.

Anfahrt: Von Lienz über die B 108 nach Huben. Dort rechts ins Kalser Tal (L 26) und ca. 2,5 km vor Kals in einer Linkskurve rechts nach Unterlesach abbiegen.

Über das Sträßchen nach Osten weiter, bis man bei der nächsten Verzweigung nochmals rechts abbiegt und nach der Brücke über den Lesachbach parkt (1300 m, Tafeln). Oder man fährt bei der Verzweigung links

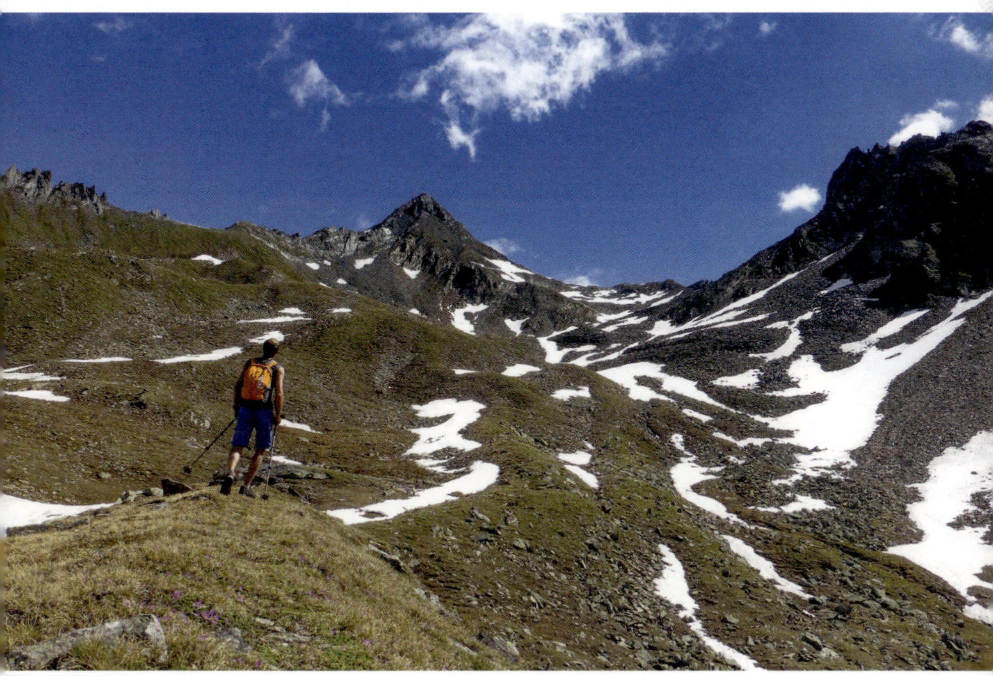

Unterwegs im versteckten Hochkar unterhalb des Tschadinhorns. Ziel ist der Sattel in Bildmitte, wo der kurze Südgrat ansetzt.

durch die Fraktion Lesach bergwärts zum kleinen Wanderparkplatz in Oberlesach (1420 m).

Öffi-Tipp: Bushaltestelle in Unterlesach. Infos unter www.vvt.at. Von dort muss zu Fuß über die Asphaltstraße nach Oberlesach aufgestiegen werden (Varianten 1 und 2). Man kann auch zum Sportplatz beim Lesachbach absteigen, wo ein weiterer Zugang ins Lesachtal seinen Ausgang findet (Variante 3).

Zugänge ins Lesachtal

Um in das Lesachtal vorzudringen, gibt es gleich mehrere Möglichkeiten.

Variante 1 bedient sich des ins Lesachtal einwärts führenden Güterwegs. Da die Auffahrt bis zum sperrenden Schranken auf 1600 m am Beginn des Talweges derzeit nicht gestattet ist, muss vom kleinen Wanderparkplatz in Oberlesach (1420 m) gestartet und entlang der Schotterstraße langwierig zu Fuß aufgestiegen werden (ca. 1,5 km). In weiterer Folge strebt man über den Almweg aussichtsreich nach Südosten taleinwärts, um zum Schluss absteigend (60 Höhenmeter) zum neu errichteten Almdorf (Glödis Refugium, Glödisalm etc.) im Bereich der Lesacher Almen zu gelangen. Aufgrund dieses Chalet-Projekts könnte es in den nächsten Jahren zu einer höheren Zufahrtsfrequenz kommen, was diese Variante unattraktiv machen würde.

Variante 2 hält sich vom Wanderparkplatz in Oberlesach (1420 m) ca. 100 m entlang der Asphaltstraße abwärts, bis gelbe Tafeln an der linken Talseite nach Südosten ins Lesachtal leiten. Über die Sagbrücke (1425 m) wird der Lesachbach gequert und auf der rechten Talseite, dem Schotterweg folgend, zu einem Kraftwerkshaus marschiert (1550 m). Auf Wiesenpfaden in zunehmender Steigung zur geschlossenen Lesachalmhütte (1818 m), die den Beginn des Chaletdorfs auf den Lesacher Almen markiert.

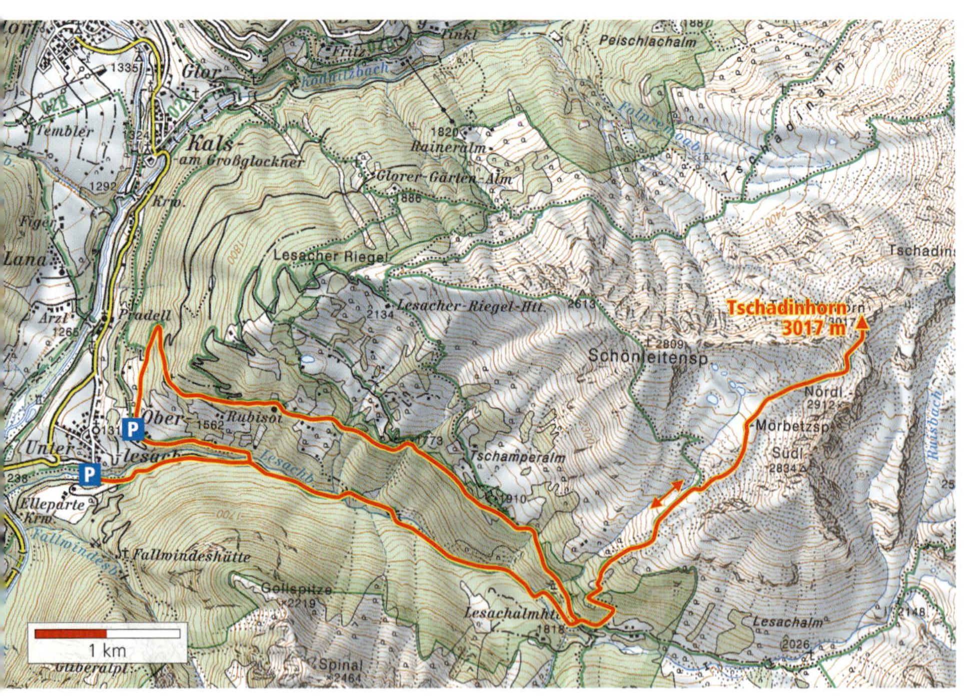

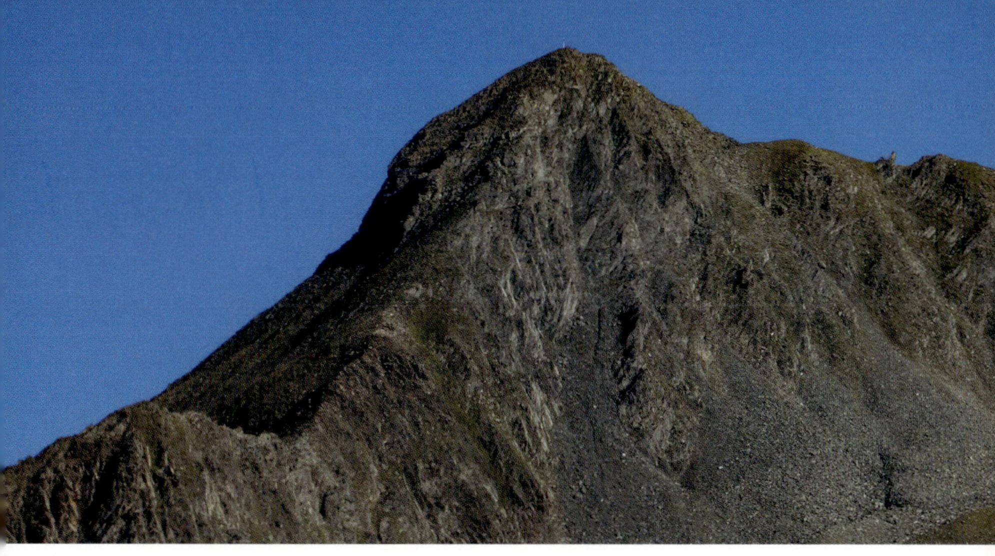

Über den kurzen Südgrat verlaufen die letzten steilen Meter zum Tschadinhorn.

Variante 3 führt romantisch über den Bachgraben nach Südosten ins Lesachtal. Startpunkt ist der kleine Parkplatz bei der Brücke am Lesachbach in Unterlesach (1300 m). Vorbei an einer Kneippanlage, folgt man dem Pfad in den Bergwald, wo man nach ein paar Höhenmetern auf einen Güterweg trifft. Dieser strebt – vorbei an der Sagbrücke, wo die Variante 2 einmündet – zu einem Kraftwerk und endet auf 1550 m Höhe. Weiter auf Wiesenpfaden in zunehmender Steigung zur geschlossenen Lesachalmhütte (1818 m), die den Beginn des Chaletdorfs auf den Lesacher Almen markiert.

Route: Von der Lesachalmhütte (1818 m) heißt es, kurz am Schotterweg nach Osten Richtung Böses Weibl zu wandern, bis eine gelbe Tafel linker Hand steil in den Bergwald nach Nordosten zum Tschadinhorn leitet. Gut markiert bringt der Pfad den Berggänger zwischen knorrigen Bäumen hindurch und vorbei an einer Bank zur Waldgrenze, wo sich das Gelände zurücklehnt und den Blick auf einen ersten auffallenden Gipfel (Mörbetzspitzen) freigibt. Bald kommt man in nordöstlicher Richtung entlang von herrlichen Rasenmatten zu einer Verzweigung, die zwischen Schönleitenspitze und Tschadinhorn wählen lässt (2370 m). Während das Tschadinhorn noch immer nicht zu sehen ist, betritt man über einen weiteren grasigen Steilhang ein Hochkar mit verborgenen kleinen Seen. Diese als Zelocks bezeichneten Bergaugen werden östlich umgangen.

Der weitere Anstieg führt über leichtes Schuttgelände in den breiten Sattel rechts des markanten Tschadinhorns. Von dort steigt man am Südgrat in steilen, erdigen Serpentinen nach Norden zum höchsten Punkt mit Kreuz. Vorsicht bei Nässe, insbesondere beim Abstieg.

Talort/Ausgangspunkt	Kals/Oberlesach (1420 m) oder Unterlesach (1300 m)
Höhenunterschied	1600 Hm ab Oberlesach, 1720 Hm ab Unterlesach
Aufstiegszeit	5½ Stunden ab Oberlesach, 6 Stunden ab Unterlesach
Strecke im Aufstieg	ca. 7 km
Kletterschwierigkeit	I
Besondere Gefahren	Absturzgefahr

57 Roter Knopf 3281 m

Wuchtiges Felsmassiv mit anspruchsvollen Zugängen

Läppische zwei Meter Höhenunterschied trennen den Roten Knopf vom höchsten Gipfel der Schobergruppe, dem Petzeck. Ein wuchtiges, mit rötlichem Fels zur Elberfelder Hütte abfallendes Bollwerk, das zu den ganz großen Gipfeln der Schobergruppe zählt und auf zwei unterschiedlichen Routen ersteigbar ist.

Während der Anstieg aus dem Kalser Lesachtal über eine breite Gratlinie dem höchsten Punkt zusteuert, muss von Kärntner Seite eine steile, teilweise brüchige Felsflanke überwunden werden. Durch sie führt der dürftig markierte „Normalweg". Er ist steiler, als man vermuten möchte, nicht mit Stahlseilen versichert und verlangt absolute Trittsicherheit. Wegen der zunehmend verblassenden Markierung ist zusätzlich Orientierungssinn vonnöten. Hier ist, insbesondere bei einfallendem Nebel bzw. generell beim Abstieg, Vorsicht geboten. Das Gleiche gilt für den fast gänzlich weglosen, unmarkierten Zugang von Osttiroler Seite. Dort muss teilweise im II. Schwierigkeitsgrad geklettert werden. Die felstechnisch interessante Schlüsselstelle bildet dabei die Überwindung des Bösen Schartls bzw. die Umgehung des einen oder anderen kleinen Felszackens am Gipfelgrat. Eine Besteigung des Roten Knopfs aus dem Kalser Lesachtal ist nur ausgegorenen, trittsicheren Gratgehern zu empfehlen.

Alles in allem ist der „Knopf" ein gewaltiger, konditionell fordernder Berg mit anspruchsvollem Normalweg und langen Zugängen. Von Osttiroler Seite kommend, bietet sich die Lienzer Hütte als Stützpunkt an. Auch die am Ende des Gössnitztals gelegene Elberfelder Hütte gilt als hervorragende Unterkunft, wobei ihr Hauptzugang von Heiligenblut erfolgt. Begeher des Wiener Höhenwegs können auch über den Kesselkeessattel, vom Lucknerhaus bzw. der Glorer Hütte kommend, zur Elberfelder Hütte gelangen. Eine lohnende Unternehmung ist auch der Übergang von der Lienzer Hütte zur Elberfelder Hütte mit Nächtigung in selbiger und anschließender Gipfelbesteigung.

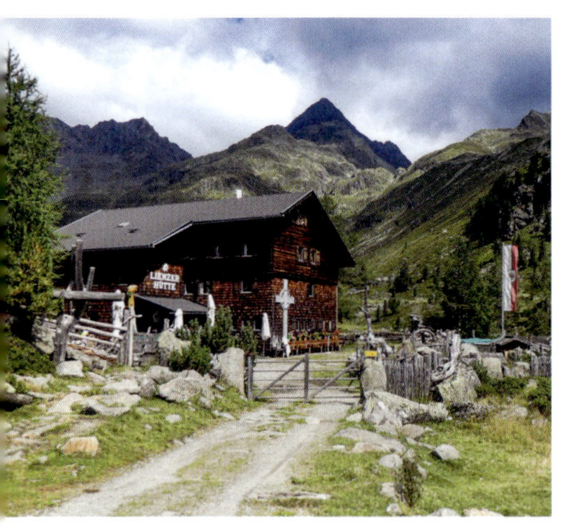

Die schön gelegene Lienzer Hütte.

Zugang aus dem Debanttal über die Lienzer Hütte

Anfahrt: Ausgangspunkt ist das Debanttal wenige Kilometer nördlich von Lienz. Die Zufahrt nach Nussdorf und weiter über ein schmales Sträßchen ins Debanttal erfolgt entweder von Lienz über die Liebherr-Kreuzung oder direkt von der Ortschaft Debant nach Nussdorf (Schilder). Nach dem Gast-

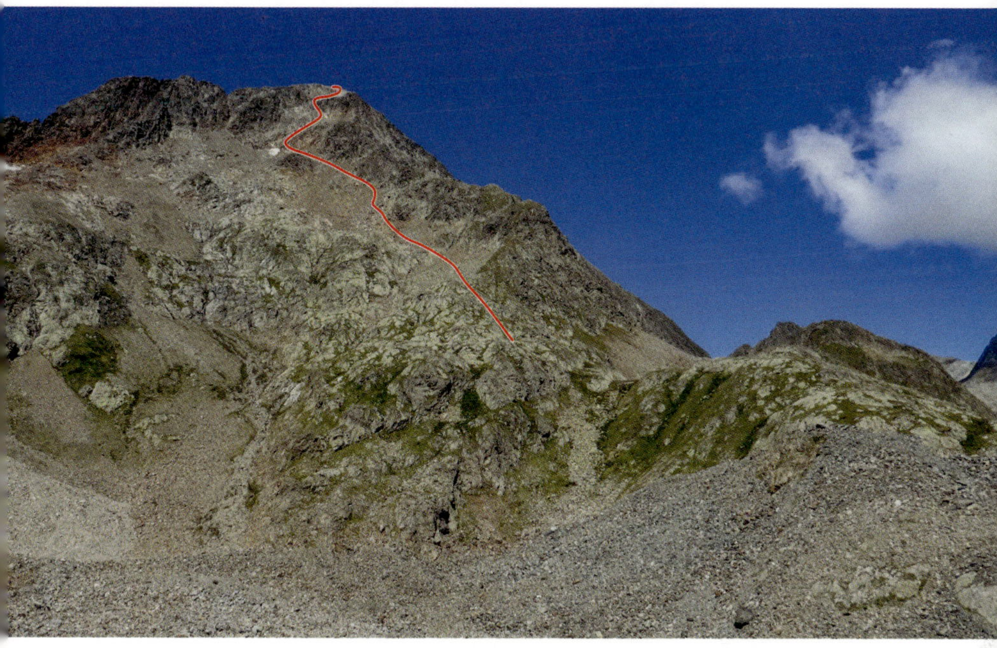

Die Route auf den Roten Knopf ist nur spärlich markiert, der Gipfelaufbau sollte nicht unterschätzt werden.

haus Zur Säge verlässt man die Asphaltstraße und folgt dem für den Individualverkehr freigegebenen Schotterweg ca. 6,5 km zum großen Wanderparkplatz Seichenbrunn (1673 m), wo die Zufahrt endet.

Öffi-Tipp: Es gibt keine Öffis ins Debanttal. Hier empfiehlt es sich, auf ein Taxi zurückzugreifen.

Hüttenzustieg: Vom Parkplatz in Seichenbrunn (1673 m) hält man sich am Güterweg nach Nordwesten und wandert vorbei an der Gaimberger Alm und der unterhalb der Straße liegenden Hofalm (1824 m) zur Lienzer Hütte (1974 m). Sie ist nach 3,5 km erreicht und bildet den Stützpunkt für herrliche Dreitausendertouren im Herzen der Schobergruppe. Wer eine Zweitagestour plant, dem ist der parallel zum Debantbach verlaufende Natur- und Kulturlehrweg mit zahlreichen Informationstafeln zum Nationalpark Hohe Tauern als Zustiegsweg zu empfehlen.

Talort/ Ausgangspunkt	Nussdorf-Debant/Debanttal, Wanderparkplatz Seichenbrunn (1673 m)
Höhenunterschied	300 Hm
Aufstiegszeit	1½ Stunden
Strecke im Aufstieg	ca. 3,5 km

Gipfelanstieg: Von der Lienzer Hütte (1974 m) heißt es nach Norden zum Debantbach abzusteigen, ehe man gegenüber an der rechten Talseite über einen Bergpfad Richtung Gössnitzscharte bzw. Elberfelder Hütte wandert (Tafeln). Vorbei an einem großen Wiesenkreuz geht es über den Salzplattensee nach Nordosten in die breite Gössnitzscharte (2732 m), die aus dem Weißenkar über Schuttgelände betreten wird. Links oberhalb befindet sich, schwer erkennbar, das Gössnitz-Biwak.

Es folgt ein 240 Höhenmeter messender, etwas langatmiger Abstieg über weite Block-

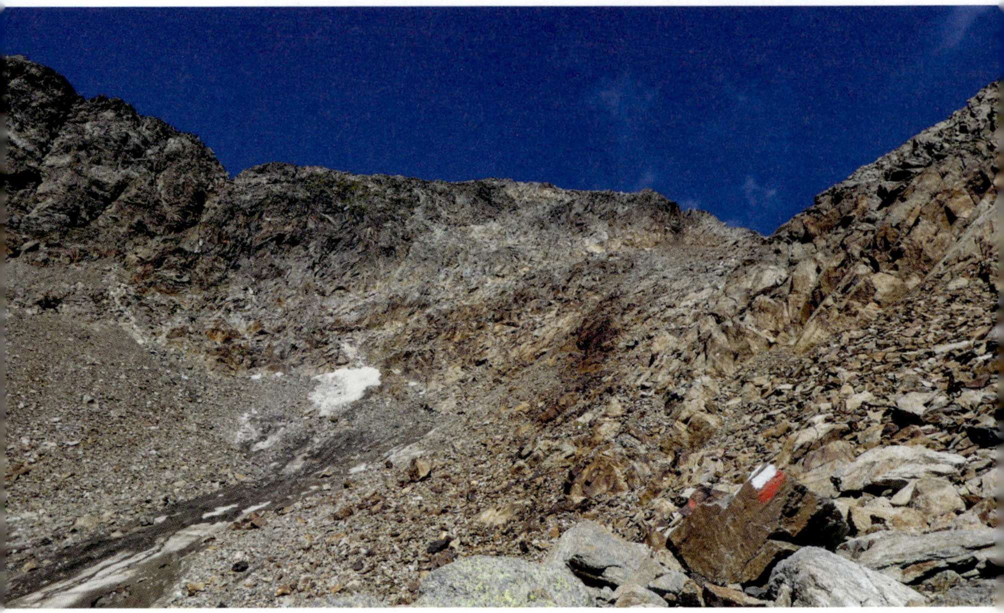

Im Schuttkar unterhalb des Gipfelaufbaus, der die Schlüsselstelle bildet.

halden unterhalb der legendären Klammerköpfe nach Nordosten Richtung Elberfelder Hütte, bis man bei 2490 m zu einer Tafel mit der Aufschrift Roter Knopf kommt (ca. 1,8 km von der Gössnitzscharte entfernt). Man wendet sich nun hart nach Westen und peilt über anfänglich, höckerartiges Rasen- und Schuttgelände das Hochkar unterhalb des Tourenziels an. Aus diesem gilt es, über herbes Schuttgelände auf den Südostgrat aufzusteigen, der zum Gipfelaufbau leitet, jedoch bald wieder nach links verlassen werden muss (Steinmännchen, alte Markierung).

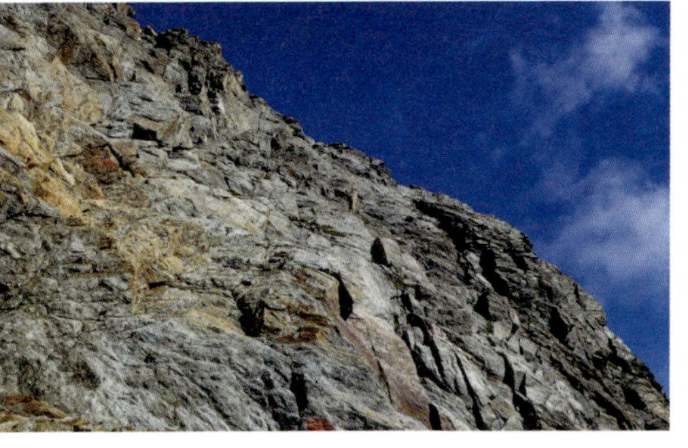

Die letzten Höhenmeter zum Gipfel sind nicht zu unterschätzen und verlangen neben leichter Kletterei absolute Trittsicherheit.

Mit Orientierungssinn muss nun in der Ostflanke eine steile Schrofenzone entlang von Bändern und Platten überwunden werden, bis sich das Terrain abflacht und man über eine Blockhalde am Südostgrat dem höchsten Punkt zustrebt (3281 m, Kreuz). Diese Felsstufe bildet die Schlüsselstelle und verlangt speziell beim Abstieg Vorsicht (Steinschlaggefahr, Absturzgelände, Stellen I–II).

Talort/Ausgangspunkt	Lienzer Hütte (1974 m)
Höhenunterschied	1780 Hm (inkl. Gegenanstieg)
Aufstiegszeit	6 Stunden
Strecke im Aufstieg	ca. 7,5 km
Kletterschwierigkeit	I–II
Besondere Gefahren	Absturzgefahr, Orientierung

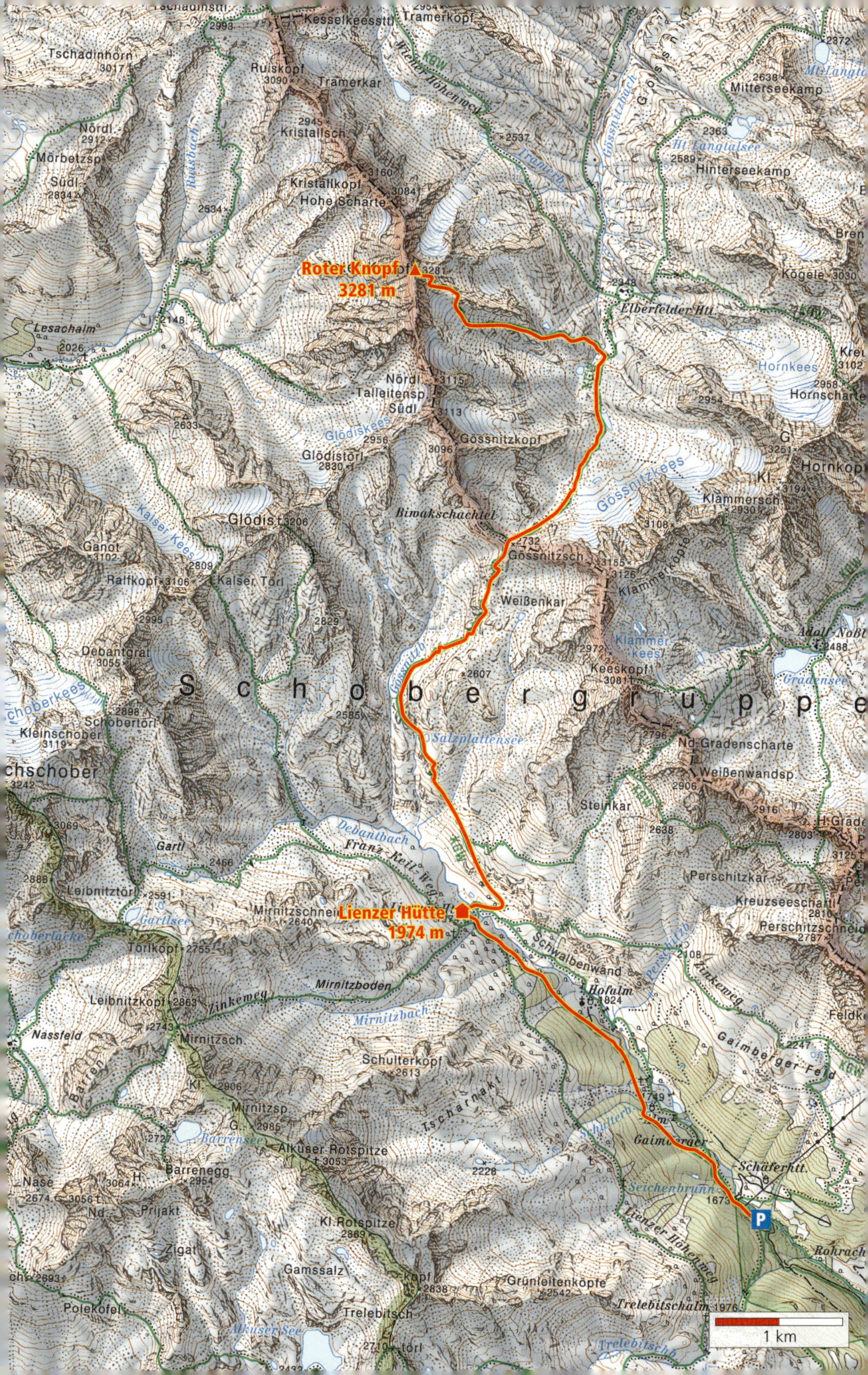

Roter Knopf
3281 m
Lienzer Hütte
1974 m
Schobergruppe
1 km

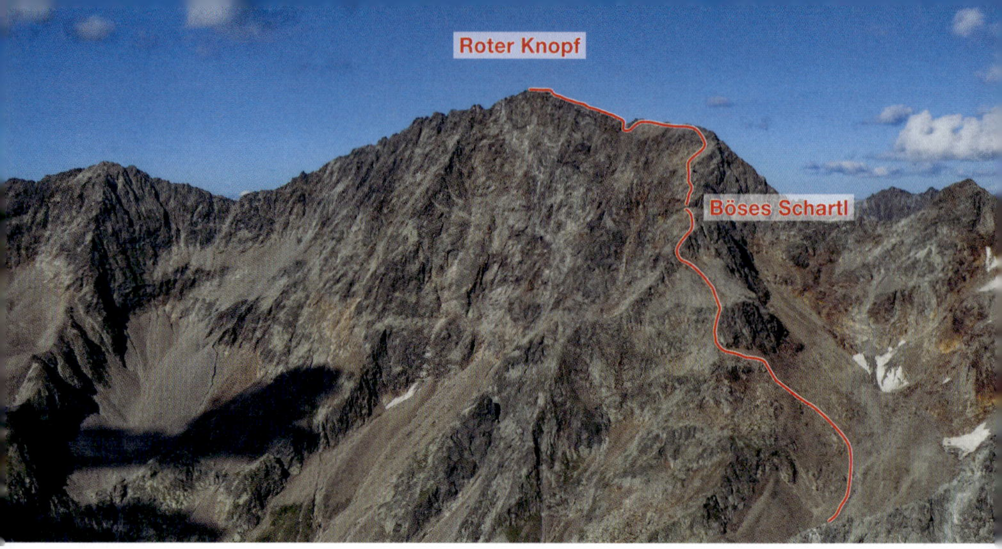

Ein verwegener Anstieg für erfahrene Bergsteiger führt aus dem Kalser Lesachtal über den Südwestgrat einsam zum höchsten Punkt.

Zugang aus dem Lesachtal

Anfahrt und Zugänge ins Lesachtal: siehe Tour 56, Tschadinhorn.

Gipfelanstieg: Von den Lesacher Almen (1835 m) hält man sich am Güterweg, vorbei am Glödis Refugium, nach Osten, bis der Güterweg nach einer Brücke über den Lesachbach endet und man auf einem Steig weiter Richtung Böses Weibl marschiert. Während der Talverlauf langsam nach Norden dreht, setzt man nochmals über einen

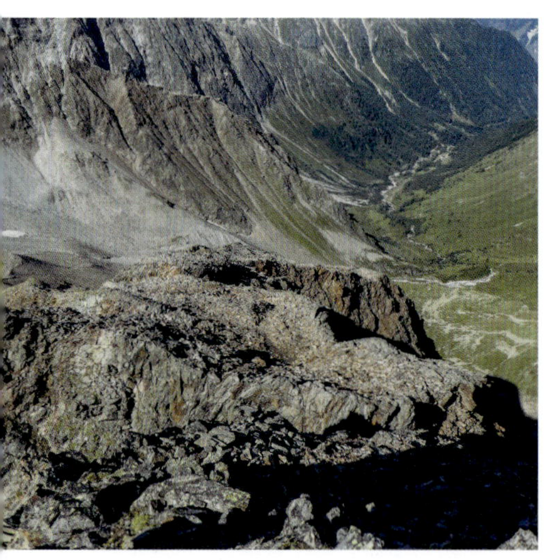

Der klaffende Spalt im Vordergrund bildet das Böse Schartl.

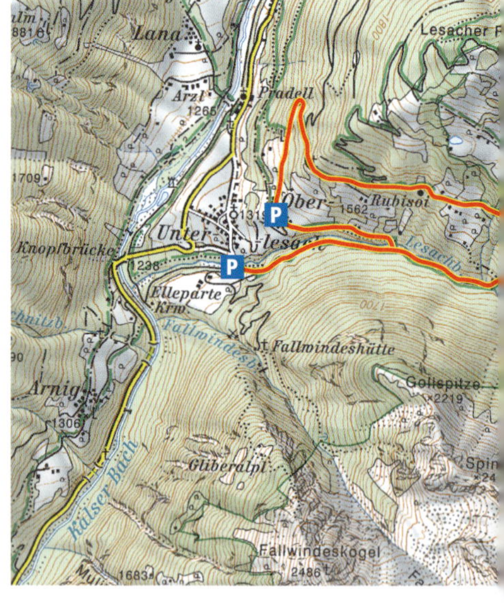

Bach. Im Anschluss kommt man zu einer Verzweigung im flachen Almengelände, wo der abenteuerliche „Knopf"-Anstieg beginnt (2185 m).

Obwohl die Tafel nach Südosten Richtung Tourenziel weist, sucht man Markierungen vergeblich. Auch Steinmännchen sind rar gesät, das heißt, der Anstieg erfordert Orientierungs- bzw. Spürsinn für die beste Routenwahl.

Man hält sich anfangs über einen Boden flach einwärts nach Südosten, bis das Gelände sich merklich ändert und man über große Schuttströme ein verstecktes, von Talleitenspitze und Rotem Knopf eingefasstes Hochkar anpeilt. Hier nicht Richtung Glödistörl aufsteigen, sondern in einem Linksbogen in östlicher Richtung bergwärts, bevor man den Schutthalden nach Norden auf den begleitenden, sich gratartig verjüngenden Südwestrücken des Roten Knopfs folgt. Er kann an beliebiger Stelle betreten werden und wird über Platten, Blöcke und Schutt unschwierig bis zu seiner Schlüsselstelle, dem Bösen Schartl (ca. 3060 m), erstiegen (Steinmännchen).

Die 2–3 m abbrechende Felsstufe des Bösen Schartls muss über einen Riss abkletternd (II–III) überwunden werden, ehe man gegenüber gutartig entlang einer großgriffigen Platte wieder zum Grat gelangt. Ungeübte sind hier zu sichern. Mit abnehmenden Schwierigkeiten wird über Geröll der Vorgipfel erreicht. Die folgenden Felszacken können westseitig entlang von brüchigen Fels- und Schuttbändern umgangen werden. Man kann die Felszacken auch direkt überklettern, was aber länger dauert. Weiter nun am waagrechten, nach Norden ziehenden Gipfelgrat entlang von Blockstufen zum höchsten Punkt.

Talort/Ausgangspunkt	Kals/Oberlesach (1420 m) oder Unterlesach (1300 m)
Höhenunterschied	1860 Hm ab Oberlesach, 1980 Hm ab Unterlesach
Aufstiegszeit	7 Stunden ab Oberlesach, 7½ Stunden ab Unterlesach
Strecke im Aufstieg	ca. 10 km
Kletterschwierigkeit	II–III
Besondere Gefahren	Absturzgefahr, Steinschlaggefahr, weglos
Besondere Ausrüstung	ev. Seil, um Ungeübte zu sichern

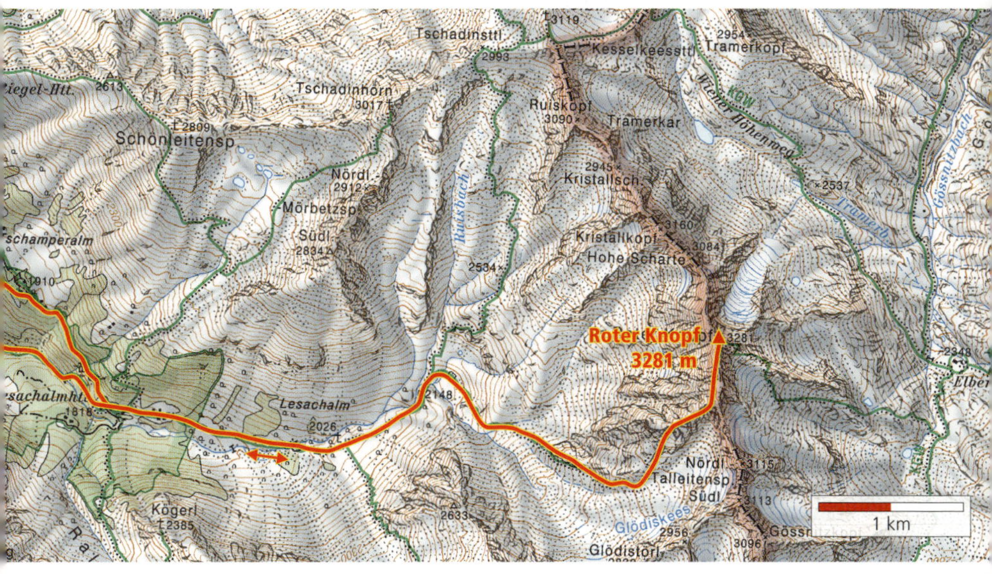

58 Glödis 3206 m

Sechseckige Felspyramide mit genialem Gratanstieg

Im Jahr 2006 wurde der einst abenteuerliche Normalweg auf den Glödis von Mitarbeitern des Lienzer Alpenvereins aus der steinschlaggefährdeten Südostflanke auf den begleitenden Südostgrat verlegt und mit Stahlseilen versichert. Der Berg, der auch als Matterhorn der Schobergruppe bezeichnet wird, wurde somit aus seinem Dornröschenschlaf wachgeküsst, was sich in der jährlichen Besucherfrequenz bemerkbar macht.

Das Stahlseil führt durchgehend vom Einstieg bis zum höchsten Punkt, die steilsten Stellen sind zusätzlich mit Eisenbügeln entschärft. Highlight ist sicherlich die Nepalbrücke, die links des Rindler Schartls luftig eine Felsrinne überspannt, aber nicht zwingend überschritten werden muss. Seit ein paar Jahren ziert den Glödis ein neues Gipfelkreuz. Das alte wurde ins Tal geflogen und ziert seither die Ostseite der Lienzer Hütte.

Die Besteigung des Glödis gestaltet sich trotz Versicherungen anspruchsvoll und erfordert neben absoluter Trittsicherheit auch Kondition, muss doch über den versicherten Normalweg auch wieder abgestiegen werden. Die klettersteigtechnischen Schwierigkeiten bewegen sich meist zwischen A und B. Wer die Nepalbrücke überschreitet, sieht sich im

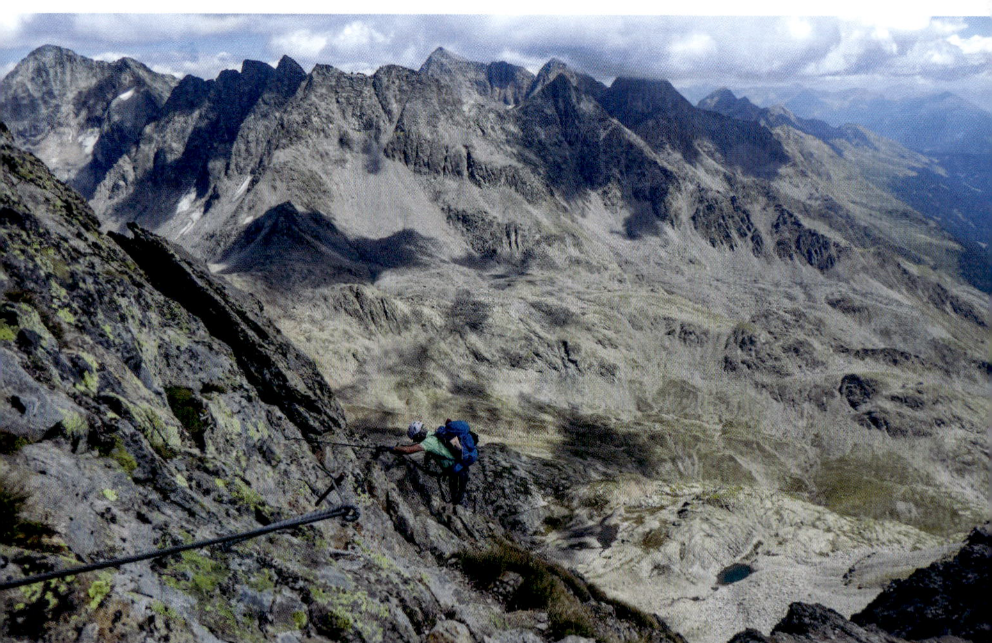

Der Anstieg über den Südostgrat ist seit einigen Jahren mit Stahlseilen entschärft.

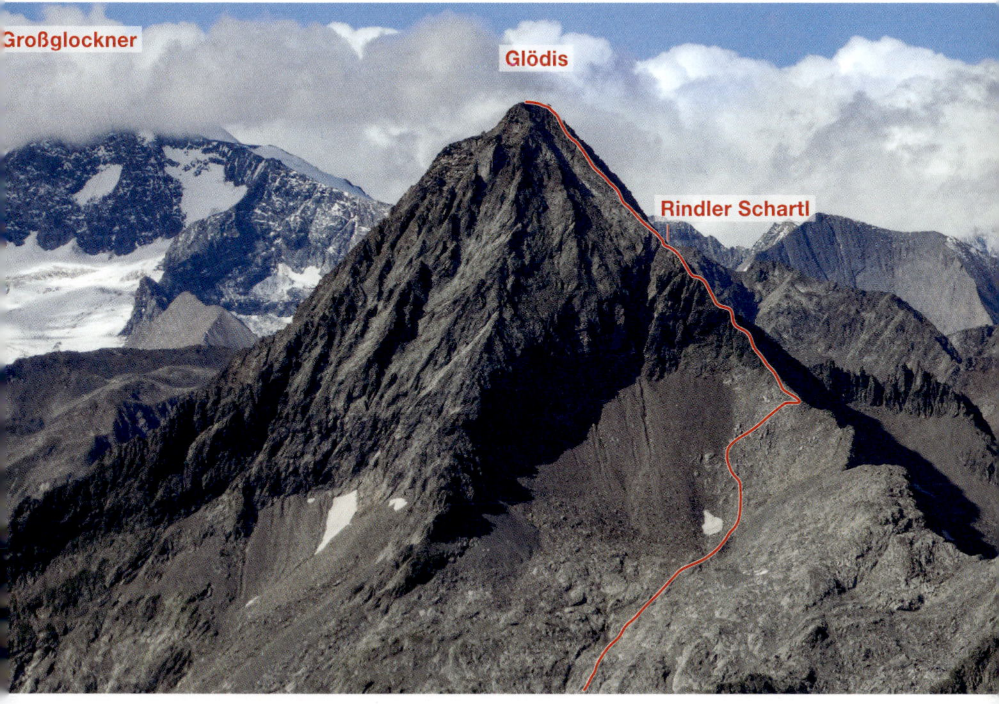

Der Anstieg auf den mächtigen Glödis. Im Hintergrund der Großglockner.

Anschluss einer armlastigen C-Stelle gegenüber. Wem die Tour in einem Aufwasch zu weit sein sollte, dem ist eine Nächtigung in der urigen Lienzer Hütte zu empfehlen.

Anfahrt: Ausgangspunkt ist das Debanttal wenige Kilometer nördlich von Lienz. Die Zufahrt nach Nussdorf und weiter über ein schmales Sträßchen ins Debanttal erfolgt entweder von Lienz über die Liebherr-Kreuzung oder direkt von der Ortschaft Debant nach Nussdorf (Schilder). Nach dem Gasthaus Zur Säge verlässt man die Asphaltstraße und folgt dem für den Individualverkehr freigegebenen Schotterweg ca. 6,5 km zum großen Wanderparkplatz Seichenbrunn (1673 m), wo die Zufahrt endet.

Öffi-Tipp: Es gibt keine Öffis ins Debanttal. Hier empfiehlt es sich, auf ein Taxi zurückzugreifen.

Hüttenzustieg: Vom Parkplatz in Seichenbrunn (1673 m) hält man sich am Güterweg nach Nordwesten und wandert vorbei an der Gaimberger Alm und der unterhalb der Straße liegenden Hofalm (1824 m) zur Lienzer Hütte (1974 m). Sie ist nach 3,5 km erreicht und bildet den Stützpunkt für herrliche Dreitausendertouren im Herzen der Schobergruppe. Wer eine Zweitagestour plant, dem ist der parallel zum Debantbach verlaufenden Natur- und Kulturlehrweg mit zahlreichen Informationstafeln zum Nationalpark Hohe Tauern als Zustiegsweg zu empfehlen.

Talort/ Ausgangspunkt	Nussdorf-Debant/Debanttal-Seichenbrunn (1673 m)
Höhenunterschied	300 Hm
Aufstiegszeit	1½ Stunden
Strecke im Aufstieg	ca. 3,5 km

Gipfelanstieg: Von der Lienzer Hütte (1974 m) hält man sich am Franz-Keil-Weg im flachen Talboden in einem Bogen nach Nordwesten, bis man bei ca. 2200 m zu einer Verzweigung kommt (Tafeln). Während das Debanttal nach Westen dreht, heißt es über Grasmatten nach Norden in das malerische Hochtal zwischen Ralfkopf und Glödis aufzusteigen. In der Mitte befindet sich als tiefer Einschnitt das Kalser Törl, das für die Tour aber unbeachtet bleibt. In weiterer Folge geht das Wiesengelände in Schutt über und

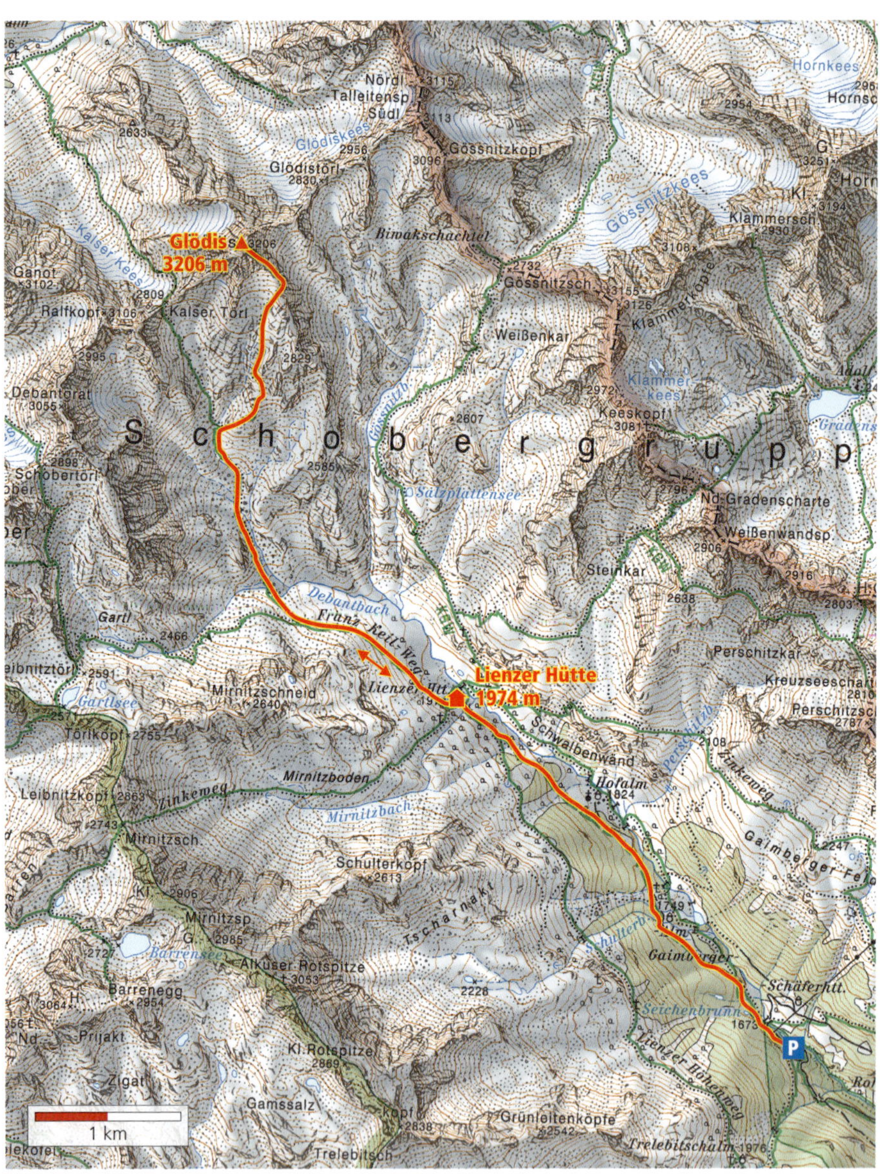

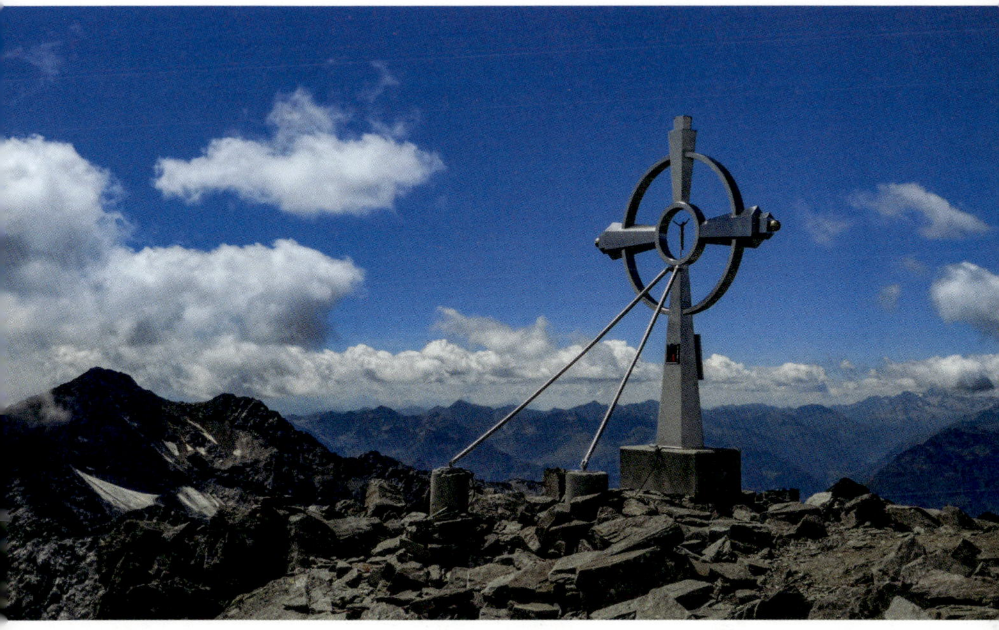

Stolz präsentiert sich das Gipfelkreuz. Im Hintergrund der Hochschober.

man kommt bei 2475 m zur nächsten Verzweigung, wo man nicht zum Kalser Törl aufsteigt, sondern rechts Richtung Glödis marschiert.
Über Blockgelände peilt man schließlich in Serpentinen einen breiten Sattel am Einstieg des Südostgrats an, wo die Markierung endet (2900 m, Tafel). Dort lotsen Stahlseile zuerst kurz auf die Südostseite, ehe man über Eisenbügel direkt zur Gratlinie aufsteigt. Auf der Hälfte des Gratverlaufs überschreitet man, an den Seilen gut gesichert, eine waagrechte Stelle, die als Hans-Rindler-Scharte bezeichnet wird (Tafel). Ambitionierte können diesen Abschnitt auch links mit der freihängenden, äußerst schmalen Nepalbrücke verschärfen, der eine steile Platte folgt. Sie bildet die Schlüsselstelle im Grat, muss aber nicht zwingend geklettert werden. Nach einem kleinen Aufschwung hinter der Scharte wird der Grat etwas flacher. Es öffnet sich der Blick nach oben zum Gipfelkreuz und ein herrlicher Tiefblick ins Debanttal. Weiter entlang von Stahlseilen und Eisenbügeln, auf Steinschlag achtend, zum höchsten Punkt (3206 m, 1 Stunde vom Einstieg).
Der Abstieg führt ebenfalls wieder über den Südostgrat und verlangt nochmals Konzentration, Armkraft und sauberes Steigen.
Hinweis: Auch wenn die Stahlseile ein Sicherheitsgefühl vermitteln, sollte klar sein, dass man sich auf einem hochalpinen, exponierten Grat befindet, der, gerade wenn Schlechtwetter aufkommt, in seiner Ernsthaftigkeit nicht unterschätzt werden sollte. Bei Gewitter besteht Lebensgefahr.

Talort/Ausgangspunkt	Lienzer Hütte (1974 m)
Höhenunterschied	1230 Hm
Aufstiegszeit	4½ Stunden
Strecke im Aufstieg	ca. 4 km
Kletterschwierigkeit	B/C
Besondere Gefahren	Absturzgefahr
Besondere Ausrüstung	Klettersteigset, Helm

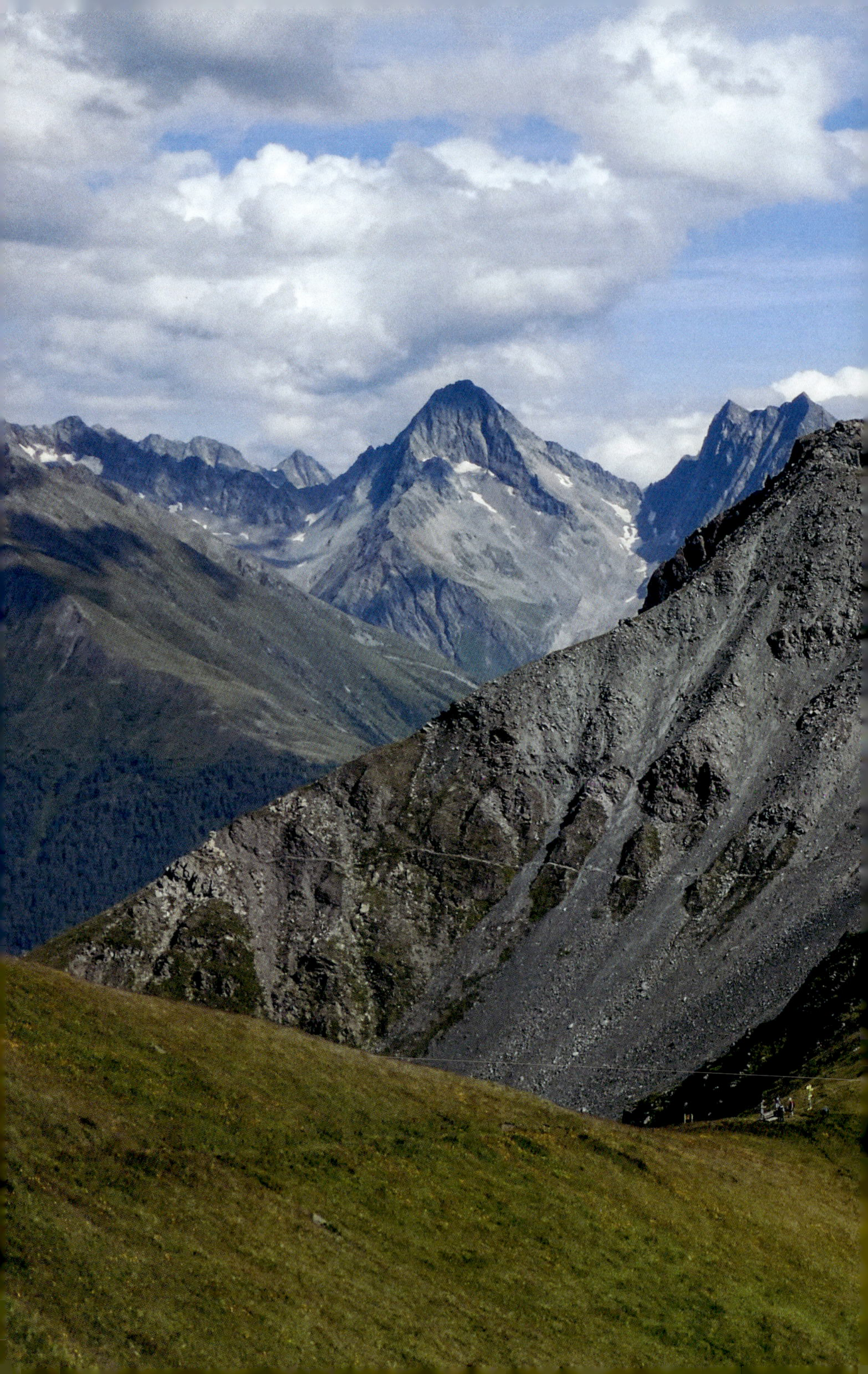

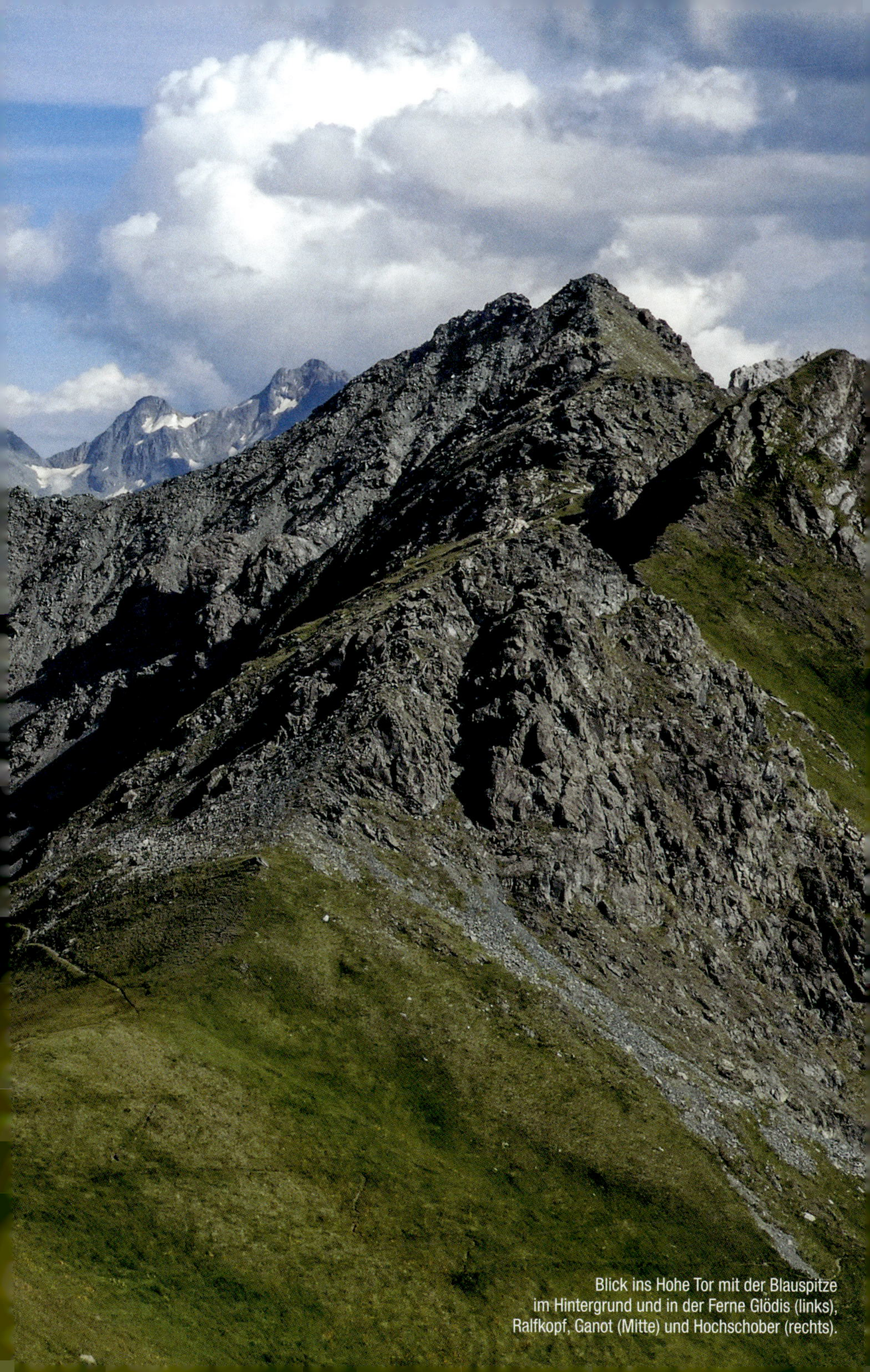

Blick ins Hohe Tor mit der Blauspitze
im Hintergrund und in der Ferne Glödis (links),
Ralfkopf, Ganot (Mitte) und Hochschober (rechts).

59 Debantgrat-Südgipfel 3052 m

Doppelgipfeliger Felskamm mit schönem Kreuz

Der breite Felskamm des Debantgrats, der auch als Viehkofel bezeichnet wird, befindet sich nordöstlich des Schobertörls, welches das Debanttal mit dem Ralftal verbindet, und wird aus diesem erstiegen. Seit 2001 steht auf dem Südgipfel ein Kreuz. Er ist über einen mit blauen Punkten markierten Trümmergrat für versierte, trittsichere Gratgeher unschwierig zu ersteigen.

Nicht zu unterschätzen sind die langen Zugänge entweder durch das Debanttal über die Lienzer Hütte oder, landschaftlich beeindruckend, durch das Leibnitztal zur Hochschoberhütte und über das Leibnitztörl. Einsamkeitsliebhaber, Schobergruppen-Durchquerer oder Gipfelsammler können auch den noch etwas längeren Anstieg durch das ursprüngliche Ralftal wählen, um beispielsweise im Zuge einer Ganotbesteigung noch „schnell" den Debantgrat mitzunehmen.

Welche Variante man auch immer wählen wird, der Berg liegt eingebettet in einer rauen, archaisch anmutenden Landschaft und vermittelt perfektes Schobergruppen-Flair.

Zugang aus dem Debanttal über die Lienzer Hütte (1974 m)

Anfahrt und Hüttenzustieg: siehe Tour 58, Glödis.

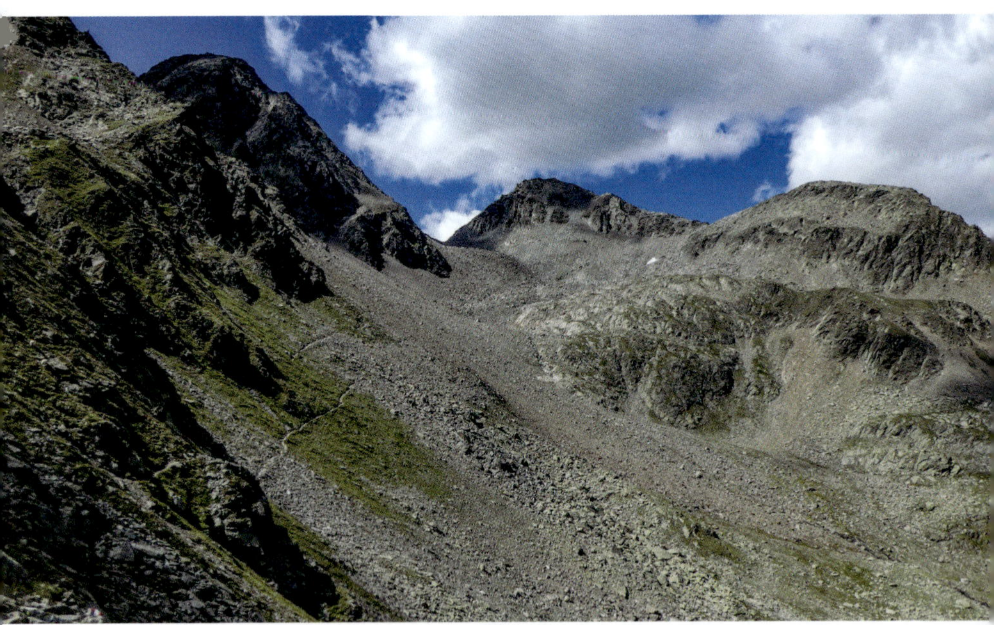

Kurz unterhalb des Leibnitztörls blickt man ins Schobertörl, wo der kurze Anstieg über den Südwestgrat ansetzt.

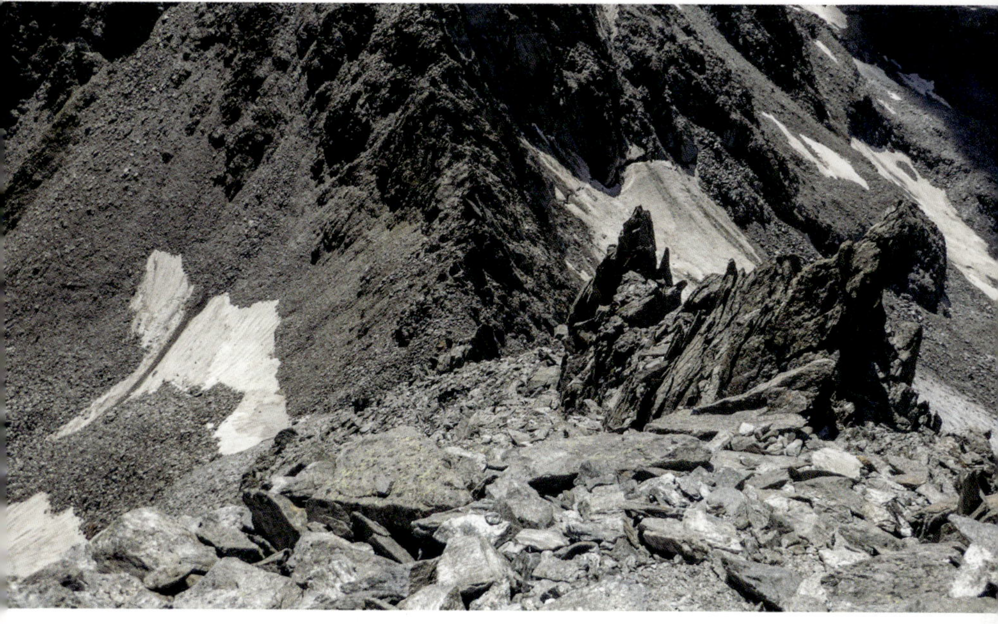

Tiefblick ins Schobertörl während des Abstiegs.

Gipfelanstieg: Von der Lienzer Hütte (1974 m) hält man sich am Franz-Keil-Weg im flachen Talboden in einem Bogen nach Nordwesten, bis man bei ca. 2200 m zu einer Verzweigung kommt (Tafeln), wo man nicht nach rechts Richtung Glödis abbiegt, sondern weiter nach Westen entlang von Blockgelände über eine Steilstufe zum Beginn einer kleinen Verflachung, genannt Gartl (2466 m), wandert. Nun weiter über den Steig Richtung Leibnitztörl, welches aber nicht betreten wird. Man biegt schon unterhalb bei einer weiteren Gabelung hart nach Norden ab und strebt entlang eines versteckten Hochtals dem schon von Weitem erkennbaren Schobertörl zu. Die Abzweigung zum Hochschober auf 2650 m bleibt dabei unbeachtet. Vom Schobertörl (2898 m) folgt man zunächst der roten Markierung nach Nordosten über den sich aufsteilenden Blockgrat, bis sie ins Ralftal abbiegt und so das noch vergletscherte Schobertörl eisfrei umgeht. Gipfelanwärter bleiben indes am Grat und folgen nun den blauen Punkten. Schließlich rechts von Felszacken mit Trittsicherheit bergwärts, bis sich das Terrain verbreitert und man über Blockgelände dem höchsten Punkt (3052 m) zustrebt. Achtung auf Steinschlag, insbesondere im Abstieg.

Hinweis: Der Übergang zum Nordgipfel (3055 m) entlang eines breiten, zersplitterten Kammverlaufs, der durch ein kurzes Schartl unterbrochen wird, gestaltet sich für versierte Gratgeher als unschwierig und erfordert keinen großen zeitlichen Mehraufwand (Stellen I–II, keine Markierung etc.).

Talort/Ausgangspunkt	Lienzer Hütte (1974 m)
Höhenunterschied	1075 Hm
Aufstiegszeit	3½–4 Stunden
Strecke im Aufstieg	ca. 5 km
Kletterschwierigkeit	I–II
Besondere Gefahren	Absturzgefahr, Steinschlaggefahr

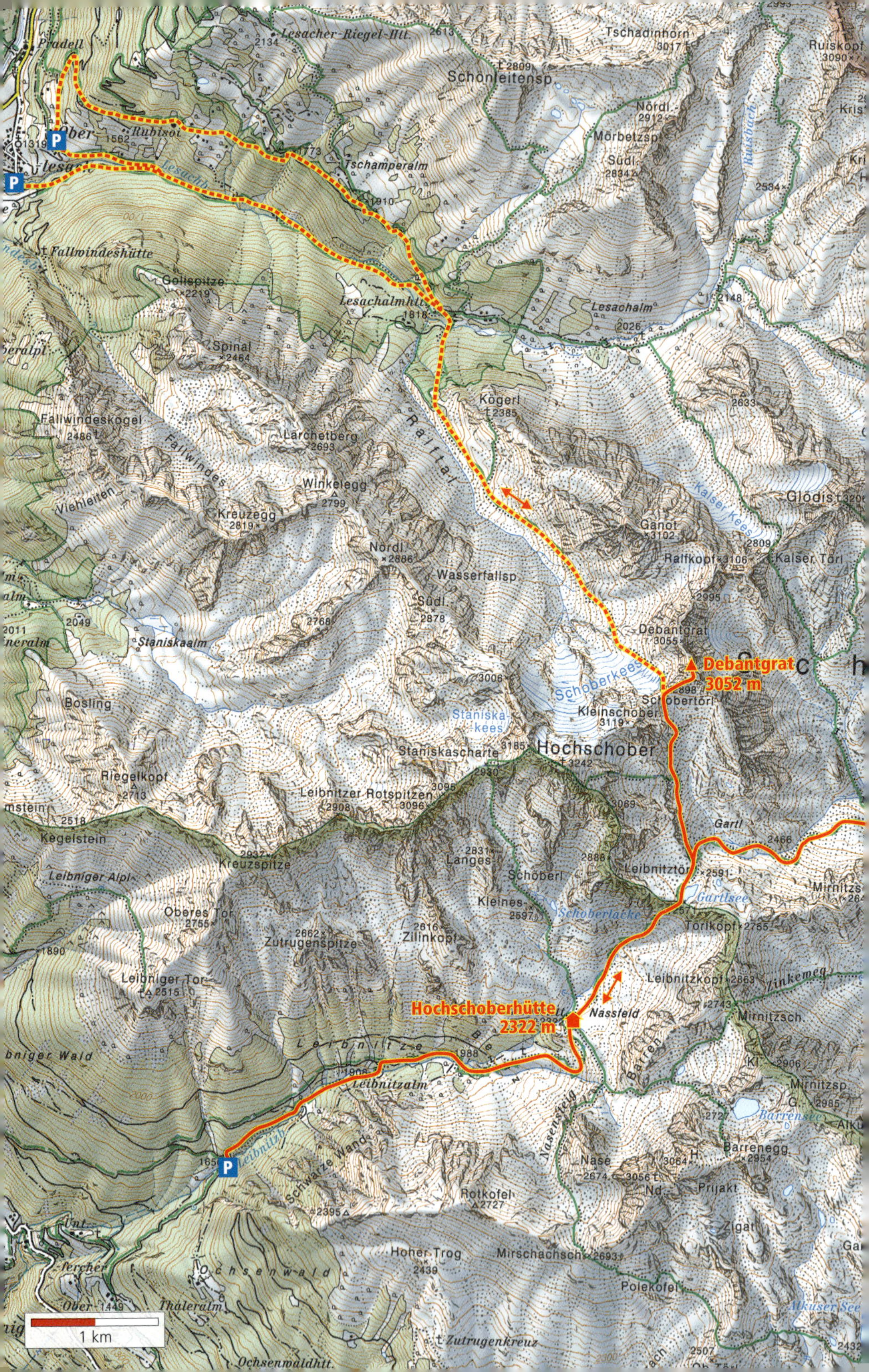

Debantgrat
3052 m
Hochschoberhütte
2322 m
Hochschober
Pradell
Lesacher-Riegel-Htt.
Tschadinhorn
Schönleitensp
Rubisoi
Tschamperalm
Fallwindeshütte
Gollspitze
Lesachalmhtt.
Lesachalm
Spinal
Kögerl
Fallwindeskogel
Larchetberg
Winkelegg
Kreuzegg
Viehleiten
Ralftal
Glödis
Ganot
Ralfkopf
Kalser Törl
Kalser Kees
Nördl.
Wasserfallsp.
Südl.
Staniskaalm
Schoberkees
Debantgrat
Schobertörl
Kleinschober
Staniska-
kees
Bosling
Staniskascharte
Riegelkopf
Leibnitzer Rotspitzen
Kegelstein
Kreuzspitze
Leibniger Alpl
Langes
Schöberl
Gartl
Leibnitztörl
Gartlsee
Kleines
Schoberlacke
Törlkopf
Oberes Tor
Zutrugenspitze
Zilinkopf
Leibniger Tor
Leibnitzkopf
Zinkewag
Nassfeld
Mirnitzsch.
Barren
Barrensee
Mirnitzsp.
Leibnitzalm
Leibnitzbach
Schwarze Wand
Nasensteig
Nase
Barrenegg
Prijakt
Rotkofel
Zigat
Hoher Trog
Mirschachschr.
Polekofel
Ochsenwald
Thaleralm
Zutrugenkreuz
Ochsenwaldhtt.
Alkuser See
Ruiskopf
Ruisbach
Mörbetzsp.
1 km

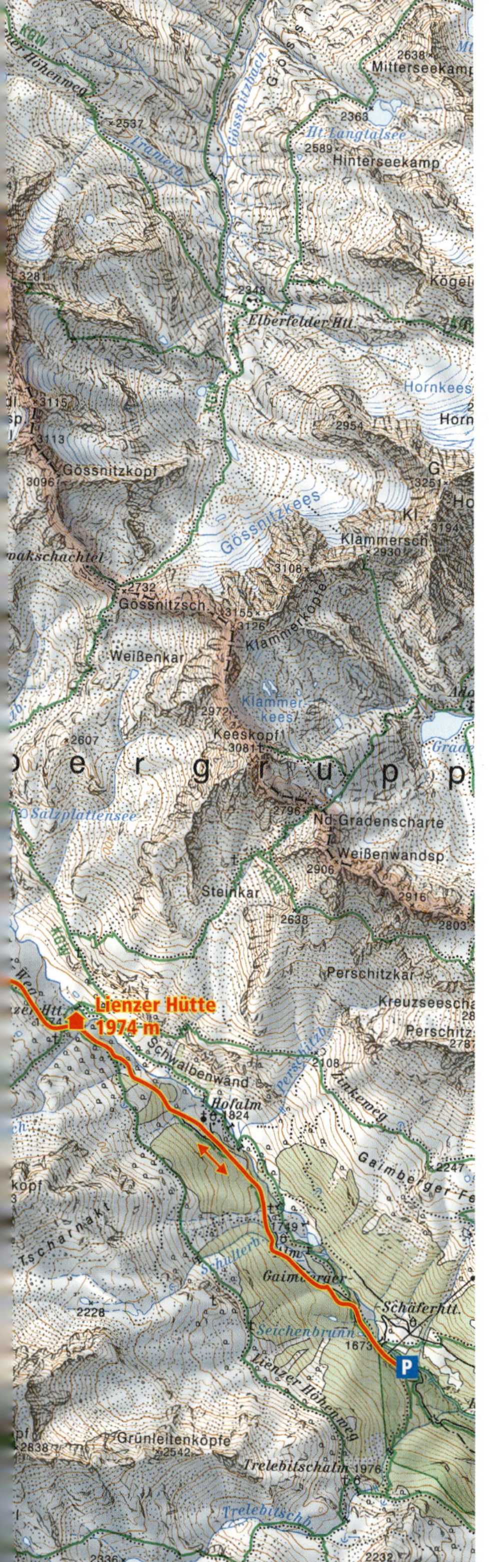

Zugang aus dem Leibnitztal über die Hochschoberhütte (2322 m)

Anfahrt: Von Lienz über die B 108 ins Iseltal nach Ainet, dort rechts Richtung Oberleibnig. Bei der nächsten Verzweigung links weiter Richtung Oberleibnig, wo man die schmale Bergstraße bis zu ihrer nächsten Verzweigung verfolgt. Hier gilt es, nicht geradeaus in die Fraktion Oberleibnig zu fahren, sondern rechts steil bergan zum Gehöft Oberfercher (1449 m). Dort endet die exponierte Asphaltstraße und man hält sich entlang eines Schotterwegs ca. 1,5 km einwärts ins Leibnitztal zum Wanderparkplatz am Leibnitzbach (1656 m, Tafeln).

Öffi-Tipp: Der Parkplatz im Leibnitztal kann mit Öffis nicht erreicht werden. Man kann aber mit dem Bus nach St. Johann im Walde fahren, wo man über Steige zu Fuß nach Oberleibnig und in weiterer Folge Richtung Leibnitztal aufsteigt (ca. 4½ Stunden zur Hochschoberhütte) oder mit der Gondelbahn nach Oberleibnig auffährt.

Hüttenzustieg: Vom Parkplatz (1656 m) hält man sich nach der Brücke in das Walddunkel, das über ein uriges Holzgatter betreten wird. Der Eduard-Jordan-Weg bringt den Wanderer in weiterer Folge parallel zum Bach zur Leibnitzalm (1908 m). Anschließend ist ein kurzes Stück am Güterweg zu bewältigen. Zuerst an der rechten Talseite, später in der Talmitte geht es nach einer Bachquerung (Holzbrücke) entlang herrlicher Bergwiesen aufwärts. Vorbei an einem urigen Almkreuz mit Bank peilt man nun eine markante Hangstufe an, die in einer langgezogenen Linksserpentine überwunden wird. So erreicht man die schöne Hochschoberhütte hinter einer Geländekante. Die Hütte befindet sich am Beginn eines flachen Talbodens, eingefasst von Hochschober links und Prijakt rechts.

Talort/Ausgangspunkt	Oberleibnig/Leibnitztal (1656 m)
Höhenunterschied	670 Hm
Aufstiegszeit	2½ Stunden
Strecke im Aufstieg	3,5 km

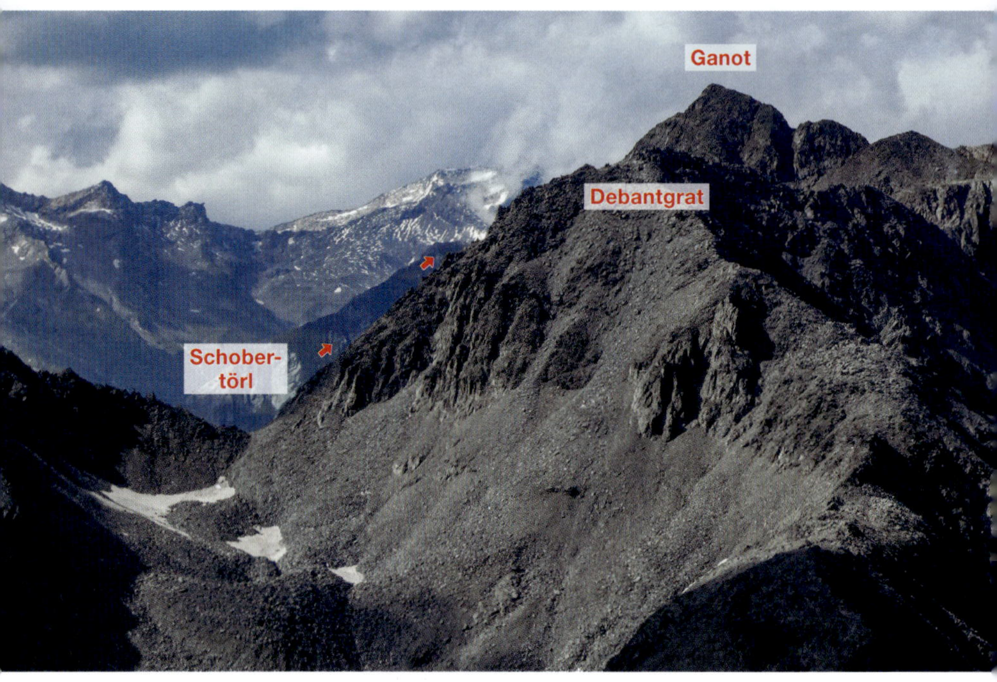

Aus dem Schobertörl führt der Anstieg über den kurzen Südwestgrat zum höchsten Punkt.

Gipfelanstieg: Von der Hochschoberhütte durchschreitet man den flachen Talboden nach Nordosten, ehe man über Holztreppen und Blockstufen ins breite Leibnitztörl (2571 m) aufsteigt. Hinter diesem verbirgt sich der tiefblaue Gartlsee. Er wird oberhalb seines westlichen Ufers umgangen, bevor sich der Steig nur wenige Höhenmeter absteigend in das heranführende Debanttal absenkt.

Man kommt zu einer Tafel, wo man schließlich nach Norden zum Schobertörl aufsteigt. Die Abzweigung zum Hochschober auf 2650 m bleibt dabei unbeachtet. Vom Schobertörl (2898 m) folgt man zunächst der roten Markierung nach Nordosten über den sich aufsteilenden Blockgrat, bis diese allerdings ins Ralftal abbiegt und so das noch vergletscherte Schobertörl eisfrei umgeht. Gipfelanwärter bleiben indes am Grat und folgen nun den blauen Punkten. Schließlich rechts von Felszacken mit Trittsicherheit bergwärts, bis sich das Terrain verbreitert und man über Blockgelände dem höchsten Punkt (3052 m) zustrebt. Achtung auf Steinschlag, insbesondere im Abstieg.

Hinweis: Der Übergang zum Nordgipfel (3055 m) entlang eines breiten, zersplitterten Kammverlaufs, der durch ein kurzes Schartl unterbrochen wird, gestaltet sich für versierte Gratgeher unschwierig und erfordert keinen großen zeitlichen Mehraufwand (Stellen I–II, keine Markierung etc.).

Ausgangspunkt	Hochschoberhütte (2322 m)
Höhenunterschied	730 Hm
Aufstiegszeit	3 Stunden
Strecke im Aufstieg	ca. 3,5 km
Kletterschwierigkeit	I–II
Besondere Gefahren	Absturzgefahr, Steinschlaggefahr

Ganot 3102 m

60

Kühnes Felshorn nördlich des Hochschobers

Das markante Horn des Ganots bildet mit dem benachbarten Ralfkopf ein düsteres Felsbollwerk, das die Südseite des Lesachtals dominiert. Die eine Besteigung zulassende Schwachstelle des Berges befindet sich, wenn man über das Ralftal aufsteigt, an der nicht einsehbaren Rückseite. Dort greifen Schutthalden bis fast an die Gratlinie heran und vermitteln den Aufstieg. Obwohl seit ein paar Jahren am höchsten Punkt ein Kreuz thront, ist der Gipfelanstieg weder markiert noch versichert. Damit ist die Tour versierten Gratgehern vorbehalten, die einen gewissen Orientierungssinn im weitläufigen Blockgelände mitbringen und die nötigen Fähigkeiten, brüchige Felsstellen sicher zu meistern.

Anfahrt und Zugänge ins Lesachtal: siehe Tour 56, Tschadinhorn

Route: Von den Lesacher Almen (1835 m) hält man sich am Güterweg nach Süden, setzt über den Ruisbach und folgt nach der Brücke einer Tafel in den steilen Bergwald. Dieser wird in herben Serpentinen überwunden, bevor man sich im malerischen Ralftal wiederfindet. Man nützt im weiteren Verlauf den anfänglichen Wiesensteig an der linken Talseite einwärts, bis man mehr und mehr in herbes Schuttgelände vordringt.
Ab 2650 m verlässt man den markierten, zum Schobertörl aufsteigenden Bergpfad nach Nordosten in ein Hochkar, welches,

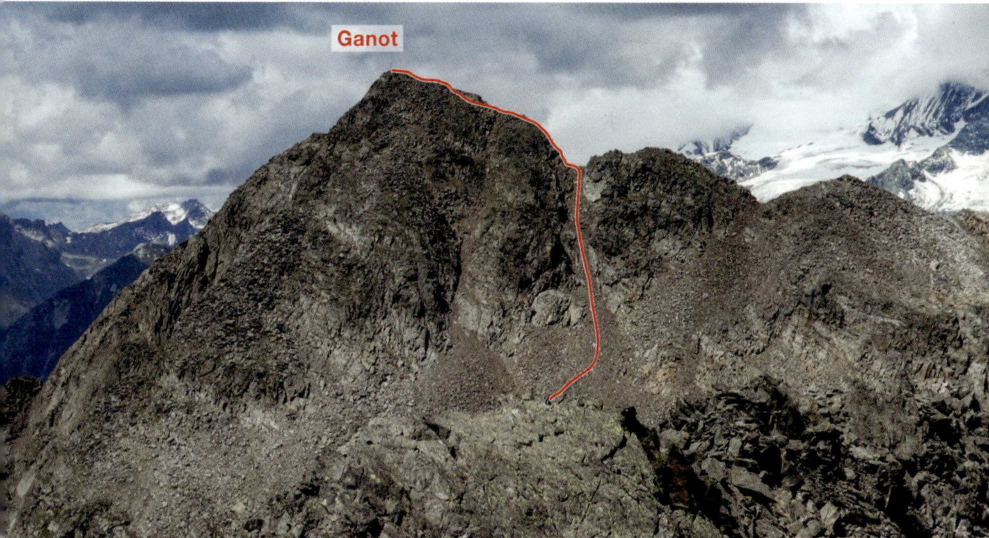

Die Route auf den Ganot. Während sich im Winter der Skianstieg der linken Rinne bedient, ist man im Sommer in der rechten besser aufgehoben.

umringt von Ganot, Ralfkopf und Debantgrat, den weiteren Anstieg vorgibt. Wer am richtigen Weg ist, obwohl das bei Schutthalden fast nebensächlich ist, wird dann und wann ein Steinmännchen erblicken. Entlang von steilen Halden wird eine Verflachung (ca. 2850 m) unterhalb von Ganot, Ralfkopf und Debantgrat betreten, wo man sich nun nach Nordwesten dem Gipfelgang zuwendet. Über sich aufsteilende Schuttreisen gilt es zwei zum Gipfelgrat führende Rinnen anzupeilen, wobei man sich entlang von Wegspuren der rechten zuwendet. Durch diese, auf Steinschlag achtend, aufwärts, bevor eine brüchige Felsstufe zur Vorsicht mahnt (II, Absturzgefahr). Am sich abflachenden Ostgrat geht es schließlich unschwierig zum Gipfel mit schönem Kreuz.

Hinweis: Der Ganot kann auch aus dem Debanttal erklommen werden. Hierzu muss vom Schobertörl (2898 m) ein Stück Richtung Debantgrat angestiegen werden, bevor man anhand von Stahlseilen rechts oberhalb des noch vergletscherten Schobertörls ins Ralftal absteigen kann. Eisfreier Übergang zwischen Debant- und Ralftal. In weiterer Folge muss über gnadenlose Blockhalden in das Hochkar unterhalb des Ganots gequert werden.

Auch der Ralfkopf lässt sich aus dem Hochkar über eine rinnenartige Schutthalde, die im Bereich der tiefsten Einsattelung zwischen Ralf- und Debantgrat aufsteigt, unschwierig ersteigen.

Talort/Ausgangspunkt	Kals/Oberlesach (1420 m) oder Unterlesach (1300 m)
Höhenunterschied	1680 Hm ab Oberlesach, 1800 Hm ab Unterlesach
Aufstiegszeit	6 Stunden ab Oberlesach, 6½ Stunden ab Unterlesach
Strecke im Aufstieg	ca. 7,5 km
Kletterschwierigkeit	II (Stelle)
Besondere Gefahren	Absturzgefahr, weglos

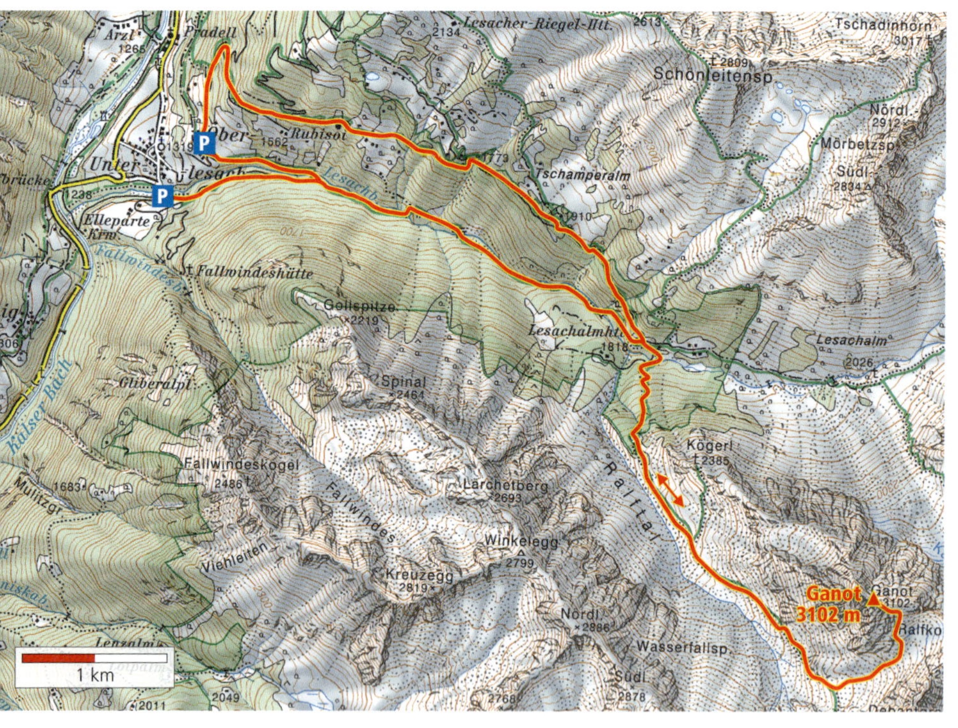

Hochschober 3242 m

Bekannt, begehrt und viel bestiegen

Der formschöne Gipfel des Hochschobers dominiert von allen Seiten die jeweiligen Talzugänge und zählt sommers wie winters zu den beliebten Tourenzielen in der Region. Die Besteigung erweist sich für trittsichere, konditionsstarke Berggeher als mäßig schwierig, erfordert jedoch sauberes Gehen im steilen Schuttgelände sowie solides, sicheres Steigen auf den jeweiligen Gipfelgraten.

Dann und wann entschärfen Stahlseile steilere Stellen. Sie sind allerdings nicht durchgängig. Das heißt, es besteht dort, wo sie fehlen und das Gelände exponiert ist, Absturzgefahr. Zwei Hütten dienen als Stützpunkt, die mit ganz unterschiedlichen Gipfelanstiegen aufwarten. Während man sich von der Hochschoberhütte über die Staniskascharte und den Westnordwestgrat den Gipfel „gratlastig" erkämpft, gilt es von der Lienzer Hütte kommend, steile, steinschlaggefährdete Schuttrinnen zu bewältigen. Bei diesem Anstieg müssen nur die letzten Meter am Grat bestritten werden.

Wer von der Hochschoberhütte kommt, kann den Berg auch überschreiten, sprich über die Ostseite Richtung Debanttal absteigen und über das Leibnitztörl zurück zur Hütte wandern: eine konditionell fordernde, aber eindrucksvolle Rundtour im Herzen der Schobergruppe.

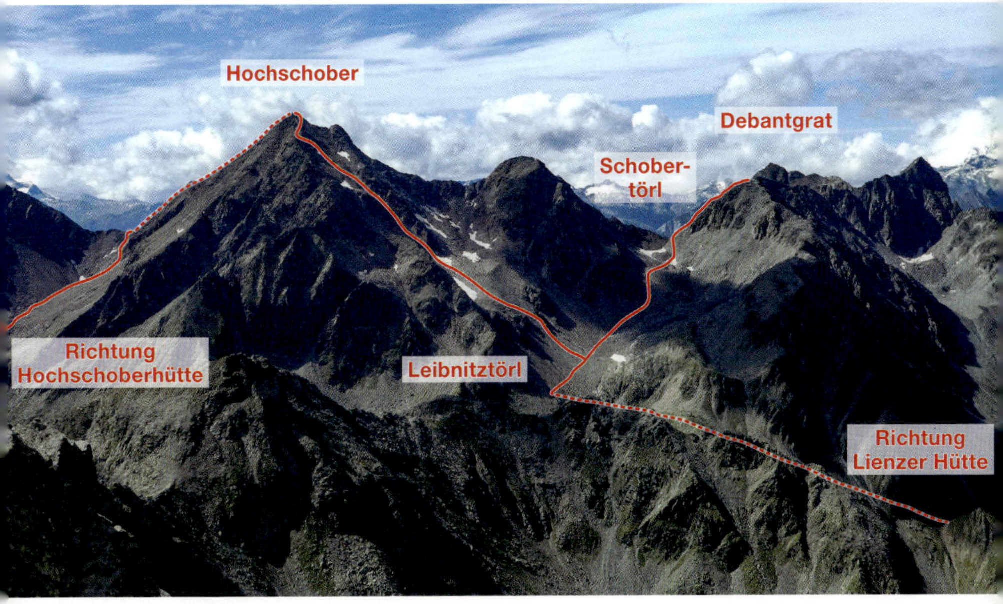

Zwei markierte Anstiegsmöglichkeiten führen auf den Hochschober. Rechts der Zugang zum Debantgrat.

Anstieg über die Hochschoberhütte (2322 m)

Anfahrt: Von Lienz über die B 108 ins Iseltal nach Ainet, wo man bei der Kreuzung an der Bundesstraße rechts Richtung Oberleibnig abbiegt. Bei der nächsten Verzweigung links weiter Richtung Oberleibnig fahren, wo man die schmale Bergstraße bis zu ihrer nächsten Verzweigung verfolgt. Hier gilt es, nicht geradeaus in die Fraktion Oberleibnig zu fahren, sondern rechts steil bergan zum Gehöft Oberfercher (1449 m). Dort endet die exponierte Asphaltstraße und man hält sich entlang eines Schotterwegs ca. 1,5 km einwärts ins Leibnitztal zum Wanderparkplatz am Leibnitzbach (1656 m, Tafeln).

Öffi-Tipp: Der Parkplatz im Leibnitztal kann mit Öffis nicht erreicht werden.

Hüttenzustieg: Vom schönen Parkplatz (1656 m) hält man sich nach der Brücke in das Walddunkel, das über ein uriges Holzgatter betreten wird. Der Eduard-Jordan-Weg bringt den Wanderer in weiterer Folge parallel zum Bach zur Leibnitzalm (1908 m). Anschließend ist ein kurzes Stück am Güterweg zu bewältigen. Zuerst an der rechten Talseite, später in der Talmitte geht es nach einer Bachquerung (schöne Holzbrücke) entlang herrlicher Bergwiesen aufwärts. Vorbei an einem urigen Almkreuz mit Bank peilt man nun eine markante Hangstufe an, die in einer langgezogenen Linksserpentine überwunden wird. So erreicht man die schöne Hochschoberhütte hinter einer Geländekante. Die Hütte befindet sich am Beginn eines flachen Talbodens, der von Hochschober links und Prijakt rechts eingefasst wird.

Talort/Ausgangspunkt	Oberleibnig/Leibnitztal (1656 m)
Höhenunterschied	670 Hm
Aufstiegszeit	2½ Stunden
Strecke im Aufstieg	3,5 km

Gipfelanstieg: Von der Hochschoberhütte (2322 m) folgt man den gelben Wegtafeln entlang herrlicher Grasmatten nach Nordwesten in ein breites Hochkar zwischen Leibnitzer Rotspitzen links und Hochschober

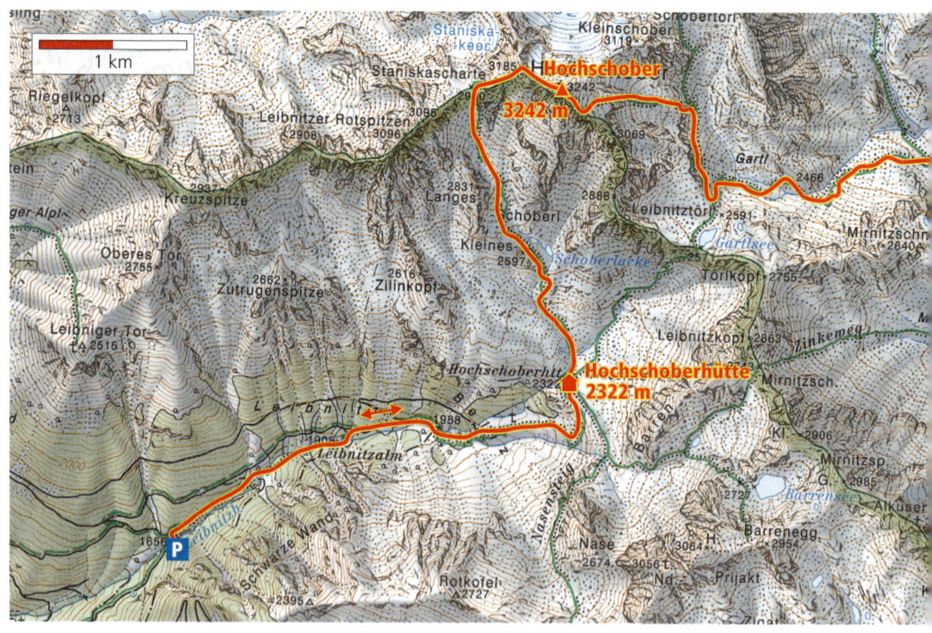

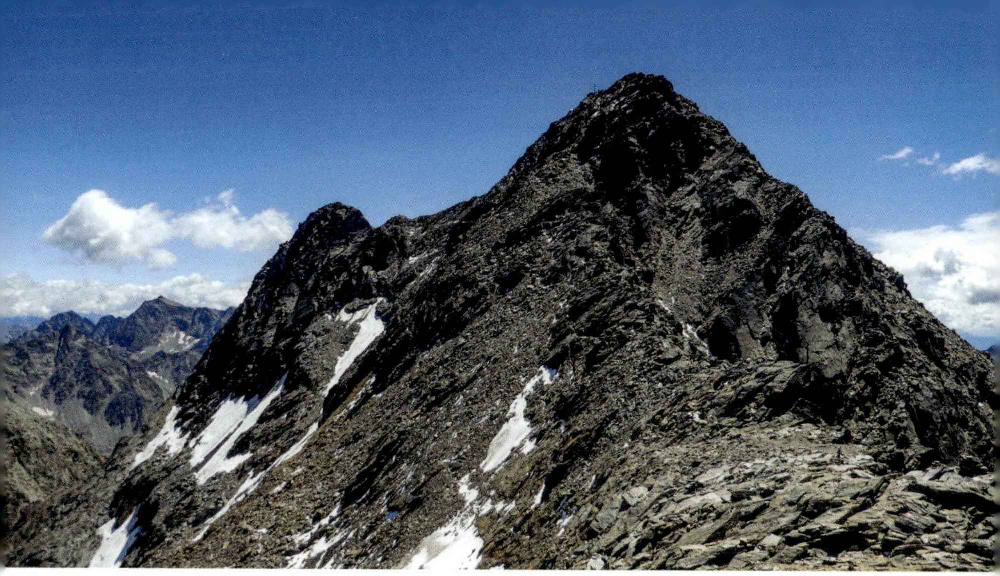

Blick vom Nordwestgipfel zum Gipfelaufbau des Hochschobers, der mit einem kurzen Stahlseil entschärft ist.

rechts. Mit zunehmender Höhe passiert man im rasendurchsetzten Schuttgelände oberhalb der Schoberlacke (2515 m) einen runden Felshöcker (Kleines Schöberl, 2597 m),

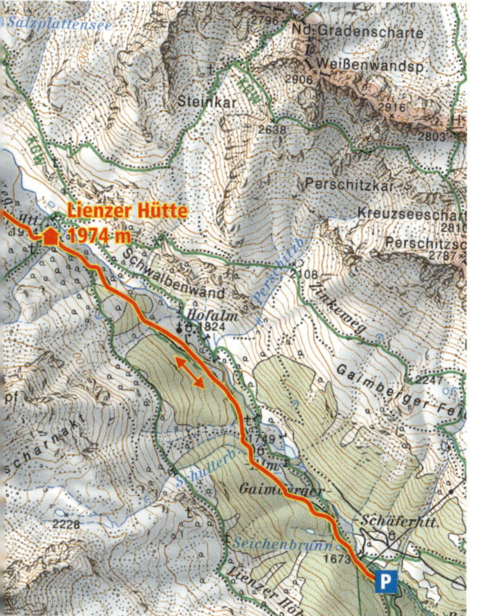

der nördlich umgangen wird. Dadurch wird der Blick ins große, zur Staniskascharte (2930 m) ziehende Blockkar frei. Über dieses, der Markierung folgend, aufwärts in den breiten Sattel, der über leichtes Felsgelände im rechten Karbereich erklommen werden muss (I). Im Anschluss steigt man gut markiert über einen Blockrücken am Südwestkamm bergwärts, ehe man den Nordwestgipfel (3185 m) unterhalb der Gratlinie entlang von Felsbändern umgeht. Man betritt jenseits einen breiten Kammsattel, wo man über den sich aufsteilenden Nordwestgrat zu einer stahlseilversicherten Passage kommt. Sie eröffnet einen Blick auf die ausgeaperte Hochschober-Nordflanke und leitet auf den Gipfelgrat, der mehr oder weniger waagrecht anhand von Blöcken bis zum Kreuz verfolgt wird (3242 m).

Ausgangspunkt	Hochschoberhütte (2322 m)
Höhenunterschied	920 Hm
Aufstiegszeit	3–3½ Stunden
Strecke im Aufstieg	ca. 3 km
Kletterschwierigkeit	I
Besondere Gefahren	Absturzgefahr

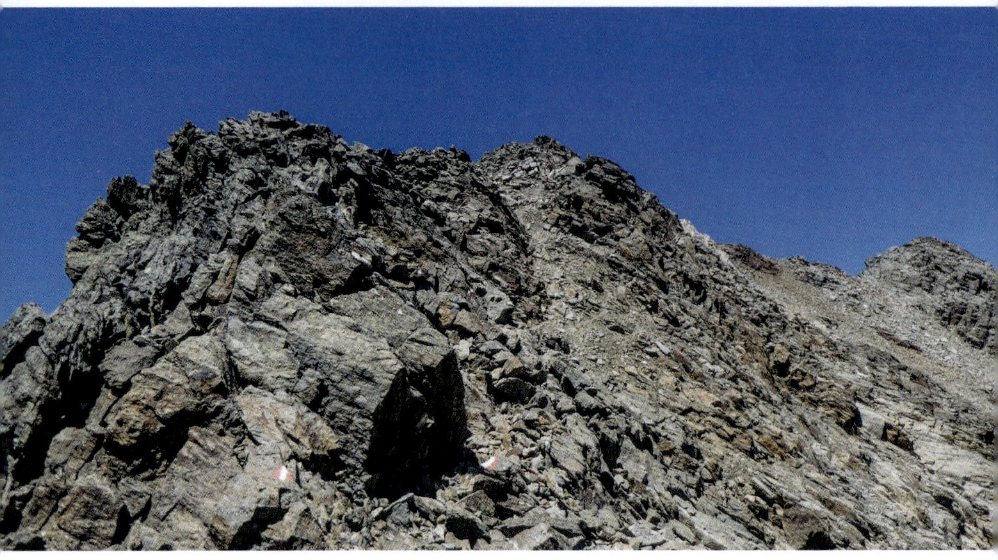

Beim Anstieg aus dem Debanttal verlässt man erst im Gipfelbereich das lose Schuttgelände, welches den Hauptteil des Zugangs bildet.

Anstieg über die Lienzer Hütte (1974 m)

Anfahrt und Hüttenzustieg: siehe Tour 58, Glödis

Gipfelanstieg: Von der Lienzer Hütte (1974 m) hält man sich am Franz-Keil-Weg am flachen Talboden in einem Bogen nach Nordwesten, ehe man bei ca. 2200 m zu einer Verzweigung kommt (Tafeln), wo man nicht nach rechts Richtung Glödis abbiegt, sondern entlang von Blockgelände über eine Steilstufe weiter nach Westen wandert, zum Beginn einer kleinen Verflachung, genannt Gartl (2466 m). Nun weiter über den Steig Richtung Leibnitztörl, welches aber nicht betreten wird. Man biegt schon unterhalb bei einer weiteren Gabelung hart nach Norden Richtung Schobertörl ab. Entlang eines versteckten Hochtals wandert man langsam bergwärts und kommt in weiterer Folge bei 2650 m zu einer Abzweigung, wo der Gipfelgang beginnt. Über eine erste Schuttrinne geht es nach Westen aufwärts, bis man eine Verflachung betritt. Während man Einblick in die steile Ostflanke erhält, die von einer sich vom Hauptgipfel absenkenden, nach oben hin sich trichterartig erweiternden Rinne durchrissen wird, gilt es, mühselig in Schutt bergwärts in diese Rinne zu steigen. Durch diese aufwärts, ehe Stahlseilpassagen auf einer Felsrippe die gröbsten Steinschlagzonen umgehen. Im Anschluss flacht sich das Terrain ab und man peilt entlang von Markierungen nach Süden den begleitenden Südostgrat an. Über ihn verläuft der markierte Schlussanstieg, der, teilweise exponiert und daher Trittsicherheit erfordernd, zum Gipfel mit schönem Kreuz leitet (3242 m). Achtung auf Steinschlag beim Abstieg, insbesondere wenn sich mehrere Personen in der Rinne aufhalten.

Ausgangspunkt	Lienzer Hütte (1974 m)
Höhenunterschied	1265 Hm
Aufstiegszeit	4½–5 Stunden
Strecke im Aufstieg	ca. 5 km
Kletterschwierigkeit	I–II
Besondere Gefahren	Absturzgefahr

Hoher Prijakt 3064 m 62

Niederer Prijakt 3056 m 63

Imposante Berggestalten im Einzugsgebiet der Hochschoberhütte

Die düsteren Nordwände des doppelgipfeligen Prijakt-Massivs dominieren den durch das Leibnitztal führenden Anstieg zur Hochschoberhütte. Kaum zu glauben, dass auf einen dieser unbezwingbar wirkenden Berge ein Anstieg führt, der sicherlich zu den einfachsten Dreitausender-Normalwegen in ganz Osttirol zählt.

Ein breiter Schuttrücken greift aus der Westlichen Barreneckscharte bis auf den Gipfel des Hohen Prijakts und ermöglicht eine relativ unschwierige Besteigung. Etwas anspruchsvoller gibt sich der stahlseilversicherte Übergang vom Hohen zum Niederen Prijakt, wo seit Jahrzehnten das eigentliche Gipfelkreuz steht. Dieser Übergang führt durch eine die beiden Gipfel trennende, tief eingeschnittene Scharte und verlangt absolute Trittsicherheit.

Bis vor wenigen Jahren trug der Hohe Prijakt kein Gipfelkreuz. Seit dem Jahr 2020 ziert ein Lärchenzwiesel den höchsten Punkt, der in seiner Originalität in ganz Osttirol einzigartig ist. Eine eigene Routenbeschreibung wert ist der Südwestgrat auf den Niederen Prijakt: ein herrlicher, nicht allzu schwerer Gratan-

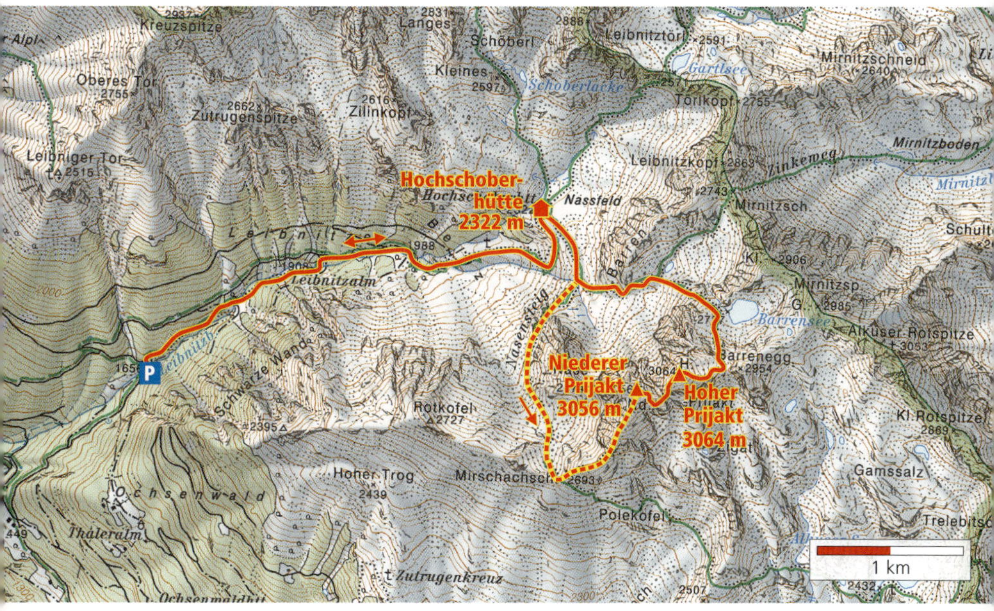

stieg, der – wenngleich weglos und unversichert – immer wieder gerne von erfahrenen Berggehern durchgeführt wird.

Anfahrt und Hüttenzustieg: siehe Tour 61, Hochschober.

Gipfelanstieg: Der markierte Anstieg auf den Hohen Prijakt verläuft über den Barrenlesee. Von der Hochschoberhütte folgt man den gelben Tafeln in ein Hochkar nach Südosten Richtung Nordwände der Prijakte. Bei 2390 m gelangt man so zu einer Verzweigung, wo man dem linken Wegast folgt und entlang von Rasengelände nach Osten Richtung Mirnitzscharte/Barrenlesee wandert. Nicht über den Nasensteig zur Mirschachscharte aufsteigen, diese Variante hat nichts mit dem Normalweg zu tun! Im weiteren Verlauf durch das kleine Seitental unterhalb des Barreneggs bergwärts, ehe sich der Weg bei 2510 m erneut verzweigt und man endgültig nach Südosten in ein von unten nicht einsehbares Hochkar abbiegt. In diesem verbirgt sich mit dem Barrenlesee (2727 m) einer der höchsten Bergseen Osttirols. Er wird über eine Felsstufe in Serpentinen erreicht. Vorsicht beim Abstieg. Klettertechnisch könnte man diese Stelle als Schlüsselstelle bezeichnen (I), wird doch der Schlussanstieg vom See nach Süden in die Westliche Barreneckscharte (ca. 2870 m) und weiter über die breite Geröllhalde am Ostrücken bis zum Hohen Prijakt (3064 m) nur noch im unschwierigen Blockgelände bestritten.

Der Weiterweg zum Niederen Prijakt gestaltet sich dann komplett anders. Über den blockigen Südwestrücken geht es markiert leicht absteigend bis zum Abbruch oberhalb der markanten Trennscharte. Sie wird entlang von Trittsicherheit fordernden grasigen Felsbändern mittels helfender Stahlseile betreten (ca. 3000 m, Absturzgefahr). Jenseitig entlang weiterer Seile hinauf auf den breiten

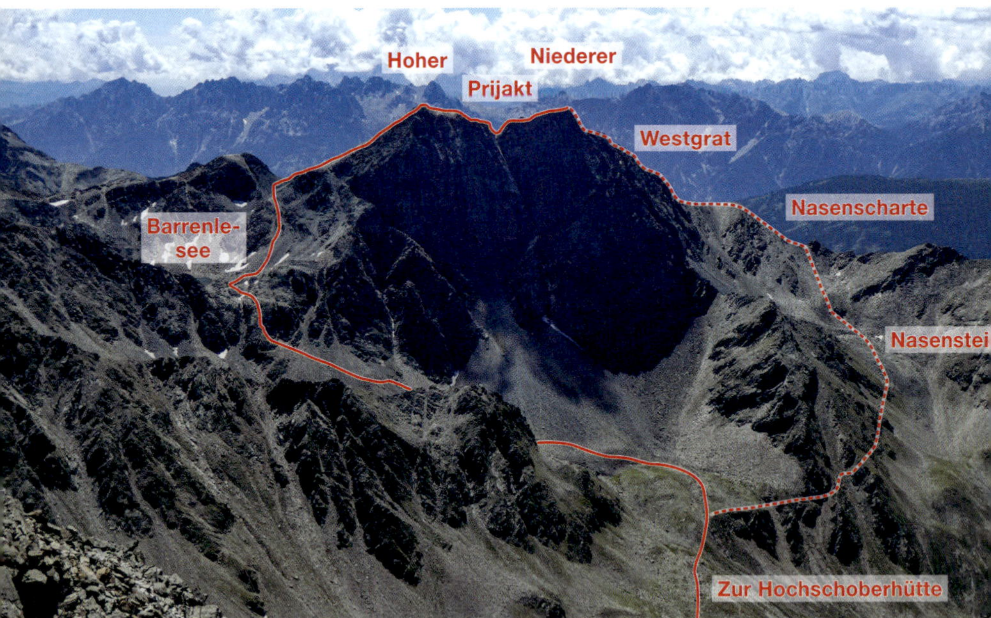

Der Anstieg auf den Hohen Prijakt über den Normalweg (links). Über den Westgrat (rechts) verläuft eine beliebte Variante in leichter Gratkletterei.

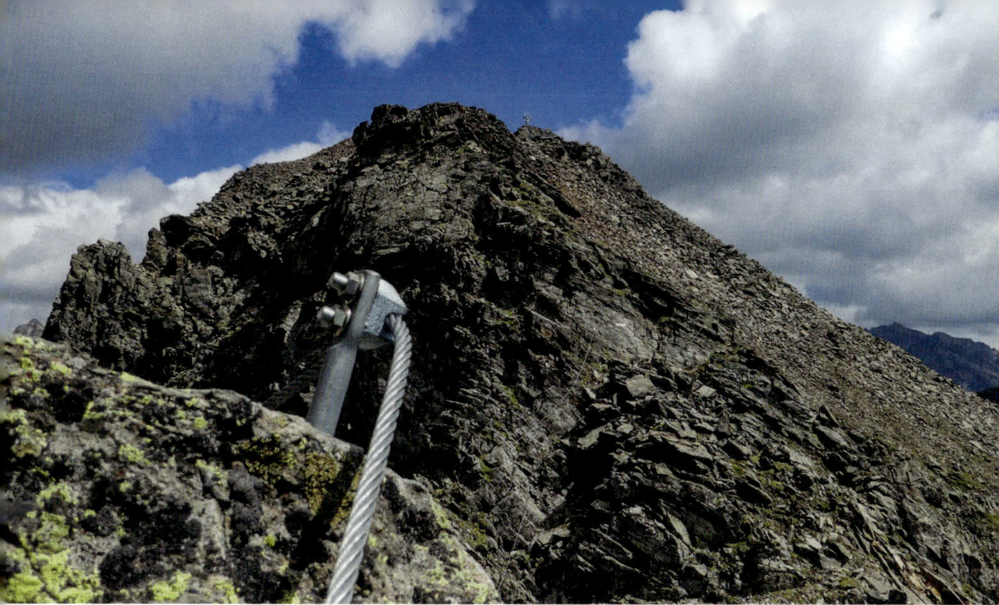

Vom Niederen Prijakt gilt es mittels Stahlseil eine klaffende Scharte zum Hauptgipfel zu überwinden.

Ostgrat, über den man zum Niederen Prijakt aufsteigt. Der Rückweg muss wieder über dieselbe Route erfolgen!

Ausgangspunkt	Hochschoberhütte (2322 m)
Höhenunterschied	800 Hm
Aufstiegszeit	2½ Stunden Hoher Prijakt, 3 Stunden Niederer Prijakt
Strecke im Aufstieg	2,7 km
Kletterschwierigkeit	I
Besondere Gefahren	Absturzgefahr

Variante über den Südwestgrat und die Mirschachscharte

Gipfelanstieg: Von der Hochschoberhütte (2322 m) folgt man dem als Nasensteig bezeichneten Bergpfad nach Süden über schuttgefüllte Hochkare in den schmalen Einschnitt der Mirschachscharte (2693 m). Diverse Abzweigungen zum Barrenlesee bzw. zur Mirnitzscharte bleiben unbeachtet. In der Mirschachscharte wendet man sich am noch markierten, sich aufsteilenden Blockrücken nach Nordosten und steigt über den Kammverlauf bis zu einem breiten Sattel mit großem Steinmann auf, wo der markierte Aufstieg endet (ca. 2800 m). Hier beginnt der eigentliche Gratanstieg. Er ist weder versichert noch markiert. Über einen grasdurchsetzten Blockhang gewinnt man die Gratlinie, die in leichter, nicht immer ganz fester Kletterei (Stellen II) zum Niederen Prijakt (3056 m) verfolgt wird. Achtung, Absturzgefahr. Dann und wann weisen Steinmännchen die Linie. Neben Trittsicherheit ist auch Orientierungssinn gefragt.

Der Abstieg sollte idealerweise in Form einer Überschreitung zum Hohen Prijakt durchgeführt werden, bei der man den Markierungen in die Trennscharte zwischen beiden Gipfeln und gegenüber zum Hauptgipfel mit dem Lärchenzwiesel folgt.

Talort/Ausgangspunkt	Hochschoberhütte (2322 m)
Höhenunterschied	800 Hm
Aufstiegszeit	2½ Stunden Niederer Prijakt, 3 Stunden Hoher Prijakt
Strecke im Aufstieg	ca. 3,2 km
Kletterschwierigkeit	II
Besondere Gefahren	Absturzgefahr, weglos

64 Alkuser Rotspitze 3053 m

Elegantes Felshorn mit verborgenem Zugang

Der geschwungene Gipfel der Alkuser Rotspitze bildet zusammen mit den Prijakten die nördliche Umrahmung des Alkuser Sees, einer der tiefsten Bergseen Osttirols. Zwei lohnende Zugänge führen zum Berg, wobei sich der landschaftlich schöne Anstieg von der Fraktion Alkus als langwierig und ab dem gleichnamigen See als weglos präsentiert. Auf spärlich markierten, schwer auszumachenden Wegen bewegt man sich von Seichenbrunn durch das Trelebitschkar zum breiten Südostgrat, der unschwierig zum Gipfel leitet: ein zackiger Anstieg mit herrlichem Blick in das Herz der Schobergruppe.

Die Besteigung der Rotspitze erweist sich für trittsichere Berggeher als leicht, einzig im Gipfelaufbau sind ein paar steilere Blöcke zu bewältigen. Wer über den Alkuser See vordringt, braucht neben einer guten Kondition auch Orientierungssinn, muss doch über gnadenloses, wegloses und unmarkiertes Blockgelände zum Südostgrat angestiegen werden.
In so mancher Karte eingezeichnet ist der Zugang über die Lienzer Hütte und das Mirnitzkar. Dieser kaum markierte Anstieg ist meist weglos und von Steinschlag bedroht. Er wird nicht mehr empfohlen.

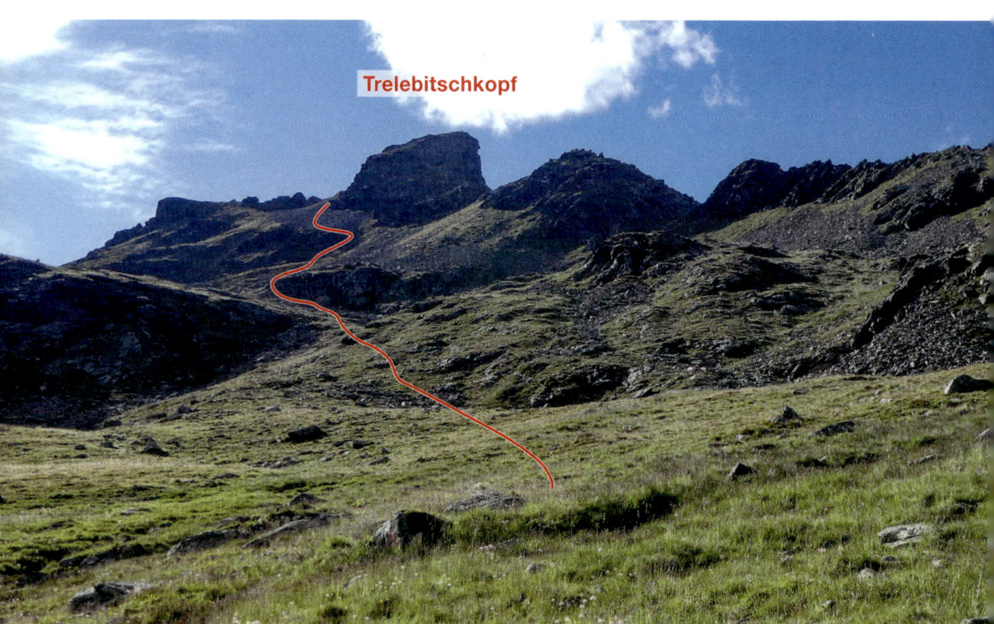

Dürftig markiert führt der Anstieg aus dem Trelebitschkar in die Gratscharte links des Trelebitschkopfs, wo man auf den Gipfelgrat trifft.

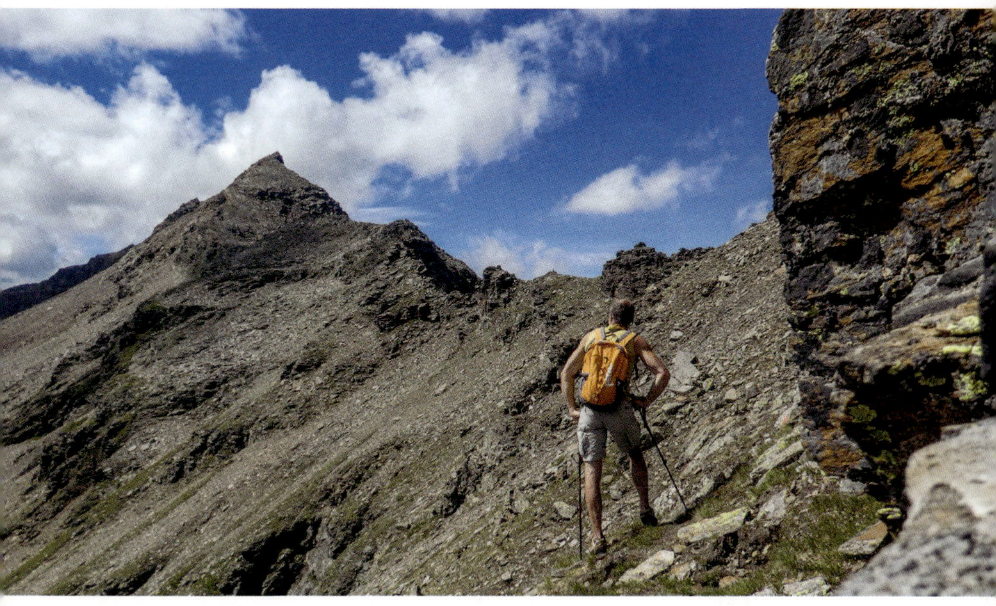

Über den breiten Gratverlauf im Hintergrund führt der markierte Anstieg auf die Alkuser Rotspitze.

Anstieg von Seichenbrunn über das Trelebitschkar

Anfahrt: siehe Tour 58, Glödis.

Route: Beim großen Parkplatz in Seichenbrunn (1673 m) folgt man bei einem hölzernen Wegkreuz der gelben Tafel südwärts in den Bergwald zur traumhaft schön gelegenen Trelebitschalm (1976 m), die über einen schmalen Pfad erreicht wird. Man quert den Lienzer Höhenweg und wandert entlang des Trelebitschbachs nach Westen. Der Weg ist gut markiert und führt durch ein eindrucksvolles, vom imposanten Schleinitz-Nordwestgrat geprägtes Hochkar.

Oberhalb des Trelebitschsees (2336 m) gilt es, den zur Trelebitschscharte führenden Steig zwingend anhand von roten Punkten nach Nordwesten zu verlassen (ca. 2400 m). Die Markierung ist schwer auszumachen und erfordert Überblick. Ziel ist eine kleine Einschartung links des klobig wirkenden Trelebitschkopfs (2838 m). Das kleine Gratschartl wird über Rasen- und in weiterer Folge grobes Schuttgelände in Serpentinen betreten.

Das breite Trelebitschtörl befindet sich südwestlich davon und bleibt unberührt, wenn man am richtigen Weg ist. Aus der Scharte (ca. 2750 m) folgt man der Markierung unterhalb des Trelebitschkopfs, der westseitig im Schutt umgangen wird, nach Nordwesten zu der sich markant verbreiternden Kammlinie. Sie wird unschwierig über die Kleine Rotspitze (2869 m) hinweg bis zum aufragenden Gipfelaufbau verfolgt, wo man mit Trittsicherheit über steile Blöcke, kurz exponiert, an der Südwestseite zum Kreuz (3053 m) vordringt.

Talort/Ausgangspunkt	Nussdorf-Debant/Debanttal-Seichenbrunn (1673 m)
Höhenunterschied	1380 Hm
Aufstiegszeit	5 Stunden
Strecke im Aufstieg	ca. 6 km
Kletterschwierigkeit	I

Anstieg von der Fraktion Alkus über Alkuser See (2432 m)

Anfahrt: Von Lienz über die B 108 ins Iseltal nach Ainet, wo man bei der Kreuzung an der Bundesstraße rechts Richtung Gwabl/Alkus abbiegt und weiter bis zum Straßenende in Oberalkus fährt. Ausgangspunkt ist die idyllisch auf einer Hangterrasse gelegene Fraktion Alkus, wo man beim sperrenden Schranken am Beginn eines Güterwegs in Oberalkus parkt (1284 m, Kapelle). Fast keine Parkmöglichkeiten.

Öffi-Tipp: Die Fraktion Alkus ist mit Öffis nicht zu erreichen.

Route: Man nützt die für den Verkehr gesperrte, etwas langwierige und weit ausholende Forststraße nach Nordosten (die erste Weggabelung bleibt unbeachtet), bis man bei ca.1580 m Höhe nach einer markanten Linkskehre zu einer Abkürzung (Tafel) gelangt. Entlang dieser in den Wald und oberhalb einer Almhütte am Wiesenpfad durch lichte Lärchenhaine bergwärts zur Raggeralm (ca.1760 m), wo man wieder auf den Güterweg trifft. Diese Abkürzungen sind wichtig, will man nicht am endlos scheinenden Fahrweg zum Etappenziel Pitschedboden marschieren!

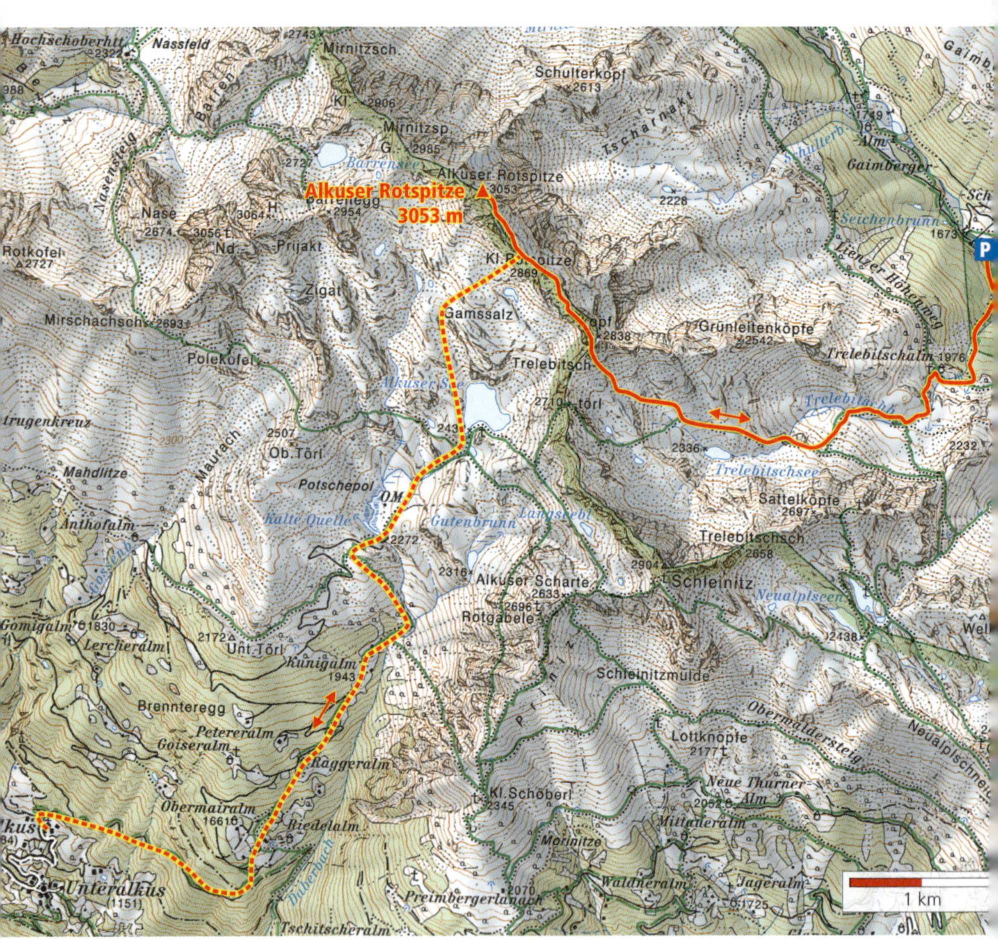

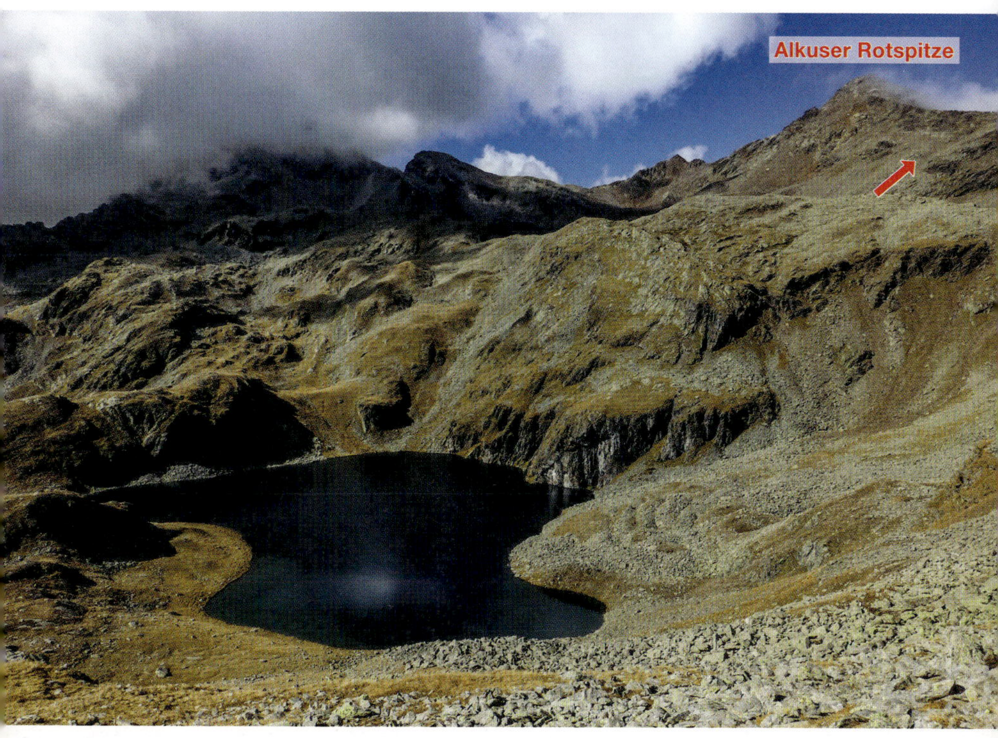

Entlang von weiten, weglosen Schutthalden muss vom Alkuser See auf die Rotspitze angestiegen werden, wenn man von der gleichnamigen Fraktion startet.

Weiter am Güterweg bis zur nächsten, zur Kunigalm (1943 m) leitenden Abkürzung. Von dieser führt der Steig nach Nordosten, um schließlich westlich des Daberbachs im lichten Waldbereich an Höhe zu gewinnen. Man erreicht in nordwestlicher Richtung über einen Rücken baumfreies Terrain, bevor man über den Güterweg zur kleinen Staumauer am Beginn des Pitschedbodens (2272 m) wandert.

In einer absteigenden Querung gelangt man auf diese Verflachung, ehe man nach Nordosten zu einer überaus netten, gebogenen Holzbrücke (Abfluss Alkuser See) marschiert und entlang einer sich aufsteilenden Schuttrinne im Bereich des Seebachs zum Alkuser See (2432 m) vordringt. Links oberhalb präsentiert sich die schon von Weitem erkennbare Alkuser Rotspitze. Man steigt westlich des Sees über höckerartiges Rasengelände bergwärts und gelangt so zu großen Schutthalden unterhalb des Südostgrats. Entlang dieser auf die Kammlinie, die am günstigsten links der kleinen Rotspitze betreten wird.

Der Markierung folgend geht es abschließend in Richtung Nordwesten zum aufragenden Gipfelaufbau, ehe man mit Trittsicherheit über steile Blöcke, kurz exponiert, an der Südwestseite zum Kreuz (3053 m) vordringt.

Talort/Ausgangspunkt	Ainet/Oberalkus (1284 m)
Höhenunterschied	1770 Hm
Aufstiegszeit	6–6½ Stunden
Strecke im Aufstieg	ca. 8 km
Kletterschwierigkeit	I

65 Keeskopf 3081 m

Schlanker Gipfel mit reizvollem Zugang

Der Keeskopf zählt sicherlich zu den Paradegipfeln im Debanttal und stellt ein beliebtes Tourenziel dar, liegt er doch wie zum Mitnehmen am Übergang zur Adolf-Nossberger-Hütte. Seine Besteigung erweist sich als nahezu unschwierig, führt doch ein markierter Steig fast bis auf den Gipfel. Einzig im Bereich der Niederen Gradenscharte gilt es, eine stahlseilversicherte Passage zu bewältigen, die – ebenso wie die letzten Meter zum höchsten Punkt – Trittsicherheit erfordert. Der Zugang aus dem Debanttal mit der schmucken Lienzer Hütte präsentiert sich jedes Mal aufs Neue als reizvoll und beindruckt mit einer prächtigen Gipfelschau.

Anfahrt und Zustieg: siehe Tour 58, Glödis.

Route: Von der Lienzer Hütte (1974 m) heißt es nach Norden zum Debantbach abzusteigen, ehe man gegenüber an der rechten Talseite dem Pfad Richtung Gössnitz- bzw. Gradenscharte folgt (Tafeln). Vorbei an einem großen Wiesenkreuz gelangt man bei 2115 m zu einer Verzweigung, wo man über einen

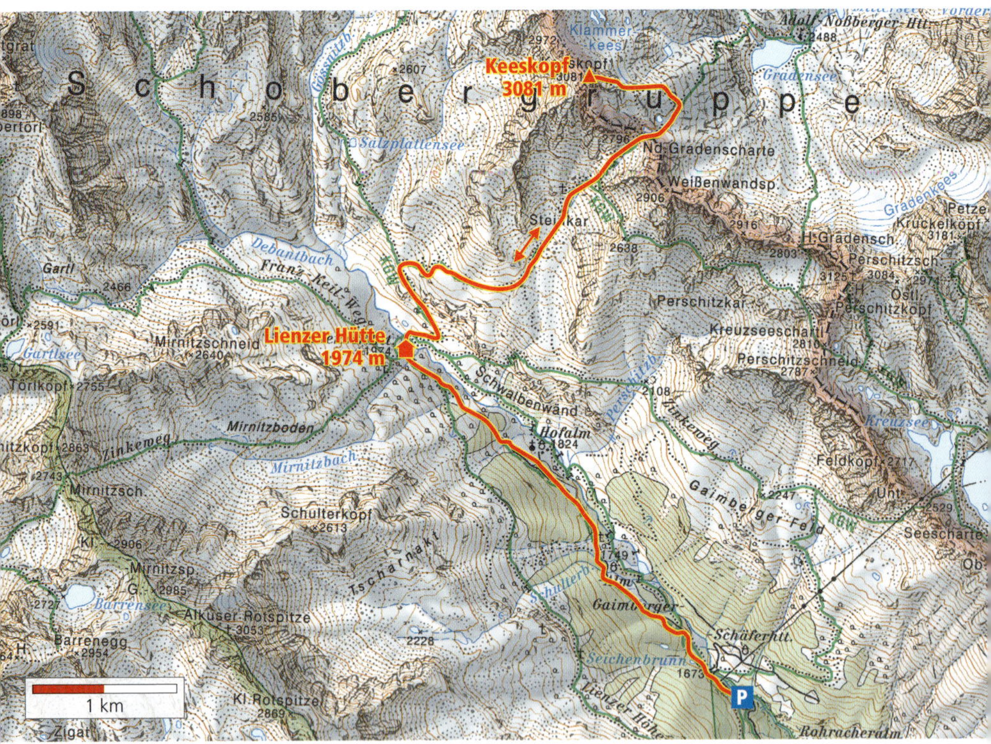

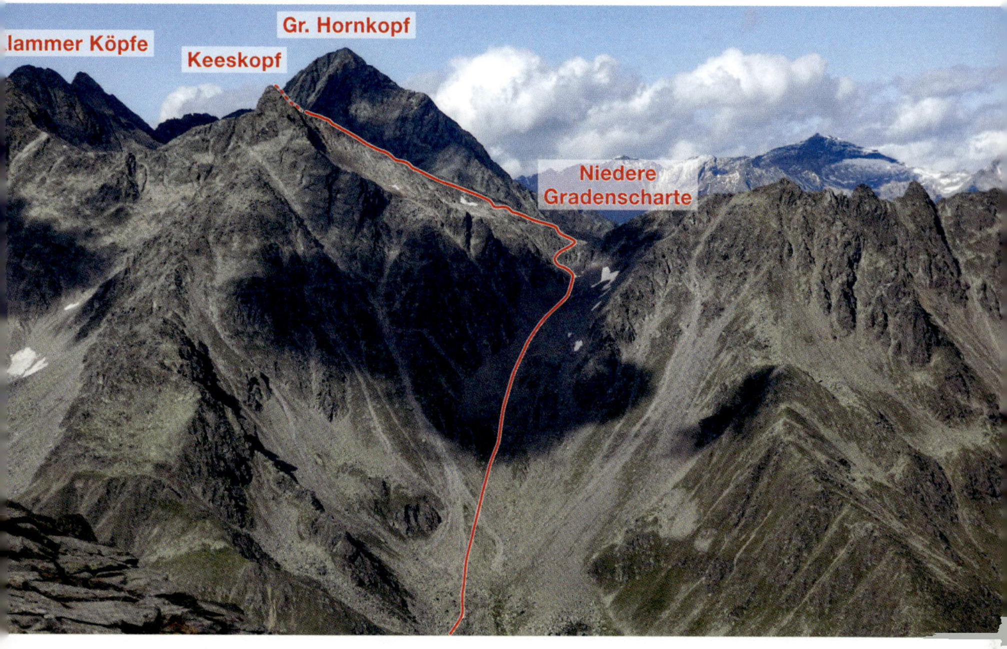

Der Anstieg auf den Keeskopf. Im Hintergrund der Große Hornkopf, der aus dem Gradental bestiegen wird.

Rasenrücken kurz nach Osten abbiegt, um in das zur Gradenscharte ansteigende Hochkar (Steinkar) vorzudringen. Die Gradenscharte befindet sich rechts des spitz aufragenden Keeskopfs und bildet einen Übergang zur benachbarten Adolf-Nossberger-Hütte.

Entlang von Blockhalden gewinnt man langsam in nordöstlicher Richtung an Höhe, ehe man zu einer Verzweigung kommt, wo sich rechter Hand ein Höhenweg zur Wangenitzseehütte anbietet. Weiter nach Nordosten, bis eine kurze Stahlseilpassage (Trittsicherheit erforderlich) überwunden wird, die in den Übergang leitet (2796 m, kleiner See). Im weiteren Verlauf hält man sich am gut markierten Steig ohne Höhenverlust kurz Richtung Adolf-Nossberger-Hütte, bevor man nach ca. 300 m zur Keeskopf-Verzweigung kommt (2790 m). Entlang von Gletscherschliffplatten und Blöcken geht es nun westwärts, auf die Markierung achtend, zum Gipfelaufbau, wo Steigspuren an der Nordseite durch eine kaminartige Verschneidung (Trittsicherheit) zum Kreuz leiten. Vorsicht beim Abstieg, Steinschlaggefahr.

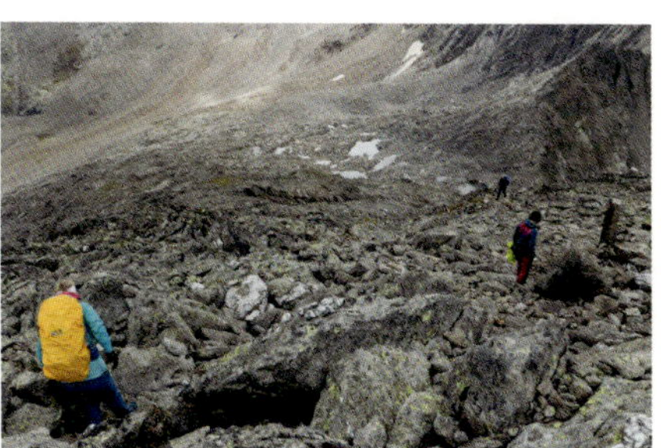

Im Schuttgelände unterhalb des Gipfelaufbaus.

Ausgangspunkt	Lienzer Hütte (1974 m)
Höhenunterschied	1110 Hm
Aufstiegszeit	3½ Stunden
Strecke im Aufstieg	4 km
Kletterschwierigkeit	I
Besondere Gefahren	Absturzgefahr

66 Hoher Perschitzkopf 3125 m

Osttirols östlichster Dreitausender

Blickt man aus den östlichen Bereichen des Lienzer Talbodens Richtung Debanttal, wird einem unweigerlich auf der rechten Talseite in der vom Strasskopf einwärts ziehenden Kammlinie der etwas zurückversetzte Perschitzkopf ins Auge stechen. Zusammen mit dem Petzeck dominiert er das Gipfelensemble rund um die traumhaft schön gelegene Wangenitzseehütte. Im Vergleich zu anderen Schobergruppen-Dreitausendern ist er leicht zu ersteigen, vorausgesetzt man hat kein Problem mit der Trittsicherheit. Wem die Besteigung als Tagestour zu weit sein sollte, der wird sich auf der komfortablen Wangenitzseehütte gut aufgehoben fühlen.

Anfahrt: siehe Tour 58, Glödis.

Hüttenzustieg: Vom Parkplatz in Seichenbrunn (1673 m) wendet man sich direkt nach dem sperrenden Gatter nach rechts, überquert den Debantbach und hält sich entlang gelber Wegtafeln mehr oder weniger gut markiert in die Sonnseite des Debanttals. Anfangs noch im Walddunkel, später über freie Bergwiesen (Gaimberger Feld) gilt es nach Nordosten eine klaffende Scharte rechts vom wuchtigen Feldkopf anzupeilen. Sie ist an den auffallenden Stützen der zur Wangenitzseehütte führenden Materialseilbahn leicht zu erkennen. Die sogenannte Untere Seescharte (2529 m) bildet den Über-

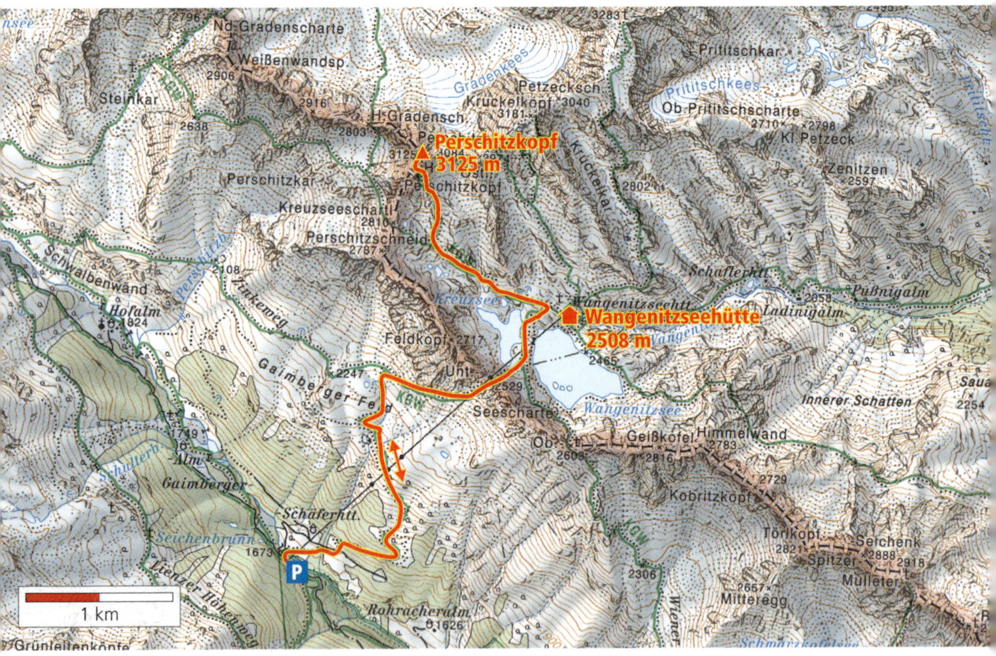

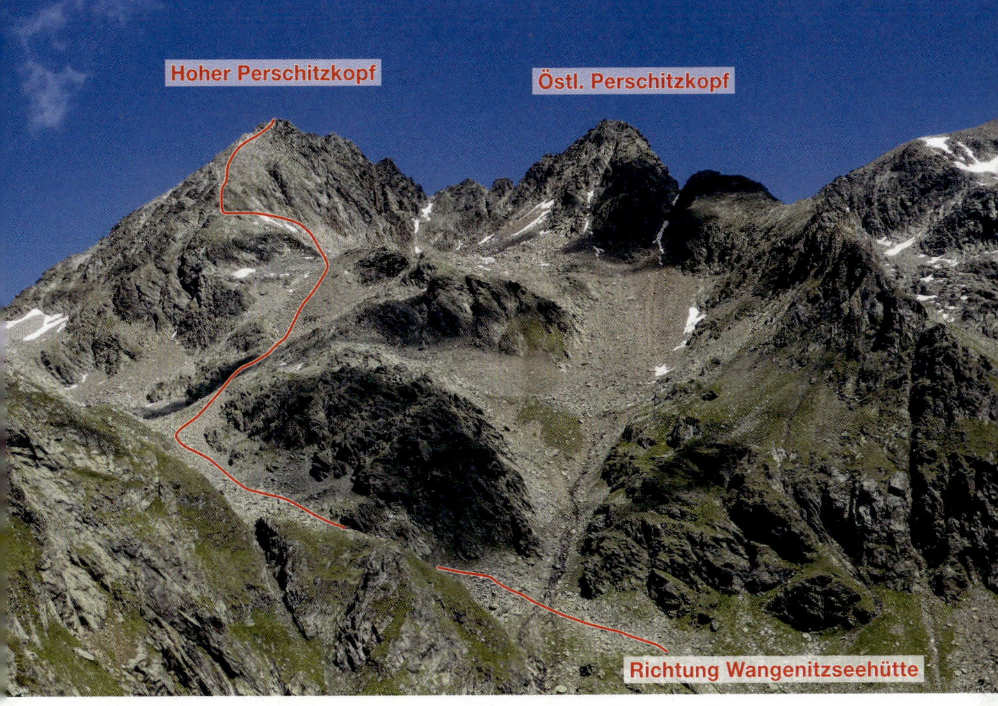

Von der Unteren Seescharte überblickt man den Routenverlauf auf den Hohen Perschitzkopf.

gang in einen malerischen Bergraum. Von der Scharte hält man sich am Steig 40 Höhenmeter abwärts, bis man zwischen Kreuz- und Wangenitzsee nach Nordosten zur oberhalb des nördlichen Seeufers gelegenen Wangenitzseehütte wandert. 200 m vor der Hütte befindet sich die Abzweigung zum Kreuzseeschartl bzw. Perschitzkopf, die für Tagesaspiranten relevant ist.

Hinweis: Die Wangenitzseehütte ist auch vom gebührenpflichtigen Parkplatz (1880 m), der ca. 1,1 km vor der Roaner Alm liegt, zu erreichen, was hier aber unbeleuchtet bleibt.

Talort/Ausgangspunkt	Seichenbrunn (1673 m)
Höhenunterschied	870 Hm
Aufstiegszeit	3–3½ Stunden
Strecke im Aufstieg	ca. 4,5 km

Gipfelanstieg: Von der Wangenitzseehütte (2508 m) wandert man, den Tafeln folgend, nach Nordwesten Richtung Kreuzseeschartl, das aber nicht betreten wird. Der Steig wird nur bis 2675 m begangen, wo eine weitere Tafel nordwärts zum Perschitzkopf (1½ Std.) weist. Nach endlos wirkenden, dürftig markierten Schutthalden gilt es schließlich, den breiten, schuttigen Gipfelkamm anzupeilen, der über einen „Minikamin" etwas ausgesetzt betreten wird (Trittsicherheit). Abschließend im Zickzack unschwierig, aber schweißtreibend zum höchsten Punkt mit Kreuz.

Ausgangspunkt	Wangenitzseehütte (2508 m)
Höhenunterschied	620 Hm
Aufstiegszeit	2 Stunden
Strecke im Aufstieg	ca. 2 km
Kletterschwierigkeit	I

STÜTZPUNKTE UND EINKEHRMÖGLICHKEITEN

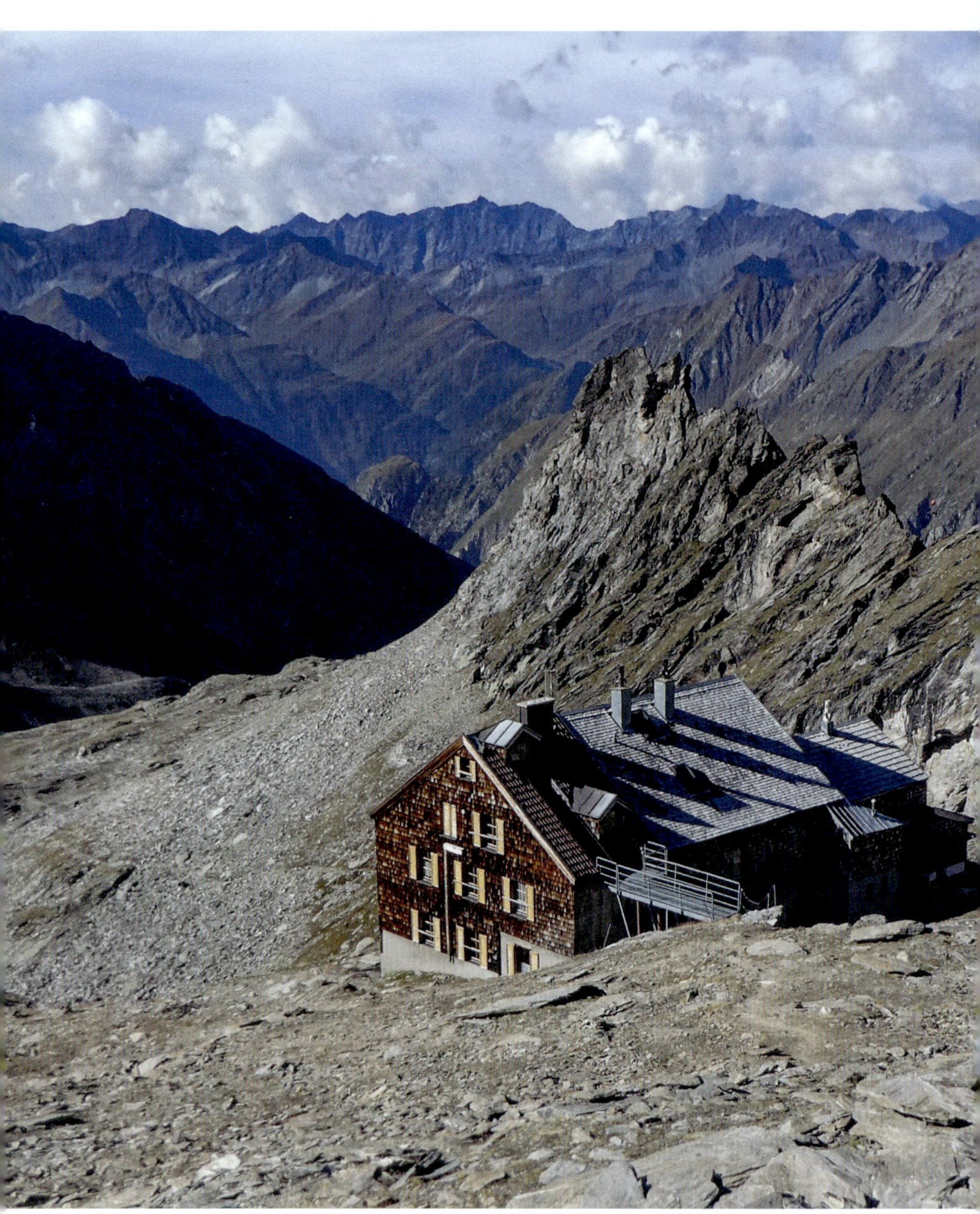

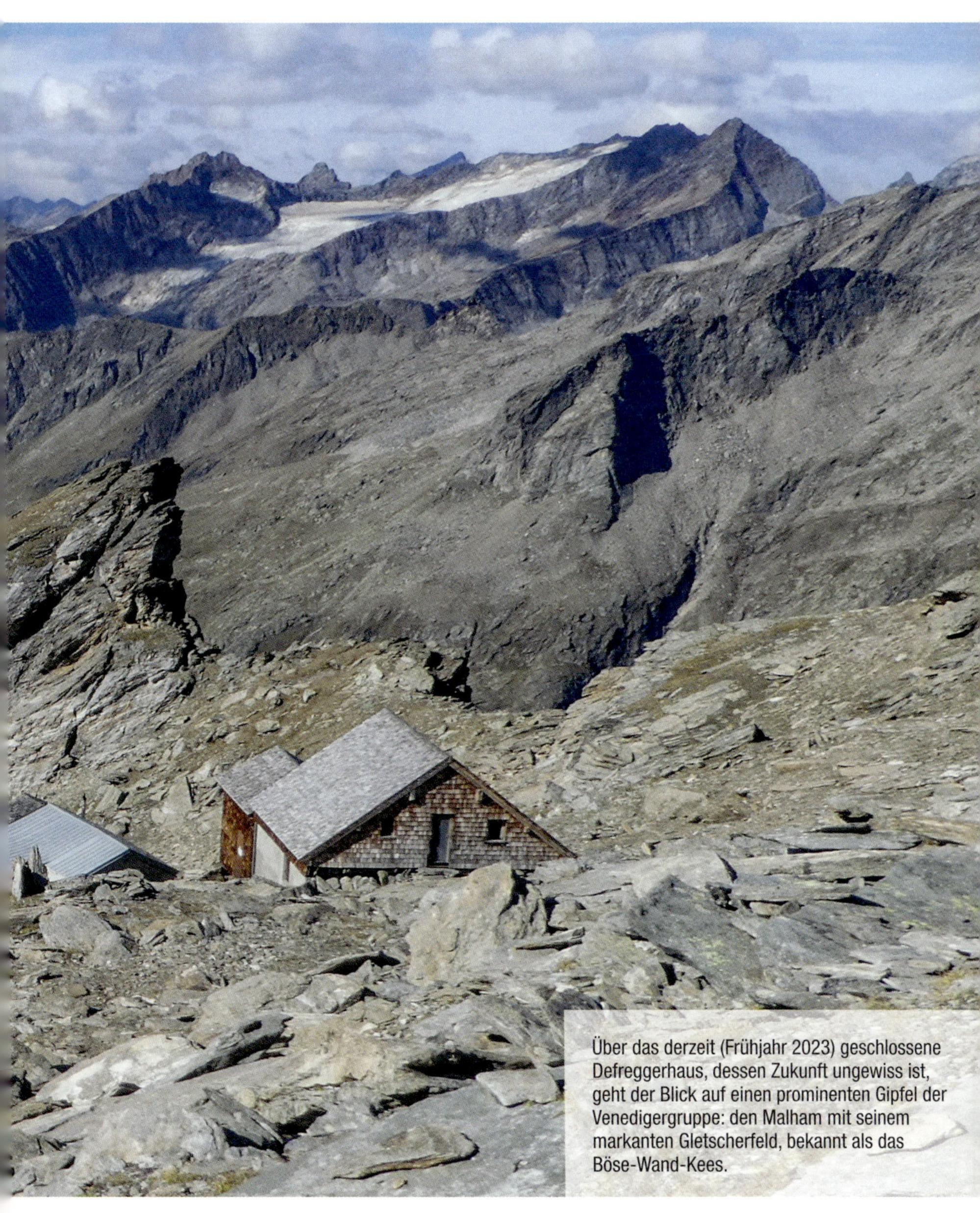

Über das derzeit (Frühjahr 2023) geschlossene Defreggerhaus, dessen Zukunft ungewiss ist, geht der Blick auf einen prominenten Gipfel der Venedigergruppe: den Malham mit seinem markanten Gletscherfeld, bekannt als das Böse-Wand-Kees.

Die nachfolgend in alphabetischer Reihenfolge genannten Hütten, Gasthäuser und Almen liegen im Einzugsgebiet der beschriebenen Touren und sind in der Regel während der Sommersaison bewirtschaftet, was sich aber auch kurzfristig ändern kann. Aktuelle Informationen erhalten Sie auf den angegebenen Internetseiten oder per Telefon.

Almgasthaus Islitzer (1509 m)
www.islitzeralm.at,
+43(0)4877/5285, office@islitzeralm.at

Alpengasthof Lucknerhaus (1920 m)
www.lucknerhaus.at,
+43(0)4876/8555, info@lucknerhaus.at

Alpengasthof Patsch (1685 m)
www.alpengasthof-patsch.at,
+43(0)676/529 91 48,
hanni.senfter@hotmail.com

Badener Hütte (2608 m)
+43(0)664/915 56 66,
badenerhuette@gmx.at

Barmer Hütte (2591 m)
www.barmerhuette.at, +43(0)664/948 94 13,
kontakt@barmerhuette.at

Bonn-Matreier Hütte (2745 m)
www.virgental.at/bonn-matreier-huette,
+43(0)664/348 10 06,
office@bonnmatreier-huette.at

Clarahütte (2038 m)
www.virgental.at/clarahuette,
+43(0)664/975 88 93,
clarahuette@virgental.at

Defreggerhaus (2963 m)
www.virgental.at/defreggerhaus,
defreggerhaus@oetk.at

Eisseehütte (2521 m)
www.eisseehuette.at,
+43(0)680/204 16 98, admin@eisseehuette.at

Elberfelder Hütte (2346 m)
www.elberfelderhuette.com, +43(0)4824/2545,
kontakt@elberfelderhuette.com

Erzherzog-Johann-Hütte (3454 m)
www.erzherzog-johann-huette.at,
+43(0)4876/8500,
info@erzherzog-johann-huette.at

Essener-Rostocker Hütte (2208 m)
www.essener-rostocker-huette.com,
+43(0)4877/5101,
zugast@essener-rostocker-huette.de

Gottschaunalm (1943 m)
www.gottschaunalm.weebly.com,
+43(0)650/844 63 28

Hochschoberhütte (2322 m)
www.hochschoberhuette.at,
+43(0) 4853/521 63,
info@hochschoberhuette.at

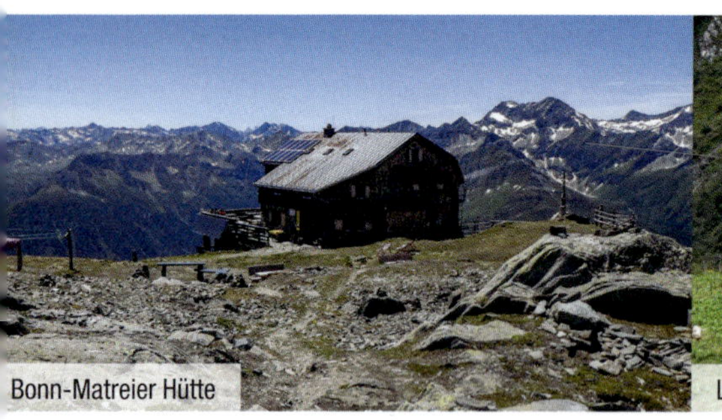

Bonn-Matreier Hütte

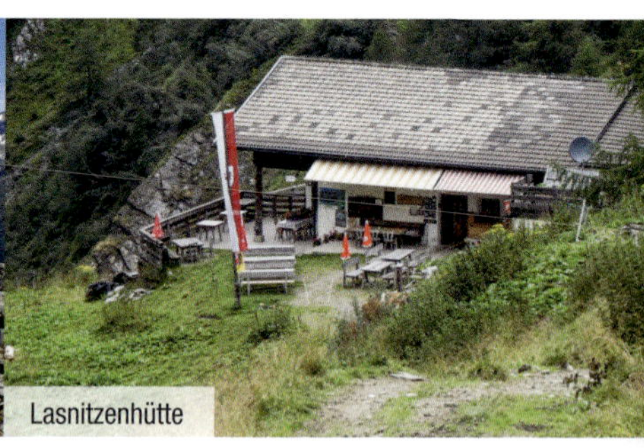

Lasnitzenhütte

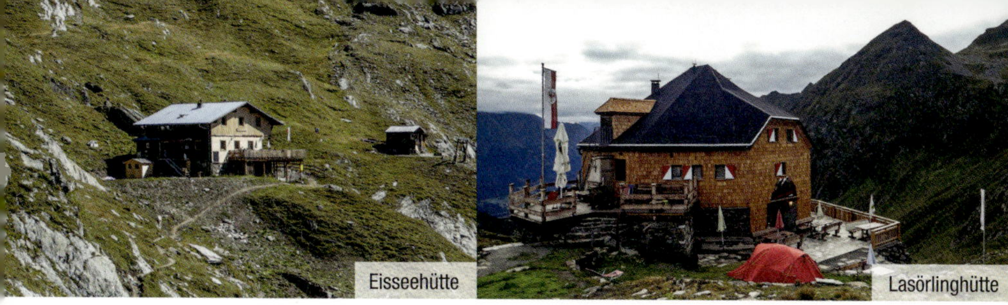
Eisseehütte
Lasörlinghütte

Johannishütte (2121 m)
www.johannis-huette.at,
+43(0)4877/5150,
office@johannis-huette.at

Kasseler Hütte (2276 m)
www.kasseler-huette.com,
+390474/672 550,
info@kasseler-huette.com

Lasnitzenhütte (1900 m)
www.lasnitzenhuette.at,
+43(0)4877/5267,
lasnitzenhuette@gmx.at

Lasörlinghütte (2293 m)
www.lasoerlinghuette.at,
+49(0)172/866 3267,
benderheidi@aol.com

Lienzer Hütte (1974 m)
www.lienzerhuette.com, +43(0)4852/69966

Matreier Tauernhaus (1511 m)
www.matreier-tauernhaus.com,
+43(0)4875/8811,
info@matreier-tauernhaus.com

Neue Prager Hütte (2782 m)
info@neue-prager-huette.at

Neue Reichenberger Hütte (2586 m)
www.virgental.at/neue-reichenbergerhuette,
+43(0)4873/5580,
neue-reichenbergerhuette@gmx.at

Nilljochhütte (1990 m)
+43(0)676/461 23 88,
nilljochhuette@gmail.com

Sajathütte (2575 m)
www.sajathuette.at,
+43(0)664/545 44 60,
kratzer@sajathuette.at

Stüdlhütte (2802 m)
www.stuedlhuette.at, +43(0)4876/8209,
info@stuedlhuette.at

Sudetendeutsche Hütte (2656 m)
+43(0)677/624 95315 whatsapp,
sudetendeutschehuette@alpenverein-schwaben.de

Venediger Taxi
www.huettentaxi.at, +43(0)4877/5369

Wangenitzseehütte (2508 m)
www.wangenitzseehuette.com,
+43(0)4826/229,
wangenitzseehuette@aon.at

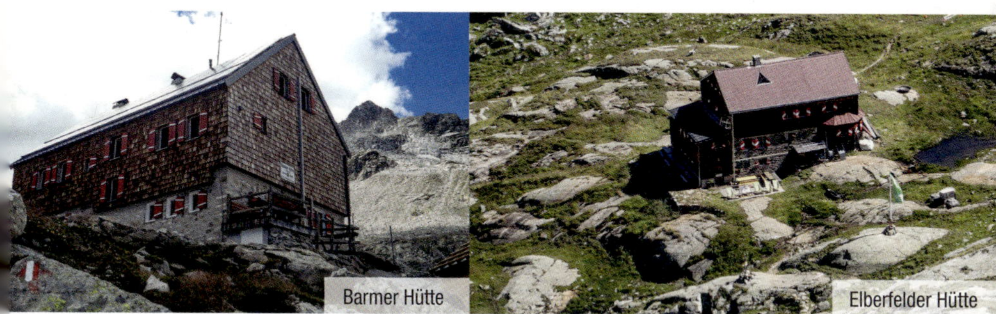
Barmer Hütte
Elberfelder Hütte

Die Ausarbeitung der in diesem Führer beschriebenen Anstiege und Routen entstand nach bestem Wissen und Gewissen des Autors. Trotzdem erfolgen alle Angaben ohne Gewähr, da die Routen sich vor Ort je nach Verhältnissen grundlegend ändern können. Die Benützung dieses Führers geschieht auf eigenes Risiko. Die Begehung der Routen erfolgt auf eigene Gefahr. Haftung für etwaige Unfälle und Schäden jeder Art wird aus keinem Rechtsgrund übernommen. Der Autor weist darauf hin, dass die Technik für die Durchführung der beschriebenen Touren sowie bergsteigerisches Basiswissen unter fachkundiger Anleitung erlernt werden sollte, um sich sicher im Hochgebirge bewegen zu können. Für die Routenauswahl sowie die Einschätzung der eigenen Erfahrung, Leistungsfähigkeit und der alpinen Gefahren ist jeder und jede selbst verantwortlich.

Aus Gründen der besseren Lesbarkeit wird in dieser Publikation darauf verzichtet, ausschließlich geschlechtsspezifische Formulierungen zu verwenden. Auch wenn personenbezogene Bezeichnungen nur in männlicher Form angeführt sind, beziehen sich die Angaben auf Angehörige jeglichen Geschlechts in gleicher Weise.

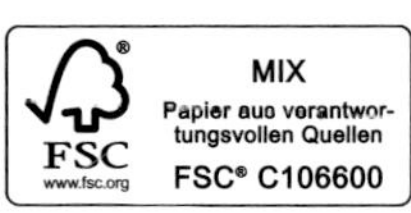

Dieses Buch wurde mit Farben auf Pflanzenölbasis, Klebestoffen ohne Lösungsmittel und Drucklacken auf Wasserbasis auf FSC®-zertifiziertem Papier produziert. FSC® (Forest Stewardship Council) ist eine internationale Non-Profit-Organisation, die sich für eine ökologische und sozialverantwortliche Nutzung der Wälder unserer Erde einsetzt.

2023

Umschlagentwurf: Tyrolia-Verlag, Innsbruck
Umschlagbilder: Am Weg zum Lenkstein (Umschlagvorderseite); ein brüchiger Bratschengrat führt zur Jagdhausspitze (Umschlagrückseite); Bergführer Thomas Mariacher (Umschlagklappe, Archiv Mariacher).
Bild Seite 2/3: Am Weg zur Badener Hütte mit Blick zum Großvenediger (rechts) sowie zu Schwarzer Wand und Hohem Zaun (Bildmitte).
Layout und digitale Gestaltung: Studio HM, Hall in Tirol
Bildnachweis: Soweit nicht anders angegeben, stammen alle Bilder vom Autor.
Karten: Kartenausschnitte im Maßstab 1:50.000 und Übersichtskarte © BEV – **B**undesamt für **E**ich- und **V**ermessungswesen, Wien, bev.gv.at; Routeneintragungen: Studio HM, Hall in Tirol, nach Vorlagen des Autors
Bildbearbeitung: Martin Zak, Scharnitz (A)
Druck und Bindung: DZS-Grafik, Ljubljana (SLO)
ISBN 978-3-7022-4108-7
E-Mail: buchverlag@tyrolia.at
Internet: www.tyrolia-verlag.at